21世纪高等院校工商管理精品教材

U0648692

生产运作管理

Production and Operations Management

（第三版）
3rd Edition

贾春玉　汪德荣　钟耀广　主　编
施宏远　张大为　唐业富　副主编

东北财经大学出版社　大连
Dongbei University of Finance & Economics Press

图书在版编目（CIP）数据

生产运作管理 / 贾春玉，汪德荣，钟耀广主编. —3 版. —大连：东北财经大学出版社，2025.6.—（21世纪高等院校工商管理精品教材）. —ISBN 978-7-5654-5646-6

Ⅰ.F273

中国国家版本馆CIP数据核字第2025B9S189号

生产运作管理

SHENGCHAN YUNZUO GUANLI

东北财经大学出版社出版

（大连市黑石礁尖山街217号　邮政编码　116025）

网　　　址：http://www.dufep.cn

读者信箱：dufep@dufe.edu.cn

大连雪莲彩印有限公司印刷　东北财经大学出版社发行

幅面尺寸：185mm×260mm　　字数：449千字　　印张：19.5

2025年6月第3版　　　　　　2025年6月第1次印刷

责任编辑：蔡　丽　　　　　　责任校对：刘贤恩

封面设计：张智波　　　　　　版式设计：原　皓

书号：ISBN 978-7-5654-5646-6　　定价：52.00元

作者简介

贾春玉

先后在长春大学、宁波工程学院和广东培正学院任教，教授。毕业于吉林工业大学（现吉林大学）管理工程专业，获工学学士学位；获吉林大学企业管理硕士学位；先后在加拿大里贾纳大学、荷兰特文帝大学做访问学者。从教40多年来，主要研究领域为生产运作管理、优化理论与方法研究、工业工程。主持或参与国家级、省部级等纵横向课题60多项。在30多种期刊上发表论文100多篇，其中被EI收录2篇，国际会议论文有5篇，被ISTP收录1篇，中国人民大学报刊复印中心转载3篇。主编、参编教材或论著16部。多年来先后为几十家企业进行生产运作管理等方面的咨询与培训活动，一些简便生产运作管理优化方法和科学理念在部分企业得以运用和检验，效果良好。

汪德荣

南宁师范大学物流管理与工程学院院长，教授，硕士生导师，广西壮族自治区模范教师。社会兼职主要有中国物流学会常务理事、广西本科高校工商管理类教学指导委员会委员、广西区域科学学会副会长、南宁市人民政府专家咨询委员会委员等。主要研究领域是区域经济、物流管理、生产管理。主持或参与国家级、省部级等纵向课题30多项、横向课题10余项。主编《精益生产实训实习教程》等多部教材。近5年发表学术论文20余篇，主要研究内容涉及物流经济、生产管理、企业管理创新等。

钟耀广

先后在东莞理工学院和东莞职业技术学院任教，博士，副教授，供应链管理师（一级）及高级考评员，广东省运筹学会物流理事，东莞市社会科学界联合会、东莞社会科学院特约研究员。香港理工大学国际航运及物流管理硕士，澳门科技大学工商管理（物流与供应链管理方向）博士，华南理工大学青年骨干访问学者。从教近20年来，主要从事物流与供应链管理、电子商务与供应链运营、区域物流与产业经济等方面研究，主持或参与国家级、省部级等纵向课题20多项、横向课题10余项。发表学术论文近30篇，其中CSSCI、SCI、SSCI、北大核心期刊收录近20篇、中国人民大学报刊复印中心转载2篇，出版专著及教材4部。指导学生获国家级竞赛一、三等奖2项，省级竞赛一等奖3项，省级教师赛一等奖1项，省级优秀论文及市社科优秀成果奖等4项。多次获东莞市文化精品专项奖励及担任项目评审专家。

第三版前言

21世纪，新的技术、新的方法、新的生产经营模式不断涌现，不断颠覆传统生产运作模式。智能技术、数字孪生技术、量子技术、大数据、区块链、5G、物联网等技术冲击了原有的经营模式、竞争格局，企业之间的竞争、国家之间的竞争日趋激烈，如何抓住机遇、持续改进、不断创新、降低成本是人们关注的问题。

党的十九大报告指出："加快建设制造强国，加快发展先进制造业，推动互联网、大数据、人工智能和实体经济深度融合，在中高端消费、创新引领、绿色低碳、共享经济、现代供应链、人力资本服务等领域培育新增长点，形成新动能。"党的二十大报告指出："建设现代化产业体系。坚持把发展经济的着力点放在实体经济上，推进新型工业化，加快建设制造强国、质量强国、航天强国、交通强国、网络强国、数字中国。实施产业基础再造工程和重大技术装备攻关工程，支持专精特新企业发展，推动制造业高端化、智能化、绿色化发展。"这是国家根据当前国内外环境变化和经济发展趋势对建设现代化产业体系提出的新要求，也为其未来发展指明了方向。

为了降低成本，提高企业和国家竞争力，从事生产运作管理相关工作的人员应根据党的十九大和党的二十大制定的发展战略，创新生产运作管理模式；熟悉生产运作管理业务，掌握科学先进理念，抓住机遇，与时俱进；掌握科学先进生产运作管理优化方法和技术，持续改进，不断降低成本、提高经济效益。

生产活动是人类最基本的活动。它是创造社会财富的过程，是人类赖以生存和发展的基础。任何一个社会组织都离不开生产运作管理、财务管理和市场营销这三大职能。随着社会进步，生产管理的含义也在不断扩展，由最初的制造业的生产管理（production management）逐渐扩展到服务业的运作管理（operations management），涉及各行各业。随着社会发展、科技不断进步，服务业生产总值比重越来越高，服务业运作管理引起人们关注，生产运作管理应运而生。生产运作管理的内容由单纯企业内部成本控制发展成企业制造资源管理、价值链管理、供应链管理、虚拟企业管理、智能化、数智化、信息化和网络化管理。优化方法、3D和4D制造技术、精益生产、大数据、互联网+等新技术不断运用于生产运作管理，生产运作模式不断创新，生产运作管理的内容和方法不断完善和发展。

生产运作管理是最具挑战性和实战性的学科之一，它融合各种管理理论和方法。随着科学技术的发展、生产运作环境和方式的改变，新的理论与方法、新的科学理念和战略不断涌现。一方面，世界经济一体化进程加快，科学技术突飞猛进，新技术、新方法不断涌现；另一方面，大国之间竞争与博弈，贸易壁垒、科技冷战、局部冲突、经济制裁、全球供应链重构等因素导致国家之间、企业之间的竞争越演越烈。未来还会面临很多未知挑战和机遇。如何采取正确的生产运作战略、运用先进生产运作技术、实施科学生产运作理念，高效、低成本、快速、保质保量生产出客户满意的产品是生产运作管理永恒的课题。

本书是在生产运作系统的设计与管理这一框架下介绍生产运作管理内容，主要针对工商管理大类学生设计的生产运作管理，因篇幅、学时及课程体系设置有限，只介绍主要内容，有些章节如市场调查与预测、质量管理、设备管理等内容从略。

本书汲取国内外主流生产运作管理教材理论体系的精华，借鉴国内外部分企业成功的生产运作管理经验，依据成果导向教育（OBE）和布鲁姆（Bloom）的教学理念，结合作者从事生产运作管理教学与科研的经验与部分研究成果，理论联系实际，既有理论科研价值，又有指导实际工作应用价值，增添一些新的管理理论、理念和简便优化方法，Excel在生产运作管理中的运用等内容。本书引入了互联网阅读元素，设置了"素养园地"等课程思政内容。

全书共包括11章内容，分别介绍了生产运作管理导论、生产运作战略、设施选址、生产和服务设施布置、工作设计与工作研究、综合生产计划、企业资源计划、作业计划与控制、服务业作业计划、库存管理和项目管理。第三版在原有基础上增加一些Excel软件运用内容和一些简便优化方法，教师在授课时可根据情况只讲结论和方法，理论推导留给感兴趣的学生自己研读，这样既兼顾理论深度，又保证通俗易懂，便于理解和教学。

此外，本书在大部分章设置了"拓展阅读""案例窗"（二维码形式）栏目，更深入地介绍了一些理论知识和解法，供感兴趣的读者学习。

本书由广东培正学院贾春玉、郭美芳、包薇、米雪飞，南宁师范大学汪德荣，东莞职业技术学院钟耀广，广东科技学院唐业富，营口理工学院施宏远，广东石油化工学院张大为，广东百捷教育投资有限公司蔡波经理，以及其他企业管理人员编写。本书第1章由唐业富、贾春玉、钟耀广共同编写，第2章由钟耀广、张大为、米雪飞共同编写，第3章由钟耀广、贾春玉、包薇共同编写，第4章由贾春玉、唐业富共同编写，第5章由贾春玉、钟耀广、贾宇琦共同编写，第6章由贾春玉、郭美芳共同编写，第7章由贾春玉、钟耀广、蔡波共同编写，第8章由贾春玉、张大为、唐业富共同编写，第9章由王德荣编写，第10章由贾春玉、施宏远共同编写，第11章由施宏远、贾春玉共同编写，全书由贾春玉统稿。

在本书编写过程中，各方专家、学者和企业给予很大帮助，如广东百捷教育投资有限公司、广东云山供应链科技有限公司等多家企业高管及专家，在这里深表谢意！本书在编写过程中参阅大量国内外教材、著作、期刊和网络资料等，参考文献尽可能一一列出，但难免会有疏忽与遗漏之处，敬请见谅，同时向这些作者表示感谢。本书中使用的图片，没有标注资料来源的均是本书编者拍摄的。

因时间和作者水平有限，本书中难免有不当之处，敬请读者批评指正。

贾春玉

2025年3月

目　录

第1章 生产运作管理导论

❖ 引 例

瑞典式流水线

美国汽车业传统的装配流水线与瑞典汽车装配流水线有不同之处。

美国的汽车装配流水线有直线的，也有曲线的；原材料和零部件从两侧输送到线上。有些流水线上有1 000~1 200个工作地，若周期为55秒，则每个工人每隔55秒重复一次操作。后来的问题是，工人文化水平提高，不满意简单重复性的工作。美国解决这一问题的办法就是提高工资。如一个汽车工人，在流水线上干了15年，他的工资比教授还要高，但他不喜欢他的工作。瑞典也有同样的问题，而且更难找到愿在流水线上工作的工人。于是，瑞典对流水线进行了改造，掺进单件小批生产的特点，将工厂设计成圆形（如图1-1所示）。

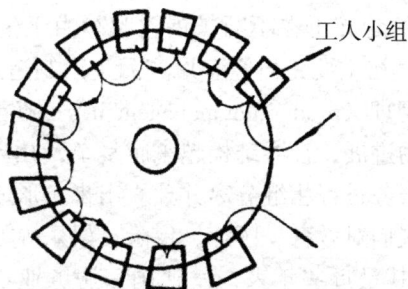

图1-1 瑞典圆形汽车生产线示意图

每一个工作地是一个工人小组，人数较多，有30~40人，负责一大套工序。美国将工作总量分得很细，每个工序时间很短，每个人被指定干一种活。瑞典是将工作总量分成十几个大组，如这组装变速箱、那组装挡泥板，从而简化了管理人员的工作。管理人员只分配小组的总工作量，各小组有权自己决定在一大套工序中每个人具体干什么活。可能有的组要求再细分，每个工人完成一定的工序，厂方就帮助他们组织装配流水线；有的决定个人包工，也可以；有的组虽按流水线生产，但每隔两个小时调换一次工种。厂方只规定小组工作量和人数，具体生产组织方式由小组决定。这样，也出现新的问题，在制品不好管理。由于各组生产方式不同，有的可能是连续生产，有的可能是包工，间断生产；有的可能只在下班前一次出产品。各组之间相互不配合，于是工序在制品储备量必须大于一天的产量，才能保证正常生产。

从理论上讲，瑞典的这种流水线方式的产品质量比美国要高，因为工人看到了自己的生产成果，同时也有助于解决工人干活枯燥无味的简单重复工作的问题。但是瑞典方式的产量有限，由于在制品的积压多，最高日产量为50~80台。而美国流水线的产量要高得多，每55秒出一台。瑞典方式适于生产需求量不很大的昂贵汽车，美国方式则适于生产量大的低价汽车。美国厂房要改成瑞典方式行不通，无法布置；而瑞典方式若要生产低价车就得赔本。瑞典方式是最新式的，虽然解决了美国传统装配流水线所存在的单调问题，但它本身还存在一些问题有待解决。

资料来源：中国工业科技管理大连培训中心. 生产管理 [M]. 北京：企业管理出版社，1981：53-64.

1.1 生产运作管理概述

1.1.1 生产运作管理的产生

生产活动是人类最基本的活动，它是创造社会财富的过程，是人类赖以生存和发展的基础。任何一个社会组织都离不开生产运作管理、财务管理和市场营销这三大职能。随着社会进步，生产管理的含义也在不断扩展。起初由于生产力水平较低，制造业的GDP远比服务业多，人们最初主要是研究有形产品生产制造过程的组织、计划与控制，其相关的学科被称为生产管理（production management）。随着经济的发展、技术的进步以及社会工业化、信息化的进展，社会结构越来越复杂，社会分工越来越细，原来附属于生产过程的一些业务、服务过程相继分离并独立出来，形成了专门的商业、金融、房地产等服务行业。此外，人们对教育、医疗、保险、娱乐等方面的要求也在提高，相关的行业也在不断扩大。尤其是近些年来，发达国家服务业GDP比重远远高于制造业，服务业运作管理（operations management）引起人们关注，生产管理的内容扩展到服务业，生产运作管理（production and operations management）应运而生。

1.1.2 生产运作的含义

生产运作是人们创造产品或提供服务的有组织的活动（创造财富的过程），是将生产要素转换为有形和无形的生产财富（产品或服务）的活动，由此而增加附加价值和效用（创造价值的过程）。

1.1.3 生产运作系统

1.1.3.1 生产运作系统的含义

生产运营是一切社会组织将它的输入转化为输出的过程，是一个投入一定的资源，经过生产运营系统转换，使其价值增值，最后以某种形式的产出提供给社会的过程。生产运作系统是社会组织（企业）这个大的人造系统中的一个子系统。社会组织除了生产运作系统外，通常还有财务管理系统、市场营销系统和人力资源管理系统等。

1.1.3.2 生产运作系统的构成

以制造业为例，生产运作系统是由人和机器构成，能将一定输入转化为特定输出的有机整体（如图1-2所示）。它具有如下特征：生产运作系统是人的组织、物的配置和资金运筹的协调运作的统一体；输入是由输出决定的；生产运作系统是由人设计建造的，它可以按照需要进行构造和重构，使它能够适应外界环境的变化。

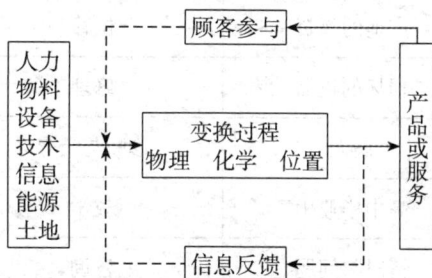

图1-2 生产运作系统图

生产运作系统由硬件和软件构成。

硬件主要包括生产场地、厂房、机器设备、工位器具、运输车辆以及各种生产设施，如运输装置、通信设施等。硬件的特点是投资大，不易调整。

软件主要包括生产组织形式、人员配备要求、工作制度、运作方式以及管理上的各种规章制度。它是安排和控制生产过程顺利运行的规范和手段。软件的特点是投资小，易调整，主观影响大。

1.1.3.3 生产运作系统的要素

生产运作系统的要素按照其在生产功能中所起的基本作用可分成：

第一，物质资源，是指生产过程中所用到的各种物资，如厂房、设备、工具、材料、生产线等资源。

第二，人力资源，是指过程所需要的劳动能力，如各部门经理能力与管理水平、工程师水平、会计师业务能力、生产计划人员能力与水平、高级技工数量与水平、普通员工素质与能力等。

第三，信息资源，是指过程中使用的信息资源，如所需生产资金信息、质量反馈信息、市场需求信息、竞争对手相关产品与市场信息、库存信息、生产能力与计划需求信息等。

第四，管理资源，是指对过程进行的管理，如企业管理软件、财务管理软件、生产管理软件、管理的流程与制度、管理方法等资源。

第五，资金资源，是指过程中使用的各种资金，如原材料储备资金、流动资金、生产资金、产成品资金等。

生产运作系统的要素根据过程可分为：

第一，输入，是指各种资源；

第二，转化，是指发生物理、化学或位置变化；

第三，输出，是指产品、服务与信息；

第四，信息反馈，是指实施控制的必要手段。

典型社会组织的输入、转化和输出模式参见表1-1。

表1-1　　　　　　　　　典型社会组织的输入、转化和输出模式

社会组织	主要输入	转化的内容	主要输出
工厂	原材料	加工制造	产品
运输公司	产地的物资	位移	销地的物资
修理站	损坏的机器	修理	修复的机器
医院	病人	诊断与治疗	恢复健康的人
大学	高中毕业生	教学	高级专门人才
咨询站	情况与问题	咨询	建议与办法

此外，生产运作系统可分为劳动者（生产运作者）、劳动对象（生产运作的对象）、劳动工具和手段（厂房、设施、工具和生产运作方法，如网络计划技术、优化布置技术、物料需求计划等）。

1.1.4　生产运作过程

1.1.4.1　生产运作过程的含义

以制造业为例，生产运作过程可被分为广义和狭义两种：广义上是指从生产技术准备开始，直至将产品制造出来为止的全部过程；狭义上是指从原材料投入，直至将产品制造出来为止的全部过程。

1.1.4.2　生产运作过程的构成

（1）根据生产运作的组织过程划分

① 基本生产过程，是指直接把劳动对象变为企业基本产品的过程。企业基本产品是指以销售为目的、为满足社会或市场需求而生产的产品。

② 辅助生产过程，是指为保证基本生产过程正常进行而从事的各种辅助产品及服务的生产过程。生产辅助产品不以销售为目的，不构成基本产品实体，如动力、工具等。

③ 生产技术准备过程，是指产品在投入生产前所进行的一系列技术准备工作，如产品、工艺、工装设计等。

④ 生产服务过程，是指为基本生产和辅助生产所进行的各种生产服务活动的过程，包括原材料、半成品和工具的保管、运输、供应，以及试验与理化检验等。

⑤ 附属生产过程（副业），是指利用企业的边角余料或废料进行生产的过程，即副产品的生产。

（2）根据生产运作的时间构成划分

工业企业最基本活动的过程是劳动过程和自然过程的总和。劳动过程是指人们利用劳动作用于劳动对象，使之成为产品的过程。自然过程是借助自然力的作用的，具体可分为：

① 加工时间。以制造业为例，其时间构成从把需要加工的零部件装在设备上，定好位置，固定好，然后设备对其进行加工（如车削、钻孔等），加工完毕后，把它卸下来为止所需的时间。加工时间包括：第一，机动时间，是指设备自动加工的时间；第二，手动时间，是指手工操作的时间；第三，机手并动时间，是指机器和手工同时操作的时间。

② 运输时间，是指被加工的零部件从一个车间搬运到下一个车间，由上道工序搬运到下道工序等的时间。

③ 等待时间，是指由于计划不周或资源（设备）有限、各生产环节速度有快有慢，出现零部件等待加工的时间。

④ 自然时效时间，是指铸钢、铸铁等浇筑件的冷却时间、水泥养生时间、油漆干燥时间等。

⑤ 准备结束时间。广义上的生产技术准备时间包括生产前图纸设计、工艺文件编制、专用工具制造等作业时间。狭义的准备结束时间包括设备调整和定位、领取图纸和工具、安装新的模具等准备时间，以及生产结束后送还图纸和工具、拆卸模具等作业时间。

为了便于研究，生产过程被分为若干工艺阶段，工艺阶段又分若干工序，工序是工艺过程最基本的组成部分。工序是指在一个工作地（或一台设备）上，一位工人（或一组工人）对劳动对象连续实施的生产作业，是生产过程最基本的组成单位。工序是人为划分的，可粗可细，依生产需要而定。工序还可进一步分为工步。在机械加工领域，工步是在加工表面不变、加工工具不变、切削用量不变的条件下所连续完成的那一部分工作。在其他领域，工步划分更为容易。如炒菜这项工作，可单独作为一道工序，也可分为准备工作和炒菜两道工序。准备工作可分为摘菜、洗菜和切菜3个工步。

1.2   生产运作管理的内容

生产运作管理是对生产运作对象实施计划、组织、协调、监督、控制和激励管理的过程。从系统角度看,生产运作管理的内容就是生产运作系统的设计、运行和维护。目前生产运作管理的内容参见表1-2;也可从劳动者(生产运作者)、劳动对象(生产运作的对象)、劳动工具和手段(厂房、设施、工具和生产运作方法)这三大方面进行广泛研究。

表1-2   生产运作管理的内容

项　目	具体内容
生产运作概述与战略	生产运作概述、战略制定与实施
需求预测	预测方法及运用
产品设计与开发	产品研制与产品开发
设施选址与布置	设施选址、设施布置
生产过程组织	生产过程时间组织
生产计划	生产能力、生产计划
作业计划与控制	流水生产、成批生产和单件小批生产作业计划与控制
工作系统设计	工作设计、工作测量与定额、人机工程
物料管理与库存管理	库存控制系统设计、库存控制模型
质量管理与控制	审查设计、产品和生产过程,保证满足质量要求
设备维护	注重系统和程序设计,创造和保持系统的可靠性

1.3   生产运作管理的任务与目标

1.3.1   生产运作管理的任务

第一,全面完成生产计划所规定的任务。要低成本、高质量、按时完成计划规定的品种、数量、质量等。

第二，不断提高生产运作系统的效能和效率。一方面做正确的事（效能），即生产战略正确，生产适销对路的产品；另一方面正确地做事（效率），高效生产产品。

第三，不断增强生产运作系统的柔性（适应性），提高产品生产的应变能力。这样才能使系统生产出满足不同市场需求的多种产品。

1.3.2 生产运作管理的目标

生产运作管理是在企业整体战略框架下的职能活动，是提高企业竞争力的生产运作活动。因此，生产运作管理的目标是建立一个科学的生产制造系统，为企业制造有竞争力的产品，具体来说就是高效、低耗、准时、灵活地生产合格产品或提供满意服务。

产品竞争力体现在产品的质量、价格、交货期方面。

1.3.2.1 质量

质量是指用户对产品使用价值的满意程度，它既包括产品质量，也包括工作质量。质量的核心是产品性能。产品性能是指一种产品所具有的实际使用价值方面的特性。顾客最关心的指标之一就是产品性能，如汽车全速度、马力、安全性等。

1.3.2.2 价格

价格是指用户为取得产品使用价值而付出的代价。人们非常关心性价比，性价比高的产品，其市场就好；反之就差。在质量基本相同的情况下，谁的产品价格低，谁的产品竞争力就强。

1.3.2.3 交货期

当今社会有时不是大的打败小的，而是快的打败慢的。时间就是金钱。货币具有时间价值，生产周期越短，效益越高，交货速度越快，竞争力就越强。

现代研究表明，产品的质量、价格首先取决于设计阶段，然后形成于制造阶段。这些阶段的管理工作都属于生产运作管理的范围。

1.4 生产运作的类型

各个企业的产品品种、数量，以及生产组织形式、生产工艺、设备、工人技术水平、专业化程度等方面都有许多差异，其管理体制、管理方法也不尽相同。对于生产管理，同一生产类型具有共同的特点和规律。合理划分生产运作的类型，就可以研究和选择合适的生产运作管理方式，提高企业的经济效益。

1.4.1 按产品形态划分

生产运作按产品形态可分为制造业（有形产品）和服务业（通常为无形产品）的生产运作。制造业由来已久，不论是原始社会还是封建社会，为了满足人们生存的日常生活等需要，就需要制造有形产品。而服务业是随着社会不断发展逐渐形成和发展起来的。

1.4.1.1 服务业的兴起

（1）前工业社会

在前工业社会，人们主要从事农业和采掘业，实质是从自然界直接获取所需的物品；动力来自人力和兽力；主要活动是同自然界打交道。

（2）工业社会

从人类发明蒸汽机之后，人们主要从事制造业，生产自然界原来没有的物品；动力来自蒸汽和电力；亚当·斯密的劳动分工论成为工业社会组织生产活动的基本原则；主要活动是同经过加工的物品打交道。

（3）后工业社会

随着生产力水平、生活水平和质量不断提高，服务业所占比重越来越大，人们主要从事服务业。在后工业社会，信息成为关键资源，生活质量由教育、保健和休闲等来衡量，主要活动是人们之间的交往。

服务业一般包括五个方面的活动：一是业务服务，如咨询、财务金融、银行、房地产等；二是贸易服务，如零售、维修等；三是基础设施服务，如交通运输、通信等；四是社会服务，如餐馆、旅店、保健等；五是公共服务，如教育、公用事业、政府等。

服务业的兴起是社会生产力发展的必然结果，也是社会生产力发展水平的一个重要标志，没有服务业就没有现代社会。1970年，世界上7个主要发达国家的服务业GDP占比在45%~60%，到1998年分别为美国75%、加拿大73%、法国70%、意大利69%、英国67%、日本65%、德国63%；2022年，这个数值为美国81%、加拿大74.3%、法国80.8%、意大利75%、英国81.4%、日本70.2%、德国72.2%，我国为52.8%。

1.4.1.2 服务型运作的特点

与制造型生产相比，服务型运作的特点是：

（1）生产率难以测定

服务业通常手工操作比重大，不同的人的生产效率差异很大；即使是同一个人，可以干得很快，也可以干得很慢，影响因素多，难以测定。

（2）质量标准难以建立

服务的产品最终使用者是顾客，而每一位顾客的文化背景、生产习惯均有很大差异，审美、感觉也相差甚远，质量标准难以建立。

（3）与顾客接触度高

服务的产品最终使用者是顾客，因此提供服务时经常与顾客打交道，接触频繁。有时提供服务时顾客必须在场，必须征得顾客意见，因此与顾客接触度高。

（4）难以通过库存来调节需求

有些服务产品的时效性强，机不可失，失不再来。例如飞机座位有160个，若乘客只有110人，余下50个座位只能浪费掉，不能储存；若有乘客180人，也不能用上一趟飞机的空余座位来调节。

（5）工作的劳动含量高

服务主要是直接为人们提供的，因此，手工提供服务的比例特别大，工作的劳动含量高。

（6）产品通常是无形的

服务产品的形式虽然多种多样，但相对制造业的有形产品而言，通常提供无形的服务产品，如机票、银行转账、按摩服务或一种思想、设计等看不见或摸不着的无形产品。

（7）通常不可储存

一方面，服务产品通常是无形的；另一方面，时效性强，具有一次性特点，如银行转账服务、某个具体时间的电影票是无形的或时效性强的一次性产品，过期作废，所以服务产品通常不可储存。

（8）通常不可运输

由于服务产品通常具有无形性和时效性，所以不可通过运输方式运输无形产品，如把英国剧院空余座位运到我国来享受。

（9）通常生产与消费同时发生

服务产品提供服务时也是顾客消费产品、享受美妙服务时。例如，到银行存款，银行提供服务时也是你取得现金得到服务的时刻；餐馆提供美食供你就餐，餐馆提供美味佳肴时也是你享受菜肴时。

1.4.2　按制造的方式划分

1.4.2.1　合成型
合成型是指将多种劳动对象进行加工、装配或合成一种或数种产品的生产，如加工装配性质的机械加工厂、数种原料合成为氨的化肥厂等。汽车装配厂把生产好的发动机、底盘、外壳、座椅等部件组装到一起，新车就"合成"了。

1.4.2.2　分解型
分解型是指对一种主要原料进行加工、分解成多种产品的生产，如炼油厂把石油分解成汽油、煤油、化学纤维原料，把玉米分解成淀粉、玉米油等。

1.4.2.3　调制型
调制型是指通过改变加工对象的形状或性能而制成产品的生产，如将不锈钢板冲压制成高压锅等。

1.4.2.4　提取型
提取型是指从自然界直接提取产品的生产，如淘金、挖煤、采矿和开采石油等。

1.4.3　按工作地的专业化程度划分

1.4.3.1　大量生产
大量生产的特点是：品种少，产量大，长期重复生产且条件稳定，专业化水平高。
大量生产的优点是：
① 设计方面：简便、标准、工作量小。

② 工艺方面：有利于编制详细的工艺规程，增强工艺的先进性。

③ 生产组织方面：精细分工，专业化水平高，易于采用专用高效设备，机械化、自动化水平高。

④ 生产管理方面：有利于相对集中的生产管理模式，例行管理多，例外管理少，计划与调度简单，人员易熟悉加工工艺与技术，有利于机器设备的充分利用。

大量生产的缺点是：产品适应能力差，工人容易疲劳，缺乏成就感。

1.4.3.2　成批生产

成批生产的特点是：品种较多，单件产品产量较小，成批轮番生产，专业化水平介于大量生产与单件生产之间。

成批生产的优点是：

① 设计方面：一类一设计，设计质量较高，工作量较小。

② 工艺方面：有利于编制详细的工艺规程，增强工艺的先进性。

③ 生产组织方面：分工比较精细，专业化水平较高，比较易于采用专用高效设备，机械化、自动化水平较高。

④ 生产管理方面：可借鉴大量生产的方法，例行管理较多，例外管理较少，人员易熟悉加工工艺与技术，有利于机器设备的充分利用；能较好满足人们的各种需要，是当今生产运作的发展方向和趋势。

成批生产的缺点是：计划与调度复杂，工作量大，管理水平要求高。

1.4.3.3　单件小批生产

单件小批生产的特点是：品种繁多，每一品种的产量极少，生产重复率低。

单件小批生产的优点是：产品适应能力强，工人不易疲劳，工作成就感强。

单件小批生产的缺点是：

① 设计方面：一品一设计，设计质量不高。

② 工艺方面：一品一工艺，工艺质量不高，工作量大。

③ 生产组织方面：粗略分工，专业化水平低，设备集群式布置，产品路线长。

④ 生产管理方面：粗略工时定额，协作关系不稳定，质量和交货期不易保证；例行管理少，例外管理内容多，涉及人员多。

生产类型可按工作地专业化程度来划分。首先确定工作地的生产类型，然后根据多数工作地的生产类型确定车间和企业的生产类型。

在具体划分工作地生产类型时，可采用工序数目法和大量系数法。采用工序数目法的划分标准是：每个工作地只一或两道工序为大量生产；40道工序以上为单件小批生产；成批生产工序介于两者之间。大量系数法为工序数目法的倒数，这里从略。

1.4.4　按工艺特性划分

生产运作按工艺特性可分为流程型（连续型）和加工型（离散型）。

流程型生产工艺是连续进行的，不能中断，如化工厂、炼油厂、水泥厂等。

采用加工型生产工艺的产品是由许多零部件组成的，各个零部件加工过程彼此独立，产品生产过程是离散的，制成的零件经过部件装配和总装，最后形成产品。

1.4.5 按产品需求特性划分

1.4.5.1 备货型生产

备货（made-to-stock）型生产是指在没有接到用户订单时按已有的标准产品或产品系列进行的生产，补充和维持库存（如图1-3所示），如轴承、紧固件、汽车、拖拉机、家电等社会需求量大的通用产品的生产。

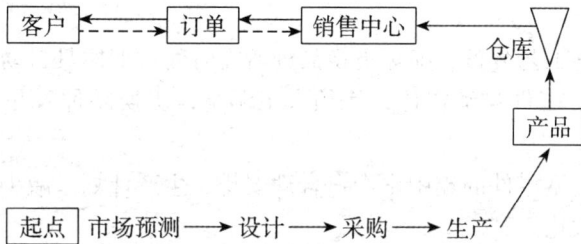

图1-3 备货型生产示意图

1.4.5.2 订货型生产

订货（made-to-order）型生产是指按用户订单进行的生产（如图1-4所示），如大型船舶的造船厂、大型设备制造厂和专用产品的生产。

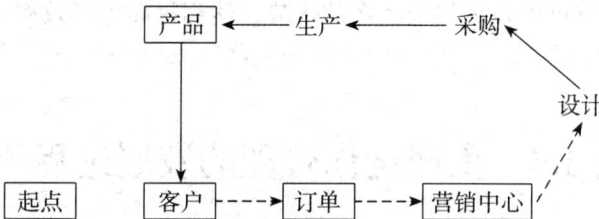

图1-4 订货型生产示意图

备货型生产和订货型生产的主要区别见表1-3。

表1-3　　　　　　　　　备货型生产和订货型生产的主要区别

项　目	备货型生产	订货型生产
产品特点	量大，标准，好预测	量小，多变，难预测
生产流程	稳定，标准，均衡	不稳定，无标准，难均衡
库存	联结生产和市场的纽带	不设成品库存
计划	优化的标准计划	近期是详细计划，远期是粗略计划
设备	专用高效设备	通用设备
人员	专业化	多种操作技能

1.4.6 改变生产类型的途径

第一，积极发展生产专业化与协作，减少企业承担的产品和零部件种数，增加同种产品和零部件的产量，增加生产稳定性，增强工作地专业化程度。

第二，改进产品设计，加强标准化工作。提高产品系列化、零部件通用化和标准化水平，减少产品和零部件种类，增加同种产品和零部件产量。

第三，改进和提高工艺工作，开展工艺典型化工作，推广成组技术，增加零部件生产批量。

第四，采用先进工艺装备，缩短更换品种所需时间。如模具自动定位、设备自动快速装卸被加工工件、工件自动定位，无须人工调整，更换品种时几乎无须调整设备或工艺。

第五，组织同类型零件的集中生产，合理安排主生产计划，减少同期生产的产品种数，使生产批量极大化。

在服务业中美国西南航空公司扩大产量规模、成功降低成本的做法值得借鉴。此外，成组技术可相对扩大产量。成组技术是把工艺或形状等类似的产品划为一组，进行生产，减少生产技术准备等工作的工作量。成组技术充分利用事物之间的相似性，将许多具有相似信息的研究对象归并成组，并用大致相同的方法来解决这一组研究对象的生产技术问题。这样就可以发挥规模生产的优势，达到提高生产效率、降低生产成本的目的。

1.5 生产运作管理的发展过程

1.5.1 工业革命

工业革命始于18世纪60年代的英国，随后扩展到欧洲，19世纪传到美国。随着工业革命的深入发展、机器的大规模引入，科学管理也应运而生。生产运作管理的发展过程见表1-4。

表1-4 　　　　　　　　　　生产运作管理的发展过程

时间	概念或工具	发明者或国家和地区
1776年	分工理论	亚当·斯密
1832年	劳动分工与利润分配等制度	查尔斯·巴贝奇
1911年	科学管理理论	弗雷德里克·温斯洛·泰勒

续表

时间	概念或工具	发明者或国家和地区
1911年	动作研究	弗兰克·吉尔布雷斯
1913年	流水线	亨利·福特
1916年	甘特图	亨利·劳伦斯·甘特
1915年	经济订货批量	哈里斯
1924年	质量控制	休哈特
20世纪二三十年代	霍桑实验	梅奥
1935年	抽样理论	蒂皮特
20世纪40年代	运筹学	英国等
1947年	线性规划	乔治·丹齐格
20世纪50年代	计划评审技术、排队论、决策论、价值工程	美国、西欧
20世纪70年代	项目管理、MRP、库存管理	美国和欧洲计算机商
20世纪80年代	准时制生产、全面质量管理、工厂自动化	美国、日本、联邦德国
20世纪90年代	ISO 9000、并行工程、业务流程重组、互联网、供应链管理	以色列、美国、德国等
21世纪	物联网、AR、3D打印、大数据	中国、美国、德国等

1.5.2　科学管理运动

以弗雷德里克·温斯洛·泰勒（Frederick Winslow Taylor，1911）为代表的科学管理，掀开企业管理新的篇章。此外，亨利·劳伦斯·甘特（Henry Laurence Gantt，1916）的甘特图也被广泛运用。20世纪初，亨利·福特（Henry Fort，1913）的装配流水线（moving assembly line）带来了又一次生产运作管理革命。弗兰克·吉尔布雷斯（Frank B. Gilbreth，1911）夫妇的动作研究，开创工业工程的先河，使科学管理更上一层楼。

1.5.3　管理科学

1915年，哈里斯（F. W. Harris）提出了首个库存管理数学模型，即经济订货批量模型，从此引导人们将数学引入生产管理领域。之后，数学模型及优化理论在管理中应用越来越多。

1924年，休哈特（W. Shewhart）提出了抽样和质量控制的统计方法。产品质量虽然靠检验来判断其好坏，但有时不经济也不可行。例如，生产的炮弹，若全面检验能否打响，一个一个检验能否打响，结果一枚炮弹也剩不下，前方军队一枚炮弹也得不到，无法打仗。有些产品检验时间长或费用高，全数检验显然不科学。休哈特抽样设计和检验就很好地解决了这些问题。不仅如此，数理统计被运用到质量控制也起到非常好的效果，根据统计规律和小概率原理控制和调整非正常状态，使产品质量得到有效控制和保障。

1935年，蒂皮特（L. H. C. Tippett）提出统计抽样理论。蒂皮特丰富和完善了控制理论，可用较少的试验次数，找到影响质量的关键因素和主要问题。

第二次世界大战以后，人们将运筹学用于企业管理领域，如将军事上走哪条路线军队损失最小、如何调运兵力使部队损失最小、如何与敌方博弈才能获胜或损失最小等军事优化理论运用到最短路问题、运输问题和对策论的经济和生产领域，发展成为管理科学（management science）。

1.5.4 日本制造业的经验

1.5.4.1 精益生产

以丰田为代表的日本制造业采用精益生产方式，通过高质量、低成本而具有竞争力。丰田堪称制造业的楷模。日本制造业对世界的影响主要体现在两个方面：一是先进生产方式；二是高产品质量。

1950年，日本的丰田英二考察了美国底特律的福特公司的轿车厂。他在考察报告中写道："那里的生产体制还有改进的可能。"第二次世界大战后的日本经济萧条，缺少资金和外汇。怎样建立日本的汽车工业？照搬美国的大量生产方式，还是按照日本的国情，另谋出路？丰田英二选择了后者。丰田英二和大野耐一进行了一系列的探索和实验，根据日本的国情，提出了解决问题的方法，到20世纪80年代，终于形成了完整的丰田生产（精益生产）方式，使日本的汽车工业超过了美国，重创美国汽车工业，产量达到了1 300万辆，占世界汽车总量的30%以上。

精益生产方式是日本工业竞争战略的重要组成部分，它反映了日本在重复性生产过程中的管理思想。精益生产方式的指导思想是，通过生产过程整体优化，改进技术，理顺物流，杜绝超量生产，消除无效劳动与浪费，有效利用资源，降低成本，改善质量，达到用最少的投入实现最大产出的目的。

日本企业在国际市场上的成功引起西方企业界的浓厚兴趣。西方企业家认为，日本在生产中所采用的方式是其在世界市场上竞争的基础。20世纪80年代以来，西方一些国家很重视对精益生产方式的研究，并将其应用于生产管理。

1.5.4.2 全面质量管理

日本的全面质量管理（TQC）是通过美国质量管理专家威廉·爱德华兹·戴明

（William Edwards Deming）的引入逐渐形成的。在这个过程中，被日本称为国宝的质量管理专家田口玄一在质量管理的深入研究和广泛运用中功不可没。此外，日本企业重视人的因素，并将质量控制方法简化，使普通工人而不只是专家都懂得如何使用，从而使质量控制成为全员参与的工作，质量控制小组遍布全国各地，极大地发挥了群众作用。20世纪80年代，日本产品几乎成了质量的代名词。

1.5.5 生产运作管理的发展趋势

1.5.5.1 从一个区域或国家走向全球化

随着WTO不断发展，越来越多的国家加入这一组织，国家之间的贸易壁垒越来越少。伴随通信技术不断发展和成本大幅度下降、便利的交通工具出现，经济成全球化格局，生产运作也由原来一个国家或地区演变为世界范围，地球成了地球村。

1.5.5.2 企业之间的竞争从基于价格、质量竞争走向基于时间的竞争

目前，随着科学技术的不断发展，制造成本和产品质量差异不大，产品更新速度加快，花钱买时间行为越来越多，因此，时间成为竞争的重要指标。

1.5.5.3 从竞争走向合作

传统竞争是恶性竞争，两败俱伤，你死我活。现在人们逐渐认识到，可以做到双赢，可以既竞争又合作，合作、双赢成为人们经常采用的战略。

1.5.5.4 从纵向一体化走向横向（虚拟）一体化

为了很好地合作，充分利用社会资源，不求所有，但求所用，虚拟企业、虚拟组织战略应运而生。根据需要，多个企业的部门可以组成一个虚拟企业，取长补短，解决生产运作中的难题。

1.5.5.5 绿色生产、可持续发展和环境保护发展趋势

国际组织规定不同的国家和地区主要废弃物的排放标准和未来控制的目标（如二氧化碳排放量），世界主要国家纷纷制定切实可行的环保目标，这就要求企业必须实施循环经济、低碳经济，开展绿色生产，保护环境，走可持续发展之路。

1.6 生产运作管理的理论与方法

1.6.1 生产运作管理的理论

1.6.1.1 理论基础

（1）供需协调理论

生产的目的是满足客户的需要。首先，要研究顾客的心理和需求规律，进行市场调查和预测，根据市场需求的大小调节生产能力，用库存缓解需求波动，满足顾客的需求。其次，可以创造需求、影响人们的需求。最后，应实施精益生产，优化供应链，实

现供需协调。

（2）劳动分工理论（亚当·斯密的分工理论等）

劳动分工可以提高生产效率。20世纪初，福特流水生产线生产方式的革命性改变了制造业模式足以说明这一点。但是，到底分工多细为好，为什么有时合并工序反而提高效率，多功能制（一人负责多道工序）好还是一人一道工序好，值得研究和探讨。

（3）可持续发展理论

生产的目的是创造价值，为社会提供财富，为人类造福。生产不能以破坏环境为代价，绿色生产、可持续发展是我们追求的目标。实施循环经济、发展低碳经济、走绿色生产道路是实施可持续发展的主要途径。

此外，相关的理论还有系统工程理论、行为科学理论和优化理论（如无约束极值解法、有约束极值解法、线性规划法、搜索法、图解法、仿自然法、组合优化法和支持向量基等优化方法）等。

1.6.1.2 相关与相近学科或理论

（1）相关学科或理论

第一，管理学。管理学原理是生产运作课程的基础，许多管理原理和方法均可在生产运作管理过程中运用，如激励理论、对标管理法、控制理论等。

第二，市场营销。如何生产顾客满意的产品、市场需求预测等离不开营销理论。

第三，运筹学。生产运作管理中有许多定量优化方法可以运用。科学技术就是生产力。生产运作管理优化水平直接影响企业产品质量和成本，优化方法和理论是生产运作管理必不可少的工具。

第四，价值工程。其可以有效地提供科学思路，去掉很多不增值和多余的环节，有效降低成本，对开发新产品、开发新工艺等提供很好的思路和办法，有效实施业务流程再造。

第五，计算机科学。当今是信息社会，计算机凭强大的处理功能而成为众多行业离不开的重要工具和竞争手段。

（2）相近学科或理论

第一，工业工程（IE）。其主要目的是降低成本，提高生产效率，对人员、物料、设备、能源和信息所组成的集成系统进行设计、改善和设置。它综合运用数学、物理学和社会科学方面的专门知识和技术，以及工程分析和设计的原理与方法，对该生产运作系统所取得的成果进行确定、预测和评价。工业工程的本质是采用各种科学和工程的方法，以最少的输入力求取得最大（佳）的输出，即实现最佳的工作系统。其常用方法和技术主要有方法研究、作业测定（直接劳动）、工厂布置、系统分析、动作研究的经济效果、物料搬运、设备选用、工效学、事故与可操作性分析等。工业工程与生产运作管理既有重叠，又有所区别。

第二，企业资源计划（enterprise resource planning，ERP）。这是从MRPⅡ上发展起来的，是对企业内部人、财、物等资源的管理。ERP系统的所有基础模块包括系统管理、生产数据管理、生产计划管理、作业计划管理、车间管理、质量管理、财务管理、采购管理、销售管理、库存管理、人力资源管理等既高度集成又能灵活组织运行的功能模块。生产运作系统是其中一部分，生产运作管理是实现高效、低成本、高质量生产所需产品的具体科学技术。企业资源计划是一种管理软件，虽然也包含一些程序和方法，但没有生产运作管理的具体内容。第 7 章将详细介绍 ERP。

1.6.2　生产运作管理的方法

1.6.2.1　生产运作管理方法的类型

生产运作管理的方法可分为定性和定量两大类，好比马车的两个轮子，缺一不可，很难说哪个更重要。通常成功取决于战略的制定与实施，失败往往取决于细节。定性方法多为战略性、方向性的，日本精益生产中的诸多理念及战略就是其成功的秘密武器，光具有战略还不够，还应有先进、科学的方法。第二次世界大战后，许多数学优化方法被广泛运用到生产领域，如线性规划法、图论、排队论等。20 世纪 80 年代日本产品质量取得巨大成就与其在质量管理中运用的定量方法密切相关。

1.6.2.2　生产运作管理常用的方法

（1）优化方法

这是指寻找最优解或近似最优解的方法。最常用的方法有高等数学中的求导数法和拉格朗日乘数法。前者当导数等于零时得最优解；后者是在有约束条件时所采用的求最优解方法，先把约束条件变为等式，在其前面乘以系数 λ，再加到原目标函数，分别对变量及系数 λ 求导数，令导数等于零，求最优解。此外，在不能求导数时，有时可用线性规划法求最优解；也可根据图论理论，把问题描绘成图，用图解法求最优解。如在河边修建一码头，在何处建，使得到两个城市距离之和最短，用几何画图办法很容易找到最优解。对于组合问题，可用组合优化法寻求近似最优解；也可借鉴自然界优化现象求最优解（这里称仿自然法），如光走的距离最短、液体表面之间成 120 度角时表面张力最小、蜜蜂蜂巢壁间夹角成接近 108 度时容积最大等。

（2）价值工程方法（参照拓展阅读 2-2）

价值工程方法是一种通过功能定义、整理和分析等手段达到更高的产品价值的创新方法，追求的目标是使产品生命周期内成本最低，能可靠实现产品的必要功能。

（3）流程再造方法（参照 2.5 部分）

该方法从价值角度出发，对工艺或步骤重新组合、安排，达到提高效率和产品质量、降低成本的目的。

（4）持续改进方法（参照 2.4 部分）

这是成功的黄金定律。没有最好的，只有更好的；只有想不到的事，没有做不到的事。成本无底线，质量无极限，改进是无止境的。

（5）防错法（参照拓展阅读 5-1）

防错法又称愚巧法、防呆法，是采取相关措施避免差错发生的方法。其通常采用自动作用、报警、标识、分类等手段（如运用断根原理将造成错误的原因从根本上排除），防止差错的发生。

（6）流程最短方法

这是指被加工对象的工艺路线流程（经历环节和行走路线）最短。被加工对象的工艺路线经历环节越少，在每个环节加工、停留的时间越短，单纯搬运时间越少，行走路线越短，逆流越少，流程才能最短。

（7）做功最小方法

做功既耗能量，又耗时间，无论是水平方向还是纵向方向，均浪费资源和时间，被加工对象在加工过程中总会出现上下、前后、左右搬运等环节，这就出现做功现象；若此功不创造价值，没有使被加工对象发生物理或化学变化，就是无价值的，就应极小化或取消。

（8）逆流最小

企业内外物的流动是有方向的，流过去之后再流回来，出现逆流，流的路线就长，通常不经济，因此，应使逆流极小化。

（9）周期最短

这是指如何生产、怎样生产才能使生产周期最短，提高经济效益。

（10）效率最高

这是指通过确定何种手段和何种方法、何时生产、何人生产等，使生产效率极大化。

（11）平行作业

这是指多项工作同时进行加工，这样这几项工作完成时间取决于最慢的（作业时间最长的作业）；否则，一个接一个去做，完成时间是这些工作作业时间之和。周期长的作业更应同时做。

（12）ECRS法

其取自取消（eliminate）、合并（combine）、重排（rearrange）和简化（simplify）4种方法对应的英文单词第一个字母。取消就是取消一切可以取消的工作内容、工作步骤、工作环节及作业动作（包括身体、手和脚的运动）。如取消一切不安全、不准确、不规范的动作。合并是指合并必须而且可能合并的工作。如把衬衫装入包装袋里的工作能否与分拣型号合并到一起，把几种工具合并为一种多功能的工具等。重排是指通过流程分析，进行流程再造，重新组合工序和加工顺序，使整体效率最高、产品质量最好。例如流水线重新安排作业分工，使工作量均衡化。简化是指简化所有必需的工作，可以是流程简化，也可以是工序简化，如用电动螺丝刀拧螺丝，避免拧松和拧坏。

（13）提问技术（6H）法

6H法是一种科学改善方法，其通过3次提问来获得解决问题的方法。6H分别是：目的是什么（why）；何处做（where）；何时做（when）；何人做（who）；做什么（what）；如何做（how）。详细提问内容和3个阶段提问参见第5章内容。

拓展阅读1-1　　　　拓展阅读1-2　　　　拓展阅读1-3　　　　案例窗1-1

素养园地

物流行业开启高质量发展新篇章

党的二十大报告指出："我们提出并贯彻新发展理念，着力推进高质量发展，推动构建新发展格局，实施供给侧结构性改革，制定一系列具有全局性意义的区域重大战略，我国经济实力实现历史性跃升。"物流业作为生产运作管理中服务业一个重要领域，与制造业密切相关，两者如何深度融合、如何高质量发展是人们关注的话题。物流业作为支撑国民经济发展的基础性、战略性、先导性产业，是全面建成社会主义现代化强国的必备条件。随着近些年工业互联网、云技术、人工智能技术的发展，智慧物流也呈现出愈加迅速的发展轨迹。为了实现物流行业高质量发展，更好服务于国家建设和发展战略，多家物流企业积极实施高质量发展战略，"AI+物流"新技术取得突破，中远海运、京东物流、菜鸟网络等多家企业推出物流领域人工智能大模型，在客户服务、线路预测、仓储分拨、城市配送、供应链管理等领域提升运作效率。"数字物流"新模式迭代升级，全国网络货运企业超过3 000家，沿着供应链拓展服务功能。平台经济持续发力，一批数字供应链企业加快涌现，深化供应链组织协同，持续赋能上下游中小企业。"无人物流"新产业发展提速，无人配送车进入常态化试运营阶段，在即时物流、末端配送、厂内物流等领域投入规模加大。无人机配送迎来发展元年，美团、顺丰速运等企业推出无人机配送商业化线路，全年无人机配送快件近300万件。无人驾驶卡车在港口、矿山、干线物流等领域加快落地，多个商业化运营项目启动。在科研院校和物流企业共同努力下，我国物流行业正朝着高质量发展目标阔步前进，物流业高质量发展必将促进制造业高质量发展，进一步提高制造业竞争力。

资料来源：蔡进. 我国物流业2024年发展回顾与2025年展望［J］. 中国流通经济，2025，39（3）：3-8.

本章小结

本章介绍了生产运作及管理的含义、生产系统的构成等基本概念，阐述了生产是创造价值的活动，是生产运作管理的基础，也是发现问题的基础；论述了生产运作管理的任务、常见的生产运作管理类型；介绍由工业革命、科学管理运动到管理科学三大阶段生产运作管理发展过程及发展趋势；最后论述了生产运作管理的理论与方法。

关键术语

生产（production） 生产运作管理（production and operations management） 生产

运作系统（production and operations system） 生产运作管理理论与方法（theory and method of production and operations management）

基本训练

❖ 简答题

1.什么是生产运作管理？内容包括哪些？

2.制造业和服务业之间有哪些差异？

3.为什么要学习生产运作管理？

4.制造业的生产运作管理有哪些分类？不同生产类型的管理特征是什么？

5.服务是如何分类的？

6.分析现代企业面临的环境特征。

7.生产过程的时间构成有哪些？这样划分有何用？

8.生产系统由几部分构成？

9.如何理解生产的含义？如何运用它来发现问题？

10.哪些生产过程的时间需要压缩？压缩主要采取哪些手段？

❖ 实务题

1.图1-5中哪些环节不创造价值？

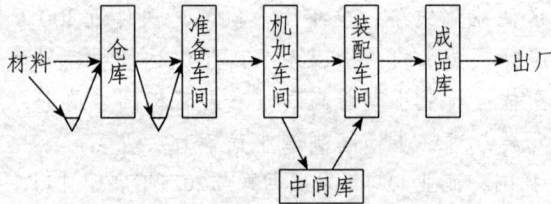

图1-5 制造业全厂流程

2.图1-6中存在哪些可以改进的地方？

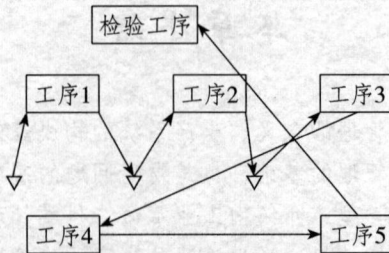

图1-6 车间作业流程图

3.试用ECRS法对图1-5和图1-6进行改进。

4.举例说明ECRS法的运用。

第2章 生产运作战略

❖ 引 例

格力电器发展战略

珠海格力电器股份有限公司成立于1991年，主营家电产业，是一家国有控股企业，属于白色家电行业。格力于1996年11月18日在深圳证券交易所上市，并在2016年达成千亿元营业收入的成就，2023年，公司实现营业总收入2 050.18亿元，较上年同期增长7.82%。公司坚持多维创新构筑品牌韧性，全力推进智能制造升级，持续实现经营业绩稳健增长。2017年，格力顺应国家发展战略，将"智能设备"作为公司重点发展的支柱产业；这一概念在2018—2019年以"高端装备"存续，在2020—2021年作为"工业装备"的从属概念直接提及。

格力的发展战略以多元化为主，在主营业务中也体现纵向一体化与密集型战略。

多元化战略作为公司发展战略纲领，在年报的"公司业务概要"中被明确指出，并主要体现于"家用消费品"与"工业装备"两类：家用消费品囊括了之前年报中作为主营业务的家用空调、暖通空调、热水器等，工业装备涵盖高端装备、精密模具、新能源汽车等。格力在上市后，其多元化战略经历了十几年的变革，业务方向已经趋于稳定，但顺应国家战略的导向业务的内涵不断发展，如"智能设备""绿色能源"及衍生产品。

一体化战略以纵向一体化为主，格力在数年的年报中提到其下辖子公司覆盖了从上游零部件生产到下游废弃产品回收的全产业链条。因此，格力的纵向一体化紧密围绕着家用空调产业链，通过内部交易降低了空调生产成本，也为成本领先的竞争战略打下基础。纵向一体化战略的实施效果体现在格力对上下游的议价能力：对于上游供应商采用"先货后款"的方式，使得公司应付账款周转率低，应付账款周转天数远高于市场竞争者。对于下游经销商采用"压货"模式，通过淡季返利和年终返利政策均衡工厂产能；采用"零库存"模式大幅降低存货成本。

密集型战略可以通过公司的市场开发、市场渗透与产品开发具体体现。格力的市场开发可以通过其居零售市场份额的领先地位加以论证：《2024年度中国中央空调行业发展报告》显示，2024年度，格力以超15%的占有率取得了中央空调行业主流品牌销售规模第一的成绩。这也是自2012年以来，格力中央空调连续13年占有率全国第一。

资料来源：梁明轩，洪锦玥. 格力电器的公司战略实施、风险及对策 [J]. 现代企业文化，2023（32）：73-76.

2.1　生产运作战略概述

2.1.1　生产运作战略的含义

生产运作战略是指在企业（或其他形式的组织）经营战略的总体框架下，决定如何通过生产运作活动来达到企业的整体经营目标的战略。生产运作战略是根据企业各种资源要素和内外环境的分析结果，对与生产运作管理及生产运作系统有关的基本问题进行分析与判断，确定总的指导思想及一系列决策原则。它解决以下基本问题：生产什么样的产品——产品战略；如何生产——流程战略、选址与布局战略；何种竞争优势——竞争策略（低成本、高质量、差异化等）。服务类企业同样需要生产运作战略，如金融机构服务流程的设计。生产运作战略的基本类型为基于成本的战略、基于质量的战略和基于时间的战略。

2.1.2　生产运作战略的作用

2.1.2.1　企业经营战略的层次

企业经营战略可分为以下层次：一是企业经营战略，涉及企业使命（企业存在的理由）、经营方针、长远规划等。二是事业部战略，涉及产品定位、市场定位等。三是职能战略，涉及具体财务、营销、人力资源和生产运作管理等。

2.1.2.2　企业竞争力与运作竞争力

企业竞争力具体体现在时间、成本、质量和服务方面，即TQCS。运作竞争力主要体现为时间、成本、质量和柔性方面，即TQCF。

作为企业经营战略指导下的一种职能性战略，生产运作战略是企业总体战略成功的保证。生产运作战略具体刻画了企业如何通过生产运作的实施来实现企业的整体目标，是企业经营战略不可或缺的一部分。生产运作战略涉及一系列决策，从系统角度来讲涉及生产运作系统设计、运行维护和更新等决策，具体涉及生产运作过程和工艺流程设计过程、适用技术、生产类型与规模、库存控制和生产布局等内容的抉择。生产运作战略可以视为计划过程的一部分，在生产运作目标和企业经营战略目标之间起协调作用。良好的生产运作战略可使企业获得成本优势、质量优势和速度优势。

2.1.3　生产运作战略制定的影响因素

2.1.3.1　企业的外部因素

（1）经济状况

经济状况一般指影响企业市场营销方式、生产运作方式和规模的经济因素，如消费者收入与支出状况、经济发展状况（如国民经济的整体运行态势）、通货膨胀和通货紧缩、利率、税法以及关税。经济状况良好，需求就旺盛，生产任务就会饱满。

（2）政治状况

政治状况包括对经营有利或不利的政策、政局稳定与否以及战争等情况。这些都对生产运作战略有重大影响。良好的政治环境可作长期打算，否则只能采取短平快方式或敬而远之。

（3）法律环境

法律环境包括反垄断法、政府政策、贸易限制、产品质量法、劳动法及专利法等方面，如企业的产品是否是国家鼓励的节能或环保产品、生产过程排泄物对环境影响是否在国家允许范围内、产品等级是否达到国家或消费国规定的等级。

（4）技术环境

技术环境包括技术发展趋势、产品革新速度、当前和未来的工艺技术（设备、材料加工），以及设计技术等。当今社会技术进步越来越快，新的技术和工艺不断涌现，企业生产系统必须具有良好的适应性和柔性，不断采取新技术、新工艺、新方法，做到持续改进。

（5）自然环境

自然环境包括地理位置、气候、资源等环境情况和环境政策等。例如，在气候干燥地区生产产品应注意保湿成本，在海边生产产品应注意海水及海边空气带来的腐蚀因素。

（6）竞争状况

竞争状况包括竞争对手、供应商、顾客、潜在进入者、替代品，如目前你所在行业竞争格局如何、行业生产制造的优势和劣势分别是什么、替代品的优缺点、竞争对手有哪些、你应采取什么生产策略。

（7）公众环境

公众环境包括融资公众、媒介公众、政府公众、社团公众和社区公众等对企业的影响，如如何生产运作获得公众的认可、能否借助工业旅游扩大知名度。

2.1.3.2　企业的内部因素

（1）人力资源状况

人力资源状况包括管理者和工人的技术与管理创新能力、市场开拓能力等。例如，以低成本制造策略为宜还是走技术和质量高端策略，这些直接受企业人力资源状况的影响。

（2）技术、设备工装状况

技术、设备工装状况包括企业技术水平、设备工装状态与先进程度等。采用先进技术和先进设备是企业实施技术和质量领先策略的重要手段。

（3）资金状况来源

资金状况来源包括资本构成、财务状况是否良好、是否有稳定资金来源等情况。资金少，适合订货性生产，减少资金压力；资金雄厚，可根据市场预测结果实行备货性生产，减少交货周期，以速度和数量取胜，迅速占领市场。

（4）企业管理水平

企业管理水平包括企业规章制度的完善和执行情况、企业文化、企业发展状况和前景等因素。管理水平高可有效实施精益生产，减少在制品，缩短产品生产周期；否则，需提前生产所需零部件和产品，前面工序车间生产完后存入中间库，后续工序车间到中间库取零件。

2.1.3.3　企业的优势与劣势

企业的优势与劣势也影响企业生产战略的选择。若企业是供应链中的核心企业，其话语权就大，众多配套厂家得看其脸色行事。企业可以向戴尔公司学习，取消零件库，实施精益生产，外协件供应商必须提前两个小时在工厂门外等候。当生产车间需要某种零部件时，外协件供应商直接把零部件送到各工序；否则，企业只能建立原材料和外协件库，储备一些零部件，防止缺货。若企业设计能力强、制造能力弱，就多搞研发，少生产，尽量把生产环节外包出去。作为生产运作管理战略，企业应建立质量屋，实施对标管理，分析企业的优势与劣势，扬长避短，运用孙子兵法、柔道战略、太极战略等谋略获得竞争优势。

2.2　现代企业的生存与发展环境

2.2.1　经济全球化

交通和通信使地域和文化差距缩短，地球变为"地球村"，企业在全球范围寻求市场和资源。如有些书籍，用美国的软件写作，用加拿大的纸张、韩国的油墨、德国的印刷机印刷，销售到世界各地。企业强强联合，跨越国界寻找合伙人，如戴姆勒-奔驰与克莱斯勒公司合并、福特与日产共同设计小型汽车等。全球公司出现，如零售业的沃尔玛遍及全球，丰田、通用和大众等世界500强企业触角遍及世界；国内知名企业走向世界的趋势也明显加快。

2.2.2　技术进步加速

由于信息技术发生翻天覆地的变化，科研水平和设施现代化程度明显提高，科研方法更加科学，网络平台出现，使很多资源可以共享，技术进步明显加快，新的技术不断出现。任何可行的新点子很快就被模仿，电子行业专利难以保护。

2.2.3　基于时间的竞争

石头为何没有落入水底，因为其高速的飞行速度；有时不是大的打败小的，而是快的打败慢的。新技术的快速扩散使产品生命周期大大缩短，进入市场的速度几乎成为唯一的竞争优势来源。经济学家李特尔（Little）的研究表明，一种新产品推向市场每晚 6 周，就将导致其整个生命周期内利润下降 15%~27%，而且随着产品生命周期的缩短，相对的损失还将增加。

2.2.4　环境问题日益突出

改革开放后，中国成为世界制造工厂，同时生态环境面临极大的压力。低碳经济、绿色经济、循环经济等可持续发展战略和策略应引起每个企业的重视，企业应加大力度实施这方面的生产运作战略。

2.2.5　现代企业在产品竞争方面的特点

2.2.5.1　产品生命周期明显缩短

市场对产品的需求不断变化，技术发展也为产品更新提供了可能，从而使产品生命周期越来越短。以汽车为例，在 20 世纪 70 年代产品生命周期为 12 年，80 年代为 4 年，到 90 年代仅为 18 个月。电子产品生命周期更短，如今手机上市几个月就过时了。

2.2.5.2　产品品种越来越多

20 世纪 30 至 40 年代，美国福特汽车公司忽略顾客需求，只提供单一品种 T 型黑色轿车，其霸主地位被实施多品种产品的通用汽车公司所取代。70 年代美国等世界汽车巨头遭到日本丰田多品种、小批量、物美价廉汽车的严重冲击。日本丰田 2005 年的利润为 108 亿美元，比通用、福特、大众和戴姆勒–克莱斯勒 4 家的利润之和还多。丰田 3 个月生产了 364 000 辆汽车，共 4 个基本车型 32 100 种型号，平均一种型号的产量是 11 辆，最多的是 17 辆，最少的是 6 辆。

2.2.5.3　产品成本结构发生变化

世界范围内，由于设备的改进和自动化程度的提高，直接劳动成本在总成本中比重不断降低，而间接劳动（包括管理决策人员和非生产人员的劳动）成本和原材料、外购件的成本比重不断增加。中国目前一方面面临招工困难，另一方面传统上靠资源、投入、低廉劳动力的粗放型增长方式已逐渐消退，许多企业开始转型升级，在技术和设备上下功夫，用先进的自动化设备取代人工操作，产品成本结构开始发生明显变化。

2.2.5.4　交货期越来越短

目前企业之间的竞争是基于时间的竞争，企业特别关注生产周期。由于科学技术水平、生产力水平大幅度提高，制造技术不断改进，并行工程和时间压缩技术的运用，生产管理水平显著提高，产品交货期越来越短。

2.3　生产运作战略的内容

2.3.1　生产运作的总体战略

2.3.1.1　自制或购买

如果决定制造某种产品或者由企业提供某种服务，则需要建造相应的设施，采购所需要的设备，配备相应的工人、技术人员和管理人员。产品自制就需要建一个制造厂；产品外购就需要设立一个经销公司。社会分工大大提高了效率。一般在作自制或购买决策时，不可能全部零件都自制。在制定此策略时要考虑一体化和核心竞争力平衡因素、资源影子价格，还要考虑不受制于人的因素。如华坚制鞋厂原先不生产鞋底，由于生产鞋底的厂家与其他厂家联合要挤垮它，不再提供鞋底，无奈华坚只好自己扩大产业链，也生产鞋底。

2.3.1.2　低成本和大批量

采用这种策略需要选择标准化的产品或服务，而不是个性化的产品或服务。这种策略往往需要高的投资来购买专用高效设备，如同福特公司早期的T型车生产线一样，采取大批量的生产来降低生产成本。需要注意的是，这种策略应该被应用于需求量很大的产品或服务。只要固定需求量大，采用低成本和高质量的策略就可以战胜竞争对手，取得成功，尤其在居民购买力和消费水平比较高的国家和地区。

2.3.1.3　多品种和小批量

人们需求在本质上具有多样化和个性化特征，在购买力和生产力水平允许的条件下，市场需求呈现多样化和个性化，人们的性格、价值观、审美观千差万别，多品种、小批量的生产策略也成为企业的重要竞争策略之一。20世纪30—40年代，美国通用汽车公司采取多品种和小批量的生产模式，动摇了福特汽车公司的霸主地位；20世纪70—80年代，日本丰田采取多品种、小批量的生产模式也取得辉煌成绩。

2.3.1.4　高质量

质量问题日益重要，无论是采取低成本和大批量策略还是多品种和小批量策略，都必须保证质量，尤其是现在人们的生活水平都在不断提高，对产品的质量要求也在不断地提高。

2.3.1.5　混合策略

将上述几种策略综合运用，实现多品种、低成本、高质量，可以取得竞争优势。现在的"个性大量生产"或称"大量定制生产"，既可以满足用户多种多样的需求，又具有大量生产的高效率，是一种不错的生产方式。

2.3.2　产品或服务的选择、开发与设计

生产运作，先要确定向市场提供的产品或服务，这就是产品或服务选择或决策问题。产品或服务确定之后，就要对产品或服务进行设计，确定其功能、型号、规格和结构；接着，要对如何制造产品或服务的工艺进行选择，对工艺过程进行设计。

2.3.2.1　产品或服务的选择

产品或服务的选择可以决定一个企业的兴衰。在制定这一策略时应考虑的因素主要有：市场需求的不确定性；外部需求与内部能力之间的关系；原材料、外购件的供应；企业内部各部门工作目标上的差别等。

2.3.2.2　产品或服务的开发与设计

在产品或服务的开发与设计方面有3种策略：

（1）做跟随者还是领导者

企业在设计产品或服务时是做新技术的领导者还是跟随者，是两种不同的策略。新技术的领导者：创新、投入大、风险大，领导新潮流，处于领先地位。新技术的跟随者：仿制、花费少、风险小，技术逊于领导者。

（2）自己设计还是请外单位设计

同自制或购买决策一样，对产品开发和设计也可以自己做或请外单位做。一般来说，涉及独到技术的必须自己做。

（3）花钱买技术或专利

利用大学或研究所的成果来节约研究与开发的费用不失为一种聪明的办法。企业通过购买大学或研究所的生产许可证、专利权和设计，不仅少冒风险，而且节约了开发和设计时间。

2.3.3　生产运作系统的设计

生产运作系统的设计对生产运作系统的运行有先天的影响，它是企业战略决策的一个重要内容，也是实施企业战略的重要步骤。生产运作系统的设计有策略：

①选址策略：考虑哪些主要因素，是靠近市场，还是接近顾客，如何评价方案优劣，怎样选址等。

②选好厂址后，部门、单位，设施、设备如何布置最经济、效率最高是布置需要解决的问题。

③工作岗位如何划分，工作内容是哪些，怎样划分成本最低、生产效率最高、质量最好等内容均需在岗位设计策略中解决。

④工作考核和报酬。

2.4 精益生产运作战略成功的启示

2.4.1 精益生产方式的产生

1950年春，丰田英二到底特律进行两三个月的考察。他意识到美国的生产方式虽然先进，但仍有改善余地，需要采用更能灵活适应市场需求、提高产品竞争力的生产方式。丰田英二与大野耐一共同研究适合日本的生产方式。当时日本国内市场狭小，所需汽车的品种又很多，多品种、小批量并不适合大量生产方式的要求；第二次世界大战后的日本缺乏大量外汇来大量购买西方的技术和设备，不能单纯地仿效美国底特律的福特公司的轿车厂；缺乏大量廉价劳动力。由此丰田英二和大野耐一开始了适合日本需要的生产方式的革新。大野耐一先在自己负责的工厂实行一些现场管理方法，如目视管理法、一人多机、U形设备布置法等，这是精益生产方式的萌芽。

随着大野耐一式的管理方法取得初步实效，他的地位也得到了逐步提升。大野耐一式的管理在更大范围内得到应用，他的周围聚集了一些人，进一步完善方法：通过对生产现场的观察和思考，提出了一系列革新，如3分钟换模法、现场改善、自动化、五问法、供应商队伍重组及伙伴合作关系、拉动式生产等，最终建立起一套适合日本的精益生产方式。

2.4.2 精益生产概述

为了进一步揭开日本汽车工业成功之谜，1985年，美国麻省理工学院筹资500万美元，在丹尼尔·鲁斯（Daniel Roos）教授的领导下，用了5年时间对14个国家的近90个汽车装配厂进行实地考察。他们查阅了几百份公开的简报和资料，并对西方的大量生产方式与日本的精益生产方式进行对比分析，最后于1990年出版了《改变世界的机器》，第一次把丰田生产方式定名为精益生产（lean production）方式，掀起了一股学习精益生产方式的狂潮，把精益生产方式从生产制造领域扩展到产品开发、协作配套、销售服务、财务管理等各个领域，贯穿企业生产经营活动的全过程。1996年，詹姆斯·P.沃麦克（James P. Womack）和丹尼尔·T. 琼斯（Daniel T. Jones）又出版了《精益思想》，该书描述了学习精益生产方式所必需的关键原则，并且通过例子讲述了各行各业均可遵从的行动步骤，进一步完善了精益生产的理论体系。

2.4.2.1 精益生产的含义

精益生产是一种以最大限度地减少运营成本为主要目标的生产方式。精——少而精，不投入多余生产要素，只在适当时间生产必要的产品；益——所有经营活动有益有效，具有经济性。

2.4.2.2　精益生产的特点和核心

精益生产的特点是消除一切浪费，追求精益求精和不断改善，去掉一切不增值的岗位，精益生产的核心是精简。什么是浪费？根据丰田汽车公司的说法，凡是超过生产产品所绝对必要的最少量的设备、材料、零件和工作时间的部分，都是浪费。不增加价值的活动也是浪费，通常表现为八大浪费：过量生产、等待时间、多余的运输、过量库存、烦琐的过程（工序）、无用动作、产品缺陷以及忽视员工创造力。

2.4.2.3　精益生产的思想

精益生产首先确立一个要达到的理想状态，然后去想怎么办，马上行动；消除一切浪费；提高效率；创造价值。

2.4.2.4　精益生产的理念

第一，持续改进；成本无底线，改善无止境；成本取决于制造的方法；质量无极限，没有最好的，只有更好的；只有想不到的事，没有做不到的事。

第二，靠扩大生产规模来增加经营利润是高投资和高风险策略；提高价格会破坏市场，降低竞争力；采用降低成本策略时无须投资，回报率高；通常，成本降低10%，相当于经营规模扩大1倍。

第三，获取利润的途径是降低成本，降低成本靠的是彻底消除浪费。

2.4.2.5　精益生产的做法

（1）产品设计标准化和模块化

这样做有4个优点：一是简化；二是加快生产速度；三是减少配件的品种数，能够在较少的库存下维持较高的服务水平；四是由不同的标准模块组合成不同的产品，以满足顾客的需要。

（2）组织混流生产

一条多对象流水线上可生产多种产品，生产方式有成批轮番生产，也有混流生产。在成批轮番生产中，批量越大，在制品越多，成品库存也越多。在混流生产中，构成一个成品需要一定比例的各种零部件，若各种零部件能按其最小比例来生产，则各种零部件生产批量最小，这样使在制品最少，成品库存也最少。为了努力消除成品库存，应采取混流生产方式。

（3）减少调整准备时间（setup time）

品种转换频繁，调整准备时间突出，借鉴赛车更换车轮的做法，改变组织方法。尽可能在机器运行时进行调整准备，采用这种方法可使调整准备时间减少50%；尽可能消除停机时的调整时间，又可减少余下调整准备时间的50%；进行人员培训，像训练消防队员那样训练工人，使他们在极短的时间内完成调整准备工作。除了改变组织方法外，还可用技术方法对设备和工艺装备进行改造，如达到3分钟换模，增强机器柔性。

（4）建立多功能制造单元

制造单元就是制造单位。将不同功能的机器放到一起，增强柔性；一个工人完成多种机器操作，人尽其用；机器数按最高负荷配置；工人数按实际负荷安排U形布置，减少体力消耗，增强团体意识；开展5S活动。

（5）准时采购

向消除原材料和外购件库存方向努力，采购中不增加产品价值的活动：订货、修改订货、收货、开票、装卸、运输、质量检查、入库、点数、运转、送货等。要消除采购中的浪费，就应该选择尽量少的、合格的供应厂家，建立长期互利的合作关系。

（6）从根源上保证质量

质量是实施精益生产的保证，不从根本上保证质量，精益生产就无法保证高效实施。质量检验固然重要，但它只是手段，不是目的。高质量产品是科学生产系统生产制造出来的，影响产品质量的因素可从产品设计、制造和保证体系方面考虑。设计先天不足，后患无穷；制造工艺不科学、先进，质量保证体系不完善，单靠人的感觉、经验、小心翼翼生产是无法从根源上保证质量的。应从以上方面做文章，从根源上保证质量。例如，织布机断线提前预警、自动停机，从根本上解决断线质量问题。

（7）实施防错法

防错法就是借助一些防错原理和方法，使人们不出错或极少出错的科学方法。这种方法从根本上打破凭感觉、经验和小心翼翼工作，产品质量还是很难保证的被动局面。实施防错法可大幅度提高生产效率和产品质量，把人们从烦琐复杂的工作中解脱出来，使工作简单化。

（8）全面生产维修

先进的设备管理系统是制造型企业生产系统中最有力的保障系统之一。为了科学管理设备，在借鉴全面质量管理的基础上，人们提出了全面生产维修（TPM）制度。全面生产维修制度就是通过全员参与，以团队工作的方式创建并维持优良的设备管理系统，提高设备的开机率（利用率），增进安全性及质量，从而全面提高生产系统的运作效率。它包括全面预防性维护与全面预测性维护。

2.4.2.6 精益生产的效果

丰田公司于20世纪70年代重创美国汽车工业，使美国七成工业严重亏损。2005年，丰田一家利润为福特、通用、大众和戴姆勒-克莱斯勒的总和。精益生产主要研究时间和效率，注重提升系统的稳定性。几十年来，丰田公司经过不懈的努力和持续改进，取得如下骄人的成就：生产时间减少90%；库存减少90%；生产效率提高60%；市场缺陷减少50%；废品率降低50%；安全指数提升50%；在制品每年周转次数大于300次。世界500强统计诞生以来，虽然德国大众汽车年销售额有过两次几年时间超过丰田，但丰田年利润一直是汽车行业霸主，丰田的精益生产方式功不可没。

2.5 企业流程再造

2.5.1 流程再造的含义

流程再造又称再造工程。迈克尔·哈默（Michael Hammer）把再造工程定义为"对企业过程的根本性的再思考和重新设计，从而使成本、质量、服务和反应速度等具有时代特征的关键指标获得巨大的改善"。

2.5.2　流程再造的步骤

2.5.2.1　案情陈述

变革的必要性应以教育和交流活动的方式让公司每个员工都知道，必须清楚说明两个关键问题：

（1）变革的必要性

为何需要变革？现有程序或方法存在哪些问题？后果是什么？出现问题的原因是什么？现在能否解决这些问题？解决后带来哪些效益？拟用什么方法解决这些问题？

（2）未来展望

精益生产的一个重要理念是设计一个理想目标，然后努力奋斗。企业应掌握和预测未来行业的发展方向、工艺发展前沿和趋势、科学的工作程序和方法。目标明确，正确变革才能事半功倍。

2.5.2.2　成立再造小组

再造实际上也是一个项目，依据项目管理的科学程序，应成立一个再造小组。有组织必须有领导，选派有权威、领导水平高的组长是成功的前提条件。小组成员应由内外部人士共同组成，应考虑年龄结构、性格搭配、技术和知识组合，以及便于开展工作的因素。

2.5.2.3　确定再造流程

确定再造流程时应考虑的问题是：第一，选择进行再造流程的标准；第二，回答当前哪个流程问题最严重，哪个流程严重危及公司战略的实现，对顾客影响也最大，哪个流程最可能成功重构；第三，回答项目的范围包括什么；第四，费用有多少。

2.5.2.4　认识关键流程

流程可分为关键流程和非关键流程。认识关键流程是指理解流程，而不是分析流程。对流程的认识越透彻，流程再造就越有效率、越科学。

❖ 拓展阅读 2-1

流程优化方法

当前，不同行业和企业面临着多样化的业务需求和挑战，这促使了多种流程优化方法的出现和发展。这些方法各有侧重，旨在帮助企业更有效地提升运营效率、降低成本，并增强竞争力。一些较为常见的流程优化方法见表 2-1。

ESIA 分析法是当前绝大多数企业在进行流程再造或流程优化时的首选方法之一。ESIA 是由 4 个英文单词的首个字母组成而来，分别是指：

E（eliminate）——消除，主要是指消除企业现有流程中非增值部分的活动，如生产过程中反复的加工检验、不必要的运输、重复的活动等。

S（simplify）——简化，是指在消除了非增值部分的活动后，对剩下流程过程中还存在的冗余的部分或活动进行简化，如可以对流程中复杂或反复的审批节点、烦琐的步骤程序进行删减等。

表 2-1 常见流程优化方法

名称	内容	主要应用行业或场景
ESIA 分析法	是一种常用的流程优化方法,包括4个核心步骤:消除(eliminate)、简化(simplify)、整合(integrate)、自动化(automate)	一般被用于各类型的企业,特别是那些希望通过系统化方法消除浪费、简化流程、提高效率的制造企业、服务企业和金融企业
PDCA 循环法	是一种持续改进的管理方法,通过4个连续的步骤,计划(plan)、执行(do)、检查(check)、行动(action),实现流程的持续优化和改进	主要被用于新流程的建立和改进。一般被用于各类型的企业,特别是那些需要持续改进和优化流程的企业,如制造业、服务业、医疗行业等
SDCA 循环法	是一种用于维持和改进现有流程的管理方法,特别适用于已经建立了标准化流程的企业。它的目的是通过持续的标准化(standardization)、执行(do)、检查(check)、行动(action),确保流程的稳定性和一致性,从而提高效率、降低成本并防止问题的发生	主要被用于现有流程的维持和改进,确保流程的稳定性和一致性。一般被用于需要稳定和改善流程的企业,特别是服务行业
DMAIC 改进法	是六西格玛管理中流程改善的重要管理方法,通过定义(define)、测量(measure)、分析(analyze)、改进(improve)、控制(control),降低流程中的变异性,提高产品质量和客户满意度	多被用于需要严格控制质量和降低变异性的制造业、医疗行业和服务业
ECRS 分析法	是一种流程优化方法,包括取消(eliminate)、合并(combine)、重排(rearrange)、简化(simplify)4个步骤	一般被用于制造业、服务业、物流等领域需要优化流程的企业

I(integrate)——整合,是指对分解的流程或者相似的步骤进行整合。例如,对流程中某些工作内容重合度高的岗位进行整合优化,以使流程顺畅、便捷,提升整个流程的效率。

A(automate)——自动化,是指利用信息技术等手段替代传统人工,减少流程过程中人工参与的环节,使用预定好的规则实现活动过程中的自动化,从而提高流程运转效率。例如,在一些审批环节,使用预定好的规则由系统自动校验审批,从而减少人工审批的环节。

资料来源:程淋. 共享服务中心下CG集团报账流程优化研究 [D]. 大连:大连海事大学,2024.

2.5.2.5 流程创造设计

流程再造要求一切重来,抛弃原有的规则、程序和价值观。常用的创意思考方法有:

（1）测定基准法

测定基准法是借助一定的方法和工具，测算、确定先进目标值，把它作为再造工作的奋斗目标。例如，将那些出类拔萃的企业作为测定基准点，赶上或超过它们。

（2）零基思考法

零基就是从零开始，重打锣鼓另开张，在重新设计流程过程中忽略现有流程的存在，而从所期望的目标出发，重新思考并设计流程。

（3）价值链分析法

价值链分析法是在分析企业流程及流程中活动对价值的贡献后再设计流程。企业流程中有3种活动：增值活动（使产品具有实用价值的工作）；非增值活动（不创造价值的活动）；无效活动。

（4）改善心智模式

改善心智模式，即改善那些植根于我们心中、影响我们如何采取行动的许多假设、成见或印象。我们要打破创新性思维的障碍，思维定式是一大障碍，如有笼必有鸟——心理图式、狗鱼思维——拒绝变化、阿西莫夫的智商——惯性思维、猴子实验——群体惯性、失去的金子——习惯思维等。

2.5.2.6 实施流程再造后的工作

流程再造后要总结经验教训，分析成功的地方，将其标准化、程序化；将存在的缺陷和暂时无法解决的问题留给以后解决，作为下次流程再造的对象。

❖ **案例窗 2-1**

三维可视化货位管理

医药三维可视化货位管理是一种利用三维技术实现医药仓库的智能化、可视化管理的方法。三维建模和可视化技术将仓库的货位、药品、设备等进行数字化建模，实现对仓库的实时监控、数据分析和智能管理。

1. 三维建模

利用三维建模技术，对仓库进行数字化建模，包括货架、药品、设备等，建立三维仓库模型，通过模型可以直观地了解仓库的结构、布局和设备配置等情况。

2. 可视化监控

这是指通过三维可视化技术，实现对仓库的实时监控。管理人员可以通过监控画面，实时查看仓库内的药品存储情况、货位使用情况、设备运行状态等，提升监控效率和准确性。

3. 数据分析

这是指通过分析三维仓库模型中的数据，可以对仓库的运行状态、药品的库存情况、设备的运行效率等进行数据分析。分析结果可以为决策提供数据支持，优化仓库的管理策略。

4. 智能管理

三维可视化和数据分析结果可以有助于实现智能化的仓库管理，如根据药品的库存情况，自动生成补货计划；根据设备的运行状态，进行预防性维护和保养等。智能化管理可以提升仓库的管理效率和作业准确性。

5. 集成管理

这是指与其他的仓储管理系统、物流系统等集成，实现数据的共享和交换。集成管理可以更好地整合资源、优化流程，提高整个仓储和物流系统的运行效率。

医药三维可视化货位管理可以实现仓库的智能化、可视化管理，提升仓库的管理效率和作业准确性。这种管理方法有助于降低库存成本、减少人工干预、提高物流效率，增强企业的市场竞争力，还可以为企业的战略决策提供数据支持，帮助企业实现可持续发展目标。

资料来源：李彩梅. SC医药公司仓储管理智能化升级研究［D］. 南昌：南昌大学，2024.

❖案例窗2-2

贵阳市某二甲医院门诊服务流程再造

一、门诊服务问题分析

患者可以自主选择就诊的时间，导致很可能在某个时间段拥有较多的患者。通常，大约有2/3的患者选择在上午就诊，在上午就诊病患中有60%选择在9点到11点之间来就诊；大约有1/4的患者选择在下午就诊；不到1/5的患者选择晚上就诊；剩余患者就诊时间通常在中午。这样一天中会出现若干就诊高峰期，但是医院并没有根据高峰期采取相应的措施来疏导患者，导致在这些时间段，就诊、取药以及收费等环节积累了大量患者。门诊是医院的核心组成部分之一，其就诊压力更是非常大。门诊通常拥有较低满意度，究其原因，其流程设计缺乏合理性，并且不具有较高的服务效率（如图2-1所示）。在这种情况下，患者在就诊过程中通常存在的问题表现在如下方面：第一，挂号、收费时间较长；第二，候诊、取药时间较长；第三，就诊时间较短，存在大量就诊患者，导致服务质量降低。在这种情况下，门诊必然影响医院服务质量。为此，需要对当前门诊模式进行调整，确保在服务过程中以患者为中心，患者能够获得高水平就诊服务，减少患者在挂号、缴费、取药这些窗口所浪费的时间。同时，医院应当增加各窗口的服务时间，形成清晰的门诊就诊流程图，让患者了解整个就诊过程；在门诊流程图基础上对相关环节数据进行采集，以此来分析哪些因素对就诊时间产生影响。

二、门诊服务流程再造

该医院门诊服务流程再造前的流程图如图2-2所示。流程再造主要解决的问题有减少患者无效等待时间、增强医院布局合理性、进行更加科学合理的资源配置、听取专家意见、提升服务主动性、建设门诊患者接待中心、增加预约挂号模式以及实现一站式服务等。改进业务流程的具体措施如下：

（一）预约挂号

对传统挂号模式进行调整，形成预约挂号模式。通常，上午拥有更多的门诊业务，为此，可以设置相关预约模式，用以对高峰期患者进行有效的分流。各患者的预

```
┌──────────┐
│  门诊患者  │
└────┬─────┘
     │
     ▼
┌──────────┐
│   挂号    │
└────┬─────┘
     │
     ▼
┌──────────┐                                    ┌──────────┐
│   就诊    │◄───────────────────────────────────┤          │
└────┬─────┘                                    └────▲─────┘
     │          ┌──────────┐                         │
     ├─────────►│   出院    │                         │
     ▼          └──────────┘                         │
┌──────────┐                                         │
│   处方    │                                         │
└────┬─────┘                                         │
     │                                               │
     ▼                                               │
┌──────────┐    ┌──────────┐    ┌──────────┐         │
│  划价收费  │───►│  检查单   │───►│  辅助检查  │─────────┘
└────┬─────┘    └──────────┘    └──────────┘
     │
     ▼
┌──────────┐
│   取药    │
└────┬─────┘
     │
     ▼
┌──────────┐
│   离院    │
└──────────┘
```

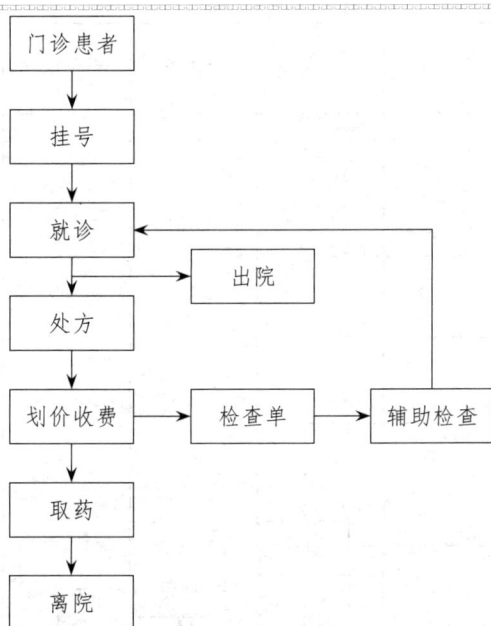

图2-1　门诊服务流程再造前的流程图

约手段有多种，如电话、网络等，减少患者无效等待时间；同时，让医院结合预约时间来对医疗资源进行配置，让医院和患者之间更加协调。

（二）患者接待中心

建立门诊患者接待中心，主要提供咨询服务、预约挂号服务、信息收集服务以及卫生宣传教育服务等。接待中心主要结合门诊流量来提供相应的服务。若不具有较大的流量，则选择一部分人员在门诊大厅值守，另一部分人在门诊工作区进行引导以及提供服务，将常见病等引导到门诊部门就诊，疑难病则引导到专家门诊就诊，以此来进一步实现分流，让医院资源配置最优化。

（三）一站式服务

一站式服务（one-stop service）可以简化服务流程，对若干服务项目进行集成，综合各项服务，以此来让病人在最短的时间内获得最高效的服务。客户关系管理理论主张为客户提供个性化服务，即在门诊服务提供过程中确保患者能够获得一站式服务，主要新建设预约岗位、分诊岗位以及咨询岗位等，围绕患者提供相应的服务，确保患者获得高质量服务。经过门诊服务的改造，体检中心不仅布局和外观得到调整，使其让人感到温馨舒适，而且融入一站式服务中，让体检者在本科室内完成所有体检项目，提高了体检效率，观念逐渐由以医疗为中心的转变为以患者为中心。体检中心还增设了团体优惠政策、体检流程图、体检须知、体检标识、团体预约体检以及体检后续服务，从一定程度上提升了服务质量和服务效率。

（四）改善门诊各科室布局

门诊改造着重将服务项目集中到一起，统一建立起独立的门诊体系。例如，将皮肤科、儿科等科室以及出诊期间的门诊医师均划分到门诊进行统一管理，并将划价收费、药房等服务性部门统一在各楼层显眼的位置设立一个一体式综合性窗口。急诊科

患者	患者接待中心	挂号员	门诊医生	收费员	医技科室	中西药房	各治疗科室

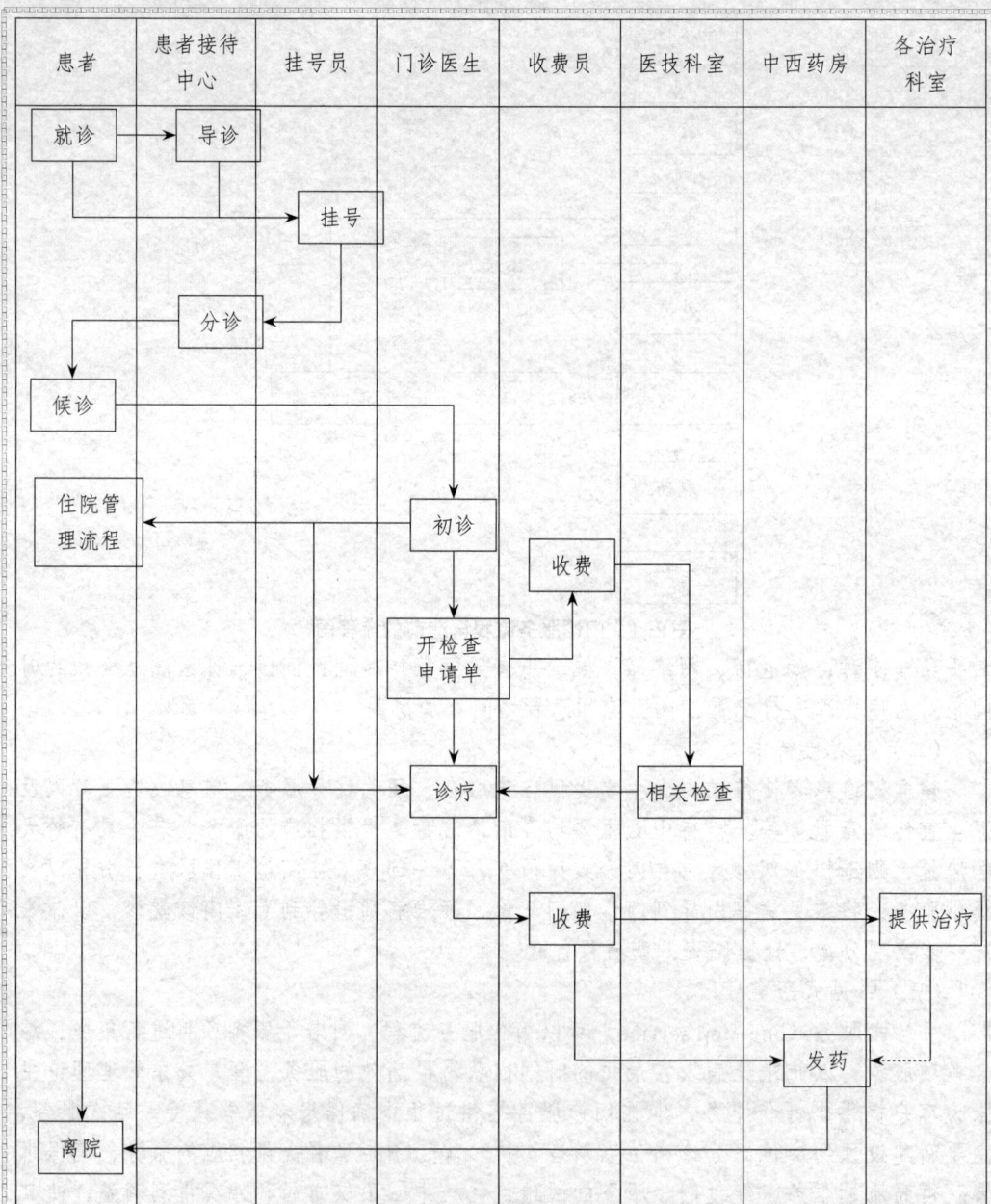

图2-2 门诊服务流程再造后的流程图

室独立设立收费、挂号、药房等措施，使得门诊服务更加便捷高效，真正做到分科、分层精细化管理，切实解决病患候诊、排队时间长的问题。

（五）采用信息管理系统

医院设立一卡通服务，改造门诊收费流程，提高工作效率，简化问题，实现流程化、定量化、信息化管理，缓解门诊拥挤、排队时长等问题。借助"一卡通"系统，医院准备在各个科室同时建立起门诊自助挂号服务和多媒体查询服务，患者可以随时通过"一卡通"查询到自己的医院、科室、医疗费用等详细情况，并进行服务满意度评测，为患者提供便利。

资料来源：孙燕. 贵阳市某二甲医院服务流程再造研究［D］. 贵阳：贵州大学，2015.

案例窗2-3

❖ 拓展阅读2-2

价值工程

一、价值工程的产生与发展

价值工程起源于美国通用电气公司。第二次世界大战期间，该公司的设计工程师劳伦斯·戴罗斯·麦尔斯（Lawrence Delos Miles）为了解决采购上的困难，从分析物品的功能入手来寻找代用品，取得了很大的成功。这个经验就是如果得不到所需的物品，可以想办法获得它的功能，即寻找具有同样功能的其他物品来代替。由于麦尔斯这种分析问题和解决问题的方法正确，故在他担任采购工作期间，既解决了采购上的种种困难，又能在保证产品质量的前提下降低成本，为公司带来了显著的利益，引起了各方面的重视。

第二次世界大战后，通用电气公司又对自由竞争的形势作了预测，认识到设计和生产物美价廉的产品的必要性和可能性，因而开始建立能够达到这一目的的技术体系。这个任务主要由麦尔斯及其同事承担。麦尔斯认为，要设计出物美价廉的产品，就必须认识到用户需要的不是产品本身，而是它的功能，而且是按照功能的必要程度来支付相应的金额的，所以，必须以功能为中心，深入研究用户对产品的功能要求，以此作为设计的基础。这样，设计物美价廉的产品的问题就变成了以最低费用来提供用户所需要的功能的问题。麦尔斯对功能进行了科学的研究，创立了功能分析的方法，解决了功能的定量度量等重要问题。他还指出，产品价值低的原因在于人，因此，应把负责功能方面的技术部门和负责成本方面的经济部门联合起来，有效地运用有关信息来提高产品的价值。他们还从新材料、新工艺的角度来分析以前的产品，改进设计。结果，在不损害甚至提高产品质量的情况下，大部分产品都降低了成本。1947年，麦尔斯比较系统地总结出一套在满足用户对产品功能要求的前提下降低成本的科学方法，称为价值分析（value analysis，VA）。后来，美国军事相关部门将价值分析用于国防工业，又命名为价值工程。

价值工程迅速发展，首先在于它能获得显著的经济效益。例如，通用电气公司在推行价值工程的头17年中，价值工程投资费用为80万美元，但节约额超过了两亿美元。美国一家飞机公司在1960—1974年由于实施价值工程而一共节约了1.5亿美元。此外，该公司仅在1978年就有4 000人参加了价值工程活动，提出后并被采纳的改革方案多达8 714件，平均每件提案可节约81 786美元，年节约额超过1亿美元。国外统计数字表明，实施价值工程通常都能获得比价值工程投资高出 10 倍、20 倍以上的经济利益。

价值工程迅速发展，还在于它有广泛的应用领域。价值工程的原理和方法具有很强的通用性。它既适用于物资材料采购部门，也适用于工程设计部门、制造（施工）部门乃至开发研究部门；既适用于普通机械、电子、造船、飞机、车辆等产品制造工程，也适用于建筑、化工、能源乃至航天等较大系统的工程；既适用于民用工业，也适用于国防工业等领域。

我国于 1978 年公开介绍价值工程，1979 年下半年有少数企业开始应用。由于经济效果显著，价值工程引起了许多部门的重视。此后，其在我国迅速普及和发展。

二、价值工程的基本概念

价值工程的目的是提高产品或系统的价值，即保证实现它的必要功能，努力降低其总成本。价值工程的核心是对产品或系统进行功能分析，即研究它的功能与成本之间的关系，考察功能的必要性，识别并指出消除不必要成本的途径。价值工程从本质上说是一门科学管理方法，即研究如何组织各方面的人才，建立合理的工作体系，发挥集体的智慧和创造才能，以有效地提高产品或系统的价值。

系统是指价值工程的研究对象。它可以是某一建筑系统、能源系统、设备系统、武器系统或某项作业、服务事业、规章制度等。要理解上述提法，应明确如何衡量、评价产品或系统价值的概念——价值原理。在价值工程中，价值原理的定义为：

$$V=F/C$$

式中：V 表示价值指数；F 表示功能评价值；C 表示总成本。功能评价值是指产品或系统必要功能的价值量。它表示产品或系统最满足社会需要的程度。当它可用货币表示时就是"保证实现产品或系统必要功能的最低总成本"。所谓必要功能，就是既不降低产品或系统的质量，也不提供社会不需要的过剩功能。总成本是指包括产品或系统的研制、生产、交换、使用直至报废处理的全部费用，即生命周期成本。价值指数是指产品或系统给企业和社会带来的实际经济效益。它是产品或系统的功能（质量）与成本的综合反映，可以据此衡量和比较产品或系统（功能）的价值。

三、价值工程的含义

价值工程在保证可靠地实现产品或系统必要功能的前提下，力求使其总成本最低，是一种提高分析对象价值的科学管理方法。从价值工程活动内容的重点来看，它是运用有组织的集体智慧，通过对分析对象的功能和费用的分析，力求以最低的生命周期成本可靠地实现分析对象的必要功能。对于产品来讲，价值工程通过各种手段，提高其使用价值，降低其生命周期成本。对价值工程活动内容概述如下：

（一）分析产品时着眼于生命周期成本

所谓生命周期是指一个产品从构思、设计、制造、流通、使用直到报废为止的整个时期。可见这里指的是产品的生产和使用生命。

（二）着重于功能分析

价值工程分析产品，首先不是分析它们的结构，而是分析产品的功能，在分析功能的基础上再去研究、选择结构。价值工程要求产品首先具有合理的功能构成，如果功能上不合理，结构越好越是不合理的。产品功能可以分为以下几种：

1. 按功能的重要程度划分

（1）基本功能，是产品的主要功能，是产品得以存在并被生产的主要依据，也是用户购买它的主要原因。一种产品如果不能实现它应当具备的基本功能，该产品就失去了存在的价值。

（2）辅助功能，是除了产品的基本功能之外的功能，出于各种原因附加给产品的功能，有时是为了更有效地实现基本功能，有时是为了便于加工，有时则是出于竞争的需要等。辅助功能同基本功能相比，是第二位的，起辅助作用，但又是必要的。例如，手表的防锈、防水、防震、防磁等附加功能是辅助功能。

2. 按功能的性质和特点划分

（1）使用功能，是产品在应用中所提供的功能，多表现为内在的质量、性能指标。有些产品只要求使用功能，不要求美学功能，如矿产资源、能源以及其他无需外观要求的产品。

（2）美学功能，是为了满足用户对美学性质的要求所提供的功能，多表现为外在的质量、性能指标。有些产品以提供美学功能为主，如工艺美术品、装饰品等。但是，大多数产品要求使用功能和美学功能二者具备，尤其是同人民生活有密切关系的产品，像家用电器、纺织品、民用建筑等。

（三）可靠地实现必要功能

所谓必要功能，就是为了满足用户需求不可少的功能，对这部分功能必须保证充分可靠地予以实现。

相对于必要功能的则为不必要功能。不必要功能即并非用户所要求的功能，也不是为了更好地实现基本功能等原因所必须附加的功能，而是生产者或设计者由于情报不明凭主观猜测附加给产品的功能。不必要功能的存在，势必产生不必要的费用，这不仅会增加用户的经济负担，还会造成社会资源的浪费。

（四）提高价值工程的途径

以企业生产的产品为例，产品的价值是产品功能与其生命周期费用的比值，其中，功能指满足要求的能力，即使用价值；产品生命周期费用指产品设计、制造、储存、销售、使用、维修、报废处理等全部费用，或称总费用。

因此，提高产品价值的途径有：第一，在不改变产品功能的情况下降低产品生命周期费用；第二，在保持产品原有生命周期费用的情况下提高产品功能；第三，既提高产品功能，又降低产品生命周期费用；第四，产品生命周期费用有所提高，但产品功能有更大幅度的提高；第五，产品功能虽有降低，但产品生命周期费用有更大的降幅。

四、价值工程的活动步骤和计划程序

价值工程的活动步骤各国不尽相同，但思路是一致的，都是按照以下 7 个问题的顺序逐一作出相应的活动：第一，它是什么？第二，它的功能是什么？第三，它的成本是多少？第四，它的价值是多少？第五，哪些方法能实现这个功能？第六，新方案的成本是多少？第七，新方案能满足要求吗？如果经过工作，对上述7个问题都作出了完满的回答，那么我们的工作就可以被称为价值工程活动。

资料来源：[1] 韩荣. 价值工程 [M]. 北京：科学普及出版社，1987：2. [2] 蔡美德. 价值工程 [M]. 广州：广东科技出版社，1985：1-20.

素养园地

通过节能高效实现绿色低碳生产

党的二十大报告指出："我们坚持绿水青山就是金山银山的理念，坚持山水林田湖草沙一体化保护和系统治理，全方位、全地域、全过程加强生态环境保护，生态文明制度体系更加健全，污染防治攻坚向纵深推进，绿色、循环、低碳发展迈出坚实步伐，生态环境保护发生历史性、转折性、全局性变化，我们的祖国天更蓝、山更绿、水更清。"

浙江嘉名染整有限公司是一家专注于生态型、功能性、差别化、多组分混纺纤维针织面料，集织造、染整、印花和后整理为一体的研发与生产型的高新技术企业，2022年被浙江省经济和信息化厅认定为"省级绿色工厂"。其实现绿色低碳生产的亮点有如下几点：

一、引入先进生产设备推进绿色制造

该公司采用生态型、多功能、低浴比、超低能耗染色机，其是连续式少水低能智能煮漂洗一体机，实现清洁生产、降耗减排。引进数字控制定型机设备，实现定型数字化智能变频控制，优化定型工艺，实现最佳状态生产。技改高效数码印花替代传统机印，同时技改数码印花短流程多层节能烘房，实现节能50%以上，嘉名吨布综合能耗为0.74吨标煤，低于准入条件1.1吨标煤32.7%，更优于《针织印染面料单位产品能源消耗限额》先进值水平1.0吨标煤26%。此外，该公司采用中央集控系统、配方管理系统，让生产集成化、智能化，提高染色一次成功率。

二、展节能技改，实现低碳转型

该公司采取高效能电机、数字化能源三级计量、染色机陶瓷复式保温、废水余热回用、变频控制、染化料助剂自动输送等措施来实现节能；定型机采用天然气直燃和中压蒸汽技术，减少能源在转换环节的损耗，提高能源利用效率20%以上。该公司采用超低能空气悬浮风机和陶瓷柱塞式污泥节能泵，实现污染治理节能又减量。工厂太阳能光伏配置规模为1.3兆瓦，企业装置功率为4 600千瓦，年发电量约为100万千瓦时，光伏容量占企业装置容量的28.3%。

三、改进污染治理技术，推动生产洁净化

该公司深度实施中水回用，首批实现污水零直排。废水排放、定型废气治理设施工况实时在线监测联网，获得排污许可证后监管100分。吨布废水排放量为55.5立方米，较《绿色设计产品评价技术规范 针织印染布》（T/CNTAC 40—2019）基准值70立方米/

吨布低21%。

资料来源：嘉兴市工商联．【浙江绿色制造典型案例】嘉名染整：通过节能高效实现绿色低碳生产［EB/OL］．（2024-05-10）［2025-03-10］．https://www.jiaxing.gov.cn/art/2024/5/10/art_1557741_59640473.html.

本章小结

第一节介绍了生产运作战略的含义与作用，即生产运作战略是指根据企业各种资源要素和内外环境的分析结果，对与生产运作管理及生产运作系统有关的基本问题进行分析与判断，确定总的指导思想及一系列决策原则。生产运作战略的作用是企业总体战略成功的保证，影响企业竞争力。

第二节阐述了现代企业的生存与发展环境具备的经济全球化、技术进步加速、基于时间的竞争和环境问题日益突出4个新的特征；现代企业产品面临生命周期明显缩短、产品品种越来越多、产品成本结构发生变化和交货期越来越短4个特点。

第三节介绍了生产运作战略主要包括3个方面内容：生产运作的总体战略，产品或服务的选择、开发与设计，生产运作系统的设计策略。

第四节论述了精益生产是一种以最大限度地减少运营成本为主要目标的生产方式。其核心思想是首先确立一个要达到的理想状态，然后去想怎么办，马上行动；消除一切浪费；提高效率；创造价值。其科学理念是持续改进；成本无底线，改善无止境；成本取决于制造的方法；质量无极限，没有最好的，只有更好的；只有想不到的事，没有做不到的事。其做法是产品设计标准化和模块化、组织混流生产、减少调整准备时间、建立多功能制造单元、准时采购、从根源上保证质量、实施防错法和全面生产维修8种。

最后一节介绍了流程再造的含义，即对企业过程的根本性的再思考和重新设计，从而使成本、质量、服务和反应速度等具有时代特征的关键指标获得巨大的改善。流程再造常用的创意思考方法包括测定基准法、零基思考法、价值链分析法和改善心智模式。

关键术语

生产运作战略（strategy of production and operations）　流程再造（process reengineering）　精益生产（lean production）

基本训练

❖ 简答题
1.什么是企业的生产运作战略？说明它与企业经营战略之间的关系。

2.企业如何制定生产运作战略？生产运作战略的竞争要素有哪些？它们之间的相互关系如何？

3.什么是产品战略？如何选择新产品？

4.生产运作战略的竞争因素是什么？

5.如何制定企业的生产运作战略？

6.简述生产运作战略实施的步骤。

7.循环经济中的3R的含义是什么？

8.价值工程有何用？怎样在生产运作管理中运用？

9.流程再造中可用的理论和方法是什么？

10.价值工程法如何在流程再造中运用？

11.在制造业中如何实施循环经济？

12.精益生产的含义是什么？有何理念？

13.丰田成功生产运作战略的启示是什么？

14.我国企业与丰田公司的差距有哪些？

第3章　设施选址

学习要点评级

1. 选址的重要性和难度（★★）
2. 影响选址的因素（★★★★★）
3. 选址的原则（★★）
4. 量本利分析法（★★★）
5. 评分法（★★★★★）
6. 运输模型法（★★★★★）
7. 仿自然法（★★★★★）
8. 直角坐标法（★★★★★）

❖ 引　例

小米如何打包线下门店

小米在线上、线下进行了一次次整合，从用互联网的方式做手机到如今人气爆棚的品牌旗舰店，小米持续开拓线下市场，2019年店铺已突破6 000家。2024年11月18日，小米集团发布2024年第三季度业绩公告，截至2024年9月30日，小米中国线下零售店数量超13 000家。

经历了2015年业绩下滑灰暗时期后，小米开启了以小米之家为核心的线下新零售转型。线下快速扩张，门店覆盖超过300个城市。而相较于门店数量，小米将重要精力放在了体验质量上。小米在深圳、南京、武汉、西安等开设了小米之家旗舰店，这些旗舰店坐落于人流量密集的繁华商圈，门店面积庞大，引入智能家居体系。

小米之家的线下战略不仅仅是为了卖货，更重要的是通过领地战略进一步提升小米和米家生态链的品牌形象。

小米的开店新逻辑如下：

（1）偏爱客流，客群精准也重要。小米部署于购物、休闲娱乐等人流更加密集、体验更加丰富的大型购物中心或者商业中心。这对于任何品牌店来说都是更优选择。小米要的是人流，其低毛利决定了需要高人流，这是小米选址因素之一。留心观察过小米之家的人，很容易发现一个有趣的现象：很多小米之家开在星巴克、无印良品和优衣库周围。小米的用户和优衣库、星巴克、无印良品的用户高度重合，因此，小米确定了和这3个品牌对标开店的选址策略。此外，这3个品牌所在的位置，人流通常比较密集，流量为店铺坪效提供了支撑基础。

（2）手机店也变得很好"逛"。现在的小米店铺不只卖手机，还有许多其他产品，如毛巾、插排、灯具等，包罗万象，就像是"杂货铺"。从客户需求强弱判断，"杂货铺"和手机店相比，显然"杂货铺"更容易吸引消费者，更容易让消费者到里面逛上一逛。你可以想象，一家店只卖手机，而另一家什么稀奇古怪的都卖，并且性价比还很高，如果你不是一定要买手机，铁定会选择那间"杂货铺"。

（3）品牌标签化。小米在自家品牌店的设置上很注重店铺设计和品牌调性的结合，店内布置原木表面的展台，配合纯白色框架，整洁的墙面设计，展现了小米时尚生活体验店风格。简单来说，小米通过在建筑改造、装修、主题设计上的一些创意，想要把手机品牌店打造成年轻人的一种生活方式。客户都愿意来店里看看，人流量也多了，销售也就解决了。这样的需求之下，这些位于闹市核心地段、设计考究、精雕细琢的品牌店就是小米对外展示品牌形象的一张名片。小米的成功已经为想开店却无从下手的人铺了成功示范的路，那么具体门店如何开启？又如何运营？怎么壮大呢？项目成功的关键有3个条件，那就是选择地址、选择地址，还是选择地址。

资料来源：铺先生. 门店选址案例小米是如何打包线下门店！［EB/OL］.（2021-08-19）［2025-03-10］. https://www.sohu.com/a/460227194_100082237.

3.1 选址的重要性与难度

3.1.1 选址的重要性

选址是生产运作战略的一部分，是取得竞争优势的重要条件。选址正确与否直接影响企业成败，尤其是商业企业。选址不佳好比人的先天不足，后患无穷，建成后很难改变其先天不足，往往导致投资回报率低、成本高、营业额少和难吸引人才等弊端，严重影响企业竞争力，甚至无法经营下去。据估算，商业经营是否成功，选址占70%，经营和推广等只占30%。西方国家服务行业流行这句话："Location, Location, Location."

3.1.2 选址的难度

选址需要考虑的因素有很多，是多目标规划问题。

首先，这些因素常常是互相矛盾的，如接近顾客的地方往往不接近原材料产地，运输方便的地点地价高，劳动力成本低的地方往往很难吸引优秀人才。

其次，不同因素的相对重要性很难确定和度量，不同部门的利益不同，所追求的目标不同，各部门的利益也很难兼顾。

再次，不同类型的企业考虑的因素也不同，各因素的重要程度因企业、决策者和时代而不同，如工业选址考虑重点是成本（生产成本和运输成本），服务业选址考虑重点是销售收入。

最后，其具有动态性，随时间变化，现在认为是好的选址，过几年可能就不一定；反之亦然。

3.2　设施选址的影响因素与原则

3.2.1　设施选址的影响因素

设施选址根据范围和程序可分为两个层次：一是选择国家或地区；二是选择具体位置（在哪个地点）。设施选址根据多少可分为两种类型：一是单一设施选址；二是在现有的设施网络中布置新点。层次不同、类型不同，考虑因素和选址的方法也有所不同。通常设施选址的考虑因素为政治因素、经济因素、社会因素和自然因素，具体应考虑三个层次的影响因素：

3.2.1.1　选择国家

在选择国家决策时，应考虑国家之间的关系，尤其是投资国和东道主两国之间的关系好坏、敌对国与东道主国的关系好坏等因素；计划投资处所在的国家政局是否稳定；政府与投资项目有哪些相关法规，是限制还是鼓励发展；汇率高低、变化幅度和汇率风险如何；打算投资的地方有何特殊民族文化、对所经营产品有何影响等因素。

3.2.1.2　选择地区

进行地区决策时，应考虑顾客特点、市场大小和远近距离；行业环境情况，竞争是否激烈，退出和进入的障碍如何等；生产成本及运输成本有多大；基础设施是否齐全，交通、医疗、入学和购物等是否便利；劳动力资源成本与供应状况如何；供应商（原材料）多少和远近距离；环境保护的有关规定是否有利于生产；政治、政策、法规因素；气候环境是否有利于生产与吸引人才等。

3.2.1.3　选择具体位置

选择具体位置时应考虑的因素有可扩展性、地质情况和周围环境。应详细考察地点的尺寸和成本；具体的交通运输状况，铁路、公路、水路及公交线路情况；给水系统和排水系统能力如何；可供新建设施的空间（企业扩大后的相应设施）有多大，能否满足未来的扩大需要；工程费用高低；教育情况，幼儿入托、学生上学情况是否可接受；医疗和娱乐设施能否满足需求等因素。

3.2.2 设施选址的具体原则

3.2.2.1 产品型企业选址的原则

在选址时，要考虑是接近原材料供应地还是接近消费市场。

下述情况的企业应该接近原料或材料产地：第一，原料笨重而价格低廉的企业，如砖瓦厂、水泥厂、玻璃厂、钢铁冶炼厂和木材厂等；第二，原料易变质的企业，如水果、蔬菜罐头厂；第三，原料笨重，产品由原料中的一小部分提炼而成的企业，如金属选矿和制糖行业的企业；第四，原料运输不便的企业，如屠宰厂。

3.2.2.2 市场区域型企业选址的原则

下述情况的企业应该接近消费市场：第一，产品运输不便，如家具厂、预制板厂；第二，产品易变化和变质，如制冰厂、食品厂；第三，大多数服务业，商店、消防队、医院、中小学校等。

3.2.2.3 连锁服务型企业选址的原则

连锁服务型企业应遵循避免过度分散、适当重叠的原则。古语说："一步差三市。"开店地址差一步就有可能差三成的买卖。服务型企业多数应遵循聚客点原则。生意越聚越火（汽车加油站服务除外），购物中心、各种专业市场均是良好的营销地点。

此外，小型服务业也可采取截流与跟进原则。如我们经常看到一条街道一边是麦当劳，另一边是肯德基；一个大型超市门口，麦当劳和肯德基一左一右，像个忠诚卫士，守护在大门旁。这就是肯德基采取的跟进策略。印度尼西亚本土快餐店采取截流原则，在客流经过麦当劳之前设店，也取得成功，因为麦当劳在选择店址前已作过大量细致的市场调查，挨着它开店不仅可省去考察场地的时间和精力，还可以节省许多选址成本。

3.3 设施选址的评价方法

设施选址的评价方法有很多，常用的有 10 种方法，即量本利分析法、评分法、重心法、运输模型法、引力模型法、仿自然法、直角坐标法、平衡点法、仿真法、求导数法等。此外，技术经济学或财务管理中的方案评价方法均可使用，因篇幅所限这里不一一介绍，只讲几种常用选址方法。

3.3.1 量本利分析法（盈亏平衡分析）

在量本利分析法下，总成本函数为：

$$TC = F + VQ \tag{3-1}$$

式中：TC 为总成本；F 为固定成本；V 为单位可变成本；Q 为销售量（产量）。

【例 3-1】可选地址有 3 个区域（A、B、C），其固定成本分别为 30、60、110 万元，单位变动成本分别为700、400、200元，估计年销售量为2 000件。要求：计算在哪个区域建厂合适？

【解】3个区域总成本函数分别为：

$TC_A=F_A+V_AQ=300\ 000+700Q$

$TC_B=F_B+V_BQ=600\ 000+400Q$

$TC_C=F_C+V_CQ=1\ 100\ 000+200Q$

解得区域A和B交点E为$Q=1\ 000$件，区域A和C交点F为$Q=1\ 600$件，区域B和C交点G为$Q=2\ 500$件。预计销售量为2 000件，在点E和G之间，B方案成本最低，因此，应选B区域建厂。若销售量小于1 000件，应在A处建厂；若销售量大于2 500件，应在C处建厂（如图3-1所示）。

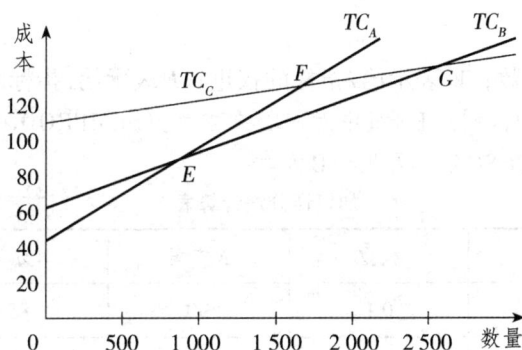

图3-1 量本利分析法

3.3.2 评分法

3.3.2.1 简单评分法

在应用简单评分法时，选址只考虑燃料可获性、水源供应充足程度、劳动力供应情况、生活条件、运输灵活性及前景、环境保护法规、税收稳定性7个重要因素，其他因素忽略不计。

【例3-2】有关资料参见表3-1，每个因素设定一个最高值，专家据此打分。经计算和比较，B方案为最佳方案。

表3-1 简单评分法计算表

选址因素	最高分数	A方案	B方案	C方案
燃料可获性	300	200	250	220
水源供应充足程度	100	80	90	80
劳动力供应情况	250	220	200	200
生活条件	150	120	120	100
运输灵活性及前景	200	160	160	140

续表

选址因素	最高分数	A方案	B方案	C方案
环境保护法规	150	130	140	130
税收稳定性	100	80	70	70
总　分	1 250	990	1 030	900

3.3.2.2　加权评分法

这种方法与第一种方法不同，直接给出重要程度比重，每项指标满分可以是100分，也可以是其他数值，如10分等。经过专家对各项指标打分，然后考虑权重计算总分，分数最高的为最佳方案。计算公式为：

$$S=\sum W_i F_i / \sum W_i \qquad (3-4)$$

式中：S表示总分数；W_i表示第i指标的权重；F_i表示第i指标的评分值。

【例3-3】承例3-2，利用Excel中对应相乘求和（SUMPRODUCT）公式，计算结果见表3-2。B方案得最高86分，因此选B方案。

表3-2　　　　　　　　　　加权评分法计算表

选址因素	权重	A方案	B方案	C方案
燃料可获性	0.1	90	85	95
水源供应充足程度	0.2	80	90	80
劳动力供应情况	0.1	70	90	80
生活条件	0.1	90	95	80
运输灵活性及前景	0.2	80	85	90
环境保护法规	0.2	90	80	85
税收稳定性	0.1	85	80	75
总　分	1.0	83.5	86	84

❖ 拓展阅读3-1

综合评分法

简单评分法和加权评分法虽然简单，但也存在一些问题，对可定量化的指标如何打分更客观、科学是评分法的关键所在。陈志祥在《现代生产与运作管理》中提供了一种比较好的综合评分法中的评分方法——多指标评价方法。

该方法通常是把多指标转换为单一指标，再根据得分判断方案的优劣，关键是如何转换更科学合理。我们在该方法的基础上进行一些修正，力求使其更有效、科学合理。一是设立方案入选门槛，提高评比效率；二是设立理想值，使方案得满分更合理；三是按比例打分，已入选的方案至少得60分，而不是零分，最大限度减少打分过程中的人为因素。

【例3-4】某人计划购买住宅，设有4个入选方案（A、B、C和D），考虑的指标假设只有4项，即距单位距离、房屋面积、价格和环境。这4项指标的权重见表3-3。环境是定性指标，4个方案分别是中、中、一般和好。一般是可接受的环境，对应的分值分别是75、75、60和90分，若出现很好为100分。这样可得原始数据矩阵A。首先给各项指标确定理想值和可接受门槛，4项指标理想值（满分100分，好于理想值不加分）分别为1千米、95平方米、每平方米4 000元、环境很好；然后把定性指标（环境）定量化。

表3-3 原始数据矩阵

权重	0.1	0.25	0.35	0.3
方案	距单位距离（千米）	房屋面积（平方米）	价格（元/平方米）	环境
A	2	80	5 000	75
B	6	85	5 500	75
C	10	90	4 600	60
D	8	75	6 000	90
理想/100	1	95	4 000	100
门槛/60	12	65	6 200	60

指标越大越好为效益指标；反之，越小越好为成本指标。入选的方案是可接受的，可接受的为及格，所以上面两个公式均加上60，在此基础上按比例打分。当指标为效益指标时，方案指标越大，得分越多，指标与得分成正比，因此，实际值前面系数为正数1，$(G_j - M_j)$ 这么大的区间对应为40分，$(a_{ij} - M_j)$ 这么大的区间对应的得分应为 $(a_{ij} - M_j) \times 40 / (G_j - M_j)$，因此，可得效益指标计分公式。类似的，当指标为成本指标时，指标越大，得分越少，成反比，因此，实际值前面系数为-1，$(M_j - G_j)$ 这么大区间对应为40分，$(M_j - a_{ij})$ 这么大区间对应的得分应为 $(M_j - a_{ij}) \times 40 / (M_j - G_j)$，因此可得成本指标计分公式。

效益指标计分公式为：$b_{ij} = (a_{ij} - M_j) \times 40 / (G_j - M_j) + 60$

成本指标计分公式为：$b_{ij} = (M_j - a_{ij}) \times 40 / (M_j - G_j) + 60$

式中：b_{ij} 为新矩阵第i行、第j列对应的新元素；a_{ij} 为原矩阵中第i行、第j列对应的元素；M_j 为第j列因素指标的入选门槛，即得60分的指标；G_j 为第j列指标的理想值，即得100分的指标。

因为效益指标计分公式和成本指标计分公式正好相等，所以可简化为不用判断是效益指标还是成本指标，只要把因素指标理想值和可接受的门槛确定下来即可，因此可简化为一个通用公式：

$b_{ij} = (a_{ij} - M_j) \times 40 / (G_j - M_j) + 60$

用语言描述为：

$$\begin{array}{c}\text{矩阵B中}\\ \text{某位置数据}\end{array} = \left(\begin{array}{c}\text{该位置原矩阵A}\\ \text{实际数据}\end{array} - \begin{array}{c}\text{该列}\\ \text{门槛}\end{array}\right) \times 40 \Big/ \left(\begin{array}{c}\text{该列}\\ \text{理想值}\end{array} - \begin{array}{c}\text{该列}\\ \text{门槛}\end{array}\right) + 60$$

根据通用公式打分后，把原始矩阵A转换为新的矩阵B（见表3-4），根据权重矩阵为W（0.1　0.25　0.35　0.3）和各方案因素（各项）指标得分就可得出计算结果，最终计算结果见表3-4（可用Excel编制公式自动算出，即一个方案的各项指标分别乘以对应的权重再求和，用Excel公式中的SUMPRODUCT函数）。计算过程如下（以方案A为例）：

0.1×96.36+0.25×80+0.35×81.82+0.3×75=80.77

其他3个方案的得分分别为77.80、79.24和75.06。A方案得80.77分，是最高分，因此选A方案。

表3-4　　　　　　　　　　　　　　**转换后矩阵及计算表**

权重	0.1	0.25	0.35	0.3	评价值
方案	距单位距离（千米）	房屋面积（平方米）	价格（元/平方米）	周边环境环境	
A	96.36	80.00	81.82	75.00	80.77
B	81.82	86.67	72.73	75.00	77.80
C	67.27	93.33	89.09	60.00	79.24
D	74.55	73.33	63.64	90.00	75.06

3.3.3　重心法

3.3.3.1　重心法的含义

重心法（center-of-gravity method）是解决为现有工厂提供原材料、厂房选址、总运费最小的问题。重心法是一种布置单个设施的方法，要考虑现有设施之间的距离和要运输的货物量。其实际是计算以运量为权重的加权平均坐标。

重心法计算 X 和 Y 加权平均坐标的公式分别为：

$$C_x = \sum W_i X_i \Big/ \sum W_i \tag{3-5}$$

$$C_Y = \sum W_i X_i \Big/ \sum W_i \tag{3-6}$$

式中：C_x 为重心 X 的坐标；C_Y 为重心 Y 的坐标；X_i 为第 i 点的 x 坐标值；Y_i 为第 i 点的 y 坐标值；W_i 为第 i 点的运量。

【例3-5】设有4个化工厂，每天需求量以及位置坐标参见表3-5，根据重心法计算公式，利用Excel中求和（∑）和对应相乘求和（SUMPRODUCT）公式，计算结果见表3-5。重心坐标X为46.78千米，Y为73.74千米。

表3-5   重心法计算表

项　目	A	B	C	D	合计		
x坐标（千米）	23	50	18	63		重心坐标x	46.78
y坐标（千米）	36	78	98	79		重心坐标y	73.74
需求量（吨）	200	300	150	500	1 150		

3.3.3.2 重心法的适用条件

尽管许多教材介绍这种方法，但要注意这种方法并不是最优解，只是一种简便计算方法而已。当运量悬殊时离最优解很远；只有当运量非常接近相等时，效果才比较理想。

这种问题的目标函数是总运费最小，因为当单位运价都相等时，可忽略单位运价，此时，目标函数为各点到供应厂的距离乘以该点运量之和，公式如下：

$$TC=\sum d_i W_i \tag{3-7}$$

$$\because d_i=\left[(X_i-X_C)^2+(Y_i-Y_C)^2\right]^{0.5} \tag{3-8}$$

$$\therefore TC=\sum d_i W_i=\sum\left[(X_i-X_C)^2+(Y_i-Y_C)^2\right]^{0.5}W_i \tag{3-9}$$

式中：d_i为第i点到供应厂的距离；W_i为第i点的运量；X_C为最优解的x坐标；Y_C为最优解的y坐标。

分别对X_C和Y_C求偏导数，可得最优解。因为带根号（0.5次方），求导之后分母必带根号，不可能与加权平均表达式相等，所以重心法不是最优解。

该类问题可直接快速运用Excel软件规划求解获得最优解，该数学模型目标函数是公式（3-9），变量为供应厂坐标X_C和Y_C，约束条件是变量X_C、Y_C为非负数，各工厂需求量等于供给量，运用Excel表格和规划求解参数设计完后，直接求解最优解。

3.3.4 直角坐标法

3.3.4.1 一维直角坐标法

（1）一条直线上最优解的简便解法

直角坐标法在是一条直线上确定一个供应厂最优解的简便解法，我们也可称之为累计使用量法。这种方法适合以下情况：n个企业在一条直线上（一条公路的两旁），第i个企业某种原材料使用量为W_i，坐标为L_i，在这条直线上何处建一个供应厂供给它们所需的原材料，使得总运费最小。若单位吨千米运费各段都相同，则只需考虑总运量（用S表示）最小，即$S=\sum$距离（d）×用量（W）最小。

一条直线上最优解的简便解法借助直角坐标法，即把若干工厂（或班组）按坐标由小到大排列，再计算各工厂累计使用量（$A=\sum W_i$，$i=1,\cdots,k$），累计使用量第一个大于等于使用量总和的一半（$A_1=\sum W_i$，$i=1,\cdots,n$）对应的坐标为最优解。因为前k个工厂累计使用量大于等于使用量总和的一半，所以余下使用量累计之和（$A_2=\sum W_i$，$i=k+1,\cdots,n$）小于等于使用量累计之和的一半。这是一个离散数学问题（若是连续函数，相等时就是最优解）。若某点具有这样的特征，往左（k点之前）不论移多远S都增加，往右（k点之后）不论移多远S也都增加，则这点就是最优解。因为往右移动d^1个单位，使用量累计之和$A_1=\sum W_i$，移动距离都增加d^1个单位，到达下一个点，余下使用量累计之和（$A_2=\sum W_i$）移动距离减少d^1个单位，综合作用的结果使得总运量增加d^1（A_1-A_2）；往左移动d^1个单位，到达前一个点，此时使用量累计之和$A_1=\sum W_i$小于总和A的一半，A_1移动距离都减少d^1个单位，余下使用量累计之和（$A_2=\sum W_i$）大于总和A的一半，A_2移动距离都增加d^1个单位，综合作用的结果使得总运量增加d^1（A_2-A_1），所以使用量累计之和第一个大于等于使用量总和一半对应的坐标为最优解。求解时计算累计使用量，可以从左至右（从前往后）计算，也可以从右至左（从后往前）计算，判断哪点是最优解。

这类问题的最优解只与使用量有关，而与距离无任何关系。但需注意的是，若最优解那点因某种原因不能建供应厂（或设置公用设施），应选离最优解最近前一点（左侧）和后一点（右侧）两个点中总成本较小的那一点建供应厂，这时最优解不仅与到这两点的距离有关，还与前后累计使用量有关。

综上所述，可得如下几个重要计算公式（首先按坐标大小升序排序，再计算）：

总运量：$S=\sum d_i W_i$ (3-10)

各需求单位累计使用量：$A_n=\sum W_i$ （$i=1$，…，n） (3-11)

第k点累计使用量：$A_k=\sum W_i$ （$i=1$，…，k） (3-12)

第k点余下累计使用量：

$AY_k=\sum W_i$ （$i=k+1$，$k+2$，…，n） (3-13)

$AY_k=A_n-A_k$ (3-14)

各点到最优解（供应厂位置）X_o距离为：$d_i=ABS$（L_i-X） (3-15)

最优解的条件是：$A_k \geq A_n/2 \geq A_{k-1}$ (3-16)

（2）一维直角坐标法的求解步骤

首先，把各单位按x坐标从小到大的顺序重新排列；其次，计算（前）累计使用量；最后，确定最优解坐标X_o，累计使用量第一个大于等于总使用量一半对应的坐标X_o为最优解。

【例3-6】某省有9个化工厂，分别位于省级公路两边，其他小路无法通过特种车辆。距离省会位置及某种化工原材料的使用量参见表3-6。现拟在该省建一个原材料配送中心，配送中心的最佳位置在哪里？

表3-6　　　　　　　　　　　某省化工厂的原始数据

	B	C	D	E	F	G	H	I	J	K	L
2	化工厂	厂1	厂2	厂3	厂4	厂5	厂6	厂7	厂8	厂9	合计
3	坐标L_i（千米）	15	50	135	261	185	198	25	110	220	1 199
4	使用量（吨）	65	70	82	70	56	92	60	90	125	710
5	累计使用量（吨）	65	135	217	287	343	435	495	585	710	

【解】因为9个化工厂分别位于省级公路两边，所以可运用一维直角坐标法求解。

首先，根据各工厂的 x 坐标的大小，把工厂从小到大排序；然后，从前往后计算的累计使用量（简称前累计使用量）第一个大于等于总使用量一半对应的位置即最优解（从后往前计算的累计使用量，简称后累计使用量）。在表3-7中，化工厂3对应的坐标是 $X_o=$ 135千米，前累计使用量，因为 367吨≥355吨>285吨，所以化工厂3是第一个出现前累计使用量大于等于总使用量一半的点，因此，该点为最优解，此时总运量为50 641千米·吨。从后往前计算累计使用量，因为 425吨≥355吨>343吨，所以化工厂3是第一个出现后累计使用量大于等于总使用量一半的点，因此，该点为最优解。

解题方法参见表3-6和表3-7。

表3-7 **最优解计算表**

	B	C	D	E	F	G	H	I	J	K	L	M	N	O
2	化工厂		厂1	厂7	厂2	厂8	厂3	厂5	厂6	厂9	厂4	合计	变量	目标函数
3	坐标 L_i（千米）		15	25	50	110	135	185	198	220	261	1 199	135	50 641
4	使用量（吨）		65	60	70	90	82	56	92	125	70	710		
5	前累计使用量（吨）		65	125	195	285	367	423	515	640	710	355		
6	后累计使用量（吨）		710	645	585	515	425	343	287	195	70			
7	最优解位置（千米）						最优解							
8	距离厂3		120	110	85	25	0	50	63	85	126			
9	运量（吨）		7 800	6 600	5 950	2 250	0	2 800	5 796	10 625	8 820	50 641		

该问题除了运用累计使用量法求解外，还可用规划求解法求解，其中一种规划求解方法为：变量为供应厂坐标 X，目标函数是总的运输量最小 $S=\sum d_i W_i=\sum ABS(L_i-X)\cdot W_i$，约束条件是变量，为非负数，运用 Excel 软件可直接求得最优解。表3-7中，变量为单元格 N3，目标函数为单元格 O3，O3 Excel 计算公式为：O3=SUMPRODUCT（D4：L4，D8：L8），工厂1距离单元格 D8，计算公式为：D8=ABS（D3-$N3）。做好这些前期准备工作后，可快速运用 Excel 软件进行规划求解，获得最优解。

3.3.4.2 二维直角坐标法

（1）适用条件

在现实中，任意两点之间的距离有两种极端算法：

第一，直线距离，按公式（3-8）计算：

$$d_i=[(X_i-X_c)^2+(Y_i-Y_c)^2]^{0.5}$$

第二，走直角，距离计算公式为：

$$d_i=X_i-X_j+Y_i-Y_j \tag{3-17}$$

多数情况下介于两者之间，有些地方可以走直线，有些地方只能走直角（如中间有建筑物，建筑物是矩形时只能走直角）。

二维直角坐标法只适用于任意两点距离只能走直角的情况下的选址问题。

（2）二维直角坐标法求解步骤

二维直角坐标法求解步骤分为三步：首先，求 x 坐标最优解位置，步骤与一维直角坐标法的求解步骤相同，求得最优解X_o坐标。其次，求y坐标最优解位置，步骤与一维直角坐标法的求解步骤类似，按y坐标大小从小到大排序，然后计算累计使用量。最后，确定最优解坐标，累计使用量第一个大于等于总使用量一半对应的坐标为最优解，求得最优解Y_o坐标，最终得到最优解坐标(X_o, Y_o)。

【例3-7】某大学有6个二级学院，6个学院地点的坐标和教师人数（教师总人数为399人）见表3-8。学校计划建立多媒体课件制作工作室，供全校各院部教师使用。学校校园布局是条块状，各单位之间只能走直角。要求：工作室设在哪个学院最佳？

表3-8　　　　　　　　　　　　　　原始数据表

学院	工学院	法学院	人文学院	商学院	教育学院	理学院
坐标x	0	3	20	6	2	12
坐标y	0	5	8	17	18	30
人数	46	45	67	132	53	56

【解】步骤1：确定最优解的X_o坐标。用Excel排序功能，根据表3-8第2行x坐标从小到大排序，然后计算累计使用量（人数），累计人数第一个大于等于总人数399人一半（276≥199.5）是商学院对应x坐标（见表3-9），即$X_o = 6$，为最优解的X_o坐标。

表3-9　　　　　　　　　　解法步骤1（确定最优解的x坐标）

学院	工学院	教育学院	法学院	商学院	理学院	人文学院
坐标x	0	2	3	6	12	20
坐标y	0	18	5	17	30	8
人数	46	53	45	132	56	67
前累计人数	46	99	144	276	332	399
				276>199.5		

步骤2：确定最优解的y坐标。用Excel排序功能，根据表3-8第3行y坐标从小到大排序，然后计算累计使用量（人数），累计人数第一个大于等于总人数399人一半（290≥199.5）是商学院对应y坐标（参见表3-10），即$Y_o = 17$，为最优解的Y_o坐标。

表3-10　　　　　　　　　　解法步骤2（确定最优解的y坐标）

学院	工学院	法学院	人文学院	商学院	教育学院	理学院
坐标x	0	3	20	6	2	12
坐标y	0	5	8	17	18	30
人数	46	45	67	132	53	56
前累计人数	46	91	158	290	343	399
				290>199.5		

步骤3：确定最优解位置坐标，最优解坐标为（6，17）。

3.3.5 平衡点法

平衡点法是平面上最优解的简便解法。最优解有一个特点，即最优解那点就是平衡点，目标函数受多个要素的影响，当各个要素的边际贡献相等时，目标函数达到最优解。任意一个二次函数，如U形曲线，一个玻璃球只有放在最底部才能达到稳定状态，其他地方放玻璃球都不稳定。这一原理可被广泛运用。

【例3-8】设有3个工厂，日需求量分别为A厂（X_A，Y_A）20吨，B厂（X_B，Y_B）10吨，C厂（X_C，Y_C）15吨，在哪里建一个供应厂最佳？（提示：可用平衡点法求解）

【解】按比例和具体坐标在平面图上装3个滑轮，3条线一端系在一起，另一端分别系上20克、10克和15克砝码，经过3个滑轮，系在一起的那端最后平衡到哪里，哪里就是最优解（如图3-2所示）。

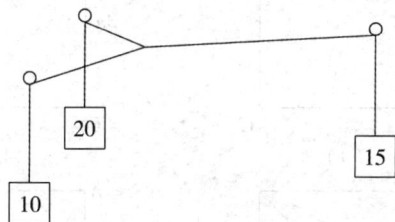

图3-2 平衡点

3.3.6 仿自然法

仿自然法是借助自然界亿万年优胜劣汰、不断进化和优化的结果，运用自然界的优化现象寻找最优解。如光走的距离最短；液体表面之间夹角为120度时张力最小；蜜蜂蜂巢壁间夹角接近108度，容积最大；蚂蚁把大量食物运到巢穴走的距离最短；鱼类流线型体型是最佳形态。

3.3.6.1 光走的距离最短原理

【例3-9】在一条河边建一个码头，在哪里建使得到A和B两个工厂距离最短？

【解】借助光的入射角等于反射角（$\angle APC$和$\angle CPB$相等），即作A点对称点A^1（$AE=EA^1$），然后连接A^1和B点，其连线与河岸交点P为建码头最佳位置（如图3-3所示）。

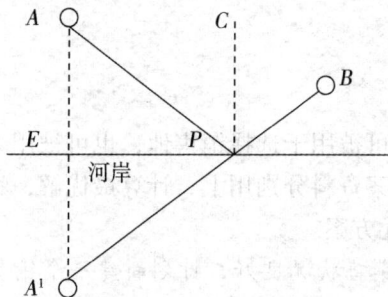

图3-3 建码头图解法

3.3.6.2 液体表面之间夹角为120度时张力最小原理

在自然界中，液体表面之间夹角为120度时张力最小。例如，肥皂泡之间的夹角为120度，是一个相对稳定状态，符合优化的平衡原理；将一个360度平面分成3份，各120度就是均衡分配。这一理论可被运用到选址与布置中。

【例3-10】连接4个点距离最短的方法。为了便于计算我们，以正方形为例，如何连接4个顶点所用管道最短？

【解】方法一：3条直角边相连，若边长为a，则总长度为$3a$（如图3-4（b）所示）。

方法二：对角线相连，总长度为$2 \times 2^{1/2}a$（如图3-4（c）所示）。

方法三：每条连接线夹角为120度，总长度为$(1+3^{1/2})a$（如图3-4（d）所示）。只要在方法三的连线上建厂，管道按方法三连接，所用管道就最短。

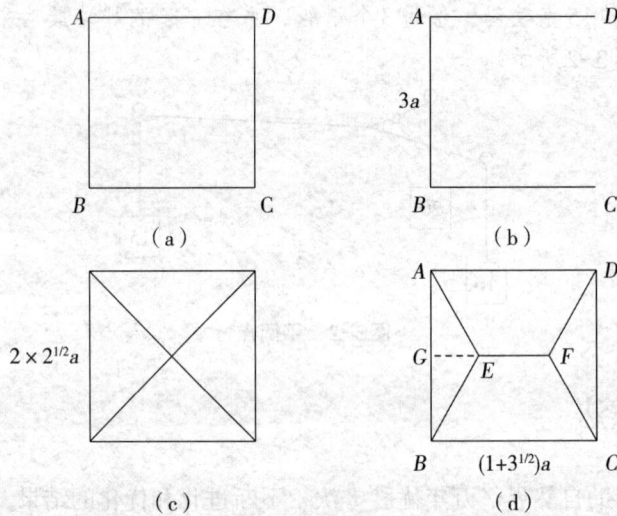

图3-4 仿自然法

这可以用以解决实际选址问题。给4个企业建一个污水处理厂，在何处建所需铺设管道最短。其他任意4点及4点以上只要连线之间互成120度就最短。例如，在图3-4（d）中，分别在线段AE、BE、FD和FC上任取4点，连接该4点连线互成120度，这样连接4点的线段总长度最短，把这4点对角线相连则比它长。

$$\because 9>8>(4+2 \times 3^{1/2})$$

$$\therefore 3a>2 \times 2^{1/2}a>(1+3^{1/2})a$$

3.3.7 运输模型法

运输模型法在选址中既可被用于选择销售地，也可被用于选择产地。其原理是在原有的资料基础上，把备选方案资料分别用上，计算最优解，哪个备选方案最优解小（最优总成本低），哪个就是最优方案。

【例3-11】某产品市场销售状况良好，计划新建一个销售中心，有BA和BC两个城市可供选择。单位运价和供需关系见表3-11。要求：在哪里建销售中心好？

表3-11 原始数据表 金额单位：万元

产地＼销地	B_1	B_2	B_3	BA_4	BC_5	供应量（吨）
A_1	12	9	10	10	8	19
A_2	1	3	4	2	5	15
A_3	8	4	12	5	3	17
需求量（吨）	13	18	14	6	6	

【分析】运输问题选址思路是：首先，用备选方案之BA城市，根据其有关运价、需求数据及原有数据构造运输问题模型（见表3-12），计算该问题最优解（选BA城市建销售中心最优方案见表3-13），得出最低总成本 $\min TC_{BA}$。其次，用另一个备选方案BC城市，根据其有关运价、需求数据及原有数据构造运输问题模型（见表3-14），计算该问题最优解（选BC城市建销售中心最优方案见表3-15），得出最低总成本 $\min TC_{BC}$。比较 $\min TC_{BA}$ 和 $\min TC_{BC}$ 的大小，在二者较小处建销售中心为最佳方案。

表3-12 选BA城市运输模型 金额单位：万元

产地＼销地	B_1	B_2	B_3	BA_4	供应量（吨）
A_1	12	9	10	10	19
A_2	1	3	4	2	15
A_3	8	4	12	5	17
需求量（吨）	13	18	14	6	

表3-13 选BA城市最优解方案 单位：吨

产地＼销地	B_1	B_2	B_3	BA_5	供应量
A_1	0	1	14	4	19
A_2	13	0	0	2	15
A_3	0	17	0	0	17
需求量	13	18	14	6	

表3-14 选BC城市运输模型 金额单位：万元

产地＼销地	B_1	B_2	B_3	BC_5	供应量（吨）
A_1	12	9	10	8	19
A_2	1	3	4	5	15
A_3	8	4	12	3	17
需求量（吨）	13	18	14	6	

表3-15　　　　　　　　　　　　选BC城市最优解方案　　　　　　　　　　　　单位：吨

产地＼销地	B_1	B_2	B_3	BC_5	供应量
A_1	0	5	14	0	19
A_2	13	2	0	0	15
A_3	0	11	0	6	17
需求量	13	18	14	6	

【解】$\min TC_{BA}=9\times1+10\times14+10\times4+1\times13+2\times2+4\times17=274$（万元）

$\min TC_{BC}=9\times5+10\times14+1\times13+3\times2+4\times11+3\times6=266$（万元）

因为266<274，所以选BC城市建销售中心好。

【例3-12】某公司H产品市场销售状况良好，产品供不应求，需求缺口30吨。该公司计划新建一个生产工厂增加产量，有南京（N）和广州（G）两个城市可供选择。单位运价和供需关系相关数据（AN_3为南京数据，AG_3为广州数据）见表3-16。要求：在哪个城市建生产工厂好？

表3-16　　　　　　　　　　　　选择建厂原始数据　　　　　　　　　　金额单位：万元

产地＼销地	B_1	B_2	B_3	B_4	产量（吨）
A_1	5	9	13	7	20
A_2	8	3	4	2	25
AN_3	10	5	12	9	30
AG_3	3	15	8	6	30
需求量（吨）	25	10	25	15	75

【解】首先，用在南京建厂数据构建运输模型（见表3-17），求得最优解方案（见表3-18），最小总运费为435万元（计算过程从略）。其次，用在广州建厂数据构建运输模型（见表3-19），求得最优解方案（见表3-20），最小总运费为360万元（计算过程从略）。因360小于435，所以应在广州建厂。

表3-17　　　　　　　　　　　　选择南京建厂原始数据　　　　　　　　金额单位：万元

产地＼销地	B_1	B_2	B_3	B_4	产量（吨）
A_1	5	9	13	7	20
A_2	8	3	4	2	25
AN_3	10	5	12	9	30
需求量（吨）	25	10	25	15	75

表3-18 选择南京建厂最优解方案 单位：吨

产地＼销地	B_1	B_2	B_3	B_4	产量
A_1	2	0	0	0	20
A_2	0	0	2.5	0	25
AN_3	0.5	1	0	1.5	30
需求量	25	10	25	15	75

表3-19 选择广州建厂原始数据 金额单位：万元

产地＼销地	B_1	B_2	B_3	B_4	产量（吨）
A_1	5	9	13	7	20
A_2	8	3	4	2	25
AG_3	3	15	8	6	30
需求量（吨）	25	10	25	15	75

表3-20 选择广州建厂最优解方案 单位：吨

产地＼销地	B_1	B_2	B_3	B_4	产量
A_1	0	5	0	15	20
A_2	0	5	20	0	25
AG_3	25	0	5	0	30
需求量	25	10	25	15	75

❖ **拓展阅读3-2**

运输问题简便解法

运输模型法求解可用各种规划软件求解，比较方便的软件是 Excel。当模型不太大时，也可用简便法求解，求解速度也比较快，且可得出一些优化原理。

一、运输问题简便解法的原理

运输问题可以转化为指派问题，能力是多少，就化为多少行。如某工厂能力是15吨，可看成有15个这样的工厂（产地），每个工厂生产1吨，转化成15行；需求是多少，就化为多少列。如某需求地需求9吨，可看成有9个相同需求地，每个需求地需求1吨，转化成9列。任何运输问题都可变成平衡运输问题，这就保证运输问题可转化成行数和列数相等的指派问题，但这样求解比较麻烦。为了简便起见，可直接作等价变换。可以证明每行或每列加上或减去一个数值，最优解位置不变。因此，我们可作等价变换，造零，使单位运价变为大于等于零，是零的地方就安排，运价是零，乘以任何运量再求和还是零，总运费就最小。求解过程中看是否存在矛盾，有矛盾就解决矛盾，没有矛盾或矛盾已解决就可得最优解。

二、简便解法的求解步骤

第一，每行分别减去最小元素。

第二，每列分别减去最小元素。

第三，检验是否存在行矛盾和列矛盾。行矛盾是指每一行来的东西放不下（供应得多，需求得少，也可看成"来的货物仓库放不下"），即每行零元素对应需求量之和小于供应量。列矛盾是指每一列对应零元素供应量之和小于需求量。出现行矛盾说明那行零元素不够用，需要再造零，直到没有矛盾为止；同理，出现列矛盾说明那列零元素不够用，需要再造零，直到没有矛盾为止。没有矛盾就可得最优解。

第四，作标记。对每行只有一个零的元素作小括号（）标记；对每列只有一个零的元素作中括号［］标记，目的是确定优先安排顺序，作标记的零元素必须优先安排。

第五，安排最优方案。安排原则是每行或每列零少的必须优先安排，即对作标记的元素必须优先安排。

三、简便解法实例

【例3-12】运输问题有关数据见表3-21，简便解法的具体求解过程见表3-22至表3-26。

表3-21　　　　　　　　　　　　　　　**原始数据表**　　　　　　　　　金额单位：万元

销地 产地	B_1	B_2	B_3	B_4	供应量（吨）
A_1	2	9	10	8	9
A_2	1	3	4	5	5
A_3	8	4	2	3	7
需求量（吨）	3	8	4	6	21

解题步骤如下：

第一，每行分别减去最小元素2、1和2（见表3-22）。

第二，每列分别减去最小元素0、2、0和1（见表3-23）。

表3-22　　　　　　　　　　　　　　　**行变换**　　　　　　　　　　单位：万元

2	9	10	8	9	-2
1	3	4	5	5	-1
8	4	2	3	7	-2
3	8	4	6	21	

表3-23	列变换			单位：万元
0	7	8	6	9
0	2	3	4	5
6	2	0	1	7
3	8	4	6	
	-2		-1	

第三，检验是否存在矛盾。第1行的供应量是9，相当于指派问题9行（说明至少需要9个零）。第1行只有1个零元素，对应的需求量只有3，相当指派问题3列（说明只有3个零）。指派问题最优解是必须保证每行和每列都有零元素，9行就需至少9个零。从另一方面看，第一行来9个单位的货物，需求只有3个单位，所以放不下，放不下就存在行矛盾，解决矛盾的方法是想办法造零解决矛盾。类似的，有时会出现列矛盾，即某一列的需求满足不了，也需要该列造零解决矛盾。

本例通过第一行减5和第一列加5解决矛盾问题（见表3-24）。因为只有一处矛盾，已解决，所以可得最优解。在安排最优解前还是作标记，即第四步（见表3-25）。作完标记后，遵循每行或每列零少的必须优先安排原则。首先安排作标记的零元素，如表3-26中数据上角标数字，代表安排顺序，表3-26中出现类似"［Aˣ"的符号，"［"代表选中，"A"代表安排运量，"x"代表安排顺序，符号"//"代表没选中，不作安排。

表3-24	解决矛盾			单位：万元
0	5	8	5	9	-5
0	0	3	3	5	
6	0	0	0	7	
3	8	4	6		
+5					

表3-25	作标记			单位：万元
[0]	0	3	0	9
5	(0)	3	3	5
11	0	[0]	0	7
3	8	4	6	21

表3-26　　　　　　　　　　　　　最优解安排　　　　　单位：单位运价为万元，运输量为吨

[0] [3^1]	0//	3	0 [6^5]	9
5	(0) [5^3]	3	3	5
11	0 [3^3]	[0] [4^2]	0//	7
3	8	4	6	21

解为：$x_{11}=3$，$x_{14}=6$，$x_{22}=5$，$x_{24}=0$，$x_{32}=3$，$x_{33}=4$，最优方案见表3-26。表中括号内的数值为最优解，指数表示安排的顺序，此时，在A处建厂总的最小运费为：

$$\min z=\sum_{i=1}^{m}\sum_{j=1}^{n}c_{ij}x_{ij}$$

$$=2\times3+8\times6+3\times5+4\times3+2\times4$$

$$=89（万元）$$

【解题技巧】既出现行矛盾，又出现列矛盾。当解决行矛盾时，一箭双雕，同时能解决列矛盾，那就先解决行矛盾；同理，当解决列矛盾时，一箭双雕，同时能解决行矛盾，那就先解决列矛盾。

❖案例窗3-1

单位生产成本是否应该考虑

某企业原先有两个产地，产量每年分别为21吨和15吨，由于市场需求每年增加33吨，急需新建一工厂生产该产品，以满足市场需求。现有两个城市可供选择，一是杭州，二是广州，各城市工厂单位运价参见表3-27，单位生产成本参见表3-28。在不考虑单位生产成本的情况下（假设单位生产成本均相同），在杭州建厂时运输模型参见表3-29，用Excel规划软件解的最优解方案参见表3-30，最小总运费为153万元；在广州建厂时运输模型参见表3-31，用Excel规划软件解的最优解方案参见表3-32，最小总运费为241万元。因在杭州建厂成本低，所以选在杭州建厂。当考虑单位生产成本时，在杭州建厂单位生产成本为8万元，原先两个工厂生产成本不变，用Excel规划软件解得此时最小总成本为417万元，发现最优解方案不变，只是总成本增加一块；在广州建厂单位生产成本为5万元时，用Excel规划软件解得最小总成本为406万元，最优解方案也不变，只是总成本增加一块，因在广州建厂的最小总成本406万元小于在杭州建厂的最小总成本417万元，所以此时在广州建厂好。

表3-27　　　　　　　　　　单位运价及产销量原始数据　　　　　　　　金额单位：万元

产地 \ 销地	B_1	B_2	B_3	B_4	生产能力（吨）
A_1	2	9	10	7	21
A_2	1	3	4	2	15

续表

产地＼销地	B_1	B_2	B_3	B_4	生产能力（吨）
A_H	8	4	2	5	33
A_G	6	2	7	4	33
需求量（吨）	25	10	24	10	69

表 3-28　　　　　　　　　　**单位生产成本**　　　　　　　　　单位：万元

产地＼销地	B_1	B_2	B_3	B_4
A_1	6	6	6	6
A_2	3	3	3	3
A_H	5	5	5	5
A_G	4	4	4	4

表 3-29　　　　**杭州建厂运输模型（只考虑单位运价）**　　　　金额单位：万元

产地＼销地	B_1	B_2	B_3	B_4	生产能力（吨）
A_1	2	9	10	7	21
A_2	1	3	4	2	15
A_H	8	4	2	5	33
需求量（吨）	25	10	24	10	69

表 3-30　　**在杭州建厂（只考虑单位运价）最优方案**　　金额单位：万元

产地＼销地	B_1	B_2	B_3	B_4	生产能力（吨）
A_1	21	0	0	0	21
A_2	4	1	0	10	15
A_H	0	9	24	0	33
需求量（吨）	25	10	24	10	69

表3-31　　　　广州建厂运输模型（只考虑单位运价）　　　　金额单位：万元

产地＼销地	B₁	B₂	B₃	B₄	生产能力（吨）
A₁	2	9	10	7	21
A₂	1	3	4	2	15
A_G	6	2	7	4	33
需求量（吨）	25	10	24	10	69

表3-32　　　　在广州建厂（只考虑单位运价）最优解方案　　　　金额单位：万元

产地＼销地	B₁	B₂	B₃	B₄	生产能力（吨）
A₁	21	0	0	0	21
A₂	4	0	11	0	15
A_G	0	10	13	10	33
需求量（吨）	25	10	24	10	69

思考题：

（1）是否应该考虑单位生产成本？

（2）原先两个工厂的单位生产成本是否应该考虑？

（3）若只考虑杭州和广州单位生产成本，原先两个工厂的单位生产成本不考虑，在哪里建厂合理？

（4）在哪里建厂总成本最低？

（5）考虑某工厂单位生产成本的最优解方案为何与不考虑时的最优解方案相同，而只是最优总成本增加一些？

（6）运输问题简便解法有何启示？

❖案例窗3-2

安卡公司

　　安卡公司是加拿大一家户外照明装置的主要生产者和安装者。其照明设备分布于整个北美，并且几年来需求一直很旺。该公司下设3家工厂，负责生产有关装置并将其产品分配到5个分销中心（仓库）。在住房市场不景气的环境下，安卡公司的产品需求也明显下降。基于对利润的预测，部门主管认为，在未来可预见时期的住房需求以及市场对其产品的需求将一直处于低谷。因此，安卡公司考虑关闭一家工厂。安卡公司未来一年每周需求预测及每周成本构成分别见表3-33和表3-34。

表3-33　　　　　　　　　　安卡公司未来一年每周需求预测

每周需求预测		各工厂每周生产能力		
分销中心编号	预测需求（件）	工厂编号	正常生产能力（件）	加班生产能力（件）
1	9 000			
2	13 000	1	27 000	7 000
3	11 000	2	20 000	5 000
4	15 000	3	25 000	6 000
5	8 000			

表3-34　　　　　　　　　　安卡公司未来一年每周成本构成

工厂编号	变动成本（美元/件）		每周固定成本（美元）		各工厂至分销中心的单位产品分销成本（美元）				
	正常生产	加班生产	生产	不生产	1	2	3	4	5
1	2.80	3.52	14 000	6 000	0.50	0.44	0.49	0.46	0.56
2	2.78	3.48	12 000	5 000	0.40	0.52	0.50	0.56	0.57
3	2.72	3.42	15 000	7 500	0.56	0.53	0.51	0.54	0.35

安卡公司关闭任一家工厂，其每周成本都会发生变化，因为工厂停产会导致固定成本下降。表3-34说明，各厂的生产成本既有正常生产和加班生产时的变动成本，又有生产和不生产时的固定成本。表3-34还给出了各工厂至分销中心的单位产品分销成本。

思考题：

（1）制订总成本最小时的运作方案。

（2）如果关闭一家工厂，情况将会怎样？你认为应该关闭哪一家工厂？

资料来源　[1]海泽，雷德. 生产与作业管理教程［M］. 潘洁夫，余远征，刘知颖，译. 4版. 北京：华夏出版社，1999.［2］孔庆善. 运作管理［M］. 大连：东北财经大学出版社，2012：6.

本章小结

第一节阐述了选址的重要性与难度。选址正确与否直接影响企业成败，尤其是商业企业。选址先天不足，后患无穷。选址需要考虑的因素有很多：首先，通常是多目标规划问题，而且这些因素常常是互相矛盾的。其次，不同因素的相对重要性很难确定和度量。最后，其具有动态性，目前是好的地址，未来也许是不好的选址。

第二节论述了选址应考虑的因素与原则。通常考虑因素为政治因素、经济因素、社会因素和自然因素。具体选址的影响因素为国家、地区和地点。本节还论述了产品型企业选址的原则、市场区域型企业选址的原则和连锁服务型企业选址的原则。

第三节详细论述了设施选址的量本利分析法、评分法、重心法、直角坐标法、平衡点法、仿自然法和运输模型法等。

关键术语

量本利分析法（cost-profit-volume analysis method）　重心法（center-of-gravity method）　优化方法（optimization method）

基本训练

❖ 简答题

1.选址应考虑的因素有哪些？

2.选址的主要评价方法有哪些？

3.何谓仿自然法？

4.重心法是最优解吗？

5.优化方法主要有哪些？

6.试述运输模型法在选址中的解题思路。

7.直角坐标法的适用条件是什么？

8.选生产地址只考虑运输成本是否正确？

❖ 实务题

1.根据表3-35和表3-36的资料给出最优方案。

表3-35　　　　　　　　　　　运输问题1原始数据　　　　　　　　　金额单位：万元

产地 ＼ 销地	A	B	C	能力（吨）
D	5	4	3	100
E	8	4	3	300
F	9	7	5	300
需求量（吨）	300	200	200	

表3-36　　　　　　　　　　　运输问题2原始数据　　　　　　　　　　　金额单位：万元

产地＼销地	A	B	C	能力（吨）
D	5	4	3	300
E	8	4	3	300
F	9	7	5	200
需求量（吨）	200	300	300	

2.某人计划购买住宅，设有4个入选方案（A、B、C和D）。考虑的指标假设只有4个：距单位距离、房屋面积、价格和环境。这4项指标的权重等有关资料参见表3-37。环境是定性指标，4个方案分别是中、中、一般和很好（一般是可接受的环境），对应的分值分别是75、75、60和100。请问哪个方案好？

表3-37　　　　　　　　　　住宅选址问题的原始数据

权重	0.1	0.25	0.35	0.3
方案	距单位距离（千米）	房屋面积（平方米）	价格（元/平方米）	环境
A	2	80	5 000	中
B	1	85	5 500	中
C	2.5	90	4 600	一般
D	1.5	75	6 000	很好
理想值	1	105	4 500	100
门槛	10	65	6 500	60

3.有4项工作，需要由4个人分别完成，每人只能做一项工作，每项工作只能一个人做。有关资料见表3-38。请问如何安排完成4项工作的总时间最短？若表3-38中的数值为利润，请问如何安排完成4项工作的总利润最大？

表3-38　　　　　　　　　　　指派问题1

工人＼工作	A	B	C	D
甲	1	8	4	1
乙	2	7	6	1
丙	3	5	4	8
丁	4	1	6	3

4.有5项工作，需要由5个人分别完成，每人只能做一项工作，每项工作只能一个人做。有关资料见表3-39。请问如何安排完成5项工作的总时间最短？若表3-39中的

数值为利润，请问如何安排完成5项工作的总利润最大？

表3-39　　　　　　　　　　　　　　指派问题2

工人＼工作	A	B	C	D	E
甲	9	4	6	8	5
乙	8	5	9	10	6
丙	9	7	3	5	8
丁	4	8	6	9	5
戊	10	5	3	6	8

5.已知有6个村子，相互间道路的距离如图3-5所示。拟合建一所小学，小学生的人数为A村80人、B村70人、C村60人、D村50人、E村70人、F村90人，在哪个村子建小学最好？请说出解题思路。

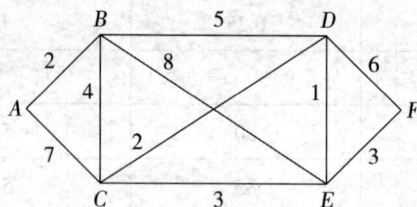

图3-5　各村相对位置及距离（单位：千米）

6.有9个班组，共同需要使用一台特殊设备（这里特殊设备是广义的，也可以是工具室等，泛指公用设施设备），有关资料参见表3-40，求最佳位置。

表3-40　　　　　　　　　　　　　布置问题1原始数据

单位	下料组	车床组	铣床组	钻床组	磨削组	热处理组	焊接组	打磨组	喷漆组
坐标x	1	5	15	26	20	30	10	42	50
人数	18	13	15	25	6	7	6	9	12

7.根据表3-41的资料，用直角坐标法确定最佳位置。

表3-41　　　　　　　　　　　　　布置问题2原始数据

学院	商学院	教育学院	工学院	人文学院	理学院	法学院
坐标	(6, 17)	(2, 18)	(0, 0)	(20, 8)	(12, 30)	(3, 5)
人数	32	35	23	67	56	45

8.某产品市场销售状况良好，计划再新建一个销售中心，有A和C两个城市可供选择。单位运价和供需关系参见表3-42，在哪里建销售中心好？

表3-42 销售中心选址问题1的原始数据 金额单位：万元

产地＼销地	B₁	B₂	B₃	BA₄	BC₅	供应量（吨）
A₁	12	9	10	10	8	19
A₂	1	3	4	2	5	15
A₃	8	4	12	5	3	17
需求量（吨）	13	18	14	6	6	

9.某产品市场销售状况良好，计划再新建两个销售中心，有A、C、D 3个城市可供选择。单位运价和供需关系参见表3-43，在哪两个地方建销售中心好？

表3-43 销售中心选址问题2的原始数据 金额单位：万元

产地＼销地	B₁	B₂	B₃	BA₄	BC₅	BD₆	供应量（千克）
A₁	12	9	10	10	8	2	25
A₂	5	3	4	2	5	8	18
A₃	8	4	12	5	3	7	21
需求量（千克）	16	15	12	10	10	10	

10.需要在一条河边建一个码头，B点使用量是A点的3倍，如何解决这一问题？

第4章 生产和服务设施布置

❖ 引 例

在哪建厂公平合理

某城市拟再建一个污水处理中心，为3家大企业（A、B、C）服务。这3家企业单位时间污水排放量比例分别为9：5：6。A企业说我们污水排放量最多，污水处理中心应靠近我们厂，最好在我们厂附近建；另外两家说，应靠近我们，我们之和比你多。一位官员说，取中间吧，谁也不偏向；另一位技术人员说，中间看似公平，但不够科学，你们3家既然在一条直线上，那就取中心处建厂最合适。最后，选在B企业附近建污水处理中心，其余两家意见很大，怀疑有猫腻，告到上级主管部门。

4.1 生产和服务设施布置的基本问题

设施布置是在设施位置确定之后所进行的一项工作。具体来说，就是在给定设施范围内，将企业的各种物资设施进行合理安排，从而有效地为企业的生产运营服务，以获得良好的经济效益。

4.1.1 生产和服务设施布置的内容和原则

4.1.1.1 生产和服务设施布置的内容

生产和服务设施布置的内容就是根据已选定的厂址和地形，根据布置原则对工厂的基本生产车间、辅助生产车间、生产服务部门和公用设施等进行合理的布置。布置可分为工厂总平面布置和车间布置。车间布置是在工厂布置完成以后进行的一项设计工作，具体来说就是确定构成车间各部分的空间位置：一是基本生产部门的布置；二是物流；三是附属生产部门布置；四是通道；五是定置管理；六是生活服务部门。

4.1.1.2 生产和服务设施布置的原则

工厂布置的原则是：满足生产工艺过程的要求；合理利用厂区面积；适应性强；实行绿色生产；满足安全生产和经济性的需要。

车间设备布置的原则是：考虑人机工程；距离最短；安全生产；工作环境；定置管理和充分利用车间面积等。

4.1.2 生产和服务设施布置的类型

4.1.2.1 企业生产单位的基本类型

企业生产的产品品种繁多，生产过程差别很大，不同的企业生产单位的构成不尽相同，没有固定模式。通常企业生产单位有以下几种类型：

第一，基本生产单位，是指直接把劳动对象变为企业基本产品的生产单位，如机械制造业中的机加车间、热处理车间和装配车间等。

第二，辅助生产单位，是指为保证基本生产单位的正常运行而提供各种辅助产品和服务的生产单位，如工具车间、模具车间、机修车间、动力部门和压缩空气站等部门。

第三，生产服务部门，是指为基本生产和辅助生产提供服务的生产单位，如运输部门、仓库、检验和计量部门等。

第四，生产技术准备部门，是指为生产提供技术服务的部门，如研究所（研究开发中心）、工艺科、试制车间等部门。

4.1.2.2 车间生产单位的组织与布置的类型

（1）工艺专业化

工艺专业化（按工艺布置）又称工艺原则，它是按照生产工艺性质的不同来划分生产单位。工艺专业化生产单位集中了同类型的设备，配置了同工种的工人，对不同的产品进行相同的工艺加工，如机械加工企业中的机加车间、热处理车间，机加车间中的车工工段、钳工工段和磨工工段等。工艺专业化的优点是便于工艺管理，适应性强；缺点是加工路线长，生产周期长，占用流动资金多，各单位之间协作关系复杂，增加了管理的难度等（如图4-1所示）。

（2）对象专业化

对象专业化（按产品布置）也称对象原则，它是按产品（部件、零件）的不同来划分生产单位；在对象生产单位内，集中了不同类型的设备，不同工种的工人对相同产品的不同工艺进行加工（如图4-2所示）。通常工艺过程是封闭的，不需跨越其他部门就

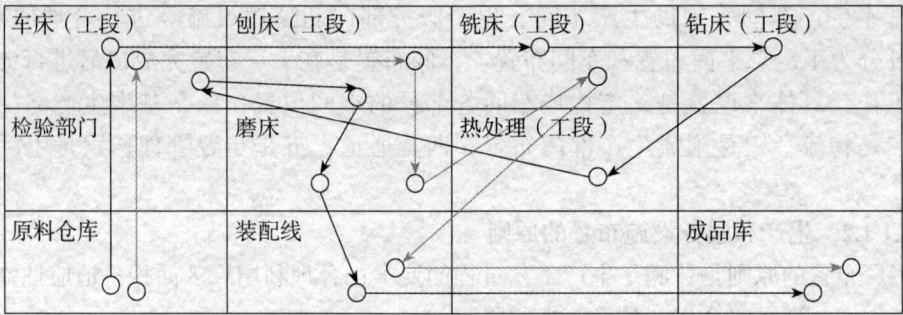

图4-1　按工艺布置图

能独立地生产出产品来，如底盘分厂、发动机分厂等。对象专业化的优点是加工路线短，生产周期短，在制品占用量少，占用流动资金少，易于提高工人的技术水平，管理相对简单；缺点是难以充分利用生产设备和生产面积，适应性差。

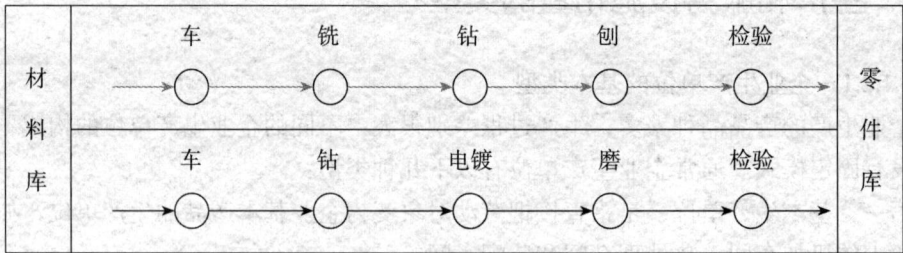

图4-2　按产品布置图

（3）综合布置

综合布置是将上述两种类型的布置结合在一起的一种形式。在一个工厂内，既有按工艺布置的生产单位，又有按产品布置的生产单位（如图4-3所示）。

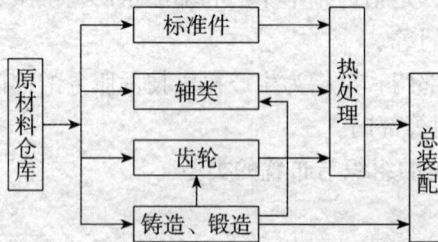

图4-3　综合布置图

4.2　生产和服务设施布置的方法

厂址选定之后就可以考虑厂区的平面布置。工厂平面布置的主要内容为确定生产和其他部门的平面布置；布置的原则应遵循工艺原则、经济原则和安全生产原则等。平面布置的方法通常有模板布置法、生产活动相关图法、车间设备布置方法。

4.2.1　模板布置法

模板布置法是在形状、面积一定的厂址上布置各个面积也基本确定的生产单位，在布置时可采用模板法借助计算机布置程序进行平面布置。首先，按照一定的比例制作工厂平面图和所有生产单位的模板；然后，根据布置原则进行平面布置，在多个可行方案中选择比较满意的方案。

4.2.2　生产活动相关图法

它是通过图解来判断工厂各个组成部分之间的关系，然后根据关系密切程度来安排各组成单位，得出较优的方案。通常用6个等级来区分各组成单位的密切程度，用数字来表示关系密切程度的原因（见表4-1和表4-2）。

表4-1　　　　　　　　　　　关系密切程度代号及评分分类表

代　号	关系密切程度	评　分
A	非常重要	6
E	很重要	5
I	重要	4
O	一般	3
U	不重要	2
X	不予以考虑	1（0）

表4-2　　　　　　　　　　　关系密切程度的原因及代号表

代　号	关系密切程度的原因
1	便于物的流动
2	便于传递信息
3	便于工作联系
4	便于管理
5	有利于环境
6	便于人的流动

具体应用时，可按以下两步进行：

第一步，绘制生产活动相关矩阵（另一种方法是绘制生产活动相关图）（见表

4-3)。表中的字母表示关系密切程度，数字表示定量化的数值（积分）。

表4-3   作业相关矩阵

	材料库	成品库	毛坯车间	机加车间	装配车间	中间库	餐厅	办公室
材料库		X（1）	A（6）	I（4）	X（1）	U（2）	U（2）	O（3）
成品库	X（1）		X（1）	U（2）	A（6）	X（1）	U（2）	O（3）
毛坯车间	A（6）	X（1）		A（6）	X（1）	X（1）	U（2）	O（3）
机加车间	I（4）	U（2）	A（6）		A（6）	A（6）	U（2）	O（3）
装配车间	X（1）	A（6）	X（1）	A（6）		E（5）	U（2）	O（3）
中间库	U（2）	X（1）	X（1）	A（6）	E（5）		U（2）	O（3）
餐厅	U（2）	U（2）	U（2）	U（2）	U（2）	U（2）		U（2）
办公室	O（3）	O（3）	O（3）	O（3）	O（3）	O（3）	U（2）	
积分	19	16	20	29	24	20	14	20

第二步，根据各组成单位关系密切程度和积分表，进行工厂平面布置。从表4-3中可知，机加车间积分最高，应首先确定它的位置，然后以它为中心，根据各组成单位之间的密切程度来布置其他单位。如图4-4所示，先进行初步平面布置，再根据实际面积的大小进行调整。

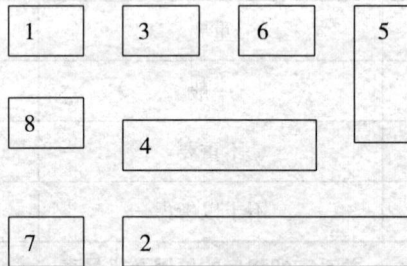

图4-4   工厂平面布置图

4.2.3   车间设备布置方法

车间布置的方法主要是指对车间的设备进行布置的方法。常用的方法主要有负荷距离法、运输表法、从至表法、直角坐标法、线性规划法和计算机辅助布置等。这里主要介绍从至表法。

4.2.3.1   改进前的从至表法

改进前的从至表法是指物料从一个工作地到另一个工作地移动的次数的汇总表，表中的列为起始工序，行为终止工序，表中的对角线上方表示前进方向的移动次数，对角线下方表示后退方向的移动次数。从至表法就是以从至表为基础，在确定设备位置的前提下，以表中对角线为基准计算物料在工作地之间的移动距离，从而找出物料总运量较小的布置方法。具体方法是把单个从至数大的尽量往对角线靠，其经济含义是单个从至数大的尽量紧邻，靠对角线越近两台设备离得就越近。从至表法追寻目标函数为：

$$\min S=\sum\sum C_{ij} \times d_{ij} \tag{4-1}$$

式中：C_{ij}为第i行、第j列从至数；d_{ij}为第i行、第j列从至数移动格数（距离）。

【例4-1】某车间设备排列的初始方案及承担加工的4种零件的加工路线见表4-4。首先，根据加工路线编制初始从至表（见表4-5）；其次，根据初始从至表中的单个从至数的大小，把大的单个从至数尽量往对角线靠，方案会很多，选择一个比较好的作为布置方案（见表4-6）；最后，根据调优后从至表中具体数据计算移动总格数（见表4-7）。

表4-4 加工路线

表4-5 初始从至表

从\至	A	B	C	D	E	F	G	H	合计
A			2				2		4
B				1					1
C				2			1		3
D						1		1	2
E						1		1	2
F								2	2
G		1	1	1					3
H									0
合计	0	1	3	2	2	2	3	4	17

表4-6　　　　　　　　　　　　　　　　调优后从至表

从＼至	A	C	E	F	H	G	D	B	合计
A		2				2			4
C			2			1			3
E				1	1				2
F					2				2
H									
G		1					1	1	3
D				1	1				2
B								1	1
合计	0	3	2	2	4	3	2	1	17

表4-7　　　　　　　　　　　　　　方案总移动距离计算表

布置方案	前进方向 （距对角线格数乘以对角线方向各次数之和）	后退方向 （对角线格数乘以对角线方向各次数之和）
初始方案	$1\times1=1$ $2\times(2+1+2+1+2)=16$ $3\times1=3$ $4\times(1+1)=8$ $6\times2=12$ 小计：40	$3\times1=3$ $4\times1=4$ $5\times1=5$ 小计：12 总计：52
改进方案	$1\times(2+2+1+2+1)=8$ $2\times(1+1)=4$ $4\times1=4$ $5\times2=10$ 小计：26	$1\times1=1$ $2\times1=2$ $3\times1=3$ $4\times1=4$ 小计：10 总计：36

4.2.3.2　改进后的从至表法

为了介绍改进后的从至表法，首先介绍7个重要概念。

从至表中的数据可以从行上看，也可以从列上看。从任意一行上看，如从第i行上看，这行上的数据代表从第i台设备加工完去哪台设备再加工，即从i出来到哪里去，简称"出"（概念1），这一行单个从至数之和为"出之和"（概念2）。从任意一列上看，如从第 j 列上看，这列上的数据代表从其他设备加工完后进入第 j 台设备再加工，即从其他地方来进入第 j 台设备，简称"进"（概念3），这一列单个从至数之和为"进之和"（概念4）。从至数之和（进出之和）是"进之和"加上"出之和"，也称双向合计（概念5）。除第一和最后一道工序外，其余为每一行或列的2倍，即可计算出双向合计。从至数之和（进出之和）大小反应设备重要程度（概念6），数值越大越重要。双向单个从至数（进出之和，即 $C_{ij}+C_{ji}$）大小反应关系密切程度（概念7），数值越大，两台设备的关系越密切。

我们先分析3种简单的情况，探讨布置原理。

第一种情况，在一条直线上有若干单位，如10个单位，均需使用一台设备，设单位之间、单位与设备之间的距离均为1个单位，若把这台设备布置在一侧边上，则总的运输距离为55个单位；若布置在中间，则总距离仅为30个单位。

第二种情况，在一个平面上，有若干单位，如10个单位，均需使用一台设备，设单位之间、单位与设备之间的距离均为1个单位，则把这台设备布置在圆心，总距离最短，为10个单位。

第三种情况，在立体空间布置设备时，类似的布置在球心最好。

改进后的从至表法主要是从设备重要程度和设备关系密切程度两个角度提出两条布置新原则，两条新原则分别为：：

第一，重要的设备居中，不重要的设备靠两边，即从至数进出之和大的居中，小的靠两边，形成"山峰"形状布置。这样可最大限度地保证整体运量最小。

第二，关系密切的设备邻近，不密切的远离。这样既可保证局部较优或最优，又在一定程度上保证整体较优。求解时，首先使用原则1，中间大，两端小；然后，在此基础上根据原则2，调整顺序，给出几个可行方案，择优作为最终优化方案。

【例4-2】根据初始从至表（见表4-8）的数据，计算每个设备从至数之和（进出之和）（见表4-9）。根据新的原则1重新布置，布置方案见表4-10，计算结果见表4-11。根据新的原则2进行调整，调整方案见表4-12，计算结果见表4-13。其中总移动个数亦可通过下列公式来计算：

$$S = \sum\sum |i-j| \times C_{ij}$$

式中：C_{ij} 为第 i 行、第 j 列的从至数。这样免去画对角线确定移动个数的传统计算方法，便于用 Excel 软件计算。例如，按新原则1调优排列方案，总的移动距离求解过程为：把表4-10复制在 Excel 表中，右侧为新的运输距离，计算 Excel 计算表，假设铣床到钻床节点对应单元格为J7（表4-12中第3行、第7列），节点运输量在 Excel 表中计算公式为：Y7=ABS（Y\$2-\$Q7）*J7，余者类推，单元格P15为总的移动距离，计算公式为P15=SUM（S5：AB14），这样给出一个布置方案，就会自动求解总的运输距离，计算结果见表4-12。按新原则2调优排列方案，总的移动距离运用 Excel 自动计算，结果从略。

表4-8　　　　　　　　　　　　　　　初始从至表　　　　　　　　　　　　　单位：次/天

从＼至	1毛	2铣	3车	4钻	5镗	6磨	7压	8内	9锯	10检	合计
1毛		2	8		1		4		2		17
2铣			1	2		1			1	1	6
3车		3		6		1				3	13
4钻			1				2	1		4	8
5镗			1								1
6磨			1							2	3
7压										6	6
8内										1	1
9锯		1	1		1						3
10检											
合计	6	13	8	1	3	6	1	3	17		58/203

表4-9　　　　　　　　　　　　从至数之和双向计算表　　　　　　　　　　单位：次/天

从＼至	1毛	2铣	3车	4钻	5镗	6磨	7压	8内	9锯	10检	合计
1毛		2	8		1		4		2		17
2铣			1	2		1			1	1	6
3车		3		6		1				3	13
4钻			1				2	1		4	8
5镗			1								1
6磨			1							2	3
7压										6	6
8内										1	1
9锯		1	1		1						3
10检											
合计	6	13	8	1	3	6	1	3	17		58/203
双向合计	17	12	26	16	2	6	12	2	6	17	

表4-10　　　　　　　　　　　　　按新原则1调优排列方案　　　　　　　　　　　　单位：次/天

B	C		D	E	F	G	H	I	J	K	L	M	N
2	列数		1	2	3	4	5	6	7	8	9	10	
3	双向合计		2	6	12	17	26	17	16	12	6	2	
4	行数		5镗	9锯	2铣	1毛	3车	10检	4钻	7压	6磨	8内	单向合计
5	1	5镗					1						1
6	2	9锯			1		1				1		3
7	3	2铣		1			1	1	2		1		6
8	4	1毛	1	2	2		8			4			17
9	5	3车			3			3	6		1		13
10	6	10检											
11	7	4钻					1	4		2		1	8
12	8	7压						6					6
13	9	6磨					1	2					3
14	10	8内						1					1
15	合计		1	2	6		13	17	8	6	3	1	58/130

表4-11　　　　　　　　　　按新原则1调优后排列方案的移动距离计算表1　　　　　　　　　单位：格

前进	后退
1×（1+8+3+2）=14	1×（1+2+4）=7
2×（1+6）=14	2×（2+3+1+6）=24
3×（1+1+1）=9	3×（1+2）=9
4×（1+2+4+1）=32	4×（1+1）=8
6×1=6	小计：48
7×1=7	合计130
小计：82	

表4-12　　　　　　　　**按新原则1调优后排列方案的移动距离计算表2**　　　　　　单位：格

P	Q	R	S	T	U	V	W	X	Y	Z	AA	AB
2			1	2	3	4	5	6	7	8	9	10
3			2	6	12	17	26	17	16	12	6	2
4			5镗	9锯	2铣	1毛	3车	10检	4钻	7压	6磨	8内
5	1	5镗	0	0	0	0	4	0	0	0	0	0
6	2	9锯	0	0	1	0	3	0	0	0	7	0
7	3	2铣	0	1	0	0	2	3	8	0	6	0
8	4	1毛	3	4	2	0	8	0	0	16	0	0
9	5	3车	0	0	6	0	0	3	12	0	4	0
10	6	10检	0	0	0	0	0	0	0	0	0	0
11	7	4钻	0	0	0	0	2	4	0	2	0	3
12	8	7压	0	0	0	0	0	12	0	0	0	0
13	9	6磨	0	0	0	0	4	6	0	0	0	0
14	10	8内	0	0	0	0	0	4	0	0	0	0
130												

表4-13　　　　　　　　　　　**按新原则2调优后排列方案**　　　　　　　　单位：次/天

列数		行数	1	2	3	4	5	6	7	8	9	10	
		双向合计	2	6	6	12	17	26	16	17	12	2	
			5镗	6磨	9锯	2铣	1毛	3车	4钻	10检	7压	8内	单向合计
1	5镗							1					1
2	6磨							1		2			3
3	9锯					1	1	1					3
4	2铣			1	1			1	2	1			6
5	1毛		1		2	2		8			4		17
6	3车			1		3			6	3			13
7	4钻					1		1		4	2	1	8
8	10检												
9	7压									6			6
10	8内									1			1
	合计		1	3	2	6		13	8	17	6	1	58/111

| 表4-14 | 按新原则2调优排列后的移动距离计算表 | 单位：格 |

前进	后退
1×（1+8+6+4）=19	1×（1+1+2+1+6）=11
2×（1+3+2）=12	2×（1+2+3+1）=14
3×（1+2+1）=12	4×（1+1）=8
4×（1+1+4）=24	
5×1=5	
6×1=6	小计：33
小计：78	合计111

❖ **拓展阅读4-1**

设备双行布置从至表法

设备双行布置已有的方法是借助从至表，根据单个从至数判断关系密切程度，从至数大的密切程度高，应相邻；否则，应远离，通过多次试验找出较好的方案。从至数的计算方法有两种：一是单方向计算，即只计算前进或后退；二是双向计算，即计算出和进之和。有必要探讨如何靠近，怎样排序，用有限的几次试验找出满意解。

设备双行布置两端的设备与其他设备密切联系，只有两个边是一个单位，是单侧联系，中间的设备却有三个边，是双向联系，因此，与其他设备联系多的设备应放在中间区域，联系少的设备应靠近两端区域放。为了简便和更精确，同时省去画图麻烦，建议双向计算联系次数。

资料来源：作者编写。

【例4-3】以表4-8的资料为例，计算出和进的从至数之和（见表4-15）。表4-15中的上角标数字代表应优先考虑密切相连的次序。

| 表4-15 | | | | | 设备间联系次数 | | | | | 单位：次/天 |

从＼至	1毛	3车	4钻	2铣	7压	10检	9锯	5镗	8内	6磨
1毛		8[1]		2[7]	4[4]		2[7]	1[8]		
3车			7[2]	4[4]		3[5]	1[8]	1[8]		2[7]
4钻				2[7]	2[6]	4[4]			1[8]	
2铣						1[8]	2[7]			1[8]
7压						6[3]				
10检									1[8]	2[7]
9锯										1[8]
5镗										
8内										
6磨										

根据表4-8计算的从至数之和，从节点出（流出）看，1毛/17，3车/13，4钻/8，2铣/6，7压/6，这几个为关键设备，应排在中间区域，即第2列到第4列位置，因为一共10台设备（或工作地，1毛看作一台设备或工作地），10/2=5，即只有5列。中间区域为3列。从节点进（流进）看，10检/17，3车/13，4钻/8，2铣/6，7压/6，这几台为关键设备，应排在中间区域，结合设备间优先安排次序（即关系密切程度）（见表4-15），1毛和3车应相邻，3车和4钻应相邻，7压和10检应相邻等。设备按原始顺序两行布置图（如图4-5所示），较优布置结果如图4-6所示。根据布置图（如图4-5和图4-6所示）或布置图的简化表（见表4-16和表4-17），可分别计算出设备之间的距离格数（见表4-18和表4-19）。这里正方形对角线连接的距离（根据勾股定理计算）虽然可以计算为水平距离的1.42（$2^{1/2}$）倍，长方形（长是宽的两倍）对角线连接的距离（根据勾股定理计算）虽然可以计算为水平距离的2.45（$5^{1/2}$）倍，其他情况类似，从略。但实际上，多数企业在制品是按矩形摆放，为了简化起见，对角线距离可按水平和垂直距离之和计算。通道为直线而非斜线，因此，斜线连接距离按水平距离加1计算，这样更符合实际情况。其他两种情况因篇幅所限暂不考虑和探讨。

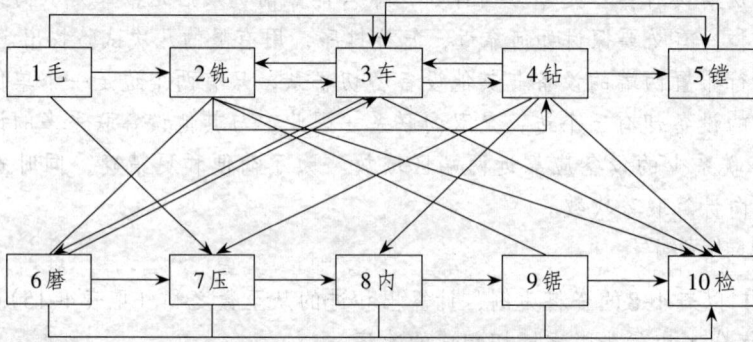

图4-5　设备按原始顺序两行布置

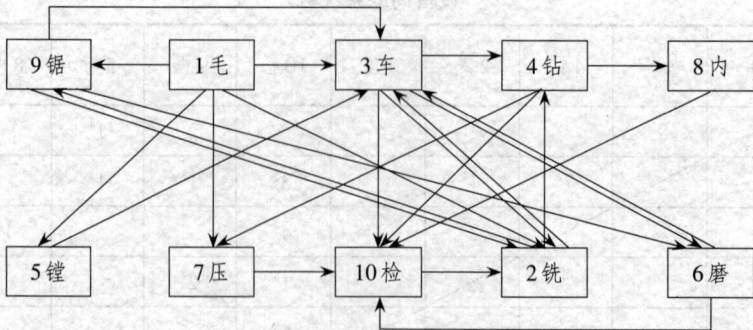

图4-6　设备较优布置图

表4-16　　　　　　　　　　　　　设备按原始顺序两行布置图简化表　　　　　　　　　　　　单位：格

行数 \ 列数	1	2	3	4	5
1	$1_{1,1}$	$2_{1,2}$	$3_{1,3}$	$4_{1,4}$	$5_{1,5}$
2	$6_{2,1}$	$7_{2,2}$	$8_{2,3}$	$9_{2,4}$	$10_{2,5}$

表4-17　　　　　　　　　　设备较优布置图简化表　　　　　　　　　　单位：格

行数＼列数	1	2	3	4	5
1	$9_{1,1}$	$1_{1,2}$	$3_{1,3}$	$4_{1,4}$	$8_{1,5}$
2	$5_{2,1}$	$7_{2,2}$	$10_{2,3}$	$2_{2,4}$	$6_{2,5}$

表4-18　　　　　　　　　　设备按原始顺序两行布置距离　　　　　　　　　　单位：格

从＼至	1 毛	2 铣	3 车	4 钻	5 镗	6 磨	7 压	8 内	9 锯	10 检
1 毛		1	2	3	4	1	2	3	4	5
2 铣			1	2	3	2	1	2	3	4
3 车				1	2	3	2	1	2	3
4 钻					1	4	3	2	1	2
5 镗						5	4	3	2	1
6 磨								2	3	4
7 压								1	2	3
8 内									1	2
9 锯										1
10 检										

表4-19　　　　　　　　　　设备较优布置距离　　　　　　　　　　单位：格

从＼至	1 毛	2 铣	3 车	4 钻	5 镗	6 磨	7 压	8 内	9 锯	10 检
1 毛		3	1	2	2	4	1	3	1	2
2 铣			2	3	1	1	2	2	4	1
3 车				1	3	3	2	2	1	1
4 钻					4	2	3	1	3	2
5 镗						4		5	1	2
6 磨								3	5	2
7 压								4	2	1
8 内									4	3
9 锯										3
10 检										

为了便于编程计算，我们建议用布置图的简化表来计算，表4-16和表4-17中的 $S^k_{m,n}$ 符号中，S^k 代表设备代号，即节点代号，$S^k=k$，$k=1$，2，3，…，10；m 代表设备被安排的行数，$m=1$，2；n 代表设备被安排的列数，$n=1$，2，…，5。设 d 为两节点之间的距离（格数），则有：

$$d=|n-y|+|m-x|\times 1$$

式中：n 为 $S^k_{m,n}$ 节点列角标；m 为 $S^h_{x,y}$ 节点行角标。某节点到该节点无意义，无须计算。

当两个节点在同行时，等于两个节点纵坐标 n 的差的绝对值，正数代表流出，负数代表流进；当两个节点不再同行时，等于两个节点纵坐标 n 的差的绝对值加1。

为了避免计算出错和重复计算，提高计算效率，节点编号应用自然数字代替设备名称。计算从节点1开始，依次是2、3、4等。计算时应分别计算各节点流出和节点流进，进点计算应满足其他节点编号（j）大于该节点编号（i），否则计算重复出错。格数计算公式如下：

$$N=q\times d$$

式中：N 为零件由 i 节点到 j 节点移动的总格数；q 为由 i 节点到 j 节点移动的次数，即从至数。

根据距离数（见表4-18）和表4-8的从至数，可计算出没有优化的设备布置，即设备按原始顺序两行布置，总移动距离为131（计算过程见表4-20）；根据距离数（见表4-19）和表4-8的从至数，可计算出设备双行较优布置总移动距离为96（计算过程见表4-21），两者相差27%（35÷131×100%）。可见该方法效果良好，可以把设备单行布置方法运用到设备双行布置中来，也可以用于3行以上设备布置中，区别在于在两行设备布置的情况下中间设备密切相邻是3个方向，而在3行以上设备布置的情况下中间设备密切相邻是4个方向。

表4-20   **按原始顺序两行布置格数计算表**   单位：格

		i-j	从至数 q	距离 d	格数 $N=q\times d$
节点1	出	1-2	2	1	2
		1-3	8	2	16
		1-5	1	4	4
		1-7	4	2	8
		1-9	2	4	8
	进				
节点2	出	2-3	1	1	1
		2-4	2	2	4
		2-6	1	2	2
		2-9	1	3	3
		2-10	1	4	4

续表

		$i-j$	从至数 q	距离 d	格数 $N=q×d$
节点2	进	3-2	3	1	3
		9-2	1	3	3
节点3	出	3-4	6	1	6
		3-6	1	3	3
		3-10	3	3	9
	进	4-3	1	1	1
		5-3	1	2	2
		6-3	1	3	3
		9-3	1	2	2
节点4	出	4-7	2	3	6
		4-8	1	2	2
		4-10	4	2	8
	进				
节点5					
节点6	出	6-10	2	4	8
	进	9-6	1	3	3
节点7	出	7-10	6	3	18
	进				
节点8	出	8-10	1	2	2
	进				
节点9	出				
	进				
合计			58		131

表4-21　　　　　　　　　　　　　　**设备较优布置格数计算表**　　　　　　　　　单位：格

		$i-j$	从至数 q	距离 d	格数 $N=q×d$
节点1	出	1-2	2	3	6
		1-3	8	1	8
		1-5	1	2	2
		1-7	4	1	4
		1-9	2	1	2
	进				

		$i-j$	从至数 q	距离 d	格数 $N=q \times d$
节点2	出	2-3	1	2	2
		2-4	2	1	2
		2-6	1	1	1
		2-9	1	4	4
		2-10	1	1	1
	进	3-2	3	2	6
		9-2	1	4	4
节点3	出	3-4	6	1	6
		3-6	1	3	3
		3-10	3	1	3
	进	4-3	1	1	1
		5-3	1	3	3
		6-3	1	3	3
		9-3	1	2	2
节点4	出	4-7	2	3	6
		4-8	1	1	1
		4-10	4	2	8
	进				
节点5					
节点6	出	6-10	2	2	4
	进	9-6	1	5	5
节点7	出	7-10	6	1	6
	进				
节点8	出	8-10	1	3	3
	进				
节点9	出				
	进				
合计			58		96

▄▖4.3 流水线平衡与布置▗▄

流水生产也叫流水线生产或流水线，产生于20世纪初的美国福特汽车公司。它曾是一种先进的、高效的生产组织形式，也曾是生产过程空间组织和时间组织的一种最佳结合方式。大量流水生产使得汽车成本大幅度下降。福特 T 型车的成本由原来的 2 000 多美元降到 800 多美元，又降到 300 美元以下，显示出强大的生命力与先进性，拉开了现代大生产的序幕。但是，目前流水生产也受到多品种、小批量和团队生产方式的挑战。

4.3.1　流水生产的分类

4.3.1.1　固定流水线

在固定流水线中，被加工对象固定不动，工人携带工具轮流到各工作地进行各工序的加工或装配。如建造房屋，需要瓦工、电工、木工、油漆工等工序，通常被建造的房屋不动，而瓦工、电工、木工和油漆工等依次登场进行相应的作业。固定流水线适用于不便运输的大型制件，如飞机、轮船、火车、重型机械产品等。

4.3.1.2　移动流水线

当被加工对象比较小时，通常加工对象移动，而工人与工作地不动，加工对象顺序地经过各个工作地完成加工作业，这样更经济、效率更高。

4.3.1.3　单一对象流水线

单一对象流水线是指在一条流水线上只固定生产一种产品或零件的流水线。其不能生产其他产品或零件。

4.3.1.4　多对象流水线

与单一对象流水线相反，多对象流水线既可以生产一种产品或零件，也可以生产多种产品或零件，所生产的产品或零件应在结构、工艺上相近或相似。

（1）可变流水线

可变流水线是多对象流水线的一种形式，所生产的各种产品或零件依次轮番生产，一般每条流水线上只固定几种加工对象。

（2）成组流水线

成组流水线也是多对象流水线的一种形式，在流水线上同时生产几种不同的对产品或零件时，这几种被加工对象的生产方式是同时被加工，作为一组顺序地经过各个工作地。

4.3.1.5　连续流水线

连续流水线是指被加工对象从投入到产出连续地从一个工作地转到下一个工作地，正常情况下没有间断时间。组建连续流水线的条件是工序完全同期化。

4.3.1.6　间断流水线

由于各工序的生产能力不平衡，在单位时间内，各工序所能生产的产品或零件数量不等，因而在生产能力强的工序上会出现等待加工的现象，从而出现间断。

4.3.1.7　强制节拍流水线

强制节拍流水线是指准确地按照节拍的要求出产产品或零件的流水线。其靠机械化运输装置强制地控制生产与传输速度。每个工位必须在规定节拍时间内完成工作，否则产品或零件被运送到下一道工序。

4.3.1.8 自由节拍流水线

自由节拍流水线是指由工人自己凭借操作熟练程度，自由地控制工作速度的一种流水生产方式。对每道工序完成的时间没有硬性规定，没有固定节拍，不论时间长短，每道工序做完了再往下道工序运送。

4.3.1.9 粗略节拍流水线

由于流水线上各个工序的加工时间不一致，同期化程度不高，比较科学与经济的办法是粗略确定流水线的节拍。各工序可按规定的粗略节拍进行生产。

4.3.2 流水生产的特征与优缺点

4.3.2.1 流水生产的特征

第一，工作地专业化程度高。每个工作地上只完成固定的一道或少数有限的几道工序的加工。

第二，生产具有明显的节奏性，按照统一的速度进行生产。流水线上各工序（多数工序）的生产能力是平衡的、成比例的，按照规定的节拍进行生产。

第三，各道工序的设备数量同各道工序单件加工时间的比值基本一致。

第四，工艺过程是封闭的，流水线的设备是按工艺顺序排列的；被加工对象是按工艺顺序依次经过各道工序完成加工。

第五，生产过程具有高度的连续性，加工对象像流水一样在工序之间流动。

4.3.2.2 流水生产的优缺点

流水生产的主要优点是便于组织生产，提高效率，降低成本；缺点是适应能力差，工作单调乏味，缺乏挑战性，久而久之会降低工作效率。

4.3.3 组织流水生产的条件

第一，产品结构和工艺相对稳定。产品结构先进（反映出现代科技成就）、定型（标准化），并具有良好的工艺性和互换性；工艺规程、加工过程与加工方法先进；能够采用先进的、高效的机器设备和工具；原材料在供应上有所保障。

第二，流水线上的产品的加工过程能够分解为简单的工序，并能按照工序同期化的要求对工序进行合并与分解。

第三，市场对产品的需求稳定、需求量大，产品生命周期较长。

第四，厂房建筑、生产面积要充足、够用，能够满足设备布置、安装，运输装置布置，工具和在制品摆放所需要的面积与空间的需要。

综上所述，在选择生产方式时应进行可行性分析论证（技术经济分析），然后决定是否组建流水生产线。

4.3.4　流水线的组织设计

4.3.4.1　单一对象流水线的组织设计

（1）确定流水线的节拍

节拍是指流水线上连续出产两件相邻相同产品的时间间隔。它主要取决于计划期内的有效工作时间和计划期内的产量。它反映了流水线的生产速度，决定了流水线的生产能力。其计算公式为：

$$r=F_e/N_{投}=F_o（1-\beta_{停工}）/N_{投}=F_o\eta/N_{投} \tag{4-2}$$

$$N_{投}=N_{计}/（1-f_{计废}） \tag{4-3}$$

式中：r 为流水线节拍（件/分）；F_e 为计划期（年）有效工作时间（分）；$N_{投}$ 为计划期（年）产品投产数量（件）；F_o 为计划期（年）制度工作时间（分）；$\beta_{停工}$ 为停工率；η 为时间有效利用系数（通常考虑检修、调整设备、更换工具、工人班内休息等因素来确定，一般取 0.9~0.96）；$N_{计}$ 为计划期（年）出产合格产品数量（件）；$f_{计废}$ 为计划期内废品率。

【例 4-4】某制品流水线计划年销售量为 20 000 件，另需生产备件 1 000 件，废品率为 2%，两班制工作，每班 8 小时，时间有效利用系数为 95%，求流水线的节拍（该企业每年工作天数为 254 天）。

【解】$F_e=F_o（1-\beta_{停工}）$

$\qquad=F_o\eta$

$\qquad=254×2×8×60×95\%=231\ 648$（分钟）

$N_{投}=N_{计}/（1-f_{计废}）$

$\qquad=（20\ 000+1\ 000）÷（1-2\%）=21\ 429$（件）

$r=F_e/N_{投}$

$\ =231\ 648÷21\ 429=11$（分/件）

（2）确定设备（工作地）数量和设备负荷系数

每个工作地所需的设备数量等于该工作地单件加工时间除以节拍。其计算公式为：

$$S_i=t_i/r \tag{4-4}$$

式中：S_i 为流水线第 i 道工序计算所需设备（工作地）数量（台）；t_i 为流水线第 i 道工序的单件时间定额（分/件）。

实际采用的设备数为 $S_{ei}=[S_i]$。[ ]代表向上取大于等于它的最小整数，如 $[2.8]=3$。

某道工序计算所需要设备数与实际采用的设备数之比就是该工序设备的负荷系数。其计算公式为：

$$K_i=S_i/S_{ei} \tag{4-5}$$

式中：K_i 为第 i 工序的设备负荷系数；S_i 为计算需要的设备数；S_{ei} 为实际采用的设

备数。

流水线平均设备负荷系数为：

$$K_a = \sum S_i / \sum S_{ei} \quad (i=1, 2, \cdots, m)（m 为工序数目） \tag{4-6}$$

K_a 的大小反映了流水线的连续程度和设备利用率，越大利用率高。组织流水生产时 K_a 不应低于 0.75。一般说来，当 K_a 值处于 0.65~0.85 时，组织间断流水线为宜；接近 1 时是工序同期化追求的目标。

（3）计算和配备工人

流水线需要的人数，一方面取决于流水线上设备（工作地）数量的多少；另一方面取决于设备（工作地）的看管定额以及班次、出勤率等。

（4）确定流水线节拍的性质，选择运输方式和装置

强制节拍流水线靠机械装置强制按统一节拍速度控制各道工序完成时间；自由节拍流水线，各道工序没有统一节拍速度，上道工序完成了才能转到下道工序加工，不是强制性的机械装置。

4.3.4.2　多对象流水线的组织设计

多对象流水线是指在流水线上生产的制品不是唯一的一种产品或零件，而是多品种产品。它们在结构、工艺上是相同或近似的。

多对象流水线节拍的确定有两种方法：

（1）代表产品法

代表产品法是根据劳动量大小，选择劳动量（产量与单件时间定额之积）最大的那个产品作为代表产品，把其余产品都折换成代表产品，再计算代表产品的节拍，最后再折换成具体产品的节拍。设 K 为代表产品，则产量折合系数为：

$$\varepsilon_t = T_t / T_k \tag{4-7}$$

式中：ε_t 为第 t 种产品的折合系数；T_t 为第 t 种产品的单件时间定额；T_k 为代表产品 k 的单件时间定额。

设某可变流水线加工 A、B、C 3 种零件，其计划年产量分别为 N_A、N_B、N_C。流水线上各道工序加工零件的单件时间定额之和（单位产品劳动量）分别为 T_A、T_B、T_C，节拍分别为 R_A、R_B、R_C。选择产量大、劳动量大、工艺过程全的为代表产品。假设选零件为 A 为代表产品，则：

各产品对代表产品的折合系数 ε_i 分别为：

$$\varepsilon_A = T_A / T_A = 1 \tag{4-8}$$

$$\varepsilon_B = T_B / T_A \tag{4-9}$$

$$\varepsilon_C = T_C / T_A \tag{4-10}$$

以代表产品表示的（年）总任务量 N_k 为：

$$N_k = N_A + N_B \varepsilon_B + N_C \varepsilon_C$$

$$= \sum N \cdot \varepsilon \tag{4-11}$$

代表产品的生产节拍 r_k 为：

$$r_k = r_A = F_e / N_k$$

$$= F_e / (N_A + N_B \varepsilon_B + N_C \varepsilon_C)$$

$$= F_e / \sum N \cdot \varepsilon \tag{4-12}$$

各产品的生产节拍为：

$$r_B = r_k \varepsilon_B \tag{4-13}$$

$$r_C = r_k \varepsilon_C \tag{4-14}$$

（2）加工劳动量比重法

加工劳动量比重法是把全年有效工作时间按照各种产品在流水线上加工劳动量所占的比重来进行分配，然后根据每种产品分得的时间和各自的产量计算各种产品或零件的节拍。

计划期（年）有效工作时间分配系数 α_t 为：

$$\alpha_t = N_t T_t / \sum N_i T_i \times 100\% \tag{4-15}$$

各种产品的生产节拍为：

$$r_t = \alpha_t \cdot F_e / N_t \tag{4-16}$$

【例4-5】设可变流水线加工A、B、C 3种零件，其计划月产量分别为2 000、1 875、1 857件；每种产品在流水线上各工序单件作业时间之和分别为40、32、28分钟。流水线按两班制生产，每月有效工作时间为24 000分钟。要求：用代表产品法和加工劳动量比重法分别计算每种产品的节拍。

【解】（1）代表产品法

选A为代表产品，用A表示的计划期总产量为：

$$N = N_A + N_B \varepsilon_B + N_C \varepsilon_C$$

$$= 2\,000 + 1\,875 \times 32 \div 40 + 1\,857 \times 28 \div 40 = 4\,800 （件）$$

代表产品A的节拍为：

$$r_A = F_e / N_A$$

$$= 24\,000 \div 4\,800 = 5 （分钟/件）$$

产品B的节拍为：

$$r_B = r_A \varepsilon_B$$

$$= 5 \times 32 \div 40 = 4 （分钟/件）$$

产品C的节拍为：

$$r_C = r_A \varepsilon_C$$

$$= 5 \times 28 \div 40 = 3.5 （分钟/件）$$

（2）加工劳动量比重法

$$\alpha_A = N_A T_A / (N_A T_A + N_B T_B + N_C T_C) \times 100\%$$

$$= 2\,000 \times 40 \div (2\,000 \times 40 + 1\,875 \times 32 + 1\,857 \times 28) \times 100\% = 41.67\%$$

同理：$\alpha_B = 31.25\%$，$\alpha_C = 27.08\%$。

$$r_A = \alpha_A F_e / N_A$$

$$= 24\,000 \times 41.67\% \div 2\,000 = 5 （分钟/件）$$

产品 B 的节拍为：

$r_B = \alpha_B F_e / N_B$

　　$= 24\,000 \times 31.25\% \div 1\,875 = 4$（分钟/件）

产品 C 的节拍为：

$r_C = \alpha_C F_e / N_C$

　　$= 24\,000 \times 27.08\% \div 1\,857 = 3.5$（分钟/件）

4.3.4.3　流水线的平面布置设计

进行流水线的平面布置设计时应考虑便于流水线上工人的操作、辅助与服务部门的工作衔接、多机床看管、安全生产、运输成本最低等因素。流水线的平面布置设计的常见形式如图 4-7 所示。

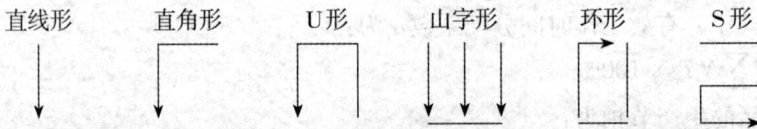

图4-7　流水线平面布置图

　　U 形相对来说是最好的，原因是可根据出的速度决定投入速度，减少在制品；便于多机床看管。结合一人负责多道工序的多能工制，采用 U 形布置，可以提升流水线的柔性和生产效率。在布置时，局部采用 U 形，全局是由多个 U 形组成的连通的一笔划形。此外，半圆形的特点是流程时间短，但占用面积大。

4.3.5　装配线平衡

装配线平衡即工序同期化，是指通过各种可能的技术、组织措施来调整各工作地的单件作业时间，使它们等于流水线的节拍或者与流水线节拍成倍比关系。

4.3.5.1　实现工序同期化的措施

第一，压缩瓶颈作业；合并相关工序，重新排布生产工序；分解作业时间较短的工序，把该工序安排到其他工序中去。例如，把瓶颈工序中的一部分作业转移到非瓶颈工序（分担转移）；把作业时间过少的工序的作业时间分解成几部分，让其他工序完成这几部分（拆解消除）；在压缩、分担转移和拆解消除后再重新组合各工序。

第二，通过改装机床、改变加工用量、改进工艺装备、合理布置工作地等措施，缩短工序机动时间和辅助时间。采取措施，力求使得 t_i / R 的比值达到 0.85~1.05。

4.3.5.2　装配线平衡方法

全部工步合理划分为工序，且各工序的时间损失最少和比较均匀，具体步骤如下：

（1）确定装配流水线节拍

$r = F_e / N$　　　　　　　　　　　　　　　　　　　　　　　　　　　　　　　　　（4-17）

（2）计算装配线上需要的最少工作地数量

$\min S = \left[\sum t_i / r \right]$　　　　　　　　　　　　　　　　　　　　　　　　　　（4-18）

（3）组织工作地

按以下条件对工作地分配工序：

① 保证各工序之间的先后顺序。

② 每个工作地分配到的工序作业时间不能大于节拍。

③ 各工作地的作业时间应尽量接近或等于节拍。

④ 应使工作地数目尽量少：$S_k < S$。

⑤ 相同工作地数量时，以新安排工作地时间越接近节拍为优先选择。

【例4-6】节拍为10分钟，共11步，关系如图4-8所示。请根据所给的资料，划分最佳工序。

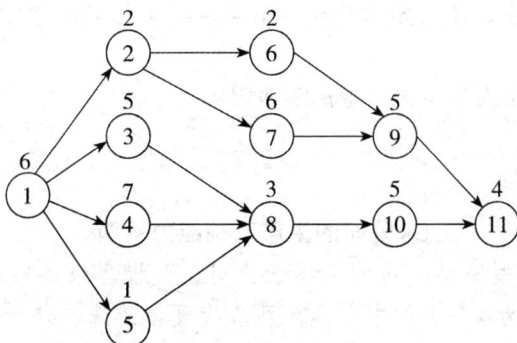

图4-8　作业关系图

【解】$S = \left[（6+2+5+7+1+2+6+3+5+5+4）/10\right]$

$\qquad = \left[46/10\right] = 5$

若 S_k 为第 k 步时组合方案的最小工序数，t_{ek} 为第（$k+1$）步之前各试定工序时间之和，t 为所有工步时间总和，则：

$$S_k = k + \frac{t - t_{ek}}{R}$$

最后结果如下：

工序1：（1，2，6）　　$t_1 = 10$

工序2：（5，7）　　　$t_2 = 7$

工序3：（3，9）　　　$t_3 = 10$

工序4：（4，8）　　　$t_4 = 10$

工序5：（10，11）　　$t_5 = 9$

流水线选择作业分配的原则主要有：一是后续作业数量最多优先安排原则；二是作业时间最长优先安排原则；三是阶位法，即按该项作业元素作业时间与其后续作业时间之和最大优先安排。

进一步思考：你还有什么办法用数据来描述网络图？最少工作地数量除了用公式（4-18）来确定外，还可以怎样确定？其数量与节拍、逻辑关系、最小几个作业时间和最大几个作业时间有何关系？

❖ 案例窗4-1

人员搭配

一家公司通过很多方法提高劳动生产率,到一个临界点后再提高非常难。有位咨询师提出一个主意。首先分析4个车间的员工构成。发现第一个车间都是男员工,好,就加了几个女员工进去,效率提高。我们经常说的"男女搭配,干活不累"。第二个车间都是一些年轻人,加了几个中老年人进去,在老成持重观念影响下,有效克服冲动、草率的不良影响,导致整体效率提高。第三个车间都是中老年人,加了几个年轻人进去,增添新鲜活力,团队充满激情和干劲,使得团队效率提高。那么第四个车间呢?老的少的,男的女的,都有,怎么提高效率?他们分析发现,这个车间都是本地人,加几个外地人进去,不同学术观点、不同地域文化交流与碰撞,创新能力显著增强,团队效率提高。

思考题:生产单位人员组织应考虑哪些因素?

❖ 案例窗4-2

Sk公司的生产系统能力平衡

Sk公司是一家大型跨国公司的下属子公司,是世界级的存储器的生产商和供应商。其生产区域被分为4个工作中心,分别负责硬盘清洗、硬盘盘体组装、硬盘伺服刻写及硬盘测试。

第二个工作中心为硬盘盘体组装区。因各工作地的加工时间很短,采用流水生产的生产方式,整条流水线分为12道安装工序,经工序同期化后,工序的操作时间见表4-22。

表4-22　　　　　　　　　　　　各工序加工时间　　　　　　　　　　　单位:秒

工序	1	2	3	4	5	6	7	8	9	10	11	12
加工时间	12.1	11.3	12.2	8.0	6.9	18.0	11.9	8.1	11.4	11.2	11.8	12.1

如图4-9所示,工序2、4、5为机器自动安装操作。从柱状图中可以看出,流水线的瓶颈工位是工序6。如不作调整,则一天一条装配流水线的产量为:

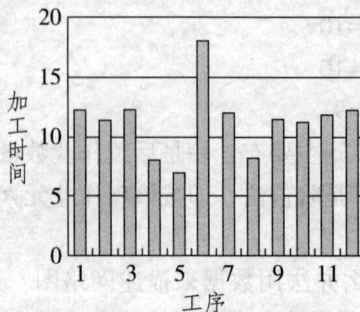

图4-9　各工序加工时间图

产出=工作时间÷瓶颈工序加工周期×效率=21×3 600÷18×0.9=3 780

式中：工作时间为每天的有效工时，本例为21小时（每小时3 600秒）；效率为工序能力的利用率，本例为90%。

如果在工序6增设一个工位，工序6在18秒内就可以生产两个产品，相当于其加工周期为9秒。调整后的瓶颈工位为工序3，一天一条装配流水线的产量是：

产出=工作时间÷瓶颈工序加工周期×效率=21×3 600÷12.2×0.9=5 577

可以看出，产量增加了1/3。

工序6的负荷=9/12.2=0.74

第二个工作中心具有合理的流程，生产周期短，生产效率高。但分工很细，设备种类不同，常因一台设备有问题而整条流水线停顿。为了解决此问题，通常在一些关键工位保留一些安全库存。

思考题：

（1）第二个工作中心的流水线目前平衡率很低，系统不稳定，安全库存过高，是否应在瓶颈工序增加设备？

（2）第二个工作中心的流水线能力提升了，对其他中心是否有影响？如果有，怎样解决？

资料来源：季建华. 运营管理 [M]. 上海：上海人民出版社，2004：132-133.

❖ **拓展阅读4-2**

5S管理

E公司生产现场的精益管理优化设计措施之一是推行5S管理。

生产现场管理应该通过标准、规范、流程以及制度的系统化建设实现生产现场的自我良性管理。只有规范的生产现场管理，才能减少生产流程中各个关键节点存在的安全、浪费等漏洞，最大程度地提升生产现场的质量和效率以及降低成本。生产现场的运行，无须高层直接参与，但是生产现场的管理系统的搭建是"一把手"工程，系统搭建的水平决定企业后期发展的高度。结合前面章节介绍的生产现场管理的对象、目标以及对精益生产体系的理解，运用精益生产的相关工具，针对E公司生产现场管理方式存在的问题加以分析，优化方案之一是推行5S管理。

5S管理改善工作需要坚持全员参与、全过程实施的原则，是精益生产的基础。因此，把5S管理作为生产现场管理优化方案设计的首要环节，其内涵是通过5S管理的实施，调动所有员工对生产现场管理优化的积极性。为保证5S活动顺利开展，在借鉴成功案例的基础上，立足公司实际生产水平，成立以管理部牵头的5S活动小组，分阶段实施5S活动，并有针对性地解决生产现场存在的各种冲突和矛盾。

一、通过不断培训和宣贯创造5S氛围

众多的中小企业5S活动夭折或者没有达到预期效果，主要是因为全员参与度不够。大多数员工未能真正理解5S的内涵，认为只是打扫卫生，殊不知5S活动可以为现场员工操作带来极大便利。E公司可将员工的培训和宣贯分两个阶段。

第一个阶段对部长、工段长、技术人员进行培训，主要内容是5S活动的内涵、意义、活动目标和计划，以及活动实施过程的技能、工具等；同时，每人指定负责区域，通过相关指标达成季度竞赛，以激发员工的参与热情。

第二个阶段对基层员工进行培训，通过现场培训的方式告知员工以往做得不对的地方、改善之后是什么样的、改善后对员工本人可以提供哪些便捷，让基层员工真正体会到5S活动的成果。

二、成立专项小组，确保5S活动方案的可行性

（一）整理阶段

专项小组在物资要与不要的标准上达成共识，既保证公司财产不受损失，又要保证现场无效物资的及时处置。对于价值较高但是可能长期呆滞的物资，可以通过退货、置换、改造等方式将其利用，避免浪费。通过设备工程师、仓储管理员以及各部门负责人共同辨识，呆滞物资按照如下规则被分类和处置：第一，退货。针对粉末、包装材料及药剂等物资，与原供应商沟通退货、退款事宜。第二，换货。对于不能退货的物资，与原供应商或者兄弟公司沟通，更换为等值的其他生产现场可用的物资。第三，调拨。对于建厂初期剩余的钢材、电缆等物资，优先调拨至同一集团下的新项目建设，以降低集团整体的固定资产投资。第四，出售。针对呆滞且预判长期不使用或临近质保期的物资，选择出售的处置模式。

（二）整顿阶段

对生产现场的所有物品进行科学布局，以便于员工操作。要借助人体工程学相关工具计算各类物品、设备的位置、数量、高度、距离、用量等，采用目视化管理办法，便于员工快速查找、操作，减少员工寻找、搬运的浪费。此阶段应该把基层员工纳入专项小组，听取基层员工的心声，切实为其解决问题。此阶段重点解决的项目主要有：

1.产品和材料的定置管理

将所有不同状态的产品均使用状态卡做好标识，并严格按照既定区域存放；对于各工序的量检具制作专用存储架，便于员工使用时快速寻找，提高工作效率。

2.工序间物流通道打通

目前，产生搬运浪费较多的工序主要是来料检查和贴标两个工位。本次优化方案将粉末库与包装材料库合并，将来料检查、机加在制品和机加工序的物流打通，同时利用周转小车替代托盘码放的方式，一是缩短员工转运的距离，二是便于员工码放和转运；将贴标工序由来料检查区域转移至喷涂上线区，贴标后的在制品经过40分钟静置后上线喷涂工序，减少产品的周转，减少搬运浪费，同时减少产品转运过程中的磕碰伤。

3.库存定额管理

由于前期对生产计划管控不细致，制造部为避免生产物资断料，采用储备生产物资库存的方式，造成了生产物资的积压。本次优化方案由制造部、采购部和仓储中心分别负责生产计划的细化、供货周期的缩短以及库存周转率的通报，以实现按需采

购、按需领取的目的。经过整顿阶段的工作，E公司生产现场布局优化方案主要完成如下四项工作，并达到一定目的：一是利用原厂房北侧空地重新规划不同状态产品存放区域，保证现场定置定位有合理的空间；同时，将特种设备锅炉搬迁至厂房西北角，满足安全要求。二是将维修间转移至原厂房北侧空地，打通来料检查和机加工序的通道。三是将Logo（手动贴标）工位搬迁至待上线存放区，距离喷涂上线区域距离最短，减少产品的转运浪费。四是将原存放于生产现场的包装材料转移至原厂房北侧空地，释放了厂房内部空间，也便于包装材料的定额管理。

（三）清扫阶段

建立清扫基准，划分责任区，明确责任区的负责人，确保生产现场无死角。清扫的本质并不是简单地清除现场的脏污之处，而是通过清扫活动的开展识别出真正的污染源，彻底防止污染的再次发生。为了保证各区域能够责任到人，小组将公司各区域进行划分，并明确责任部门。

（四）清洁阶段

该阶段的主要任务是将上述3项活动成果实施制度化和规范化。专项小组在开展前3项活动的过程中，将靠人盯的形式逐步转变为靠制度管。立标杆、树典型是清洁阶段常用的工具之一。专项小组将前3个阶段的成果及时总结，及时反馈给生产现场的操作人员，明确告知公司提倡的和禁止的项目，让每位员工熟知是非标准。制定奖惩措施是5S管理活动推行的基础动力，需要制定并实施5S管理活动正负激励政策。当5S检查考核达到80分以下时，责任区域管理人员5S绩效工资为零，通过部门之间实施流动红旗和交叉检查机制对公司各区域进行检查，根据检查结果进行评比，并给予相应的赏惩。

（五）素养阶段

素养的重点在于全员参与，不断提升对5S生产管理模式的认知，养成5S生产管理模式的习惯。只有全员共同参与，才能确保5S活动真正落地。在该阶段，要不断优化检查表、5S相关制度以及开展各种活动，不断将5S思想注入每位员工的内心深处。

三、建立应急保障措施，应对突发的异常状况

应急保障措施可以通过预警信息快速响应，不至于破坏5S活动制定的规则和标准，不会因为生产现场出现异常状况，就在5S的执行上打折扣。针对企业产品占地面积和厂房面积有限的矛盾，可以采取如下改善方案：在5S活动的整顿阶段，根据历史生产数据为每种状态的轮毂规划不同面积的暂存区域，并设置预警值，一旦产品存放数量接近预警值，所有相关人员就立即响应，找出在制品积压的原因，寻找各种方法和资源解决问题。

资料来源：蔡景坤. 基于精益生产的E公司生产现场管理优化研究 [D]. 秦皇岛：燕山大学，2024.

❖拓展阅读4-3

九州通医药集团东西湖物流中心的构成与布置

九州通医药集团东西湖物流中心是国内最先进的现代医药物流中心，也是全球最

大的单体医药物流中心。2017年12月，该中心被评为全国十大"国家智能化仓储物流示范基地"，成为湖北省首个进入"国家队"的物流园区。项目（一期）投资3.8亿元，占地面积为2万平方米，总建筑面积为7.5万平方米。搭建以电子商务信息系统和物流配送系统为核心、以武汉为区域中心、辐射全省及周边地区的医药物流公共服务平台。物流中心由自动化立体仓库、楼层库和穿梭车库3个部分组成。整个物流中心的存量为60万件，品规数达到4万个，订单处理能力及出库能力均可实现10万行/天，差错率控制在万分之一以下，支持年销售额达120亿元。

一、项目背景

该项目从2011年3月开始规划设计，2014年9月8日顺利上线，总体项目历时3年零6个月。整个项目的建设非常复杂，难度很大，是国内医药物流建设的一个标志。物流中心的箱式穿梭车库、螺旋输送机、自动条形码复核系统、自动输送分拣系统等均为国内乃至亚洲最先进和首次使用的技术。

二、项目特点

（一）全自动立体仓库

全自动立体仓库有14个巷道，共有28 000个托盘货位，按照入货、出货、补货和拣选四大功能分层设多个进口和出口，适合多频次和小批量订单的B类和C类商品进行U型拣选，采用整托盘自动补货、自动行走无轨小车拣选的A类商品8层钢平台。多年来，九州通医药集团通过自主研究立体仓库并积累使用经验，对原本多应用于高密度储存领域的立体仓库进行优化，适应集团多品规、小批量、周转快的特点，兼容商业、终端、电商等业务形态。该立体仓库的日吞吐能力达到5 600个托盘，日拣选能力达40 000箱，在提高作业效率的同时，大大地降低了库内的搬运强度。

（二）穿梭车库

结合九州通医药集团订单量大、拆零比例高、月台面积需求大以及装车集货困难等问题，集团自主设计自动调度装车系统，并据此引进奥地利智能穿梭车设备。该系统是当时世界上储存密度最高、节能环保效果最好的物流系统之一，为国内首次引进，吞吐量达6 000箱/小时，能够实现月台多次周转使用，准确率为100%。

（三）楼层库

物流中心楼层库的建筑面积为40 000平方米，库存量为20万件，品种数达4万种。楼层库共有5层：第一层主要是收发货作业区以及快消品暂存区；第二层是拆零拣选、包装复核，以及穿梭车库托盘加载/卸载区；第三层是器械类库区、特管药品库区以及电商商品库区；第四层是中药库区和原料药品库区；第五层是西药整件库区。

各储存区的货物除按照国家药品储存条例分区储存外，还根据销售速度的快慢分层储存。贯穿全程的输送设备系统和灵活安全的仓储管理系统使工作效率大大提高，拣选自动化使配送能力提高50%以上，日订单行处理能力达到10万行。

（四）项目创新

该项目完全由九州通医药集团自主规划、设计和集成，体现多个创新点：

①自动化立体仓库结合重力式货架。对品种少、批量大的同类货物的存储，可以通过重力式货架进行自动补给，减少等待时间，提高拣选效率。

②首次采用螺旋输送机进行不同楼层的合流，大大节省了空间。

③首次采用穿梭车库。货物在装车之前先暂存在穿梭车库，这样不仅可以大大节省月台空间，而且可以实现自动排车，提高装车效率。

④自主研发拆合盘系统。由于货物品类繁多、规格不一，为了配合穿梭车库的使用，集团研发了一整套拆合盘系统（可折叠托盘自动拆开装载货物、货物卸货后自动折叠合在一起的系统），包括穿梭车库用的托盘，在国内是首次使用。

⑤首次采用直接装车模式。由分拣机将货物送到装车口，装车员只作扫描复核之后就进行装车，大大提升了装车效率及装车准确性。

⑥集团对物流中心使用的信息系统拥有完全自主知识产权，包括企业资源计划、仓库管理、仓库控制、运输管理等方面的系统。

资料来源：Soo56物流搜索.【库秀场】九州通医药集团东西湖物流中心一览［EB/OL］.（2015-02-10）［2025-03-16］. https://weibo.com/p/1001603808726422306598.

本章小结

第一节首先介绍了生产和服务设施布置的内容：根据已选定的厂址和地形，根据布置原则对工厂的基本生产车间、辅助生产车间、生产服务部门和公用设施等进行合理的布置。工厂布置的原则是：应满足生产工艺过程的要求；合理利用厂区面积；适应性强；绿色生产；满足安全生产和经济性的需要。车间设备布置的原则是：考虑人机工程、距离最短、安全生产、工作环境、定置管理和充分利用车间面积等。布置常见的类型有按工艺布置、按产品布置、综合布置。

第二节论述了模板布置法、生产活动相关图法和车间设备布置方法。

第三节介绍了11种流水线的类型和5种特征等、组织流水生产的四大条件。本节还介绍了流水线的组织设计中节拍、设备数量及负荷、人员数量计算等主要内容，以及流水线实现装配线平衡的两方面措施。

关键术语

工艺专业化（process specialization） 对象专业化（object specialization） 从至表法（from-to matrix method） 节拍（cycle time）

基本训练

❖ 简答题

1. 什么是生产过程?

2. 工厂平面布置的要求和方法有哪些?

3. 什么是对象原则? 它有何优缺点?

4. 流水生产的特征有哪些?

5. 流水生产的优缺点有哪些?

6. 加工顺序的原则有哪些?

7. 流水生产平衡原则有哪些?

8. 什么是节拍?

9. 工序同期化的方法有哪些?

10. 现场管理主要技术有哪些? 与平面布置有何关系?

❖ 实务题

1. 某制品流水线计划年销售量为30 000件, 另需生产备件1 000件, 废品率为2%, 两班制工作, 每班8小时, 时间有效利用系数为95%, 求流水线的节拍。

2. 某流水线上计划生产甲、乙、丙、丁4种产品, 其计划产量分别为3 000、2 500、2 400、2 200件。每种产品在流水线上各工序单件作业时间之和分别为50、45、45、40分钟。流水线按两班制生产, 每月有效工作时间为24 000分钟。要求: 请分别按代表产品法和加工劳动量比重法计算每种产品的节拍。

3. 假设某流水线的节拍为8分钟, 由13道小工序组成, 单位产品的总装配时间为44分钟, 各工序之间的装配顺序和每道工序的单件作业时间如图4-10所示。要求: 请确定工序。

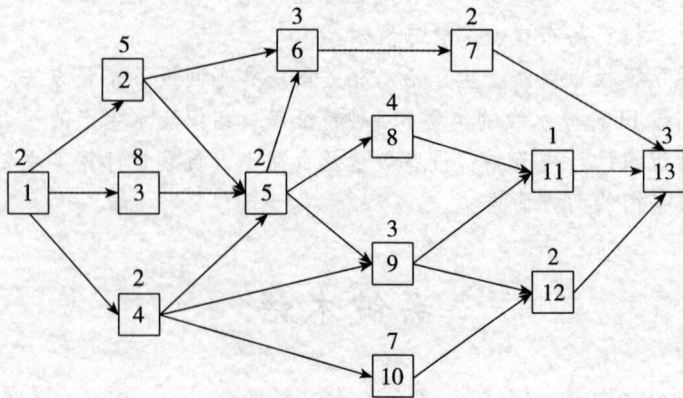

图4-10 加工网络图

4. 初始从至表见表4-23, 若毛坯库必须排在第一位, 较好顺序见表4-24, 若没有位置限定, 如表4-24所示的方案能否改进? 为什么? 若能改进, 请给出较优方案。

表 4-23　　　　　　　　　　　　　　　初始从至表　　　　　　　　　　　　　单位：次/天

从＼至	1	2	3	4	5	6	7	8	9	
	1毛	2铣	3车	4钻	5镗	6磨	7内	8锯	9检	合计
	10	12	18	12	2	4	2	4	10	
1　1毛		2	5		1			2		10
2　2铣			1	2		2			1	6
3　3车		3		4					2	9
4　4钻			1				1		4	6
5　5镗			1							1
6　6磨									2	2
7　7内									1	1
8　8锯		1	1							2
9　9检										
合计		6	9	6	1	2	1	2	10	37/114

表 4-24　　　　　　　　　　　　　　　调优后从至表　　　　　　　　　　　　　单位：次/天

从＼至	1毛	3车	2铣	4钻	9检	8锯	6磨	5镗	7内	合计
1毛		5	2			2		1		10
3车			3	4	2					9
2铣		1		2	1		2			6
4钻		1			4				1	6
9检										
8锯		1	1							2
6磨					2					2
5镗		1								1
7内					1					1
合计		9	6	6	10	2	2	1	1	37/88

5.如图4-11所示的平面布置,第一步是从检验到配件库,第二步是从配件库到生产线,第三步是生产移动,第四步是从生产线到检验,第五步是从检验到成品库。该平面布置如何改进?

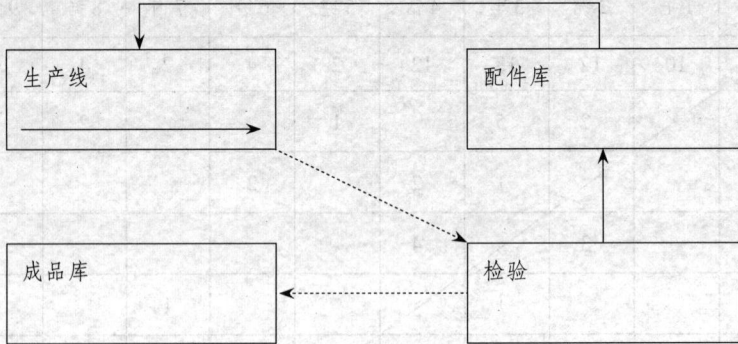

图4-11 平面布置图

6.根据表4-25绘制网络图,若节拍为15分钟,工序至少需要多少道?如何安排?

表4-25 作业组成及作业时间图表 单位:分钟

工作代号	紧后工作	持续时间
A	B、D	12
B	C、E、I	3
C	M	7
D	M	6
E	F、G	3
F	H	5
G	H	8
H	M	3
I	J、K	5
J	L	3
K	L	9
L	M	8
M	N	3
N	P	6
P	—	12

第5章 工作设计与工作研究

学习要点评级

1.工作设计（★★★）

2.工作研究（★★★★★）

3.程序分析（★★★★★）

4.操作分析（★★★★）

5.工作测量（★★★★）

6.工作标准（★★★）

❖ 引 例

事故与生物节律

20世纪初，德国的一位内科医生威尔赫姆·弗里斯和一位奥地利心理学家赫尔曼·斯瓦波达通过长期临床观察，发现病人的症状、情感和行为的起伏变化存在以23天为周期的体力变化和以28天为周期的情绪波动规律。大约20年后，奥地利的一位大学教授研究了几百名高中生和大学生的考试成绩以后，发现人的智力也存在一个以33天为周期的波动规律。后来的一些学者经过反复试验，认为每个人从他出生那天起，直至生命终止，都存在周期分别为23天、28天、33天的体力、情绪和智力的变化规律，并用正弦曲线绘制出每个人的变化周期曲线。

在每一个周期中，上半周期对人的活动起到积极、良好的作用，被称为高潮期。体力表现为体力充沛；情绪表现为有创造力，心情愉快，乐观；智力表现为思维敏捷，更具有逻辑性和解决复杂问题的能力。下半周期对人的活动有消极、抑制的作用，被称为低潮期。体力表现为容易疲劳，做事拖拉；情绪喜怒无常、烦躁，意念沮丧；智力表现为注意力不集中、健忘、判断准确性下降。在所有3个周期中，由高潮期向低潮期或由低潮期转向高潮期的那一天被称为临界日。在体力周期和情绪周期临界日发生事故的可能性很大，而智力周期临界日在安全方面认为是不重要的，但如果和其他临界日相重合，则产生的综合效果增大。在情绪周期与体力周期的临界日相重合时，发生事故的概率更大。双重临界日一年中大约有6次；三重临界日一年中有一次，按生物节律的理论，在该日发生危险的概率将增加到最高程度。

据有关交通事故资料，40%的事故发生在生物节律临界期，20%的事故发生在生物节律高、低潮过渡的时期，故发生在生物节律临界期的事故占总事故的60%。

科学研究证明，生物节律是一种客观存在的自然现象，它和事故发生有密切的关系。生物节律理论可以提示人们，在某一时间人的体力、情绪和智力所处的状态是高潮期、低潮期或临界日，这样就可以充分利用生物节律理论来更有效地指导安全生产，提醒操作者注意，合理安排工作。生物节律理论自20世纪80年代引入我国以来，逐渐被应用于企业生产、交通管理、铁路行车等诸多领域。应用生物节律理论对于事故预防的效果是显著的。

资料来源：[1] 滕炜，黄太云. 中华人民共和国新刑法实务全书 [M]. 北京：警官教育出版社，1997：207-208. [2] 劳斯. 工业心理学 [M]. 俞祖元，姚锡棠，译. 天津：天津科学技术出版社，1985：207-208. [3] 赵德志，刘江油. 奇妙的人体生物钟 [M]. 成都：四川省社会科学院出版社，1987：82. [4] 谢进伸，金鹤章，徐志先. 实用煤矿安全系统工程 [M]. 北京：中国科学技术出版社，1990：172-173. [5] 郑布英，俞国良. 现代人成才技能优化 [M]. 北京：中国国际广播出版社，1990：140-141. [6] 任林茂. 人体生物节律在道路交通安全中的应用 [J]. 大众科技，2014，16（6）：297-299.

5.1 工作设计

5.1.1 工作设计的概念与内容

5.1.1.1 工作设计的概念

工作设计是生产运作系统设计的内容之一，就是设置生产运作系统中的工作岗位和工作内容。其目的是综合利用各种方法和手段、工作方法研究、工作衡量、工作标准、报酬体系等，尽可能地优化人-机-环境的关系，充分发挥员工的潜力、潜能，设计出满足组织及技术要求、工人生理和个人需求的工作结构，达到提高生产率和产品质量、降低成本、缩短生产周期的目的。

5.1.1.2 工作设计的内容

工作设计涉及6个方面的核心内容（6H），即工作内容、工作方法等的具体化和详细化（如图5-1所示）。

5.1.2 工作设计的原则

工作设计是十分重要的管理技术，好的工作设计是好的工作的先决条件。现代工作设计十分强调工作、生活质量的改进，力求做到人与工作的完善配合，在提高工作效率的同时保证较高的工作满意感。为此，工作设计立足于工作本身内在特性的改进，增强工作本身的内在吸引力。根据工作设计的基本目的与要求，工作设计应该符合效率原则、工作质量原则、系统化原则。

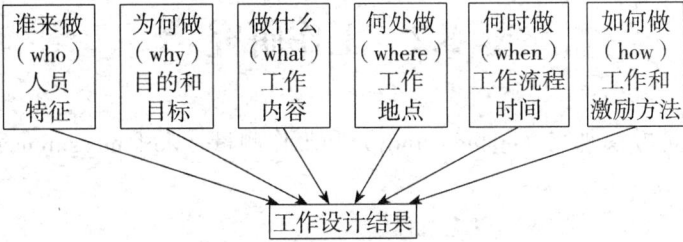

谁来做 （who） 人员 特征	为何做 （why） 目的和 目标	做什么 （what） 工作 内容	何处做 （where） 工作 地点	何时做 （when） 工作流程 时间	如何做 （how） 工作和 激励方法

工作设计结果

图5-1　工作设计的内容

5.1.3　工作设计的理论

5.1.3.1　社会技术理论

任何生产运作系统既是技术系统又是社会系统，在工作设计中应该把技术因素与人的行为、心理因素结合起来考虑。社会技术理论认为工作系统由社会与技术两个基本部分构成，在进行工作系统设计时，应把社会与技术综合在一起作为一个有机的整体进行考虑，提出既满足技术性约束又满足社会性约束的工作设计方案。

5.1.3.2　分工与专业化理论

传统的劳动分工理论认为，专业化程度越高，工作范围越窄，重复性也越高，所需技能越单一，运营效率越高，成本越低。目前，人们发现分工并不是越细越好，有时扩大工作内容反而效率提高。可见，工作细分也有个度的问题，即最佳专业化程度。

5.1.3.3　行为科学理论

行为科学理论是在工作系统的设计中充分考虑人的行为动机，使工作本身更加富有意义，从而提高人员的满意度。行为理论所采用的方法主要有工作扩大化、工作丰富化、岗位轮换。这些内容在管理学中已论述，这里只简单介绍。

第一，工作扩大化（job enlargement），是指工作内容横向扩大，增加工作任务的种类和内容。提升工作所需技能的多样化，增加对员工工作成果的认可，提升员工对工作的兴趣和投入，提高员工工作的积极性与满意度。

第二，工作丰富化（job enrichment），是指工作内容纵向扩大，员工承担更多的责任，更多地参与作业的计划与控制，拥有参与管理的机会。工作丰富化可以给员工带来成就感、责任心、工作得到认可等方面的满足感，提高员工工作的积极性与满意度。

第三，岗位轮换（job rotation），是指员工定期交换所从事的工作。岗位轮换有许多优点，可以使员工"一专多能，一岗多人"，提升其工作满意度。

5.1.3.4　团队理论

团队理论的核心思想是提高协同工作水平，提升员工参与性。团队理论在工作系统中的具体应用形式是团队工作方式，即由数人组成一个工作小组，共同负责完成某项工作。团队工作方式的核心是强调小组成员的高度参与性，充分挖掘员工的潜能，发挥每个员工的积极性与创造性，使工作做得尽量好。

5.2 工作研究

工作研究是方法研究（method study）和工作测量（work measurement）的总称（如图5-2所示）。

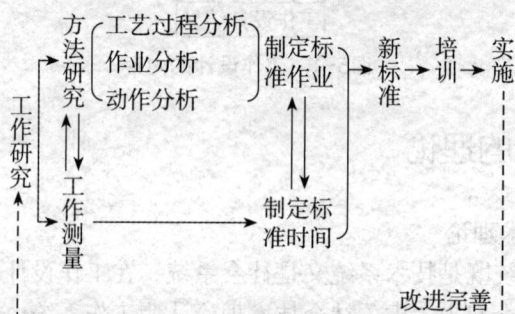

图5-2 工作研究

方法研究是对现有的或拟议的工作方法进行系统的记录、分析和严格的考查，借以开发出简单、易行及有效的工作方法，以达到提高生产率的目的。方法研究的核心问题是应该怎样进行工作才合理。

工作测量是运用各种技术来确定合格工人按规定的作业标准完成某项工作所需的时间。工作测量的主要目的是确定工作标准时间。

5.2.1 方法研究的内容

5.2.1.1 改进工作及作业程序

这里包括工作内容、方法、手段、工艺以及作业程序是否可以再造和优化等。例如在具体的物料作业研究方面，应利用物料的重力进行自动搬运，取消或替代抓取；用工具、物料专用工具把物料存放在合适的位置，实行自动供料。

5.2.1.2 改进工厂及工作地的布置

这包括工厂如何布置物流运输距离最短、面积利用率最高、经济效益最好等，工作地如何布置工人最省力、生产成本最低、产量最大、效率最高、质量得以保证等。其具体是设备怎样摆放、工具放在哪里合适、原材料如何放置、操作者位置在哪里、成品放在何处等。

5.2.1.3 简化操作，降低劳动强度

简化操作可提高工作效率和产品质量；降低劳动强度更能体现人本主义，保护人权等。

5.2.1.4 有效地利用材料、机器设备和人力等

生产的目标是高效低成本、保质保量、按期生产产品。被加工对象、加工工具和人是影响目标的主要因素，方法研究与这3个方面密切相关。

5.2.1.5　创造良好的工作环境，实现安全生产

5S管理能够营造良好的工作环境，实现安全生产也是生产的主要任务之一。

5.2.2　方法研究常用的分析技术与方法

方法研究常用的分析技术与方法有程序分析、操作分析和动作分析3种技术，以及6H法和ECRS法两种方法。

5.2.2.1　程序分析

程序分析是以产品的整个制造过程为研究对象的一种系统分析技术，按作业的流程从第一道工序至最后一道工序，从原材料入厂到产品出厂所进行的全面分析或全过程分析。

5.2.2.2　操作分析

操作分析是研究以人为主体的工序，使操作者（人）、操作对象（物）、操作工具（机）三者科学地组织、合理地布局，以降低工人的劳动强度，减少作业时间的消耗，使工作质量得到保证。

5.2.2.3　动作分析

动作分析是研究分析人的操作动作，将其分解为最基本的动作单元，以排除多余动作、减轻疲劳，使操作简便有效，制定出最佳的动作程序。

5.2.2.4　6H法

6H法在第1章作了初步介绍，这里再详细论述。6H法是指对研究对象提出六大问题：why、where、when、who、what、how。其原理是经过3次反复提问，回答6个方面的问题，理清现状和原因，最终达成解决问题的方法（见表5-1）。

表5-1　　　　　　　　　　　　　　　　　　6H法

项目	分析现状	提出问题	改进建议
	第一次提问	第二次提问	第三次提问
why	目的是什么	为何需要做	有无其他方法代替
where	何处做	为何要在此处做	有无其他更合适的地点
when	何时做	为何要在此时做	有无其他更合适的时间
who	何人做	为何要此人做	有无其他更合适的人员
what	做什么	为何要做这些	可否简化作业内容
how	如何做	为何要如此做	有无其他更合适的方法

第一次提问分别是：目的是什么？何处做？何时做？何人做？做什么？如何做？从价值工程功能系统图的角度出发，必须首先明白实现功能的目的是什么，没有目的的功能就是多余的和浪费的；做什么和如何做是手段和途径，因此有必要弄清有无其他更好的手段和途径实现这一功能。从计划的角度看，计划必须包含这6个方面。

第二次提问是回答为什么。没有原因或原因不充分说明不够科学和合理。

第三次提问是改进建议。

❖ 案例窗 5-1

提高船舶钢材利用率的方法

一、改善钢材使用效率的措施与方法

（一）强化物料使用程序控制

1.制定物料利用率最优的控制程序

整个设计工作包括基础设计、详细设计和产品设计3个环节，每个设计环节相互交叉、相互影响。由此可见，材料的使用控制既是技术问题，又是经营问题。要使物料的利用率最大化，就必须对控制体系进行改进及完善。

2.把占用量的控制分解成分段式的

按照船体的材质，物料的使用量是全面的，即船舶各个阶段的利用率。这就需要在每个阶段对利用率进行分解和管理。通过利用率进行目标管理，不同的部门一起合力实现总体目标。在管理控制过程中，如果发现物料利用率与目标值之间的差距过大，应分析其内在原因，并采取相应的对策。只有控制好不同阶段的钢材利用率，才能保证船舶的整体钢材利用率。

（二）加强生产设计阶段前期策划

在生产设计中，要进行排板规划，如外板、底板、甲板等板子的规划等需认真对待。选择合适的时期来控制材料板的总数。若由于不规则零件的计划，材料利用率低，则应当尽可能扩大使用范围，并在条件允许的情况下进行细分零件的使用规划。

（三）采用先预套料后购买材料的方法

根据三维模型，在设计模型中，对船厂采购材料前，可以使用套料软件进行套料，更加精准计算所需材料的种类、规格和数量，减少浪费，快速地建模，避免人工预测数据的提前采购，使采购材料更加准确合理，从而大大减少人工预测因素带来的不利影响。

（四）优化套料批次，相似分段混套

船体零件数量众多，而且大小不一、形状各异，但从造型和排板组合的角度来看，色料零件和排版数量越多，作为散装零件的使用就会越合理，相应板材的利用率也就越高。板材可以分段混合，因此将其分段。类似阶段的混合材料利用率最高。此外，分阶段的布局顺序还应考虑到现场原材料供应顺序和设计定制材料的管理。过多的阶段性供应量将导致阶段性定制物料供应跟不上等问题。

（五）强化分层套料的薄弱环节控制

从区域整体的材料利用率来判断，上层和下层比较规范，物料的利用率要比全船高。在驾驶室和前部、后部等部位，部件分布不均匀，线型变异程度大，物料的使用量比较少。根据数据显示，普通机舱使用率比货舱使用率低4%～7%。此外，主流造船厂由于各自工艺流程的不同，尽管路线不同，但基本上都是浸入式结构，在外板中，物料的使用量最小。

（六）采用专用裁剪方法

一般来讲，钢板用来切割时会造成切削损失，控制切削损失也很重要。所以，对钢板切削时，可以采取特别的切削工艺，如对边部进行切削、对条形和下片进行集中的切削。

二、不断开展技术创新

（一）混合套料技术

为了充分利用船体涂装后的剩余材料，合格的船厂应开发自制铁成分与船体铁成分的混合技术。首先，需要实现钢材与船体的同步设计，实现船体零部件材料之前的图纸目标，实现钢材与船体所需要的钢材和船体钢材预期清单的简化。其次，为了解决船体零部件的管理和集成问题，应对船体零部件进行规范研究，明确适用于船体零部件和混合材料的钢制零部件的范围。最后，需要全面确认使用残留物的方法及相关过程。

（二）"不定尺"订货技术

"不定尺"订货技术的核心是在确定钢板规格时了解各种切削加工设备的特点。对于其他形状的零件，如需要压制成形的槽型隔板，就通过试验获得有效的数据，对平面或曲面钢板布置方法进行反复优化，并计算工艺设计所确定的精度控制信息。根据这一原则，货舱双层板之间可以排列肋条、垂直拼接和水平拼接。此外，如折角斜屋面板、槽式隔墙板、墙角侧板、斜梁拱顶板等，需要进行伸缩计算或压缩试验，然后计算焊接收缩补偿和剪切损失，以获得准确的钢板尺寸顺序。根据这一原则，钢板的长度不再是6米、8米、10米、12米和16米的标准规格，钢板的宽度不再是1.5米、1.8米、2米、2.2米、2.5米、2.8米等标准宽度。这种"不定尺寸"的订单模式，类似于日本造船厂根据生产设计图纸进行订单，但与国内钢铁厂希望生产"精确尺寸"的供应模式恰恰相反。但前者能够有效地减少多余的原材料或残留物，从而大大提高钢材的利用率。对于310万吨级的船舶，钢板规格在固定尺寸的招标中可达到150～250个，但在无限尺寸的招标中需要提高到400～600个。

资料来源：李图. 提高船舶钢材利用率的方法探讨［J］. 船舶物资与市场，2023，31（1）：4-6.

5.2.2.5　ECRS法

第1章对ECRS法作了初步介绍，这里再深入探讨。ECRS（eliminate，combine，rearrange，simplify）法是取消、合并、重排和简化的简称（见表5-2）。这是从4个维度探讨提高效率的方法。该方法与6H法和价值工程法交替使用，彼此又有重叠部分。各行各业只要留心思考，皆有可改进之处；没有最好的，只有更好的。持续改进是成功的黄金定律。

（1）取消

取消是指取消一切不必要的工作。一方面，从价值工程角度看：没有价值、没有目的的功能（作业）都是多余的和浪费的，必须取消。此外，这道工序使产品增加的功能，对客户来讲是过剩的或不需要的，这时也应取消该工序。另一方面，其他工序也可以做，而且效率更高、质量更好、时间更快，此时，该工序就应合并到其他工序中，或取消它。

表5-2 动作改善ECRS法

改善原则	目 的	事 例
取消	排除浪费 排除不必要的作业	①合理布置，减少搬运，减少等待时间 ②取消不必要的外观检查
合并	配合作业 同时进行 合并作业	①煮咖啡与加热面包同时进行 ②一边加工一边运输 ③包装与分拣同时进行，钻孔与倒角同时进行
重排	改变次序 改用其他方法 改用别的东西	①把裁剪工序提前，染色工序放后 ②用传送带代替人工搬运 ③塑料件代替钢铁件
简化	连接更合理、更简单	①改变布置，改变流程，使作业更顺畅 ②使机器自动定位切割，代替凭感觉定位切割

（2）合并

合并是指合并必需而且可能合并的工作。例如设计一个特殊咖啡壶，中间加热面包片，四周是咖啡壶体，这样煮咖啡和加热面包片这两道工序就合二为一了。

案例窗5-2

（3）重排

重排是指重排所有必需的工作程序。首先，从整个企业（组织）流程的角度出发，看业务流程是否合理，是否有必要重排；其次，看某个产品或业务流程是否合理，是否需要改进；最后，工艺和工序能否重排，重排后流水线是否更均衡、效率更高。这实际上也是流程再造过程。

（4）简化

简化是指简化所有必需的工作。这是一种战略，理想状态就是工作简单化，这样既可提高效率，降低成本，提高质量，又可减少招聘和培训的烦恼。简化通常与自动化、机械化相关联。

案例窗5-3

5.3　程序分析

5.3.1　程序分析符号

为了便于分析和沟通，美国机械工程师学会制定 5 种符号（见表 5-3 中前 5 种），1979 年由美国制定为国家标准。常用的 6 种符号见表 5-3。

表 5-3　　　　　　　　　　　　　　　　　程序分析符号

序号	要素	分类	记号	意　义
1	加工	加工	○	表示使原材料、零件、制品的形状或性质发生变化，以符合某种加工目的的过程，如零件从一个车间搬运到另一个车间
2	搬运	搬运	⇨	表示使原材料、零件、制品位置发生变化的过程（也可用→表示）
3	停滞	储存	▽	表示按计划储存原材料、零件、制品，如生产线前和后的在制品等
4		暂存或等待	⊃	表示原材料、零件、制品处于非预期的暂存或等待状态，如上下工序之间的等待
5	检查	数量检查	□	测量原材料、零件、制品的数量，与基准进行比较
6		品质检查	◇	测试原材料、零件、制品的品质特性，把结果和基准进行比较，以作出合格与否或优良与否的判断

5.3.2　程序分析

5.3.2.1　程序分析的内容

① 操作分析，是指作业操作步骤、动作、所需时间等方面的分析。

② 搬运分析，是指零部件在工序之间、车间之间等环节或部门之间的搬运方法、搬运距离及时间等方面的分析。

③ 检验分析，是指检验工具、检验原理和方法、检验效率和质量、检验时间和地点是否合理等方面的分析。

④ 等待分析，是指对为何等待、在哪里等待、等待多长时间、哪些环节需要等待等情况的分析。

⑤ 存贮分析，是指存贮地点、数量、时间等方面的分析。

5.3.2.2　生产流程分析

生产流程是产品加工所需经过的各个环节，即各个部门、车间和工序。例如，生产汽车的主要流程是：用冲床将钢板压成车的外壳，车体倒转进行焊接，加装车门及车盖，除去钢板的毛边与暗号，防锈处理及车体喷漆，装配大梁，防震，传动，引擎，内部装潢，加装散热器（水箱）、油压系统、燃料系统以及车轮，试验，最后出厂。

【例5-1】某企业生产一种零件经过的各道工序及相应距离等参数被列入表5-4中，一线操作者、技术人员、工艺人员集思广益，从取消、合并、重排和简化4个方面入手，分析和改善原流程。表5-4中最后4列打对号是要采取的措施。

表5-4　　　　　　　　　　　　　　　工序流程分析

工作说明	距离/米	对应设备	符号				改善要点			
			○	⇒	▢	▽	取消	合并	重排	简化
送至冲床旁	8	1								
冲 A_1 和 A_2 两孔								√		
送至冲床旁	10	1								
冲 A_0 孔								√		
送至倒角机旁	8	2					√			
加工三孔倒角								√		
送至冲床旁	4	3								
粗冲 A_0 孔								√		
送至冲床旁	2	4								
精冲 A_0 孔										
送至倒角机旁	6	5								
加工外圆倒角										
送至冲床旁	7	6								
冲缺口								√		
	45	22	18	17		2				

【例5-2】表5-5是某单位食堂加工面条的生产流程，经过12个步骤。该流程从取消、合并、重排和简化4个方面入手有无改进余地？如工序5送到水池边可否取消？工序8和9的顺序可否调换？

【例5-3】图5-3是麦当劳快餐店的生产流程，其优缺点有哪些？有无改进余地？

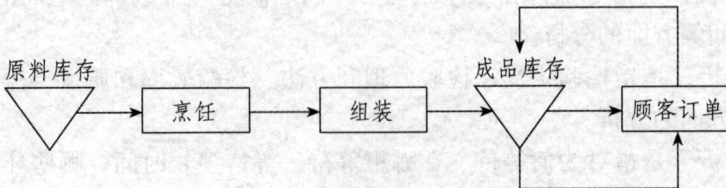

图5-3　麦当劳的生产流程

【解】该流程优缺点与备货型生产策略类似，优点是快速提供餐饮服务，缺点是库存多，食品不是新做出来的，口感略差。该流程有改进余地，可与订货型生产方式相结合，提高服务质量。

表5-5	生产流程分析
1.面条置于货架上	▽
2.将面条拿到厨房	⇨
3.煮熟	○
4.放到盆里	○
5.送到水池边	⇨
6.过水	○
7.送到操作台	⇨
8.分装入盘	○
9.加入肉末和番茄酱	○
10.将盘子送到加热器	⇨
11.保温	○
12.送到出售台	⇨

5.4　操作分析

操作分析是通过对以操作者为主体的工序的详细研究，使操作者、操作对象、操作工具三者科学地组合，合理地布置和安排，使工序结构合理，降低劳动强度，减少操作的工时消耗，以提高产品的质量和生产效率为目的而进行的分析。

5.4.1　双手操作分析

双手操作分析是对由一名操作者所承担的要素操作（操作）进行记录和分析的技术。这种操作分析的重点是考察操作者的操作方法和步骤是否合理；左右手分工是否恰当；是否存在多余和笨拙的动作而需要改进；工作地物料的摆放、工作地布置是否合理等。

5.4.2 人-机操作分析

人-机操作分析是记录机器与操作者在同一操作生产循环内的工作情况，分析两者时间配合关系，寻求合理的操作方法的一种分析技术。其目的是使操作者的操作和机器的运转协调配合，以充分发挥人和机器的效率。

5.4.3 联合操作分析

联合操作分析是应用于多人联合（班组）操作的一种分析技术，记录和考察操作者之间在同一循环时间内的操作内容及相互之间的关系，研究和探讨不干涉操作实施平行操作的可能性，寻求合理的操作循环方法，使操作者之间的配合更加协调，以提高联合操作的工作效率。

为了提高效率，在操作动作中，尽量避免"摇头、转身、弯腰"这三种动作，它们都延长作业时间、增加劳动强度，从而降低作业质量。改善作业环境的布置方式，可以消除摇头、转身和弯腰的动作，如在操作者正前方供料，可避免转身拿取原材料的动作；把工具和被加工对象放在合适高度，而不是放在地面上，可避免弯腰拿取工具或被加工对象的动作。

5.5 工作测量

5.5.1 工作测量概述

工作测量是对实际完成工作所需时间的测量，是工作研究中的一项主要内容。实际上，制定工作标准也需要运用工作测量的方法，对实际工作时间进行统计，找出一般规律，才能最后建立工作标准。工作测量的基本目的是为每一项工作确定时间标准，设置这些标准是基于以下原因：

第一，安排工作的进度，分配工作能力。所有的进度安排方法均要求估计进度中完成每一项工作的时间。

第二，提供一种激励员工和测定他们表现的客观标准。在采用基于产出的激励策略时，测定标准尤为关键。

第三，新合同竞标以及评价现有员工的表现。

第四，为改进工作提供标准。

5.5.2 工作测量的方法

工作测量的方法有作业测定法、预定时间标准法、标准资料法和工作抽样法。选择哪一种方法取决于要求的详细程度和工作本身的性质。对于要求非常详细并可重复的工作通常采用作业测定法和预定时间标准法进行分析。当作业在流程时间固定的装备上完成时，通常使用标准资料法，这样可不必进行直接观察。当工作为非频繁性或周期很长时，就得选择工作抽样法。

5.5.2.1 作业测定法

作业测定法一般要用秒表，既可在工作的现场，也可通过观察工作的视频进行。作业测定法利用秒表，在一段时间内对作业的执行情况进行直接的连续观测，把工作时间以及与标准概念（如正常速度）相比较的对执行情况的估价等数据，一起记录下来给予一个评比值，并加上一定的宽放值，最后确定出该项作业的时间标准。

要研究的工作或任务被分解成可测量的部分或元素，且每一元素被单独测定。将工作分解成元素的一些基本规则是：

第一，定义的每一工作元素持续的时间要尽可能短，但又便于用秒表进行测量和记录。

第二，如果操作者在一些单独运行的装备上工作，应把操作者和装备的活动分别分解成不同的元素。

第三，把操作者和装备的等待定义为单独的元素。

经过一系列的重复测量，然后把收集到的时间数据平均化。每一元素的平均时间经过累加，得出了操作者操作的观测时间（OT）：

$$OT = \sum X_i / n \tag{5-1}$$

式中：X_i（$i=1, 2, \cdots, n$）为第 i 次测定的时间值，n 为观测次数。

然而，要使该操作者的时间对所有的员工都有可比性，必须对其作业速度进行绩效评定，才能使该测定值"通用化"，进而得出该项作业的正常时间（NT）：

$$NT = OT\,(1+\eta) \tag{5-2}$$

式中：η 为绩效评定的评比率。正常时间也可描述为：

正常时间=观测时间×评比系数

评比系数=正常时间÷观测时间×100%　　　　　　　　　　　　　　　　(5-3)

如某一操作者完成一项工作要 3 分钟，通过时间研究分析估计他比正常情况快 10%，正常时间将记为：3×（1+0.1）=3.3（分钟）。

在正常时间的基础上推导出标准时间（ST），还要在正常时间基础上加上宽放时间。宽放时间包括作业宽放、个人宽放、疲劳宽放、管理宽放，通常在考虑这几方面的基础上给出宽放率来确定宽放时间，即

$$ST = NT\,(1+\delta) \tag{5-4}$$

式中：δ 为宽放率，即各种宽放时间之和占工作时间的百分比。标准时间也可描

述为：

标准时间=正常时间×（1+宽放率）

标准时间可作为工时定额。

5.5.2.2　预定时间标准法

预定时间标准法是国际公认的制定时间标准的先进技术。它利用预先为各种动作制定的时间标准来确定进行各种操作所需的时间，而不是通过直接观察或测定。它不需要对操作者的熟练、努力等程度进行评价，就能对其结果在客观上确定出标准时间。

5.5.2.3　标准资料法

标准资料法是将直接由作业测定法、工作抽样法、预定时间标准法所得的测定值，根据不同的作业内容，分析整理为某作业的时间标准，以便将该项数据应用于同类工作的作业条件上，使其获得标准时间的方法。

5.5.2.4　工作抽样法

工作抽样法是在较长时间内以随机的方式分散地观测操作者工作状况，通过合理分析、计算来确定工作时间标准的方法。该方法具有省时、可靠、经济等优点，因此成为调查工作效率、合理制定工时定额的通用技术。

为了有效运用这种方法，应确定如下3个问题：

①要求结果中统计的置信度水平是多少？（见例5-6）

②必须进行多少次观测？（见例5-7）

③什么时候进行观测？

工作抽样研究的步骤如下：

一是识别特定的活动，它们是研究的主要目的，如确定设备工作、闲置和维修时间所占的百分比。

二是估计感兴趣的活动占总时间的比例（如设备运行时间为85%）。这些估计可根据分析人员的背景知识、以前的数据、其他可靠的猜测或一个探索性的工作抽样研究得到。

三是给出研究结果所要求的精确度。

四是确定进行每一次观察的特定时间。

五是研究期间，每隔两次或三次用目前所收集到的数据重新计算所要求的样本容量，如果有必要就增加观察次数。

工作抽样研究中的观测次数在整个研究期间通常被分为几个部分。因而，如果40天内要观测1 000次，观测计划通常定为每天观测25次（1 000÷40）。每天的观测通过使用一个随机数表分配特定的观测时间。

工作抽样法是根据数理统计的理论，从母体中随机地取样本；如果这个样本足够大，则从样本的性质可以推断出母体的状态。由于它不是全数调查，所以会产生误差，这又取决于抽样的数量（即观测次数）。抽样数越多，置信度就越高；反之，置信度就越低。

置信度是指观测结果的可信程度，也就是子样符合母体状态的程度。工作抽样一般取2倍标准差（2σ），即95%的置信度。精度就是允许的误差。置信度为95%时，绝对精度为2σ，相对精度（S）为绝对精度与观测发生概率之比，即$S=E/P$。二项分布时，E和S分别为：

$$E=2\sigma=2\left[P\left(1-P\right)/n\right]^{0.5} \tag{5-5}$$

$$S=E/P=2\left[\left(1-P\right)/Pn\right]^{0.5} \tag{5-6}$$

观测次数根据所规定的置信度和精度要求而定。在置信度取95%时，可计算出观测的次数：

用绝对精度E计算：

$$n=4P\left(1-P\right)/E^2 \tag{5-7}$$

用相对精度S计算：

$$n=4\left(1-P\right)/PS^2 \tag{5-8}$$

【例5-4】3天对10名工人的工作时间进行测定，以便制定新的标准。资料见表5-6，确定其标准时间。

【解】工作比率=工作次数/总观测次数×100%=711÷720×100%=98.7%

标准时间=（总观测时间×工作比率×评比系数/总产量）×（1+宽放率）

=（13 550×98.7%×123.5%÷16 314）×（1+15%）=1.16（分钟）

表5-6 工作抽样表

项　目	来　源	数　据
总观测时间	测量	13 550分钟
总产量	生产部	16 314
观测次数	工作抽样	720
工作次数	工作抽样	711
评比系数	工作抽样	123.5%
宽放率	连续观测	15%

【例5-5】对餐厅服务员观测数据参见表5-7，服务员以110%速度工作，宽放率为10%，求其标准时间。

表5-7 工作抽样表

动作名称	平均时间（分钟）
放好餐巾	0.05
将刀、叉、勺放在一起	1.00
将银器卷起	0.90
放在盒子里	1.05

【解】放好餐巾时间计算如下：

正常时间=观测时间×评比系数=0.05×110%=0.055（分钟）

标准时间=正常时间×（1+宽放率）=0.055×（1+10%）=0.0605（分钟）

以此类推，用 Excel 计算结果见表5-8。Excel 公式为：E3=B3*C3*D3。

表5-8 标准时间计算表（用Excel）

	A	B	C	D	E
1	作业	时间	评比系数	宽放率	标准时间
2	动作名称	平均时间（分钟）	110%	10%	
3	放好餐巾	0.05			0.0605
4	将刀、叉、勺放在一起	1.00			1.2100
5	将银器卷起	0.90			1.0890
6	放在盒子里	1.05			1.2705

【例5-6】车床若干台，抽查140次，观测到正在工作54次。要求：车间车床利用率 P 的估计值 $P_平$ 和绝对精度 E 分别是多少？

【解】 $P_平 = m/n × 100\% = 54 ÷ 140 × 100\% = 38.57\%$

$E = 2\sigma = 2\left[P(1-P)/n\right]^{1/2} = 2\left[0.3857 × (1-0.3857) ÷ 140\right]^{1/2} = 0.0823$

【例5-7】某活动占规定的工作时间百分比大体上为25%，若对 P 作出比较精确的估计，相对精度为10%，那么需要观测多少次？

【解】 $n = 4(1-p)/(S^2 × P) = 4 × (1-0.25) ÷ (0.1^2 × 0.25) = 1\ 200$（次）

5.6 工作标准

5.6.1 工作标准的概念

工作标准是指一个训练有素的人员完成一定工作所需的时间。他完成这样的工作应该预先设定好的方法，用其正常的努力程度和正常的技能（非超常发挥），即时间定额。

制定工作标准的关键是定义"正常"的工作速度、技能发挥。例如，要建一条生产线，或者新开办一项事务性的业务，你需要根据需求设计生产运作能力，雇用适当数量的人员。假定一天的生产量需达到1 000个单位，则必须根据一个人一天能完成多少个单位来决定人员数量。但是，一个人一天能做的数量是因人而异的，有的人精力旺盛、动作敏捷，工作速度就快，有的人则相反。因此，必须寻找一个能够反映大多数人的正常工作能力的标准。这种标准的建立只凭观察一个人完成一个产品的时间显然是不行的，必须观察一定的时间、完成一定数量的产品，并观察若干个人，然后用统计学方法得出标准时间，这就涉及上面所讨论的有关工作衡量的内容。此外，即使经过这样的一些步骤建立起了工作标准，在实际工作开始以后也仍需要不断地观察、统计，适时地进行修正。

5.6.2 工作标准的作用

5.6.2.1 制订运作能力计划

根据完成各项工作任务所需的标准时间，企业可以根据市场对产品的需求制订其人员计划和设备计划，包括设备投资和人员招聘的长远计划。也就是说，企业首先根据市场需求决定产量，然后根据生产量和标准时间可决定每人每天的产出以及所需人数，再根据每人操作的设备数和人员总数决定所需设备的数量，在此基础上就可以制订设备和人员计划。此外，生产进度计划的制订需要以较精确的标准作业时间为基础。

5.6.2.2 进行作业排序和任务分配

根据不同工序完成不同工作的标准时间，合理安排每台设备每个人的每天工作任务，以防止产生忙闲不均、设备闲置、人员等工的现象，有效地利用资源。

5.6.2.3 进行运作系统及运作程序设计

工作标准可以用来比较不同的生产运作系统设计方案，以帮助决策，也可以用来选择和评价新的工作方法。

5.6.2.4 作为一种激励手段

用工作标准可以确定一天的标准工作量。如果想鼓励员工多完成工作，可根据工作标准确定"超额"完成的任务量，并给予相应的奖励。

5.6.2.5 用于成本和价格计算

以工作标准为基础，可以建立产品的成本标准，这一标准又可以用来制定预算，决定产品价格，以及决定自制还是分包这样的运作战略。

5.6.2.6 评价员工的工作绩效

比较一个员工在一段时间内的工作成绩和工作标准，从而判断他工作绩效的好坏。

5.6.3 使用工作标准应注意的问题

一是当工作标准的使用与工资挂钩时，往往会出现这样的情况：员工说标准过高而反对工作标准，经营管理人员认为工作标准过低，也反对工作标准。事实上，"高"与"低"只是一个相对的尺度，不同的人站在不同立场上会有不同的看法，因此，工作标准的使用有一定难度。

二是认为工作标准缺乏对人的尊重，把人当作机器来制定标准，因此主张采用"全员参与"等方法，不赞成使用工作标准。也有人认为，制定工作标准本身就要耗费相当的时间、人力和费用，其成本恰好与工作标准所能带来的益处相抵消，甚至不够抵消，因此得不偿失。

另外有一种看法是，如果制定了工作标准，员工为避免企业将工作标准提高，即使创造了更好的新工作方法也会保密，这样难以使生产率提高。

工作标准如使用不当，易使人产生一种只重视产出数量而忽视产出质量的倾向。

5.6.4　工作标准的修订

如前所述，工作标准随着工作环境、工作条件的变化是在不断变化的，随着环境与条件的变化，要不断修订。同时，即使环境与条件没有变化，由于作业者熟练程度的增加，作业时间也会不断减低。其规律反映在学习曲线（如图5-4所示）上。

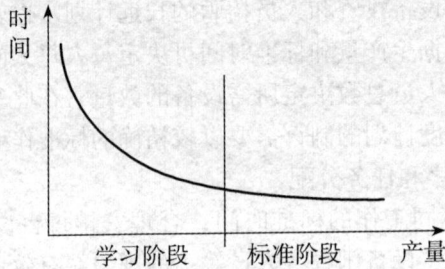

图5-4　学习曲线

学习曲线（learning curve）也称经验曲线，是表示单位产品生产时间与所生产的产品总数量之间的关系的一条曲线。随着产品累计产量的增加，单位产品的成本会以一定比例下降。学习曲线是以图形的形式表示在一定时间内获得的技能或知识的速率，体现了熟能生巧。学习曲线的原理如下：

$$y=ac^n \tag{5-9}$$

式中：y 为第 x 台产品所消耗的时间；a 为第 1 台产品所消耗的时间；c 为学习率；n 为产量的倍增次数。

设 x 为累计产量，则在 x 增加 n 倍时，有：

$2^n=x$

$n\log 2=\log x$

对 $y=ac^n$ 两边取对数：

$\log y=\log a+n\log c$

令 $m=\log c/\log 2$，m 为学习系数，则有：

$\log y=\log a+（\log c/\log 2）\log x=\log a+m\log x$

$$y=ax^m \tag{5-10}$$

【例 5-8】生产第 150 台的时间为 100 小时，学习率为 80%，计划再生产 10 台。要求：这 10 台的平均工时是多少？

因为 $y=ax^m$，所以有：

$a=y/x^m=100/150^{-0.322}=501.8$

$\log 0.8/\log 2=-0.322$

当 $x=151$ 时：$y=ax^m=501.8\times151^{-0.322}=99.7$

其余 9 台的工时分别为 99.5、99.3、99.1、98.9、98.7、98.5、98.3、98.1、97.9。据此，可以对工时定额进行动态修订。

❖ **案例窗5-4**

传统与现代汉堡快餐的不同生产流程

图5-5显示了传统与现代汉堡快餐的不同生产流程，试实地调查你周围的汉堡快餐店，分析不同流程各自的运营特点，并诠释各种流程设计模式同时存在的现实合理性。

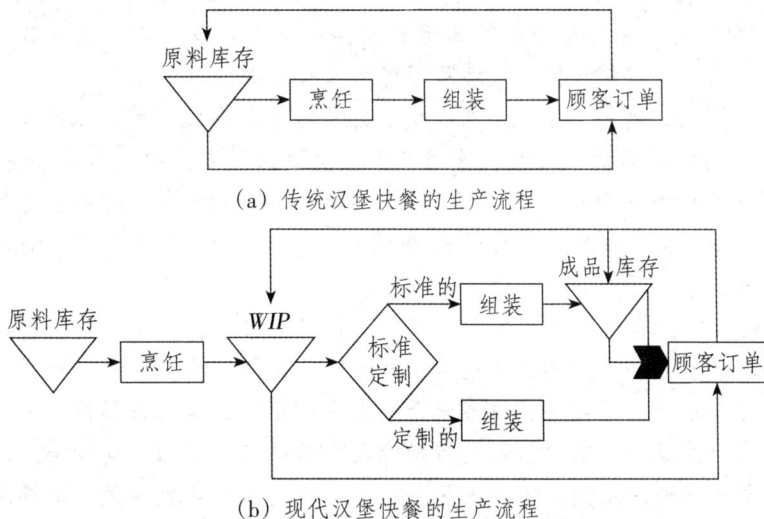

（a）传统汉堡快餐的生产流程

（b）现代汉堡快餐的生产流程

图5-5 传统与现代汉堡快餐的不同生产流程

❖ **拓展阅读5-1**

防错法及防错装置

一、防错法的概念和适用范围

美国工程师Rook对23 000个产品缺陷进行研究后得出结论：由人为差错造成的缺陷占总缺陷的80%。美国国家航空航天局也得出类似的结论。20世纪末以来，多数航空器发生的故障由人为差错造成。新乡重夫早在丰田公司推行零缺陷概念时就发现，"要求员工操作更加认真"对杜绝人为差错并无作用。以有效控制人为差错为目标，1961年，他提出"Fool Proofing"（防呆、防傻）的防错概念。按照他的观点，检验每件成品只能达到去除废品的目的，对提高产品合格率并无意义，而防错法的目的就在于提高产成品合格率。利用防错装置可避免那些导致产品缺陷的差错，并且可消除顾客的不满意和缺陷的高成本。新乡重夫主张用源头检验来代替事后检验。

在产品制造过程中，防错法可以运用多种科技手段控制半成品在工序间的流通，使每个工作人员即使是不经意也不会出现错误。防错法运用的科技手段主要包括自动作用、报警、标识等。

防错法的适用范围如下：第一，各操作工序活动性较小，连续的操作流程可构成一条较为明显的价值增值链。第二，每项工序均有确定的目标和操作标准。第三，在产品生产制造过程中，防错系统中输入的数量以及该系统所能控制的范围要适中，越是复杂的系统越难以控制，防错不易实现。第四，完善的工序设计。第五，人为因素影响较大的手工操作、位置要求精确的地方、点位需经常调整的工序、SPC应用效果不明显的地方等。

二、防错装置的概念和特点

防错装置是一种用来实现防错措施的装置，是防错法的体现。防错装置作为一种简单装置，被广泛地应用于生产制造过程中，对质量管理的控制具有积极的作用。工装或工序间的防错装置可用来检测零部件或操作是否与设定的标准一致，如出现异常，则装置会自主采取纠正措施，消除即将出现的差错。

所谓防错装置，就是利用光、机、电、热、磁、信息技术等技术原理，以防止出现差错为目的而设计的简单工具，作用在于可消除由不可控的人为因素造成的差错，或是在差错产生的第一时间予以纠正，帮助实现产品100%合格的高质量目标。防错装置的种类包括导轨、模板、限位开关/微动开关、计数器、顺序限制、标准化、指示装置、制止器、感应开关等。

Robinson认为，有效防错装置应具有以下特点：第一，简单廉价。防错装置设置简单，目的明确单一，与差错造成的缺陷损失相比成本低廉。第二，效果明显。防错装置能识别频繁出现的差错并预防或者及早发现。第三，有特征属性。根据产品属性来达到防错的目的是一个有效防错装置所应具备的特点。第四，同步响应，是指第一时间发现并纠正差错。第五，重复利用。一个有效的防错装置经过简单修改，可用于其他位置。

三、质量管理防错原理

1.排除原理

不考虑质量管理活动的行为目的和约束条件，将防错思想引入，进行过程再设计，争取使易出错环节减少出错率。

2.替代原理

利用现代化科技，尽量将管理流程电子化、数据化，代替人为管理的易出错的流程，减少人为影响，使管理系统更加稳定。

3.简化原理

精简质量管理活动，将流程或内容相似的行为归纳到一起，合并程序，使工作流程更加精简，提高工作效率。

4.问题显现原理

通过运用企业质量管理防错系统，操作过程中的问题很容易显现出来。可使用台账或模板等质量管理工具，在智能化电子设备的辅助下，加强管理。如此，差错很容易暴露在管理的各个流程中，便于解决和改善。

5.减少影响原理

发生缺陷时，借助一定的技术，按照精简的操作流程，提高反应速度，减少由缺陷造成的影响，将其降到最低。

如今，防错法被普遍应用于生产制造中，利用这种严格的防控手段来阻止由人为差错而造成的产品缺陷，排除人为的习惯和经验判断，大幅提高了产品的品质。

资料来源：吴奇. 质量管理防错方法及防错装置的研究 [D]. 大连：大连海事大学, 2015.

素养园地

在"2019—2022 年中国马拉松男子百强"榜单中，特步的跑鞋穿着率连续 3 年位于国产第一，2022 年该占比更是首次超越外资品牌，在所有品牌中排名第一。2023 年上半年，特步延续优势，在中国马拉松男子百强选手中，特步跑鞋占比为 42%，在所有品牌中排名第一。这些数据表明特步已经成为中国马拉松赛事中的领先品牌，其跑鞋品质和性能受到了专业运动员和业余选手的广泛认可，这也为特步在跑步领域的品牌影响力和市场竞争力打下了坚实的基础。

2021 年 12 月 29 日，《跑者世界》美国实验室 RW Shoe Lab 2021 年度奖项公布，作为全球颇具代表性和权威性的专业跑步期刊，跑者世界奖项深受全球跑者追捧，堪称跑圈"奥斯卡"。本次获奖的跑鞋中，国产运动品牌特步备受关注，特步 160X Pro 和特步 300X 2.0 两款专业竞速跑鞋分别斩获了 2021"年度推荐"和秋冬季"最佳首秀"两大奖项。值得一提的是，这是特步跑鞋连续第二年在该评选中摘得殊荣。此外，曾获得《跑者世界》"编辑之选""热门产品"奖项的特步 160X 2.0，也入选了"bilibili Z100"年轻人的百大口碑国货榜单。特步高质量发展战略、家国情怀，值得我们学习和点赞。

资料来源：[1] 马莲红. 包揽国际大奖、抢占跑者鞋柜，特步的"牛市"才刚刚开始？[EB/OL].（2021-12-30）[2025-03-16]. http://www.sportsmoney.cn/article/107301.html. [2] 金错刀. 国产第一！高增长的特步，赢下了一个新风口 [EB/OL].（2023-07-21）[2025-03-16]. https://zhuanlan.zhihu.com/p/644876146.

本章小结

第一节首先介绍工作设计的概念，即设置生产运作系统中的工作岗位和工作内容；然后介绍工作设计涉及 6 个方面核心内容；其次介绍工作设计应该符合效率原则、工作质量原则、系统化原则；最后介绍工作设计的理论——社会技术理论、分工与专业化理论、行为科学理论、团队理论。

第二节阐述了工作研究的概念——工作研究是方法研究和工作测量的总称；介绍了方法研究内容——改进工作及作业程序、改进工厂及工作地的布置，简化操作、减轻劳动强度，有效地利用材料、机器设备和人力等，创造良好的工作环境、实现安全生产；论述了方法研究常用的技术与方法——程序分析、操作分析、动作分析、6H 法和 ECRS 法。

第三节首先论述了程序分析符号；然后介绍了分析的 5 项内容——操作分析、搬运分析、检验分析、等待分析和存贮分析；最后论述了生产流程分析。

第四节分别论述了双手操作分析、人-机操作分析和联合操作分析。

第五节论述了作业测定法、预定时间标准法、标准资料法和工作抽样法。

第六节论述了工作标准的概念、工作标准的作用、使用工作标准应注意的问题、工作标准修订中的学习曲线法。

关键术语

工作设计（job design） 工作研究（work study） 程序分析（procedure analysis） 操作分析（operation analysis ） 工作侧量（work measurement） 工作标准（work standards）

基本训练

❖ 简答题

1. 简要说明流程设计的影响因素。

2. 简述你所熟悉的一个组织的业务流程，并用流程图描述。

3. 就工作专业化的利弊谈谈你的观点。

4. 你认为应该如何进行轮换？

5. 工作衡量的方法有哪些？试述它们的适用范围。

6. 试述工作设计的主要活动。

7. 工作分析的基本流程是怎样的？

❖ 实务题

1. 观测一项作业共60次，平均每次观测到的作业时间是1.2分钟。对操作者的效率评定是95%，宽放率为10%。在每天工作8小时的条件下，确定以下各种时间值：（1）观测到的时间；（2）正常时间；（3）标准时间。

2. 对某车间的设备随机抽查140次，观测到的正在运行的有54次。试在95%置信度的保证下，求该台设备的利用率的点估计与区间估计。

3. 某项开创性作业的第一次作业用时为10小时，学习率为90%，当进行到第十次、第二十次、第三十次时的作业时间分别是多少？

4. 工人以115%的速度工作，宽放率为12%，其他资料见表5-9，求其标准时间。

表5-9 　　　　　　　　　　　工作抽样表

动作名称	平均时间（秒）
把零件装载在机器上	13.2
开车进刀	3.0
车削	27.0
关车退刀	12.0
卸下零件	12.8
作业时间	68.0

第6章 综合生产计划

❖ 引 例

农妇的工作方式

如果一天有如下工作要做：打毛线，20分钟；看说明书，20分钟；接水、烧水，15分钟；哄婴儿睡觉，15分钟；搅拌农产品，15分钟；重复用重物压奶酪，15分钟。问这些工作需多长时间才能完成？

美国有一个农庄，经过统计报告发现其农作物的产出值达平均上限的2倍，这是令人难以置信的。有一位效率专家千里迢迢来到这个农庄研究高效率的原因。他来到一户农家，发现有一位农妇正在工作。她怎么工作呢？两只手打毛线；面前放着一个架子，架子上用夹子夹着一本书，她两眼看书；一只脚正推动着摇篮，摇篮里睡着一位刚出生不久的婴儿，另外一只脚推动一个链条带动的搅拌器；嘴里哼着催眠曲；炉子上烧着有汽笛的水壶，耳朵注意听水有没有烧开；每隔一会儿，她就站起来，再重重地坐下去，这样一直重复，效率专家仔细一看，原来这位农妇的坐垫竟是一大袋奶酪。

资料来源：杨望远. 简化工作，提高效率［EB/OL］.（2017-10-06）［2025-10-06］. https://www.sohu.com/a/196534047_228668.

6.1 生产计划概述

生产计划是企业生产运作管理的依据，也是生产运作管理的核心内容。生产计划是根据需求和企业生产运作能力的限制，对一个生产运作系统的产出品种、产出速度、产出时间、劳动力和设备配置以及库存水平等问题预先所进行的考虑和安排。

在现代企业中，生产经营活动是社会化的大生产，企业内部分工精细，相互协作，任何一部分活动都不可能离开其他部分单独进行，尤其是生产运作活动。生产运作活动需要调配多种资源，在需要的时候，按需要的量，提供需要的产品或服务，这样就更离不开周密的生产计划。所以，生产计划是生产运作管理中的一个重要组成部分，也是生产运作管理的核心内容之一。

6.1.1 生产计划的层次

生产计划的层次有两种划分方法。

6.1.1.1 划分方法之一

划分方法之一是如表6-1所示的3个层次：第一，战略层：涉及产品发展方向、生产发展规模、技术发展水平、新生产设备的建造等。第二，战术层：确定在现有资源条件下所从事的生产经营活动应该达到的目标，如产量、品种、产值和利润。第三，作业层：确定日常的生产经营活动的安排。

表6-1   生产计划的层次

项目	战略层计划	战术层计划	作业层计划
计划期	长（≥5年）	中（1年）	短（月、旬、周）
计划时间单位	粗（年）	中（月、季）	细（工作日、班、小时、分）
空间范围	企业、公司	工厂	车间、工段、班组
详细程度	高度综合	综合	详细
不确定性	高	中	低
管理层次	企业高层领导	企业中层领导	企业低层领导（如车间领导）
特点	涉及资源获取	资源利用	日常活动处理

6.1.1.2 划分方法之二

划分方法之二是计划层（以季和月为单位）、执行层（以旬、周和日为单位）和操作层（以工作日、小时和分钟为单位）。这种划分方法是针对日常生产经常涉及的计划的。日常生产经常涉及的生产计划的层次与特点见表6-2。

表6-2   日常生产经常涉及的生产计划的层次与特点

项目	计划层	执行层	操作层
计划的形式及种类	生产计划大纲、主生产计划	零部件（毛坯）投入出产计划、原材料需求计划等	周生产作业计划、关键机床加工计划等
计划对象	产品	零件（自制、外购、外协件）、毛坯、原材料	工序

续表

项目	计划层	执行层	操作层
编制计划的基础数据	产品生产周期、成品库存	产品结构、制造提前期、零件、原材料、毛坯库存	加工路线、加工时间、在制品库存
计划编制部门	经营计划处（科）	生产处（科）	车间计划科（组）
计划期	一年	一个月到一个季度	双日、周、旬
计划的时间单位	季（细到月）	旬、周、日	工作日、小时、分
计划的空间范围	全厂	车间及有关部门	工段、班组、工作地
采用的优化方法举例	线性规划、运输问题算法	MRP、批量算法	各种作业排序方法

6.1.2　生产计划的指标

6.1.2.1　生产计划

生产计划是关于工业企业生产系统总体方面的计划，是工业企业在计划期应达到的产品品种、质量、产量和产值等生产方面的指标、生产进度及相应的布置。它是指导工业企业计划期生产活动的纲领性方案。

生产计划工作是指生产计划的具体编制工作，通过一系列综合平衡工作，完成生产计划的确定。我们设计生产计划系统，就是要通过不断提高生产计划工作水平，为工业企业生产系统的运行提供一个优化的生产计划。

所谓优化的生产计划，必须具备以下特征：首先，有利于充分利用销售机会，满足市场需求；其次，有利于充分利用盈利机会，并实现生产成本最低化；最后，有利于充分利用生产资源，最大限度地减少生产资源的浪费和闲置。

生产计划就是企业为了生产出符合市场需要或顾客要求的产品，所确定的何时生产、在哪个车间生产以及如何生产的总体计划。企业的生产计划是根据销售计划制订的，它又是企业制订物资供应计划、设备管理计划和生产作业计划的主要依据。

生产计划工作的主要内容包括调查和预测社会对产品的需求、核定企业的生产能力、确定目标、制定策略、选择计划方法，正确制订生产计划、库存计划、生产进度计划和计划工作程序，以及计划的实施与控制工作。

6.1.2.2　企业生产计划的主要指标

制订生产计划的指标是企业生产计划的重要内容之一。企业生产计划的主要指标有：

（1）产品品种指标

产品品种指标包含两方面的内容：一是企业在计划期内生产的产品名称、规格等值的规定性；二是企业在计划期内生产的不同品种、规格产品的数量。品种指标能够在一定程度上反映企业适应市场的能力。一般来说，品种越多，越能满足不同的需求，但是，过多的品种会分散企业生产能力，难以形成规模优势。因此，企业应综合考虑，合理确定产品品种，加快产品的更新换代，努力开发新产品。

（2）产品质量指标

产品质量指标是指企业在计划期内生产的产品应该达到的质量标准。这包括内在质量与外在质量两个方面。内在质量是指产品的性能、使用寿命、工作精度、安全性、可靠性和可维修性等因素；外在质量是指产品的颜色、式样、包装等因素。在中国，产品的质量标准分为国家标准、部颁标准和企业标准。产品的质量标准是衡量一个企业的产品满足社会需要程度的重要标志，是企业赢得市场竞争的关键因素。

（3）产品产量指标

产品产量指标是指企业在计划期内应当生产的合格的工业品实物数量或应当提供的合格的工业性劳务数量。其常用实物指标或假定实物指标来表示，如钢铁用"吨"、发电量用"千瓦时"表示等。产品产量指标是表明企业生产成果的一个重要指标，它直接来源于企业的销售量指标，也是企业制定其他物量指标和消耗量指标的重要依据。

（4）产品产值指标

产品产值指标是指用货币表示的企业生产产品的数量。它解决了企业生产多种产品时不同产品产量之间不能相加的问题。企业的产品产值指标分商品产值、总产值和净产值。

商品产值是指企业在计划期内生产的可供销售的产品或工业劳务的价值。其内容包括用自备原材料生产的可供销售的成品和半成品的价值、用订货者来料生产的产品的加工价值、对外完成的工业性劳务价值。

总产值是指用货币表现的企业在计划期内应该完成的产品和服务的总量。它反映企业在计划期内生产的总规模和总水平，其包括商品产值、订货者来料的价值，在制品、半成品、自制工具的期末和期初差额价值。它是计算企业生产发展速度和劳动生产率的依据。

净产值是指企业在计划期内新创造的价值。净产值的计算方法有两种：一是生产法，即从工业总产值中扣除物质消耗价值的办法；二是分配法，从国民收入初次分配的角度出发，将构成净产值的各要素直接相加求得净产值，这些要素主要包括工资、职工福利基金、税金、利润、利息、差旅费、罚金等。

6.1.3 企业生产计划体系

6.1.3.1 长期计划（战略层计划）

长期计划一般为3年至5年，也可长达10年。它是企业在生产、技术、财务等方面重大问题的规划，提出了企业的长远发展目标以及为实现目标所制订的战略计划。它包括产品与市场发展计划、资源发展计划、生产战略计划和财务计划等。制订长期计划，首先要结合对经济、技术、政治环境的分析，作出营业发展的预测，确定企业的发展总目标，如在总产量、总产值、利润、质量、品种等方面的增长速度和应达到的水平。

6.1.3.2 中期计划（战术层计划）

中期计划一般为一年或更长一些时间，即通常的年度生产计划。其主要包括：

（1）综合生产计划

综合生产计划（aggregate production planning）也称生产计划大纲，规定企业在计划年度内的生产目标。它用一系列指标来表示，以规定企业在品种、质量、产量和产值等方面应达到的水平。综合生产计划是在未来较长一段时间内，对企业资源和市场需求之间的平衡所作的概括性计划；是根据需求预测、企业生产能力、总的库存水平、劳动力数量及相关的投入，对企业未来较长一段时间内的产出内容、产出量、库存投资等问题所作的决策性描述。从企业的角度来看，综合生产计划决定了企业产品的交货提前期以及企业响应市场的能力。因而，综合生产计划的质量对企业的竞争地位有着重要的影响。综合生产计划并不具体制定每一种产品的生产数量、生产时间、每一车间和每位人员的具体工作任务，而是按照产品类别对产品、时间和人员等方面作出安排。

（2）主生产计划

主生产计划（master production scheduling，MPS）也称产品出产进度计划，它规定在计划时间内每一生产周期企业向外界提供的产品或零件的计划生产量，是将生产计划大纲具体化为按产品品种规格来规定的年度分月（或周）的产量计划。这种计划通常每隔半年编制一次，也可以按滚动计划法以更短的时间周期进行滚动更新。制订出主生产计划之后，仍需进行生产能力的核算平衡，以保证计划达到可行性。但在这一层上，生产能力核算和平衡都是粗略的，只分车间，或按设备大组（大类）的总台时与人员的总工时去检查和校核生产能力，故属于粗能力需求计划。当然，在检查生产能力的同时，也要检查其他资源的供应能力，如原材料、能源、外购配件、运输等的供需平衡情况。

综合生产计划和主生产计划之间的关系参见表6-3和表6-4。

表6-3　　　　　　　　　　　某自行车厂的综合计划　　　　　　　　　　　单位：辆

项目	1月	2月	3月
24型产量	10 200	16 000	18 000
28型产量	30 000	32 000	32 000

表6-4　　　　　　　　某自行车厂24型的主生产计划（1月）　　　　　　　　单位：辆

项目	1月			
	1	2	3	4
C型产量	900	800	900	600
D型产量	800	800	800	700
R型产量	1 000	1 000	1 000	1 000
小计	2 700	2 600	2 700	2 200
合计	10 200			

6.1.3.3 短期计划（接近作业层计划）

短期计划的计划期长度在6个月以下（生产作业计划可细到周、天等），一般为月计划，它包括物料需求计划、生产能力需求计划、总装配计划以及在这些计划实施过程中的车间内的生产作业计划和控制工作。

（1）物料需求计划

物料需求计划（material requirements planning，MRP）是指制订生产所需的原材料、零件和部件的生产采购计划。也就是说，物料需求计划要解决的是主生产计划规定的最终产品在生产过程中相关物料的需求问题。

（2）生产作业计划

当完成物料需求计划后，根据物料需求计划的结果，需要外购的就形成了采购计划，需要企业自身加工生产的就形成了车间作业计划。生产作业计划（production scheduling）是关于车间内每项具体作业的时间和组织安排，即详细的时间安排及各产品生产的先后顺序。作业计划是生产计划系统的最后一步，其详细内容将在第8章中讨论。

6.2 综合生产计划策略

6.2.1 均衡策略

均衡策略是指不论需求如何变化，各计划时期的生产任务量都是均衡的，即在相等的某一段时间内，产量基本相等，并保持稳定的趋势。某企业每月的计划生产任务量可以是年度预计需求量的平均值，即月生产任务量=年度预计需求量÷12。均衡生产有利于保证设备和人力资源的均衡负荷，提高设备的利用率，有利于节约物料和能源，减少在制品库存，加速流动资金的周转，降低产品的生产成本，提高经济效益。均衡策略对于生产计划管理来说是一种比较理想的计划方式，其波动小，也容易执行。但这种生产计划方式在需求波动比较大的情况下会产生较大的库存与生产能力不足的问题。

此外，可以运用需求波峰、波谷产品搭配生产来实现均衡策略，即某一段时间生产计划既有波峰产品，又有波谷产品，波峰、波谷产品搭配最大限度均衡各时段的生产能力。

6.2.2 跟踪策略

跟踪策略是指各计划时期的生产任务量是随需求而变的，即在某一时间内，生产任务量基本上等于这一时期的需求量，即月生产任务量等于该月的预计需求量。跟踪策略是按订单或市场的需求大小来安排生产计划的。这种策略的优点是对市场响应快，但当市场需求波动大时，生产计划的波动也大。这种计划方式的最大好处是库存量小，理想状态下为零库存，从而大大降低了库存带来的成本与风险。目前，许多企业都是按这种方式安排生产计划的。

6.2.3　管理需求策略

我们可以采取有关措施来影响需求，使需求在不同时期尽量平衡，这种策略被称为管理需求策略。如在需求低谷时期，采用降价手段拉动市场的需求；在需求高峰时期，通过调整价格来平衡市场的需求。

6.2.4　混合策略

混合策略是由两个或两个以上可控变量组合的生产计划。例如，一家公司可能利用加班、外包及调节库存的组合来作为生产策略。

此外，运用均衡策略和跟踪策略时通常可采取的措施是：

（1）调节库存

可在需求淡季存储一些调节库存，以备在需求旺季时使用。采用这种措施可以使生产率和工作人员的水平保持相对均衡，但调节库存会增加库存、保险、管理和资金占用等成本。

（2）采用聘用或解聘调节劳动力水平

当需求波动时，满足需求的一个常用方法是通过聘用或解聘操作人员来适应生产率的需要。当人力来源充足且操作人员主要以非熟练或半熟练工人为主时，采用这一方法是可行的；但是，对于很多企业来说，符合其技能要求的人力来源是非常有限的，并非想什么时候聘用什么时候就有，在遇到招工瓶颈时更是不可取的策略。一方面，招聘、培训、解雇均需花费费用；另一方面，新聘用的工人技术不熟练，还可能引起生产率的暂时下降，而且解聘会影响其他工人的士气，对生产产生不良的影响。

（3）通过加班或减少工作时间（部分开工）调节生产率

当正常工作时间不足以满足需求时，可考虑加班。但是，加班需要付出更高的工资，工人有时候也不愿意加班或长期加班。

（4）外包

通过外包能够弥补生产能力短期不足。外包主要是利用承包商提供服务和制作零部件，在某些情况下，也可以由其承包生产完成整个成品的任务。外包的不足之处包括：第一，会多支出一部分的费用；第二，可能丢失客户；第三，很难找到理想的承包者来按时保质地提供产品或服务。

（5）利用零工（或兼职人员）

利用零工可以满足对企业非技术雇员的需求。服务类型企业也常利用零工来补充人力的不足，以适应企业在需求高峰时期对劳动力的高需求。例如，超市中就有许多零工。

6.3 计划方法

6.3.1 反复试验法

反复试验法是基于优化理论，根据某项参数的变动，经过多次实验结果，快速搜索到最优解或近似最优解点的一种试验方法。

【例6-1】某企业每件产品加工时间为20小时，工人每天工作8小时，安全库存1 000件，招聘及培训费每人300元，解雇费200元/人。单位库存费用6元/件/月，市场需求及每月工作天数参见表6-5，试确定较优方案。[①]（这里用Excel提高反复试验法的效率和优化程度）

表6-5 市场需求及每月工作天数

月 份	天 数	月需求量（件）	累计需求量（件）
4	21	1 600	1 600
5	22	1 400	3 000
6	22	1 200	4 200
7	21	1 000	5 200
8	23	1 500	6 700
9	21	2 000	8 700
10	21	2 500	11 200
11	20	2 500	13 700
12	20	3 000	16 700
1	20	3 000	19 700
2	19	2 500	22 200
3	22	2 000	24 200
合 计	252		

（1）仅改变人数方案

在Excel上编辑公式自动算出（见表6-6）：

人员变动费用"=H14*500"=256×500=128 000（元），单元格H15。

---

① 陈荣秋，马士华. 生产与运作管理［M］. 北京：机械工业出版社，2009.

库存费用"=1 000*6*12"=1 000×6×12=72 000（元），单元格I15。

总成本"=H15+I15"=128 000+72 000=200 000（元），区域B15：G15。

表6-6　　　　　　　　　　仅改变人数（用Excel）

	A	B	C	D	E	F	G	H	I
1	月份	天数	月需求量	累计需求	所需时间	每人每月生产时间	需要人数	月出增加人数	月末减少人数
2	4	21	1 600	1 600	32 000	168	190		37
3	5	22	1 400	3 000	28 000	176	159		31
4	6	22	1 200	4 200	24 000	176	136		23
5	7	21	1 000	5 200	20 000	168	119		17
6	8	23	1 500	6 700	30 000	184	163	44	
7	9	21	2 000	8 700	40 000	168	238	75	
8	10	21	2 500	11 200	50 000	168	298	60	
9	11	20	2 500	13 700	50 000	160	313	15	
10	12	20	3 000	16 700	60 000	160	375	62	
11	1	20	3 000	19 700	60 000	160	375		
12	2	19	2 500	22 200	50 000	152	329		46
13	3	22	2 000	24 200	40 000	176	227		102
14	合计	252						256	256
15		总成本200 000						128 000	72 000

注：因为3月需要人数为227，4月需要人数为190，所以4月应减少37人。

（2）只改变库存方案

在Excel上编辑公式自动算出（见表6-7）：

H2"=（1 000+G2）/2"，I2"=H2*6"，假设4月初库存为1 000件。

H3"=（G2+G3）/2"，I3"=H3*6"。

区域H3：H13；I3：I13，计算公式类似，通过复制H3和I3获得。

总成本"=SUM（I2：I13）"=209 266（元）。

表6-7　　　　　　　　　　只改变库存（用Excel）

	A	B	C	D	E	F	G	H	I
1	月份	天数	累计天数	累计产量	月需求量	累计需求量	月末库存	平均库存	库存费用
2	4	21	21	2 024	1 600	1 600	1 424	1 212	7 273
3	5	22	43	4 145	1 400	3 000	2 145	1 785	10 709
4	6	22	65	6 266	1 200	4 200	3 066	2 606	15 634

	A	B	C	D	E	F	G	H	I
5	7	21	86	8 290	1 000	5 200	4 090	3 578	21 469
6	8	23	109	10 508	1 500	6 700	4 808	4 449	26 694
7	9	21	130	12 532	2 000	8 700	4 832	4 820	28 919
8	10	21	151	14 556	2 500	11 200	4 356	4 594	27 565
9	11	20	171	16 484	2 500	13 700	3 784	4 070	24 422
10	12	20	191	18 412	3 000	16 700	2 712	3 248	19 490
11	1	20	211	20 340	3 000	19 700	1 640	2 176	13 058
12	2	19	230	22 172	2 500	22 200	972	1 306	7 837
13	3	22	252	24 293	2 000	24 200	1 093	1 032	6 194
14	合计	252						总成本	209 266

注：因为平均日产量为24 200÷252=96.03，平均每天需求人数为96.03×20÷8=241，因此表6-7中平均每天生产数量为241×8÷20=96.4。

（3）混合策略方案

混合策略方案有很多，需借鉴搜索理论反复试验找出理想解。表6-8给出方案的总成本为177 938元。表6-9给出方案的总成本为180 170元。在Excel上编辑公式自动算出很多方案，比较方案是否满足约束条件及总成本，选出一个较为理想方案。

表6-8　　　　　　　　　　　　　混合策略1（用Excel）

	A	B	C	D	E	F	G	H	I	J
1	月份	累计生产天数	天数	生产率	月产量	累计产量	累计需求量	月末库存	库存费用	人数
2	4	21	21	82	1 722	1 722	1 600	1 122	6 366	205
3	5	43	22	82	1 804	3 526	3 000	1 526	7 944	205
4	6	65	22	82	1 804	5 330	4 200	2 130	10 968	205
5	7	86	21	82	1 722	7 052	5 200	2 852	14 946	205
6	8	109	23	82	1 886	8 938	6 700	3 238	18 270	205
7	9	130	21	82	1 722	10 660	8 700	2 960	18 594	205
8	10	151	21	111	2 331	12 991	11 200	2 791	17 253	277.5
9	11	171	20	111	2 220	15 211	13 700	2 511	15 906	277.5
10	12	191	20	111	2 220	17 431	16 700	1 731	12 726	277.5

续表

	A	B	C	D	E	F	G	H	I	J
11	1	211	20	111	2 220	19 651	19 700	951	8 046	277.5
12	2	230	19	111	2 109	21 760	22 200	760	5 133	277.5
13	3	252	22	111	2 442	24 202	24 200	1 002	5 286	277.5
14	合计		252						141 438	36 500
15							总成本		177 938	

注：4—9月的生产率（平均日产量）按82件算，余下月份生产率为111件。

表6-9　　　　　　　　　　混合策略2（用Excel）

	A	B	C	D	E	F	G	H	I
1	月份	累计生产天数	天数	生产率	累计产量	累计需求量	月末库存	库存费用	人数
2	4	21	21	80	1 680	1 600	1 080	6 240	200
3	5	43	22	80	3 440	3 000	1 440	7 560	200
4	6	65	22	80	5 200	4 200	2 000	10 320	200
5	7	86	21	80	6 880	5 200	2 680	14 040	200
6	8	109	23	80	8 720	6 700	3 020	17 100	200
7	9	130	21	80	10 400	8 700	2 700	17 160	200
8	10	151	21	115	12 815	11 200	2 615	15 945	287.5
9	11	171	20	115	15 115	13 700	2 415	15 090	287.5
10	12	191	20	115	17 415	16 700	1 715	12 390	287.5
11	1	211	20	115	19 715	19 700	1 015	8 190	287.5
12	2	230	19	115	21 900	22 200	900	5 745	287.5
13	3	252	22	115	24 430	24 200	1 230	6 390	287.5
14	合计		252					136 170	44 000
15							总成本	180 170	

注：4—9月的生产率（平均日产量）按80件算，余下月份生产率为115件。

Excel公式为：

I2 "=6*（1 000+H2）/2" =6 366

I3 "=6*（H2+H3）/2" =7 944

区域I3：I13，计算公式类似，通过复制I3获得。

库存总成本I14 "=SUM（I2：I13）" =141 438（元）

变更工人费J14 "=CEILING（（J13-J2），1）*500"=73×500=36 500（元）

总成本 "=SUM（I14：J14）" =177 938（元）

该问题也可从边际人员变动成本为500元、边际库存成本每月6元的角度寻找最优解区域，减少试验次数。若可以外包、加班加点，情况就更复杂、更接近实际，那时该如何解决？

6.3.2 线性规划法

线性规划法是在生产计划中运用线性规划理论，根据已知条件列出线性规划数学模型求解最优解，给出生产计划优化方法的一种计划方法。

【例6-2】康达家具厂一车间生产高档桌子和椅子两种家具。桌子获利500元/个，椅子获利300元/个。生产桌子和椅子需要切割、喷漆和组装3道工序。生产一个桌子需要切割4小时、喷漆2小时、组装0.5小时，生产一个椅子需要切割3小时、喷漆1小时、组装0.5小时。该厂每周可用切割工时为120小时，喷漆工时为50小时，组装工时为300小时，问该厂如何组织生产才能使每周的利润最大？

【解】设x_1为生产桌子的数量，x_2为生产椅子的数量，则数学模型为：

$\max S=500x_1+300x_2$

s.t. $4x_1+3x_2 \leq 120$

$2x_1+x_2 \leq 50$

$0.5x_1+0.5x_2 \leq 300$

$x_1, x_2 \geq 0$

解得：$x_1=15$，$x_2=20$

$\max S=500×15+300×20=13\ 500$（元）

6.3.3 生产计划运输模型求解法

生产计划运输模型求解法是运用线性规划中的运输模型，根据已知条件，构建运输问题数学模型，求解最优解，给出生产计划优化方案的一种生产计划优化方法。

【例6-3】某企业1—6月产品市场需求参见表6-10，生产方式和成本参见表6-11，该问题转化成运输模型（见表6-12），用求解软件或简便解法解得最优解（见表6-13）。

表6-10 　　　　　　　　　　　　　　　　　产品需求表

月　份	1	2	3	4	5	6	合计
需求量（件）	1 850	1 425	1 000	850	1 150	1 850	8 125

表6-11　　　　　　　　　　　　　生产方式与成本表

生产方式	最大产量（件）							单位生产成本
	1月	2月	3月	4月	5月	6月	合计	
1.正常生产	1 056	912	1 008	1 008	1 056	960	6 000	60
2.加班生产	264	228	251	251	264	240	1 498	70
3.外包	2 000	2 000	2 000	2 000	2 000	2 000	12 000	72
合　计	3 320	3 140	3 259	3 259	3 320	3 200	19 149	

表6-12　　　　　　　　　　　　　生产计划运输模型

生产方式		1月	2月	3月	4月	5月	6月	剩余生产能力	最大产量
期初库存		0	1.5	3	4.5	6	7.5	0	400
1月	1.正常生产	60	61.5	63	64.5	66	67.5	0	1 056
	2.加班生产	70	71.5	73	74.5	76	77.5	0	264
	3.外包	72	M	M	M	M	M	0	2 000
2月	1.正常生产	M	60	61.5	63	64.5	66	0	912
	2.加班生产	M	70	71.5	73	74.5	76	0	228
	3.外包	M	72	M	M	M	M	0	2 000
3月	1.正常生产	M	M	60	61.5	63	64.5	0	1 008
	2.加班生产	M	M	70	71.5	73	74.5	0	251
	3.外包	M	M	72	M	M	M	0	2 000
4月	1.正常生产	M	M	M	60	61.5	63	0	1 008
	2.加班生产	M	M	M	70	71.5	73	0	251
	3.外包	M	M	M	72	M	M	0	2 000
5月	1.正常生产	M	M	M	M	60	61.5	0	1 056
	2.加班生产	M	M	M	M	70	71.5	0	264
	3.外包	M	M	M	M	72	M	0	2 000
6月	1.正常生产	M	M	M	M	M	60	0	960
	2.加班生产	M	M	M	M	M	70	0	240
	3.外包	M	M	M	M	M	72	0	2 000
需求量		1 850	1 425	1 000	850	1 150	1 850	11 773	19 898

表6-13　　　　　　　　　　　生产计划运输模型最优解

生产方式		1月	2月	3月	4月	5月	6月	剩余生产能力	最大产量
期初库存		0[400][1]	1.5	3	4.5	6	7.5	72	400
1月	正常生产	0[1 056][2]	1.5	3	4.5	6	7.5	12	1 056
	加班生产	0[264][3]	1.5	3	4.5	6	7.5	2	264
	外包	0[130][4]	M	M	M	M	M	0[1 870][5]	2 000
2月	正常生产	M	0[912][6]	1.5	3	4.5	6	12	912
	加班生产	M	0[228][7]	1.5	3	4.5	6	2	228
	外包	M	0[285][8]	M	M	M	M	0[1 715][9]	2 000
3月	正常生产	M	M	0[1 000][10]	1.5	3	4.5	12	1 008
	加班生产	M	M	0[1 056][2]	1.5	3	4.5	2	251
	外包	M	M	72	M	M	M	72	2 000
4月	正常生产	M	M	M	0	1.5	3	12	1 008
	加班生产	M	M	M	0	1.5	3	2	251
	外包	M	M	M	72	M	M	72	2 000
5月	正常生产	M	M	M	M	0	1.5	12	1 056
	加班生产	M	M	M	M	0	1.5	2	264
	外包	M	M	M	M	72	M	72	2 000
6月	正常生产	M	M	M	M	M	0	12	960
	加班生产	M	M	M	M	M	0	2	240
	外包	M	M	M	M	M	0	0	2 000
需求量		1 850	1 425	1 000	850	1 150	1 850	11 773	19 898

该问题也可用ExcelQ软件编制、设计规划求解参数，求解过程参见拓展阅读6-2。

6.3.4　下料（装箱）优化方法

下料（装箱）问题可分为很多种类型，如多种产品、多种原材料生产下料问题（多车多货装车配载问题），一维下料（装箱）、二维平面下料（装箱）、三维立体下料（装箱）等。因为一维下料（装箱）是解决复杂二维或三维下料（装箱）问题的基础，三维问题可转化为二维问题，二维问题可转化为一维问题，因此，我们首先介绍一维下料（装箱问题）。

6.3.4.1 单一原材料生产多种产品解法

（1）问题规模较小时解法

用单一原材料生产多种产品时，当问题规模较小时（下料组合方案小于等于15时），可把所有下料组都列出来（可用Excel软件，半自动求解每种可行优化方案，也可规划求解给出每种可行优化方案），然后在此基础上规划求解给出最优下料方案。

【例6-4】某企业用原材料100厘米，生产3种产品（A、B和C），有关资料参见表6-14。要求：（1）如何下料？（2）所需要的原材料根数最少？

表6-14　　　　　　　　　　　　　　原始数据

项目 ＼ 产品	A	B	C
尺寸	20	40	32
产量	80	150	132
原材料尺寸	100		

【解】运用Excel软件编制求解表，编制相关计算公式，把所有可行优化方案计算列示（见表6-15），单元格G2代表产品最小尺寸（剩余料头要小于这个最小尺寸）；单元格H4，代表生产所需产品累计长度，计算公式为：H4=SUMPRODUCT（D3：F3，D4：F4）；单元格I4代表所需原材料下限，计算公式为：I4=CEILING（H4/D5，1）；单元格D5代表一根原材料最多可生产A产品的数量上限，单元格E5和F5类似；符号X_{i1}代表第i个下料方案包含A产品的个数，X_{i2}代表第i个下料方案包含B产品的个数，X_{i3}代表第i个下料方案包含C产品的个数；G8单元格代表按第一个下料方案下料生产产品的累计长度，计算公式为：G8=SUMPRODUCT（D$3：F$3，D8：F8），其余类似；单元格I8计算公式为：I8=H8-G8，余者类似；区间B8：B14为变量区域；单元格B15为目标函数，计算公式为：B15=SUM（B8：B14）；D16为可生产A产品的数量，计算公式为：B16=SUMPRODUCT（$B8：$B14，D8：D14），E16，F16类似。在此基础上，可用规划求解直接获得最优解，最优解为120根，具体方案参见表6-15和图6-1。

表6-15　　　　　　　　　　　　　　Excel规划求解表

	B	C	D	E	F	G	H	I
2			A	B	C	min		
3		尺寸	20	40	32	20	生产产品累计长度	所需原材料下限
4		产量	80	150	132	1	11 824	119
5		原材料尺寸	100					
6		每根生产上限	5	2	3			
7	变量	下料方案	X_{i1}	X_{i2}	X_{i3}	生产累计长度	原材料长度	剩余料头

续表

	B	C	D	E	F	G	H	I
8	1	1	5			100	100	0
9	0	2	3	1		100	100	0
10	0	3	3		1	92	100	8
11	0	4	1		2	84	100	16
12	0	5	1	1	1	92	100	8
13	75	6	1	2		100	100	0
14	44	7			3	96	100	4
15	120							
16	可生产数量		80	150	132			
17	需求数量		80	150	132			

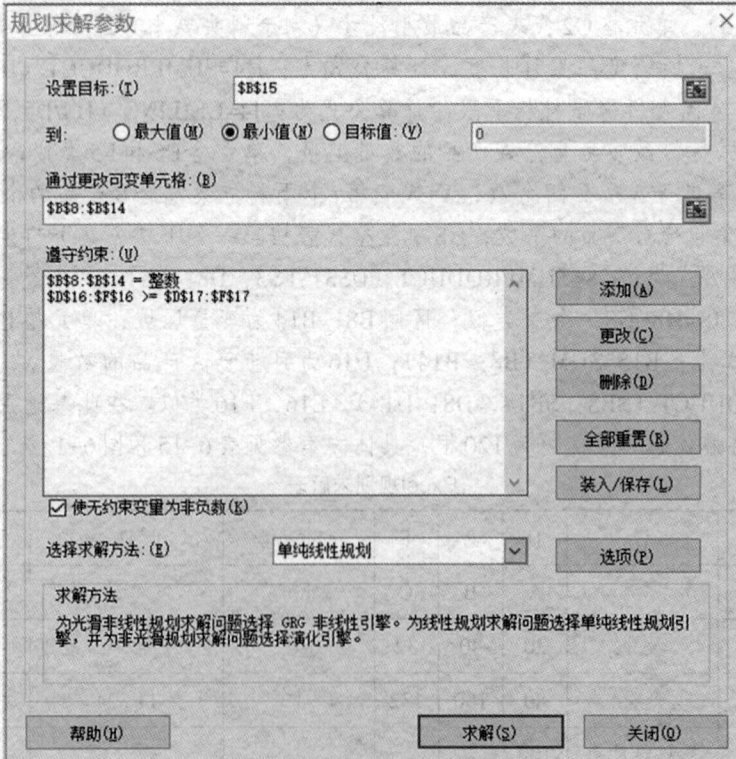

图6-1　规划求解参数设计截图

（2）问题规模大时解法

当问题规模大时，尤其是非常大时，下料组合方案成千上万，甚至上亿，无法在短时间内规划求解，无法直接使用规划求解法给出优化方案（未来当超快量子计算出现时，可以解决这类组合优化问题）。求解思路：一是把问题规模缩小再求解；二是选出代表性好、优化程度高的下料方案，既保证各产品产量需求，又可优化组合，在给出优化程度高、代表性强的下料组合方案中再规划求解，可获得满意近似最优解。[①]

6.3.4.2　多种原材料生产多种产品解法

单一原材料生产多种产品解法掌握之后，就可解决多种原材料生产多种产品问题，首先给出每种原材料生产各种产品可行优化下料方案，在此基础上构建多种原材料生产多种产品数学模型，然后运用Excel软件规划求解即可。[②]

❖拓展阅读6-1

汽车租赁问题

某租赁公司有关资料参见表6-16，两个代理点距离为欧氏距离的1.3倍。每辆车每千米转运成本为0.5欧元。如何调度最优？

表6-16　　　　　　　　　　　　　　供需关系　　　　　　　　　　距离单位：千米

代理点	1	2	3	4	5	6	7	8	9	10
x坐标	0	20	18	30	35	33	5	5	11	2
y坐标	0	20	10	12	0	25	27	10	0	15
第二天需求量（辆）	10	6	8	11	9	7	15	7	9	12	94
前一天晚上拥有量（辆）	8	13	4	8	12	2	14	11	15	7	94

【解】具体求解分为两阶段：第一阶段，计算两点之间距离，然后根据表6-16资料列出运输模型（见表6-17）。第二阶段，用简便解法作等价变换，找出最优解时的变换后矩阵，然后安排最优解，给出最优调度方案（见表6-18至表6-23）。

表6-17　　　　　　　　　　　　供需运输模型　　　　　　　　　　距离单位：千米

代理点	1	3	4	6	7	10	富余量（辆）
2	36.77	13.26	16.65	18.11	21.52	24.29	7
5	45.50	25.64	16.90	2.60	52.47	47.12	3
8	4.53	16.90	32.60	41.29	22.10	7.58	4
9	14.30	15.87	29.21	43.29	35.96	22.74	6
不足量	2	4	3	5	1	5	

注：表中距离是根据两点之间欧氏距离1.3倍计算出来的。例如，代理点8和6的距离为41.29＝1.3×（（5−33）²+（10−25）²）⁰·⁵。

---

①　求解过程参见：[1] 贾春玉，刘鑫如. 规划求解法优化及应用研究 [J]. 吉林工程技术师范学院学报，2023，39（5）：92-96.[2] 刘海金，贾春玉. 静态和动态规划求解下料方法的比较研究 [J]. 中国新技术新产品，2023（22）：38-41.

②　求解过程参见：贾春玉. 一类多车、多货物运输配送问题新的简便解法 [J]. 成组技术与生产现代化，2019，36（3）：20-25.

表6-18　　　　　　供需运输模型求解过程（一）　　　　距离单位：千米

代理点	1	3	4	6	7	10	富余量（辆）	
2	36.77	13.26	16.65	18.11	21.52	24.29	7	−13.65
5	45.50	25.64	16.90	32.60	52.47	47.12	3	−16.90
8	14.53	16.90	32.60	41.29	22.10	7.58	4	−7.58
9	14.30	15.87	29.21	43.29	35.96	22.74	6	−14.30
不足量（辆）	2	4	3	5	1	5		

表6-19　　　　　　供需运输模型求解过程（二）　　　　距离单位：千米

代理点	1	3	4	6	7	10	富余量（辆）
2	23.51	0	3.39	4.85	8.26	11.03	7
5	28.60	8.74	0	15.70	35.57	30.22	3
8	6.95	9.32	25.02	33.71	14.52	0	4
9	0	1.57	14.91	28.99	21.66	8.44	6
不足量（辆）	2	4	3	5	1	5	
				−4.85	−8.6		

表6-20　　　　　　供需运输模型求解过程（三）　　　　距离单位：千米

代理点	1	3	4	6	7	10	富余量（辆）
2	23.51	0	3.39	0	0	11.03	7
5	28.60	8.74	0	10.85	27.31	30.22	3
8	6.95	9.32	25.02	28.86	6.26	0	4
9	0	1.57	14.91	24.14	13.40	8.44	6
不足量（辆）	2	4	3	5	1	5	
						−8.44	

表6-21　　　　　　供需运输模型求解过程（四）　　　　距离单位：千米

代理点	1	3	4	6	7	10	富余量（辆）	
2	23.51	0	3.39	0	0	2.59	7	
5	28.60	8.74	0	10.85	27.31	21.78	3	
8	6.95	9.32	25.02	28.86	6.26	−8.44	4	+8.44
9	0	1.57	14.91	24.14	13.40	0	6	
不足量（辆）	2	4	3	5	1	5		

表6-22　　　　　　　　　　供需运输模型求解过程（五）　　　　　　　距离单位：千米

代理点	1	3	4	6	7	10	富余量（辆）	
2	23.51	0	3.39	0	0	2.59	7	+1.57
5	28.60	8.74	0	10.85	27.31	21.78	3	
8	15.39	17.76	33.46	37.30	14.70	0	4	
9	0	1.57	14.91	24.14	13.40	0	6	
不足量（辆）	2	4	3	5	1	5		
		−1.57		−1.57	−1.57			

表6-23　　　　　　　　　　供需运输模型求解过程（六）　　　　　　　距离单位：千米

代理点	1	3	4	6	7	0	富余量（辆）
2	25.08	[0/1	4.96	[0/5	[0/1	4.16	7
5	28.60	7.17	[0/3	9.28	25.74	21.78	3
8	15.39	16.19	33.46	35.73	13.13	[0/4	4
9	[0/2	0/3	14.91	22.57	11.83	[0/1	6
不足量（辆）	2	4	3	5	1	5	

注：表6-23中符号"["代表选中的位置；"/"后面数据代表最优调度方案，最优解除了用上面简便解法外，还可用其他软件求解，如用Excel软件可高效、快速求解，参见拓展阅读6-2。

表6-23为最优方案，最小运费从略，读者可自行算出（最小运费为152.64欧元）。

❖拓展阅读6-2

船舶调度问题

某航运公司承担6个港口的4条固定航线的货物运输业务，每条船每次装卸货时间为一天，其他有关资料参见表6-24和表6-25。该航运公司至少应配备多少条船才够用？

表6-24　　　　　　　　　　　　　　　航线及航班数

航线	起点城市	终点城市	每天航班数
1	E	D	3
2	B	C	2
3	A	F	1
4	D	B	1

表6-25 航程天数

	A	B	C	D	E	F
A	0	1		14	7	7
B	1	0	3	13	8	8
C	2	3	0	15	5	5
D	14	13	15	0	17	20
E	7	8	5	17	0	3
F	7	8	5	20	3	0

【解】具体解题步骤参见表6-26至表6-28。

表6-26 需周转船数

航线	装货天数	航程天数	卸货天数	合计	每天航班数	需周转船数
1	1	17	1	19	3	57
2	1	3	1	5	2	10
3	1	7	1	9	1	9
4	1	13	1	15	1	15
						91

表6-27 各港口每天余缺船数

港口	每天到	每天需求	余缺船数
A	0	1	−1
B	1	2	−1
C	2	0	2
D	3	1	2
E	0	3	−3
F	1	0	1

表6-28 运输问题最优解

	A	B	E	每天多余船数
C	2 [1	3	5 [1	2
D	14	13 [1	17 [1	2
F	7	8	3 [1	1
每天缺少船数	1	1	3	

注：符号"["后的数据为规划求解后（或用简便等价变换造零方法获得最优解）安排船数。

周转船数：$1×2+5×1+13×1+17×1+7×1=40$（条）

总船数：$91+40=131$（条）

若不考虑维修等因素，至少需要131条船。

用Excel软件去解时，方法一是首先把运输问题变为平衡运输问题（已产销平衡不需要此步骤），然后求解；方法二是直接求解。方法二分两种情况：

一是"产量"大于"销量"，约束条件是"销量"约束是等式，既每列变量之和等于每列需求量，最大限度满足需求；"产量"约束是小于等于"生产能力"，不用开足马力生产就可满足需求，每行变量之和小于等于该行"生产能力"（或说该行供给量）。

　　二是"产量"小于"销量"，约束条件是"销量"约束是小于等于不等式，既每列变量之和小于等于每列需求量，不能充分满足每列的需求；"产量"约束是等于"生产能力"，应充分利用现有生产能力，最大限度满足需求，既每行变量之和等于该行"生产能力"（或说该行供给量）。目标函数都是求最小值，可用 SUMPRODUCT 公式，变量区域与单位运价区域对应相乘再求和获得目标函数表达式，这样可快速求解。本例因为是平衡的运输问题，所以可直接求解，"产量"约束和"销量"约束是等式，变量为非负整数约束条件，目标函数为单元格 C13，C13=SUMPRODUCT（C3：E5，C9：E11），"产量"约束之一为单元格 F9，F9=SUM（C9：E9），其余 F10、F11 类似，从略；"销量"约束之一是单元格 C12，C12=SUM（C9：C11），其余 D12、E12 类似，从略。规划求解 Excel 表格设计如图 6-2 所示，规划求解参数设计如图 6-3 所示。

图 6-2　规划求解 Excel 表格设计截图

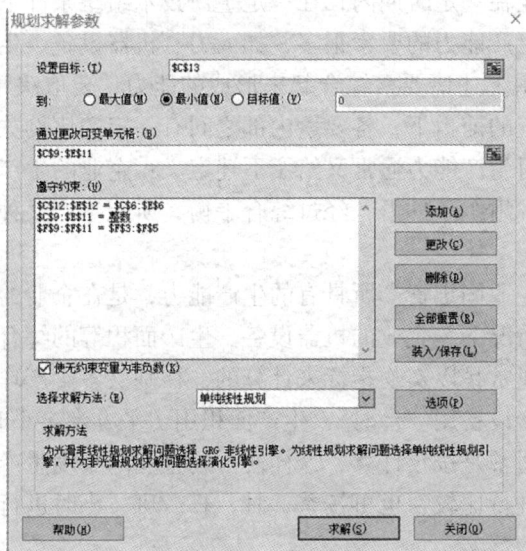

图 6-3　规划求解参数设计截图

6.3.5 其他方法

除了上述介绍外，还有很多其他方法可以用于生产计划。

大量流水生产可用节拍确定生产速度，用在制品定额确定生产数量来编制生产计划；成批生产可用经济批量法确定生产数量，然后根据生产数量确定生产时间；用物流需求计划法确定各种相关物料投产或出产计划（参见第7章）；用订货点法确定生产时间，只要库存下降到订货点就开始生产；单件生产可用网络计划技术，根据各个作业时间及其先后关系，计算确定整个产品完工时间、各工序开工和完工时间（详见第8章）；用网络计划技术编制生产计划，尤其是单件产品（或项目）的生产计划；大型集团公司也可用投入产出模型确定各部门、各环节的比例关系来编制生产计划。

滚动计划法是指像滚雪球一样，动态编制一定时间区间内的计划方法，每次增加一个新的时段，去掉一个最早的时间段。例如，2025年年底编制2026—2030年五年计划，2027年年底重新编制滚动的新的五年计划，即2028—2032年，这样使计划更准确。

图解法是指把计划转化为图形或图表，一方面利用图论理论很快找到最优解，另一方面更直观、具体、形象等。

6.4　生产能力

6.4.1 生产能力的概念

生产能力表明企业在一定时期内，在一定生产技术组织条件下能够生产某种产品的最大数量。影响企业生产能力的要素很多，如人力、机器设备、生产面积、材料、资金等。所以生产能力是由上述诸要素综合起来形成的能力，要取决于其中最薄弱的环节。它要求在产品方向确定的前提下，各要素内部之间有一定的比例关系。

在实际工作中，对生产能力通常又给予下述定义：企业的生产性固定资产，在一定时期内，在一定的技术组织条件下，经过综合平衡，所能生产某种产品或完成某种作业的最大数量。

这种定义仅考虑企业固定资产所具有的生产能力，是在企业的人力、材料、资金等都能得到充分满足的情况下，企业的机器设备、生产面积等的综合能力。

企业的生产能力通常是以实物指标来计算的，在基层各生产环节中也经常用劳动量指标进行计算，如机器设备用"台时"，生产面积用"平方米·小时"等来表示。

企业的生产能力通常是按年计算，这样便于同企业的年度生产计划任务相比较，也便于同行业不同企业进行比较；也可按季、月、日、班、小时进行计算，这样便于生产任务在各个生产单位的落实。

6.4.2　生产能力的种类

6.4.2.1　设计能力

设计能力是指在工厂设计任务书中规定的生产能力。它是新建工厂前按工厂设计中规定的企业产品方案、技术装备以及其他设计数据进行计算加以确定的。

设计能力表明企业在一定时期内所能达到的最大生产能力。这是因为设计能力是按标准设计、先进定额等资料作为计算依据的。工厂在建成投产后，需要经过一定时期熟悉掌握技术的过程，才能达到企业的设计能力。

设计能力可作为企业努力奋斗的目标，作为企业挖掘潜力，提高生产能力利用水平的方向。因此，它是企业确定生产规模、安排基本建设计划和重大技术改造的重要依据。

6.4.2.2　查定能力

查定能力是在企业没有设计能力或虽有设计能力，但由于产品方案和技术组织条件发生了重大变化，原有设计能力不能反映实际情况，企业重新调查核定的能力。在计算企业查定能力时，需要根据查定期间企业的产品方案和技术组织条件，采用先进定额标准，并考虑在查定期间可以实现的技术组织措施的效果后加以确定。

一般要隔几年才查定一次，它表明企业在查定期间能实现的最大可能的生产能力。其作用和设计能力相同，是编制中长期规划、确定企业生产规模等方面的重要依据。

6.4.2.3　计划能力

计划能力是指企业在计划期内能够实现的生产能力。它是企业在计划期间具体的技术组织条件下，根据企业在计划期内可以实现的各种技术组织措施效果，并保证达到设备和生产面积的平均先进定额而确定的生产能力。

企业计划能力是编制生产计划的直接依据。它对计划任务的具体实现提供了可靠的保证，通过计划能力和生产任务的平衡以及措施的制定就能看出计划的落实情况。

6.4.2.4　最佳能力

最佳能力是指经济合理、可持续发展的能力，如某种型号的汽车百千米耗油最少的速度、某加工中心成本最低时的生产效率等。

6.4.3　影响生产能力的主要因素

6.4.3.1　生产中固定资产的数量

生产中固定资产的数量包括机器设备数量和生产面积数量。在核定生产能力时，机器设备数量是指一切能够用于生产的设备，包括正在安装或开动使用，正在或等待修理、改装的设备。只有准予报废和外调的设备，专门用于连续流水线上备用的设备，试验室、检验站和机修、工具等辅助车间用于检修、研磨工具的设备等，才可以不计入生产能力之内。而在核算计划能力时，只能以计划时期可以动用的设备作为核算的对象，因此它要比查定能力的数量少。

生产面积包括工作地和运输路线以及堆放原材料、在制品等所占用的面积，这些资料可以从工厂技术资料中取得，或以车间为单位用实地测算办法来确定。

6.4.3.2 固定资产的工作时间

固定资产的工作时间是指机器设备的有效工作时间总数和生产面积的利用时间总数。设备工作时间总数是指企业按照现行工作制度计算的全部有效工作时间。在机械工业企业中，机器设备的有效工作时间一般等于制度工作时间减去设备计划停修时间。其计算公式如下：

$$F_e = F_o \cdot H - D = F_o \cdot H \cdot (1-\theta) \tag{6-1}$$

式中：F_e 为单位设备年有效工作时间（小时）；F_o 为设备全年制度工作日数；H 为每日制度工作小时数；D 为设备计划修理停工小时数；θ 为设备计划修理停工率。全年制度工作日数等于全年日历日数减去法定的节假日数，为251天。每日制度工作小时数根据企业设备的工作班制而定，一班制为8小时，两班制为15.5小时，三班制为22.5小时。设备计划修理停工时间根据设备修理计划确定。

生产面积的利用时间总数，因为没有停工修理的时间损失，所以应当按制度工作时间进行计算。

6.4.3.3 固定资产的生产率定额

固定资产的生产率定额包括机器设备的生产率定额和生产面积的生产率定额。前者是指单位机器设备的产量定额或者单位产品的台时定额。后者是指单位面积的产量定额或单位产品占用生产面积的大小和时间的长短。影响设备及生产面积生产率的因素有很多，有设备本身的技术条件，还有产品的品种、质量要求、原材料的质量、工艺方法、工人的技术水平等，因此应该在综合考虑这些因素的基础上加以确定。在查定企业生产能力时，应采用本企业的先进技术定额。在核算计划能力时，需要根据企业的现行定额并考虑压缩系数或定额完成系数：

计划期时间定额＝现行台时定额×（1-压缩系数） (6-2)

或 计划期产量定额＝现行产量定额×（1+超额完成系数） (6-3)

6.4.4 生产能力的核定

6.4.4.1 核定生产能力的程序

企业的生产能力是企业内部各个生产环节、各种固定资产的能力经过综合平衡后所确定的综合能力，也就是指在各个生产环节、各种固定资产保持一定比例关系的条件下企业所具有的综合生产能力。因此，企业核算生产能力必须是从基层开始，按自下而上的程序进行核算，即先确定各生产小组和流水线的生产能力，然后计算和确定各工段的生产能力，再确定各车间的生产能力，最后确定全厂的生产能力。生产小组的生产能力是由生产小组内各设备（组）或生产面积的综合能力决定的，工段的生产能力是由各小组的综合能力决定的。

生产能力的综合平衡，首先是基本生产各个环节之间生产能力的平衡；其次是基本生产和辅助生产各环节之间生产能力的平衡。平衡基本生产各环节的生产能力时，要从起主导作用的主要生产车间或主要设备入手。主要车间或主要设备通常就是制造产品所消耗劳动量较多的车间或设备。应根据产品劳动量在各生产车间之间的分配情况来确定哪一个是主要车间。在机械工业企业中，一般均以机械加工车间或机械加工-装配车间作为主要车间。由于企业的产品结构和工艺特点不同，其主要车间也可能是其他车间，如农业机械制造厂的主要车间是准备车间；在制造大型化工设备、锅炉设备的企业中，主要车间是金属结构车间等。

6.4.4.2　机械加工车间生产能力的计算与平衡

不同性质的企业，由于各生产环节的生产类型和生产组织形式的不同，生产能力的计算方法也有所不同。

（1）在设备组担负单一品种时的平衡方法

此时，生产能力的计算及生产能力同生产任务的平衡比较简单，一般经过3个步骤：

第一，计算各设备组的生产能力。

$$M=（S \cdot F_e）/t（1-\beta） \tag{6-4}$$

式中：M 为某设备组生产能力（台或件）；S 为设备组的设备数量；F_e 为单位设备有效工作时间（小时）；t 为单位产品现行台时定额；β 为计划压缩系数。

第二，平衡各设备组的生产能力。一个车间或一个工段是由若干设备组组成的。在各设备组的生产能力分别计算出来以后，各设备组的生产能力不可能完全相同，但不能简单地将薄弱环节（设备组）的生产能力作为该车间或工段的生产能力，需要采取措施和办法。例如，通过改进操作方法和工装或增加工作班次等来增强薄弱环节的生产能力，最后确定出综合的生产能力。

第三，进行生产能力与生产任务的平衡。平衡方法主要有两种：

①产量平衡法。

首先，计算出以产量表示的生产能力（第一步计算出的数字）。

其次，根据计划产量来计算出任务产量：

$$N_R=N/（1-f） \tag{6-5}$$

式中：N_R 为任务产量（投产量）；N 为计划产量（出产合格数量）；f 为计划废品率。

最后，进行生产能力与生产任务之间的平衡，并求出设备组的负荷。

②台时平衡法。

首先，计算出用台时表示的设备组的生产能力：

$$M=S \cdot F_e$$
$$=S \cdot F_o \cdot （1-\beta_{停工}） \tag{6-6}$$

式中：M 为设备组的生产能力（台时）；F_o 为制度工作时间；$\beta_{停工}$ 为设备计划停休率。

其次，根据计划产量计算出任务台时数；

$$T_R=N_R \cdot t$$
$$=[N/（1-f）]t \tag{6-7}$$

式中：T_R 为任务台时数；t 为单位产品计划台时定额。

最后，进行生产能力与生产任务之间的平衡，求出设备组的负荷。

（2）在设备组担负多品种时的平衡方法

当设备组担负多种产品生产时，生产能力的计算及生产能力同生产任务的平衡比单一品种复杂，视不同情况和需要，可采用下面几种方法：

①台时平衡法。该方法是将设备组担负的各种产品的任务台时进行汇总，得出总的任务台时，然后同该设备组用台时表示的生产能力进行平衡。设备组总任务台时的计算公式为：

$$T_s = \sum T_i = \sum [N_i / (1 - f_i)] t_i \tag{6-8}$$

式中：T_s 为设备组总任务台时数；T_i 为第 i 种产品的任务台时数（$i=1$，2，…，n）；N_i 为第 i 种产品的计划产量；f_i 为第 i 种产品的计划废品率；t_i 为第 i 种产品的台时定额。

②代表产品法。在核定企业生产能力时，如果需用产量表示其生产能力，而设备组又担负着多种产品的生产任务，不可能按每种产品计算其生产能力。在这种情况下可采用代表产品法或假定产品法计算生产能力。代表产品法就是从多种产品中选择一种产品作为代表产品，以代表产品的台时定额来计算设备组的生产能力，并将生产任务转换为代表产品表示的任务量，二者再进行平衡。

该方法步骤如下：

第一，选择代表产品。选择代表产品时，需要按照产品的结构、工艺类似程度、体积大小等方面，分成若干产品组，再从组中挑选产量较大、加工劳动量大或在结构与工艺上具有典型意义的产品作为代表产品。

第二，计算以代表产品表示的生产能力：

$$M_k = (S \cdot F_e) / t_k \cdot (1-\beta) = [S \cdot F_e (1-\beta_{停工})] / t_k \cdot (1-\beta) \tag{6-9}$$

式中：M_k 为以代表产品表示的设备组的生产能力；t_k 为代表产品的现行台时定额。

第三，将各种产品的计划产量换算为代表产品的产量。各具体产品产量换算为代表产品产量是通过换算系数进行的。换算系数等于被换算产品的台时定额与代表产品台时定额的比值。

$$\varepsilon_i = t_i / t_k \tag{6-10}$$

式中：ε_i 为第 i 种产品的换算系数；t_i 为第 i 种产品的台时定额。

求出换算系数再乘以该产品的产量，即换算成代表产品表示的产量。

$$N_{ik} = N_i \cdot \varepsilon_i \tag{6-11}$$

第四，计算以代表产品表示的总产量，并与生产能力进行平衡。

$$N_{sk} = \sum N_i \cdot \varepsilon_i \tag{6-12}$$

式中：N_{sk} 为以代表产品表示的总产量。

③假定产品法。在各种产品结构、工艺特点相差较悬殊，以及各种产品在各类设备上加工劳动量相差较大的情况下，可以按假定产品法计算生产能力。另外，当产品品种较多，分成若干产品组，存在两个以上代表产品时，也需要按假定产品法进一步计算生产能力。

假定产品是不存在的虚拟产品，其时间定额为各产品时间定额的加权平均数，根据这个定额计算能力和任务进行平衡。

按假定产品法计算生产能力的方法如下：

第一，求出假定产品的台时定额。假定产品的台时定额等于各具体产品的台时定额与该产品产量占总产量的百分比的乘积之和。其计算公式为：

$$t_j = \left(\sum N_i \cdot t_i\right) / \sum N_i \tag{6-13}$$

式中：t_j为假定产品台时定额；t_i为第i种产品台时定额（$i=1,2,\cdots,n$）；n为产品品种数；N_i为第i种产品的产量。

第二，计算用假定产品表示的设备组的生产能力：

$$M_j = (S \cdot F_e) / t_j \tag{6-14}$$

式中：M_j为用假定产品表示的设备组的生产能力。

第三，换算为各具体产品表示的生产能力：

$$M_i = M_j \cdot \varepsilon_i \tag{6-15}$$

第四，以具体产品表示的生产能力同各产品的计划产量（任务量）进行平衡。

【例6-5】某厂生产A、B、C、D 4种产品，其计划产量分别为250、100、230和50台，各种产品在机械加工车间车床组的计划台时定额分别为50、70、100和50台时，车床组共有车床12台，两班制，每班8小时，设备停修率为10%，试求车床组的生产能力。（该企业每年休息59天）

【解】（1）确定C为代表产品。

（2）计算以C为代表产品表示的生产能力：

$N=（365-59）×2×8×（1-0.1）×12÷100=529$

（3）计算各具体产品的生产能力。各具体产品生产能力的换算参见表6-29。

表6-29　　　　　　　　　　　　以代表产品计算生产能力换算表

产品名称	计划产量（Q）	台时定额（t）	换算系数（K）	代表产品数量（Q_0）	产品比重（%）	代表生产能力（M_0）	具体生产能力（M）
甲	①	②	③	④=①×③	⑤	⑥	⑦=⑤×⑥÷③
A	250	50	0.5	125	25		265
B	100	70	0.7	70	14	529	106
C	230	100	1.0	230	46		243
D	50	150	1.5	75	15		53
合计				500	100		

（4）生产能力与生产任务的平衡：

生产能力与生产任务之比：529÷500=1.06，比值大于等于1，说明能力够用。各具体产品生产能力分别见表6-29。

A产品：250×1.06=265

B产品：100×1.06=106

C产品：230×1.06=243

D产品：50×1.06=53

因此，生产能力大于生产任务。

❖ 拓展阅读6-3

生产能力决策方法1

某小型企业有7台不同类型的设备，其中车床3台、六角车床3台、自动车床1台。这些设备都可以被用于加工A零件和B零件，但其生产效率有所不同。如一台车床一个工作班（一个班制工作时间为8小时，二班制工作时间为16小时）可生产A零件15个；若用于生产B零件，一台车床一个工作班能生产20个。该企业生产H产品，H产品由1个A零件和2个B零件组成，有关资料参见表6-30。如何安排生产，一个工作班的生产能力最大？

表6-30 　　　　　　　　　　　　　生产率及设备数量

项　目	数　量	A零件	B零件
车床	3	15个/班	20个/班
六角车床	3	20个/班	30个/班
自动车床	1	30个/班	55个/班

为了解决这一问题，我们先观察这几个实例，然后归纳解决这类问题的解法。

第一种情况：H产品由1个A零件和1个B零件组成，其他资料参见表6-31。

表6-31 　　　　　　　　　　　　　生产率及设备数量

项　目	数　量	A零件	B零件	效率比（A/B）
设备1	1	15个/班	20个/班	3/4
设备2	1	70个/班	30个/班	7/3

这个问题很容易解决，因为设备1生产B零件效率高，设备2生产A零件效率高，所以设备1优先生产B零件，设备2优先生产A零件，因为要保证约束条件A零件产量（N_A）等于B零件产量（N_B）。设备2效率高，生产能力大，因此平衡点（$N_A=N_B$）应在设备2上。设有x台设备2生产B零件，则有（$1-x$）台设备2生产A零件，故有：

$20+30x=70（1-x）$

解得：$x=0.5$。说明设备2有一半时间生产A零件，另一半时间生产B零件。此时，生产能力最大，最大班的产量为：

$N_A=N_B=20+30x=20+30×0.5=35$（件）

第二种情况：其他条件与第一种情况一样，只是生产效率有所不同，参见表6-32。

表6-32 　　　　　　　　　　　　　生产率及设备数量

项　目	数　量	A零件	B零件	效率比（A/B）
设备1	1	15个/班	20个/班	3/4
设备2	1	100个/班	100个/班	1/1

因为设备1生产B零件效率高，设备2生产A零件和B零件效率一样，所以设备1优先生产B零件。又因为设备2效率高，生产能力大，所以平衡点（$N_A=N_B$）应在设备2上。设有x台设备2生产B零件，则有（$1-x$）台设备2生产A零件，故有：

$20+100x=100（1-x）$

解得：$x=0.4$。说明设备2有0.4比例的时间生产B零件，0.6比例的时间生产A零件。此时，生产能力最大，最大班产量为：

$N_A=N_B=20+100x=20+100×0.4=60$（件）

第三种情况：其他条件与第一种情况一样，只是生产效率有所不同（见表6-33）。

表6-33　　　　　　　　　　　　**生产率及设备数量**

项　目	数　量	A零件	B零件	效率比（A/B）
设备1	1	40个/班	40个/班	1/1
设备2	1	60个/班	140个/班	3/7

因为设备1生产A零件和B零件效率一样，设备2生产B零件效率高，所以设备2优先生产B零件。又因为设备2效率高，生产能力大，所以平衡点（$N_A=N_B$）应在设备2上。设有x台设备2生产B零件，则有（$1-x$）台设备2生产A零件，故有：

$40+60（1-x）=140x$

解得：$x=0.5$。说明设备2有0.5比例的时间生产B零件，0.5比例的时间生产A零件。此时，生产能力最大，最大班产量为：

$N_A=N_B=140x=140×0.5=70$（件）

综上所述，这类问题不看绝对数，而是看相对生产效率。对于其中的一个零件，哪种类型的设备生产相对率高就优先安排在哪种类型设备上生产，另外一种零件正好相反。若设备的A/B生产效率比值最大（不论是否大于1），说明该设备生产A零件相对生产率最高，因此必须优先安排A零件在该设备上进行生产。这与国际贸易理论一样，A/B比值最大的设备（相当于国家），用B零件（相当于资源）换A零件（相当于资源）最经济；反之，A/B比值最小的设备（相当于国家），用A零件（相当于资源）换B零件（相当于资源）最经济。因此，在有多种不同类型设备时，首先计算相对生产效率，根据其比值大小把不同类型设备降序排序（如A/B的比值大小），从上至下优先安排生产A零件，B零件从下至上优先安排，试算并确定平衡点，建立方程组，可解得最优解。

此类问题求解步骤为：（1）计算A/B；（2）按A/B比值大小排序，确定优先生产A零件的顺序，相反方向为优先生产B零件的顺序（见表6-34）；（3）确定平衡点；（4）列方程求解。

表6-34　　　　　　　　　　　　**生产率及设备数量**

项　目	数　量	A零件	B零件	效率比（A/B）
车床	3	15个/班	20个/班	3/4
六角车床	3	20个/班	30个/班	2/3
自动车床	1	30个/班	55个/班	6/11

【解】 设x台六角车床生产A零件，y台六角车床生产B零件，则有：

$x+y=3$

$2×（3×15+20x）=1×55+30y$

解得：x=0.8，y=2.2

max$D$=3×15+20x=45+0.8×20=61（件）

生产能力最大可生产61件。

该类问题用初等数学方法只能求解最终产品仅由两种零部件组成，当由3个以上零部件组成时无法求解，这时需要用规划求解法求解。规划求解法不仅可求解最终产品由多个零部件组成，也可求解只由两个零部件组成的产品。此时，变量类似于运输问题的变量，既X_{ij}代表第i种设备生产第j种零部件的数量（可以是小数，因为是用一台设备的时间比例），约束条件是使用每种设备数量等于该种设备数量数，各种零部件与最终产品数量之间的比例是产品要求的比例，目标函数是总的最终产品产量最大，运用Excel软件，可直接规划求解获得最优解。具体解法参见拓展阅读6-4。

❖ **拓展阅读6-4**

生产能力决策方法2

某企业机械加工车间，生产H产品，H产品由两个A零件、3个B零件和5个C零件组成，其他资料参见表6-35。如何安排生产，才能使一个工作班的生产能力最大？

表6-35 **生产H产品原始数据**

项目	数量	A零件（个/班）	B零件（个/班）	C零件（个/班）
车床	5	16	20	25
六角车床	3	22	25	30
自动车床	2	32	43	45

【解】首先构建Excel规划求解表（如图6-4所示），区域D2：F2，为A、B、C 3个零件与H产品的比例系数，区域C4：C6为3种不同类型设备可使用的数量，区域D4：F6为每个班使用不同设备生产A、B、C 3个零件的数量，区域H4：J6为变量区域，其中单元格J5，代表变量符号为X_{23}，代表用第二种设备生产第三种零件的设备数量，其余单元格类似，从略；区域K4：K6代表每种类型设备使用量之和，约束条件是K4：K6=C4：C6；目标函数为单元格L4，L4=M4/D2（因为A零件数量是H产品的2倍，既1个H最终产品由2个A零件和3个B零件、5个C零件构成）；区域M4：O4为3种零件的产量，约束条件分别为：M4=D2*L4，N4=E2*L4，O4=F2*L4。规划求解参数设计如图6-5所示，生产计划最优安排如变量区域H4：J6所示，最终H产品最大生产数量如目标函数单元格L4所示，去掉小数为28件。

	A	B	C	D	E	F	G	H	I	J	K	L	M	N	O
1		B	C	D	E	F	G	H	I	J	K	L	M	N	O
2	2		比例关系	2	3	5									
3	3		数量	A零件（个/班）	B零件（个/班）	C零件（个/班）		A零件（个/班）	B零件（个/班）	C零件（个/班）	所需设备数量	H数量	A零件	B零件	C零件
4	4	车床	5	16	20	25		0	0	5	5	28.067	56.134	84.201	140.34
5	5	六角车床	3	22	25	30		2.5516	0	0.4484	3				
6	6	自动车床	2	32	43	45		0	1.9582	0.0418	2				

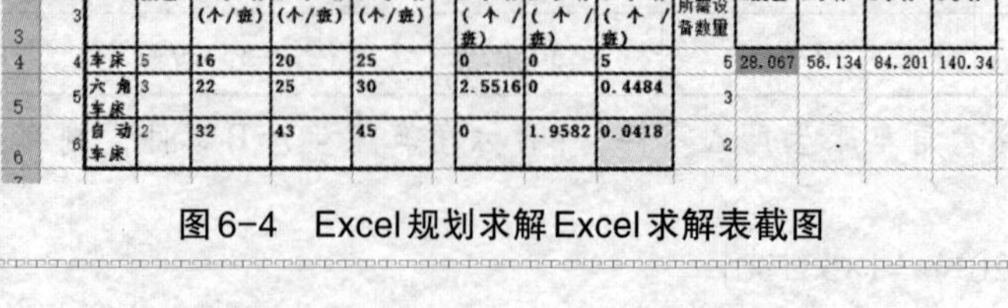

图6-4　Excel规划求解Excel求解表截图

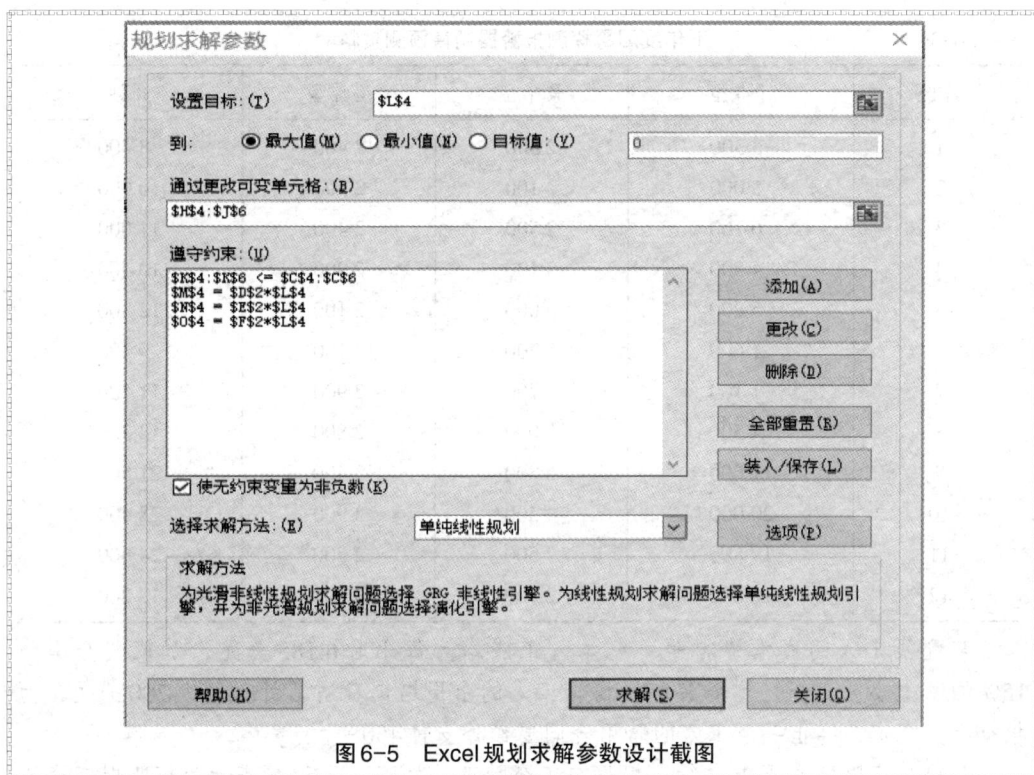

图6-5 Excel规划求解参数设计截图

❖ 案例窗 6-1

美国民生保安设备公司

美国民生保安设备公司的生产助理吉斯先生，根据烟雾探测报警器的需求预测资料编制了一份202×年度的该产品的生产计划和生产预算，送交生产计划委员会讨论。

该公司生产的烟雾探测报警器包括3种型号：标准型、豪华型和遥控型。3种型号的烟雾探测报警器的制造由一个专门的加工单元和两条装配线来完成。两条装配线完全相同，都具有较高的柔性，可以在3种型号之间转换。每条装配线的生产率为两个工作轮班，因为第三个轮班要留为每天的设备预防维护和更换产品型号的作业准备工作。此外，每条装配线的定员为6个操作工人。加工单元有足够的生产能力来满足两条装配线满负荷运转的零件加工需求。从最近两年的生产情况来看，烟雾探测报警器的最高日产量为1 080单元（装配线数2×轮班数2×班产量270），最高日产量取决于两条装配线的最大生产能力。

编制生产计划的基础资料包括：

（1）销售部送来的烟雾探测报警器的销售预测资料（见表6-36）。

（2）年度工作日资料，该项数据是按每周5天法定工作日计算的，并扣除下述节假日：新年（1月1日）、华盛顿诞辰纪念日（2月第三个星期一）、阵亡将士纪念日（5月2日）、独立纪念日（7月4日）、劳工节（9月的第一个星期一）、感恩节（11月的第四个星期四）、圣诞节（12月25日）、公司假期（8月3—18日）。

表6-36		下年度烟雾探测报警器销售预测资料		单位：美元
月份	标准型	豪华型	遥控型	合计
1	3 500	2 500	2 400	8 400
2	5 000	2 100	2 900	10 000
3	6 100	2 500	2 400	11 000
4	4 500	3 100	2 900	10 500
5	5 200	5 000	2 100	12 300
6	1 600	5 700	2 100	9 400
7	1 100	7 700	2 900	11 700
8	4 500	5 000	2 800	12 300
9	11 600	6 800	3 400	21 800
10	20 000	4 500	3 900	28 400
11	19 800	2 500	2 300	24 600
12	10 800	2 700	3 700	17 200

　　装配线工人的成本资料是：基本人工成本为每小时6.185美元，加班奖金率为15%的基本小时工资，增雇装配线操作工人的上岗培训费用估计为每人700美元，而根据有关规定，终止一个工人的聘用合同要额外支付450美元。

　　加班生产限定在周末进行。根据与工会协商的协议，周六加班，加班小时工资比正常小时工资多50%，外加按15%计算的加班奖金；周日加班，加班小时工资为正常小时工资的2倍，外加按15%计算的加班奖金；周末加班时间可以是整班时间，也可以是部分轮班时间，视具体情况而定。

　　吉斯先生准备提交生产计划委员会的恒定生产率计划见表6-37。该计划是3个工作轮班的生产计划，即在一条装配线上工作1个轮班，在另一条装配线上工作2个轮班，这是根据现有的装配工人数量确定的（共3个轮班，18个操作工人）。年末产品库存为4 200单位，这是根据上年年末库存水平确定的。吉斯先生估计生产计划委员会的成员们一定会对这项计划提出一些问题，其中一个明显的问题是，这项计划的月末实际库存水平太高。根据财务部门提供的资料，每单位烟雾探测报警器的月保存成本为0.35美元。此外，到了12月31日，还需为每单位的库存产品缴纳40.4美元的财产税。但是为了节约库存成本而降低月末库存水平是有限度的，按照公司政策，月末库存水平应维持在下月预测销售量的50%的水平上。

　　思考题：

　　（1）吉斯先生准备提交生产计划委员会作为讨论起点的恒定生产率计划的总成本是多少？

　　（2）利用表6-37的格式，制订一项最低累计生产率计划，并计算其总成本。

　　（3）制订一项最低恒定生产率计划，并计算其总成本。

　　（4）最优生产计划是什么？其总成本是多少？

　　资料来源：黄卫伟. 生产与作业管理［M］. 北京：中国人民大学出版社，1997：230-234.

表6-37

最初的恒定生产率计划

1	2	3	4	5	6	7	8	9	10	11	12	13
月份	需求预测合计	月末最低库存量	生产需求量	每月工作日数	每月星期六日数	每月星期日日数	日生产率	每月正常工作日产量	实际月末库存量	超过最低限额库存量	星期六最大生产能力	星期日最大生产能力
1	8 400	5 000	9 200	22	4	4	810	17 820	13 620	8 620	3 240	3 240
2	10 000	5 500	1 880	19	4	4	810	15 390	19 010	13 510	3 240	3 240
3	11 000	5 250	0	21	5	5	810	17 010	25 020	19 770	4 050	4 050
4	10 500	6 150	0	22	4	4	810	17 820	32 340	26 190	3 240	3 240
5	12 300	4 700	0	22	4	4	810	17 820	37 860	33 160	3 240	3 240
6	9 400	5 850	0	20	5	5	810	16 200	44 660	38 810	4 050	4 050
7	11 700	6 150	0	22	4	4	810	17 820	50 780	44 630	3 240	3 240
8	12 300	10 900	0	10	2	1	810	8 100	46 580	35 680	1 620	810
9	21 800	14 200	0	20	4	5	810	16 200	40 980	26 780	3 240	4 050
10	28 400	12 300	0	23	4	4	810	18 630	31 210	18 910	3 240	3 240
11	24 600	8 600	1 990	19	5	4	810	15 390	22 000	13 400	4 050	3 240
12	17 200	4 200	0	21	4	5	810	16 200	21 000	16 800	3 240	4 050
总计	177 600			241				194 400		296 260		

注：表中相关列代表的含义分别如下：第3列——假定为下个月需求的一半；第4列——预测需求量+月末最低库存量-月初库存量；第9列——日生产率×每月工作日数；第10列——月初库存量+星期六加班产量+星期日加班产量+星期六加班产量-月末最低库存量；第11列——月末实际库存量-月末最低库存量；第12列——日生产率×每月星期六日数；第13列——日生产率×每月星期日日数。

❖ 拓展阅读6-5

智慧工厂

一、生产线基本实现"无人化"

智能工厂是利用各种现代化的技术，实现工厂的办公、管理及生产自动化，达到加强及规范企业管理、减少工作失误、堵塞各种漏洞、提高工作效率、进行安全生产、提供决策参考、加强外界联系、拓宽国际市场的目的。

中车株洲电力机车研究所有限公司（简称中车株洲所）时代电气制造中心有一条全球首条按照智能制造标准打造的变流模块生产线，已成功实现23种功率模块产品混流共线多节拍的柔性生产。运用自动导向车（AGV）、机器视觉、自动化技术，实现紧固、涂覆、测试等关键工序的全自动化和拉动式节拍化的自动配送，基于人机工程学，采用自动化和防错技术，实现智能化的助力、省力作业和职业安全防护。

在中车时代电动汽车股份有限公司（简称中车电动）的智能工厂，每台设备都与执行系统相连，从客户订单实现到产品仿真设计、制造过程仿真，再到交付后的产品智能运营及智能维护，各环节都可以清晰地收到工作指令。

在株洲时代新材料科技股份有限公司（简称时代新材）引进的自动配料生产线上，除一名物料输送员外，只有机械手整齐、有序地忙碌着。每天有近10吨的混炼胶要在这里完成关键物料的配置与称量。除去前期的原材料储备和后期的物料运输，生产线基本实现了"无人化"，减少人力成本约22%。

自动配料系统的引进，实现了从精确称量、自动配料、自动校核到自动制袋和自动包装的流水线生产。依据配方不同，每天可完成配料1 000至1 500袋，与人工配料相比，不仅称量更加精确、稳定，还能实现24小时不间断生产。自动配料系统在提高终端产品质量稳定性的同时，还减少了粉尘危害。

二、车体中涂打磨机器人

随着规模化生产需要，越来越多的工业机器人成为高效高质量的"明星员工"。

在中车电动的涂装车间，车体中涂打磨机器人身怀"绝技"，不惧高温，也无须休息。它们有着运转灵活的手臂，可以做复杂的轨迹运动，能够按照指定程序完成打磨工作。以10米车体为例，人工打磨需要7个熟练工人打磨半小时，而机器人打磨系统可以连续作业，只需要1个员工在作业间外操作系统，两台机器人便可以完成7个工人的打磨任务。此外，自动化的设备可以做到始终如一按照设定工艺参数进行打磨，打磨力度是恒定的，在打磨一致性、工艺可再现性等方面显著优于人工作业。

三、机器人几分钟完成1个员工几小时的工作

中车株洲所时代新材的虚拟智慧型机器人能几分钟完成1个员工几小时的工作，资产核算效率提升75%，时效性和准确率大幅提高。它所涉及的机器人流程自动化（RPA）是一种企业级软件自动化解决方案，能够利用"虚拟员工"在不同业务系统的用户界面进行切换，高质高效地处理大批量的重复性工作。

资料来源：高玲，姜杨敏. 自动驾驶、机器人作业、智能工厂……来看中车株洲所的"智能时代"［EB/OL］.（2018-07-17）［2025-03-26］. https://zzwb.zznews.gov.cn/content/c1437902.html.

本章小结

本章第一节论述了计划的概念；战略、战术和作业3个层次计划；长期、中期、短期3类计划及综合计划、主生产计划和作业计划体系；产品品种指标、产品质量指标、产品产量指标、产品产值指标和商品产值指标5个指标。

第二节论述了均衡策略、跟踪策略与管理需求策略综合生产计划策略。

第三节论述了反复试验法和线性规划法在计划中的运用。

第四节介绍生产能力的概念：生产能力表明企业在一定时期内，在一定生产技术组织条件下能够生产某种产品的最大数量。生产能力主要分为设计能力、查定能力、计划能力和最佳能力。本节论述了影响生产能力的因素、生产能力核算及决策方法。

关键术语

综合生产计划（aggregate production planning） 生产能力（production capacity）线性规划（linear programming） 主生产计划（master production scheduling） 生产作业计划（production scheduling）

基本训练

❖ 简答题

1.为什么要编制综合生产计划？

2.综合生产计划包括哪些内容？怎样才能编制好综合生产计划？

3.什么是计划管理？企业计划的层次如何划分？各种职能之间有什么联系？

4.影响综合生产计划的因素有哪些？

5.改变劳动力水平以满足各期需求的有利及不利之处各是什么？

6.制订服务业生产计划应注意哪些问题？

7.使用运输表法来制订综合计划有何主要限制？

8.本章所述的8种生产计划策略分别有何特点？

9.下面两种策略有何弊端？（1）变动库存水平；（2）需求高峰时期延期交货。

❖ 实务题

1.Safeflight航空公司使用戴高乐机场作为中转站（有关资料见表6-38），以最小化与欧洲各个目的地之间的航班连接数。从11点到12：30之间有6架分别来自波尔多、克莱蒙、马赛、南特、尼斯和福克的100型飞机要在这里降落。这些飞机将要去柏林、波恩、布鲁克、伦敦、罗马和维也纳，离开时间在12：30到13：30之间。应重新安排这些降落的飞机各执行哪一个机场航班才能使要换飞机的乘客数最少？

表6-38 原始资料（到达目的地人数）

项目	柏林	波恩	布鲁克	伦敦	罗马	维也纳
波尔多	35	12	16	38	5	2
克莱蒙	25	8	9	24	6	8
马赛	12	8	11	27	3	2
南特	38	15	14	39	2	9
尼斯		9	8	25	10	5
福克				14	6	7

2. 某工段有7台不同类型的设备，这些设备既可生产A零件，又可生产B零件。该工段生产H产品，H产品由2个A零件和1个B零件组成，有关资料见表6-39。如何安排生产，使一个班的生产能力最大？

表6-39 生产率及设备数量

项 目	数 量	A零件	B零件
车床	3	15个/班	20个/班
六角车床	3	20个/班	30个/班
自动车床	1	30个/班	55个/班

3. 某工段有设备10台，这些设备既可生产A零件，又可生产B零件。该工段生产H产品，H产品由1个A零件和1个B零件组成，有关资料见表6-40。如何安排生产，使一个班的生产能力最大？

表6-40 生产率及设备数量

项 目	数 量	A零件	B零件
车床	8	15个/班	20个/班
六角车床	1	20个/班	30个/班
自动车床	1	30个/班	55个/班

4. 某厂生产A、B、C、D 4种产品，其计划产量分别为200、100、300和50台，各种产品在机械加工车间车床组的计划台时定额分别为20、40、50和30台时，车床组共有车床18台，两班制，每班8小时，设备停修率为10%，该企业每年工作251天。试求车床组的生产能力。

5. 某厂生产A、B、C、D 4种产品，其计划产量分别为100、80、150和170台，各种产品在机械加工车间车床组的计划台时定额分别为200、250、100和50台时，车床组共有车床15台，两班制，每班8小时，设备停修率为10%。试求车床组的生产能力（每年休息59天）。

6.某制造工厂生产4种产品,每一产品经过各车间所需要的工时与各车间在该时期的有效工时见表6-41。各项产品的利润目标和销售预测资料见表6-42。又知产品2与产品4每单位所需某原料分别为2和1.2单位,且在此时期能获得该原料最多仅为2 000单位。试确定各产品的计划产量,以使利润最大。

表6-41 约束条件(一)

| 车间 | 单位产品工时定额 | | | | 有效工时 |
	产品1	产品2	产品3	产品4	
冲压	0.03	0.15	0.05	0.10	400
钻孔	0.06	0.12	—	0.10	400
装配	0.05	0.10	0.05	0.12	500
最后处理	0.04	0.20	0.03	0.12	450
包装	0.02	0.06	0.02	0.05	400

表6-42 约束条件(二)

| 产品 | 利润目标 | 销售预测 | |
		最低值(Li)	最高值(Ui)
1	4	1 000	6 000
2	10	0	500
3	5	500	3 000
4	6	100	1 000

第7章 企业资源计划

学习要点评级

1.ERP 的产生（★★）

2.MRP 的基本原理（★★★★★）

3.制造资源计划（★★★）

4.企业资源计划（★★★）

❖ 引 例

实木家具生产计划数字化管控方法

一、实施的背景与必要性

"互联网+""工业 4.0"和"中国制造 2025"等国家政策的实施，加速了大数据、云计算、人工智能等新技术的发展，数字化已成为时代的发展趋势。实木家具行业作为我国传统优势产业，通过逐步应用新一代信息技术、不断推进产业新一轮分化重组，打造数字化和网络化的家居产业生态，推动家具行业传统制造模式的优化升级，实现企业数字化转型与智能制造家具技术。随着信息技术的不断发展，数字化管控已经成为实木家具企业生产计划管理的重要手段。利用数字化技术进行的生产计划管控贯穿企业的整个生产过程，是保证生产车间在动态环境中实现可靠高效运行的关键。因此，实施生产计划数字化管控是实木家具企业实现转型升级和可持续发展的必要手段。

二、实木家具数字化生产计划管控

（一）生产计划数字化管控的关键技术分析

1.标签管理

零部件标签的主要功能是识别零部件的加工信息，通过标签上的编码、文字、数字和二维码，反映出零部件的名称、规格、加工工艺、加工位置等。零部件标签设计的原则是采用一种标准和实用的标签风格，通过梳理和信息提取，采用便捷的小尺寸纸张内容来传递信息。零部件标签的示例图如图7-1所示。设备标签是指标识于设备外的一切标签、吊牌、文字、图案及属性说明。对于木工生产设备而言，其主要包含设备名称、型号、用途、加工参数等信息（如图7-2所示）。

图7-1 零部件标签示意图

名称 → 桌面板

材种 → 黄杨木

批号 → P20250101

数量 → 10

孔位信息

150×60×2 → 尺寸

×××××××× → 部件编号

01 → 分拣码

开料—修边—拼板—定长—钻孔—砂光—喷漆 → 工艺路线

指接榫

榫槽类型

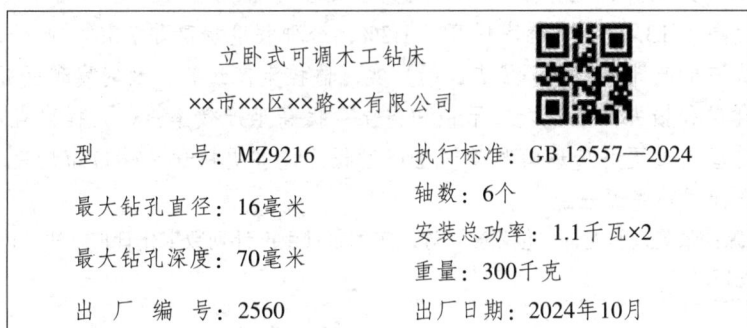

图7-2 设备信息标签示意图

立卧式可调木工钻床

××市××区××路××有限公司

型 号：MZ9216　　执行标准：GB 12557—2024

最大钻孔直径：16毫米　　轴数：6个

最大钻孔深度：70毫米　　安装总功率：1.1千瓦×2

重量：300千克

出 厂 编 号：2560　　出厂日期：2024年10月

2.数字化系统架构规划

为了促进生产计划管控的整体性，在实木家具企业数字化生产计划管控系统规划过程中，需要对企业前后各管理模块的联合运行进行基础规划，包括基础数据平台、制造执行系统、前端业务功能和扩展业务功能（如图7-3所示）。实木家具制造企业的数字化系统主要以生产执行系统（MES）为核心，通过可靠实时的信息通道和ERP系统、产品数据管理（PDM）系统、监视控制与数据采集（SCADA）系统、智能仓储系统（WMS）等相互连接，输出生产设备信息和实时统计分析报表报告等生产计划和调度信息，实现整个实木家具生产计划的数字化管控。

（二）实施效果对比

从实木家具生产计划角度来看，原生产计划流程由人工手动完成，制订计划前需与各个生产部门进行人员、物料、设备等情况的了解，随后才能确定加工时间和完工时间。

对于定制件则需要手动进行产品拆解，制定物料清单，并传送至计划部门。传统生产计划表信息较为笼统，各项数据信息表述不全面，且手动录入数据易造成数据错误。使用数字化技术进行实木家具生产计划管控最突出的优势是能够促进并实现制造企业的产能利用最大化，有助于实木家具企业实现准确性生产目标。改进后的某型号实木儿童床床头零部件现单月生产情况有了明显改善。

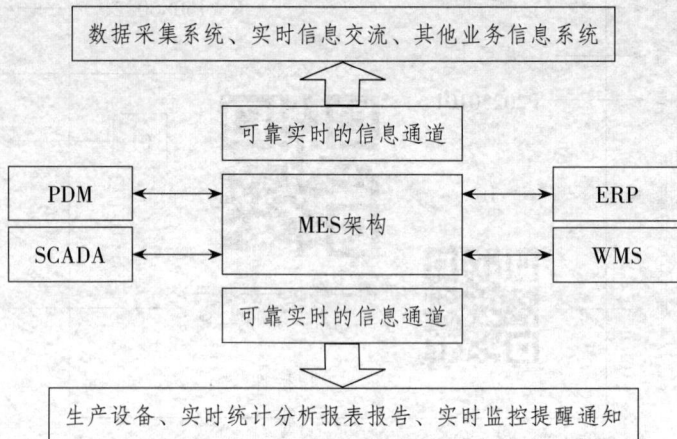

图7-3　数字化系统信息集成机构

从实木家具生产计划角度来看采用数字化生产计划管控后，相对于传统生产计划，其完成率提高了13.4%，准确率提高了1.2%，合理程度提高了7.3%。此外，数字化生产计划相对传统生产计划有如下优点：(1) 实时监控生产过程，及时发现问题并采取措施，减少生产延误和损失，减少人工干预和错误，提高生产效率；(2) 提供直观的可视化界面，帮助管理人员更好地理解和管理生产过程，能够更快速地响应市场需求的变化，灵活调整生产计划和资源分配。

资料来源：张美，熊先青，包瑜亮，等. 实木家具生产计划数字化管控方法 [J]. 家具，2025，46（2）：12-17.

7.1　ERP发展历程

企业资源计划（ERP）是美国加特纳（Garter）咨询公司于1990年年初提出的一个概念，它通过一系列的功能标准来界定ERP系统超越MRPⅡ范围的集成功能，支持混合方式的制造环境，支持开放的客户机/服务器计算环境等。ERP超出了企业内部的资源管理，除了MRP功能模块，还包括财务管理、人力资源管理、供应链管理、客户关系管理和其他功能模块。ERP的发展历程包括时段式MRP、闭环MRP、MRPⅡ和ERP。

7.1.1　时段式MRP

20世纪40年代的库存控制订货点法根据历史记录和经验来估测未来的物料需求，比较适用于物料需求量稳定均衡的情况。其局限性和缺点是不能按照各种物料真正需要的时间来订货，因此对需求的判断常常发生失误，从而造成库存积压、物料短缺、库存不平衡等后果。订货点法还无法预测未来需求的发生。

MRP（物料需求计划）是由美国库存协会在20世纪60年代初提出的。在这以前，企业的物资库存计划通常采用订货点法，当库存水平低于订货点时，就开始订货。这种管理办法在物资消耗量平稳的情况下适用；当按照订单来生产时则会出现问题，由于在生产中使用物资的前提不一样，而同时采购所需物资就可能使物资积压，占用大量资金。由于计算机的发展，物资被分为相关需求和独立需求来进行管理。相关需求根据物料清单、库存情况和生产计划制定出物资的相关需求时间表，按所需物资提前采购，这样就可以大大降低库存。当一个产品由数万个零件或材料组成时，没有计算机是不可能进行管理的。独立需求仍然使用订货点法管理。

7.1.2 闭环MRP

MPR也称制造业的方程式，由于它没有考虑生产能力，所制订的生产计划在能力不足时可能无法完成，因此，必须把企业的生产能力考虑进来，才有可能制订出切实可行的生产计划。当生产能力不够时，调整生产计划，重新制订物料需求计划，再次进行生产能力平衡，直到生产计划、生产能力和物料计划相适应为止。这样经过闭环的（没有通过能力平衡这一环节的MRP被称为开环，如图7-4所示）MRP被称为闭环MRP（如图7-5所示）。闭环MRP解决了生产计划和控制问题。

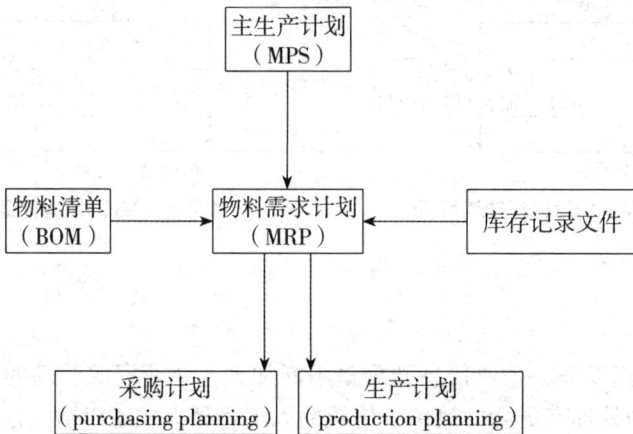

图7-4　开环MRP运行逻辑流程图

7.1.3 MRPⅡ

20世纪80年代，企业的管理者们认识到制造业要有一个集成的计划，以解决阻碍生产的各种问题，而不是以库存来弥补，或用缓冲时间去补偿的方法来解决问题，要以生产与库存控制的集成方法来解决问题。生产的目的在于为企业获得利润，因此，生产计划的制订必须考虑产品的生产成本。事实上，物料的转化过程也就是资金的运转过程，即物流与资金流相统一。闭环MRP没有考虑生产成本。为了计算生产成本，需要包括总账、应收账、应付账管理等，改变后的闭环MRP被称为制造资源计划（manufacturing resources planning），因为其是从MRP发展过来的，所以人们就称其为MRPⅡ（如

图7-6所示)。MRPⅡ解决了企业内部管理一体化问题。

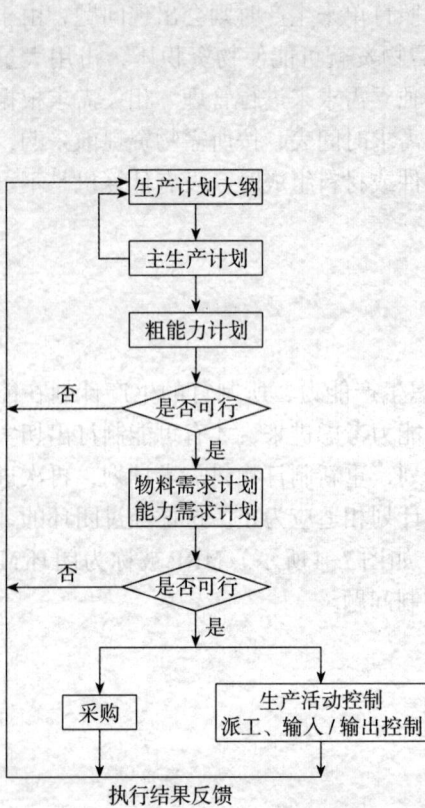

图7-5　闭环MRP运行逻辑流程图

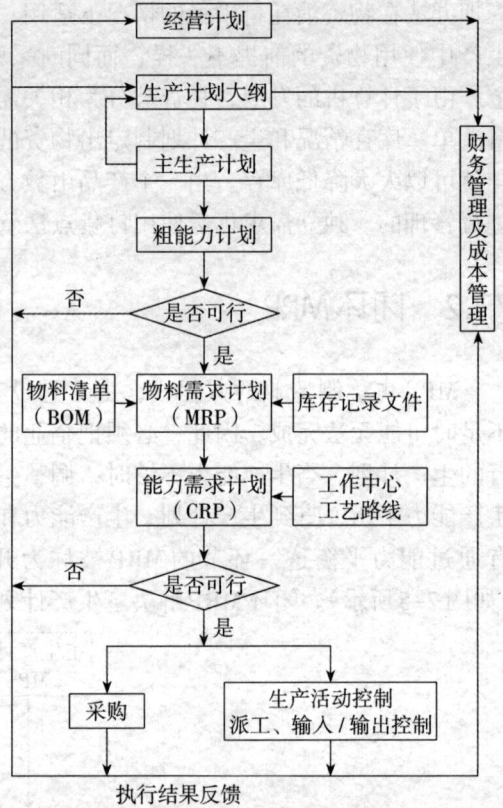

图7-6　MRPⅡ运行逻辑流程图

7.1.4　ERP

20世纪90年代以来,企业信息处理量不断加大,企业资源管理的复杂化也不断加深,这要求信息的处理有更高的效率,传统的人工管理方式难以适应以上系统,而只能依靠计算机系统来实现。信息的集成度要求扩大到企业的整个资源的利用、管理,从而产生了新一代的管理理论与计算机系统——企业资源计划(ERP)。ERP解决了如何在经济全球化的背景下合理调配企业内部资源和外部市场资源的问题。

7.2　MRP的原理

7.2.1　MRP的核心思想

MRP是一种基本的生产作业计划系统。它根据现有存货、已下达订单和物料清单的确切信息，将主生产作业计划中的产品或最终项目的需求，转换成各个时期的零件和材料的净需求，然后制订出逐日或逐周的、详细的作业计划来满足这种净需求。

在闭环 MRP 中，计算主生产计划及物料需求计划后，要通过粗能力计划和能力需求计划等模块进行生产能力平衡和计划调整。它还能收集生产活动的执行情况，作为制订下一周期计划或调整计划的依据。这样形成计划—执行—反馈的生产管理循环。

MRP 是按时间段来确定各种相关需求的物料（即零部件与原材料）的需求数量和需求时间的，从而解决了企业产、供、销部门的物料信息的集成管理。

7.2.2　MRP 的输入文件

7.2.2.1　主生产计划

主生产计划是按时间段来确定各种独立需求的物料（即产成品和备品备件等）的需求数量和需求时间。

计划的对象一般是最终产品，即企业的销售产品，但有时也可能是组件的 MPS，再下达最终装配计划。主生产计划是一个重要的计划层次。

7.2.2.2　物料主文件与物料清单

物料主文件描述了企业所有物料有关其自身、采购、库存、计划、销售和资金的属性，定义了提前期。物料清单（bill of material，BOM）又称产品零部件表、材料表等，是一种定义产品结构的标准，其形式是一份产品的零部件展开表。它反映了产品的组成与结构信息，也就是说明了是由哪些物料构成的、需要多少物料、是如何制造出来的。

7.2.2.3　库存记录文件

库存记录文件描述了每一项物料的库存记录，包括原材料、零部件和产成品的现有库存量和已订货量、物料出入库以及报废等状态记录。

7.2.3　MRP 的输出文件

MRP 系统输出的内容比较多，最主要是各种物料库存数量、各个时段需要投产和出产的数量。主要输出文件有：

一是零部件投产和出产计划，详细规定各种零部件具体哪一周投产或出产的数量。

二是原材料需求计划。MRP 运算过程是反工艺顺序进行的，各种零部件数量确定后，就可根据产品结构（物料清单）和库存文件确定每种原材料需要的具体时间和数量。

三是库存文件。根据各个时期库存资料，各种物料总需求、净需求和计划出产数量，就可确定各期各种物料的期末库存数量。

7.2.4　MRP 的基本概念

第一，毛需求（gross demand），是指物料清单相邻项目级中父项物料对子项物料的需求量，所以有时也称父辈需求。毛需求不考虑库存状态。

第二，总需求，这里我们定义为毛需求加上独立需求。独立需求是某种物料（零部件）自己单独的需求，与其父项物料无任何关系，不是生产父项物料所需要的物料。

第三，净需求（net demand），是指现有库存和预期订货量（到货量）之和无法满足总需求量和安全库存两者的需要，为了满足后两者需要还缺少的数量；若不缺，则净需求为零。

第四，现有数，也称期初库存，是指上期末、本期初库存的实际数量。

第五，预计到货量，是指在将来某个时间段某项目的入库量。它来源于正在执行中的采购订单或生产订单。

第六，计划出产量，是指为了确保净需求量的需要某种物料（零部件）计划期内必须出产的数量。

第七，计划投产量，是指为保证对零部件的净需求量的需要，某种物料必须投入生产的数量。

第八，独立需求，是指外界对企业产品或服务的需求。

第九，相关需求，是与独立需求相对的概念，是指与其他需求存在依赖关系的需求。

第十，低层码（low-level code，LLC）。物料的低层码是系统分配给物料清单上的每个物品一个从0至N的数字码。在产品结构中，最上层的层级码为0，下一层的部件的层级码则为1，依此类推。一个物品只能有一个MRP低层码，若一个物品在多个产品中所处的产品结构层次不同，或即使处于同一产品结构中但处于不同产品结构层次，则取处在最低层的层级码作为该物品的低层码，即取数字最小的层级码。

第十一，能力需求计划（capacity requirement planning，CRP），是对各生产阶段、各工作中心（工序）所需的各种资源进行精确计算，得出人力负荷、设备负荷等资源负荷情况，并做好生产能力与生产负荷的平衡工作，制订出能力需求计划。

第十二，物料，泛指原材料、在制品、外购件以及产品。

第十三，工艺顺序，是指将原材料制成各种毛坯，再将毛坯加工成各种零件，然后将零件组装成部件，最后将零件和部件组装成产品。

第十四，提前期，是指按交货时间提供产品各种物料投产或出产应提前的时间，通常由生产周期决定。

第十五，虚拟件，是作为一般性业务管理使用的不存在、"虚构"的物品（如图7-7所示，图中的K为虚拟件）。其作用只是为了达到一定的管理目的，如组合采购、组合存储、组合发料，这样在处理业务时，计算机查询时只需要对虚拟件操作，就可以自动生成实际的业务单据。

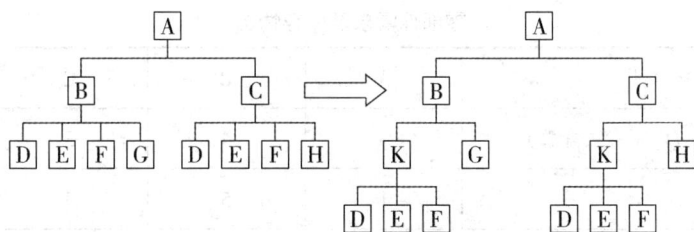

图7-7　虚拟件示意图

7.2.5　MRP的运算过程

7.2.5.1　输入原始数据

在使用现有MRP软件（或Excel）时输入主生产计划、物料清单和库存状态文件原始数据。

7.2.5.2　计算和编制计划

按照反工艺顺序依次计算总需求、净需求、期末库存、计划产出量和计划投入量等参数。

（1）总需求的计算公式

$$\begin{matrix}\text{某零件下层}\\\text{元件总需求量}\end{matrix}=\sum\begin{matrix}\text{该上层元件同期}\\\text{计划发出订货量}\end{matrix}\times\begin{matrix}\text{单位上层元件所需该}\\\text{下层元件个数}(K_{ij})\end{matrix}+\begin{matrix}\text{该零件}\\\text{独立需求}\end{matrix} \tag{7-1}$$

（2）净需求的计算公式

净需求量=总需求量−预计到货数量−现有量（库存量）+安全库存量 　　　(7-2)

如果出现负数，则净需求量为零。

在Excel上可使用下面条件语句：

$$\begin{matrix}\text{净需}\\\text{求量}\end{matrix}=if\left(\begin{matrix}\text{预计}\\\text{到货}\end{matrix}+\begin{matrix}\text{期初}\\\text{库存}\end{matrix}-\text{总需求}\geq\text{安全库存},0,\text{总需求}+\begin{matrix}\text{安全}\\\text{库存}\end{matrix}-\begin{matrix}\text{预计}\\\text{到货}\end{matrix}-\begin{matrix}\text{期初}\\\text{库存}\end{matrix}\right) \tag{7-3}$$

还可用max语句代替条件语句。上式可写成：

净需求量=max（总需求+安全库存−预计到货−期初库存，0） 　　　(7-4)

（3）计划投产量的计算公式

$$\begin{matrix}\text{某零件}\\\text{计划投产量}\end{matrix}=\left[\begin{matrix}\text{该零件}\\\text{净需求量}\end{matrix}/\left(1-\begin{matrix}\text{该零件}\\\text{废品率}\end{matrix}\right)\times\begin{matrix}\text{该零件}\\\text{批量}\end{matrix}\right]\times\begin{matrix}\text{该零件}\\\text{批量}\end{matrix} \tag{7-5}$$

式中：[ ]代表大于等于它的最小整数。

用Excel表述为：

某零件计划投产量=CEILING（该零件净需求量/（1−该零件废品率），该零件批量）

（4）计划出产量的计算公式

某零件计划出产量=［该零件计划投产量/（1−该零件废品率） 　　　(7-6)

（5）期末库存的计算公式

期末库存=计划出产+预计到货+期初库存−总需求 　　　(7-7)

【例7-1】有关资料参见表7-1和图7-8，求各零部件生产数量。

表7-1 零部件需求及库存情况 单位：件

项　目	A	B	C	D
计划期内需求（NQ）（独立需求）	3	4	3	2
期初库存（NB）	1	5	3	4
期末库存（NN）	2	7	1	6

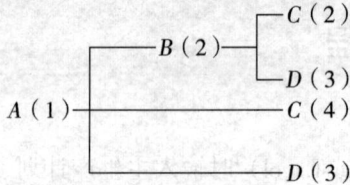

图7-8　产品结构树图

【解】从图7-9中可以看出：B零部件只是A零部件的直接下属（后代），且比例关系为1个A零部件需要2个B零部件，表7-1中B零部件的数据是独立需求，与A零部件没有任何关系，是B零部件的单独需求；C零部件有两个分支：一个是B零部件的直接下属（后代），比例关系为1个B零部件需要2个C零部件；另一个是A零部件的直接下属（后代），比例关系为1个A零部件需要4个C零部件，表7-1中C零部件的数据是独立需求，与其他零部件没有任何关系，是C零部件的单独需求；D零部件与C零部件类似，这里不再赘述。下面就是用分支法，每个分支都分别计算，然后汇总，再加上净的独立需求（考虑期初和期末库存后净的需求），即为该零部件在计划期内的总需求量。

$$N_A=NP_A=NQ_A+（NN_A-NB_A）=3+（2-1）=4$$
$$N_B=N_{AB}+NP_B=N_A×K_{AB}+NQ_B+（NN_B-NB_B）=4×2+4+（7-5）=14$$
$$N_C=N_{AC}+N_{BC}+NP_C=N_A×K_{AC}+N_B×K_{BC}+NQ_C+（NN_C-NB_C）=4×4+14×2+3+（1-3）=45$$
$$N_D=N_{AD}+N_{BD}+NP_D=N_A×K_{AD}+N_B×K_{BD}+NQ_D+（NN_D-NB_D）=4×3+14×3+2+（6-4）=58$$

【例7-2】某工厂生产A产品，产品结构和有关资料参见图7-9和表7-2。要求：请用Excel编制MRP。

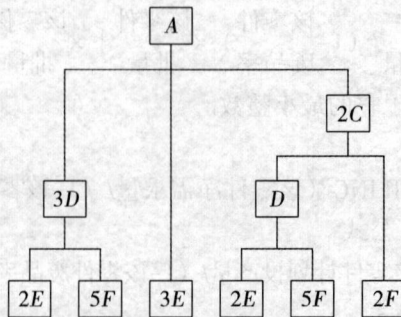

图7-9　产品结构图

表7-2 　　　　　　　　　　　　　　　　原始数据

项目	批量	提前期	期初库存	第8周独立需求	第11周独立需求
A	1	2	50	200	120
C	1	1	60	200	230
D	1	1	80	400	500
E	200	1	300	200	0
F	200	1	500	0	100

【解】首先把原始数据填入表7-3中，然后根据产品结构图中反映的逻辑关系，从A（0层）逐步算到F（3层），根据公式（7-1）至公式（7-7），即可进行计算，具体过程见表7-3。

表7-3 　　　　　　　　　　　　　　　　MRP计算过程

项目	周 数								
	3	4	5	6	7	8	9	10	11
A总需求						200			120
库存	50	50	50	50	50	0	0	0	0
净需求						150			120
计划出产						150			120
计划投产				150			120		
C独立需求						200			230
C总需求				300	200	240			230
库存	60	60	60	0	0	0		0	0
净需求				240	200	240			230
计划出产				240	200	240			230
计划投产			240		200	240			230
D独立需求						400			500
D总需求			240	450	200	640	360	230	500
库存	80	80	0	0	0	0		0	0
净需求			160	450	200	640	360	230	500
计划出产			160	450	200	640	360	230	500
计划投产		160	450	200	640	360	230	500	
E独立需求						200			0
E总需求		320	900	850	1 280	920	820	1 000	0

项目	周 数								
	3	4	5	6	7	8	9	10	11
库存	300	180	80	30	150	30	10	10	0
净需求		20	720	770	1 250	770	790	990	0
计划出产		200	800	800	1 400	800	800	1 000	0
计划投产	200	800	800	1 400	800	800	1 000	0	
F独立需求						0			100
F总需求		800	2 730	1 000	3 600	2 280	1 150	2 960	100
库存	500	100	170	170	170	90	140	180	80
净需求		300	2 630	830	3 430	2 110	1 060	2 820	0
计划出产		400	2 800	3 600	2 200	1 200	3 000	0	
计划投产	400	2 800	1 000	3 600	2 200	1 200	3 000	0	

7.3　制造资源计划（MRPⅡ）

1977年9月，美国著名生产管理专家奥利弗·怀特（Oliver W. Wight）提出了一个新概念——制造资源计划（manufacturing resources planning，MRP），为了与物料需求计划（MRP）及闭环MRP区别，将其命名为MRPⅡ。MRPⅡ对于制造业企业资源进行有效计划具有一整套方法。它是围绕企业的基本经营目标，以生产计划为主线，对企业制造的各种资源进行统一计划和控制的有效系统，也是使企业的物流、信息流和资金流畅通的动态反馈系统。

MRPⅡ最初是应用在制造业中的先进的生产管理思想和方法，发展到今天已成为广泛应用于商业、化工、医药、批发业务等非制造业的企业管理。MRPⅡ是一个对企业人、财、物全面管理的计算机管理信息系统。为了适应当前的市场经济，并充分利用企业现有资源，作为现代企业的管理者，必须了解MRPⅡ，并施行MRPⅡ的先进生产管理思想和方法。

7.3.1　MRPⅡ的处理逻辑

7.3.1.1　计划与控制系统

计划与控制系统包括了宏观决策层、计划层和控制执行层，可以理解为经营计划管理的流程。

第一，在宏观决策层中，把企业远期经营目标和经营规划、资源需求计划等纳入系统中。这几个层次确定了企业宏观规划的目标与可行性，形成一个小的宏观层闭环，是企业计划层的依据。

第二，在计划层中，对中短期的主生产计划，运用RCCP对关键工作中心进行负荷与能力之间的平衡；对物料需求计划，运用CRP对全部工作中心进行负荷与能力之间的平衡。

第三，在控制执行层中，对于自制产品，采用派工单，进行车间作业管理，通过对每个工作中心的投入和产出的工作量进行分析，来调整工作中心的能力；对于外购产品，形成采购单，执行采购作业，考核的指标是"供应商是否按时交货""到货物料的合格率"，实现降低采购成本的目标；同时，将对产品成本的计划与控制（即成本管理）纳入执行层中，对照企业的总体目标，检查计划执行的效果。

7.3.1.2　基础数据

MRP Ⅱ 对基础数据的要求是规范化、及时性、准确性和完整性。大量的基础数据存放在数据库中，供系统反复调用。这些数据信息的集成把企业各个部门的业务沟通起来。基础数据可分为以下类别：

（1）固定信息

固定信息一般是指生产活动开始之前要准备的数据，如物料清单、工作中心的能力和成本参数、工艺路线、仓库和货位代码、会计科目的设定等。固定信息也称静态信息。所谓静态是相对的，即使是静态数据，也要定期维护，保持其准确性。系统运行时，访问静态数据一般不作处理。

（2）流动信息

流动信息一般是指生产活动中产生的数据，不断发生、经常变动。如客户合同、库存记录、完工报告等，一旦建立，就需要随时维护。

（3）中间信息

中间信息是根据用户对管理工作的需要，由计算机系统按照一定的逻辑程序，综合上述静态和动态两类数据，经过运算形成各种报表。它是一种经过加工处理的信息，供管理人员掌握生产经营状况、进行分析和决策。如主生产计划和物料需求计划都是根据静态和动态数据加工处理后生成的中间信息。

7.3.1.3　MRP Ⅱ 系统

MRP Ⅱ 系统主要包括应付账、总账和应收账管理系统，完成财务各种功能。MRP Ⅱ 通过以下两种方式把物流和资金流的信息集成起来：

第一，为每个物料定义标准成本和会计科目，建立物料和资金的静态关系。

第二，为各种库存事务，就是说物料的移动（实际的或逻辑的）或数量、价值的调整、建立凭证，定义相关的会计科目和借贷关系，来说明物流和资金流的关系。

7.3.1.4　多方案模拟决策功能

MRP Ⅱ 除了实现物流和资金流的信息集成外，还有一个区别就是增加了模拟功能。MRP Ⅱ 不是一个自动化系统。管理中出现的问题千变万化，很难建立固定的数学模型，不能像控制生产流程那样实现自动控制。但是，系统可以通过模拟功能，在情况变动时，对产品结构、计划、工艺、成本等进行不同方式的人工调整，进行模拟，通过多种方案比较，为管理人员寻求比较合理的解决方案，提供一种最简单易懂的决策工具。

7.3.2 MRP Ⅱ管理模式的特点

7.3.2.1 计划的一贯性与可行性

MRP Ⅱ是一种计划主导型的管理模式。计划层次从宏观到微观，从战略到战术，由粗到细逐层细化，但始终保持与企业经营战略目标一致。每层计划下达前都必须反复进行需求与供给或负荷与能力的平衡，使下达的计划是可执行的。

7.3.2.2 管理系统性

MRP Ⅱ是一种系统工程，它把企业所有与生产经营活动直接相关的部门的工作联成一个整体，每个部门的工作都是整个系统的有机组成部分。

7.3.2.3 数据的共享性

MRP Ⅱ是一种管理信息系统，企业各部门都依据同一数据库提供的信息，按照规范化的处理程序进行管理和决策；数据信息是共享的。手工管理中的信息不通、情况不明、盲目决策、相互矛盾的现象得到改善。

7.3.2.4 动态的应变性

MRP Ⅱ是一种闭环系统，它要求不断跟踪、控制和反映瞬息万变的实际情况，使管理人员可随时根据企业内外环境条件的变化，提高应变能力，迅速作出响应，满足市场不断变化的需求，并保证生产计划正常运行。

7.3.2.5 模拟预见性

MRP Ⅱ是经营生产管理规律的反映，按照规律建立的信息逻辑很容易实现模拟功能。它可以解决"如果……会怎样"的问题，可以预见比较长远的时期内可能发生的问题，以便事先采取措施消除隐患，而不是等问题已经发生再花几倍的精力去处理。

7.3.2.6 物流和资金流的统一

MRP Ⅱ包括了产品成本和财务会计的功能，可以由生产活动直接生成财务数据，把实物形态的物料流动直接转换为价值形态的资金流动，保证生产和财务数据的一致性。财会人员及时得到资金信息用来控制成本；通过资金流动状况反映物流和生产经营情况，随时分析企业的经济效益；参与决策、指导和控制生产经营活动。

7.3.3 MRP Ⅱ的主要功能

MRP Ⅱ是随着计算机技术的发展而发展起来的，实现管理信息高度集成。MRP Ⅱ是一个以管理人员为中心的人机交互式的管理信息系统，因此，MRP Ⅱ的主要功能实际上是指在MRP Ⅱ原理指导下开发的软件系统所具备的功能。MRP Ⅱ软件的主要功能一般包括以下13个模块：订单及预测管理、主生产计划（含粗能力计划）、物料需求计划（含能力需求计划）、销售管理、生产基本信息管理、成本管理、采购管理、库存管理、车间作业管理、财务管理、设备管理、质量管理和劳动人事管理，其中前9个模块是必需的。

7.3.3.1 订单及预测管理

订单处理系统能够接收客户订单，根据库存状况信息进行报价和订单处理，并提供生产及会计用的各种信息。根据企业各产品组的销售历史数据、市场需求、外部数据等，选择适当的预测方法，进行处理和相关分析。该模块可进行产品需求预测、维修件和备用件需求量的预测、生产能力预测、消耗品需求量预测等。

7.3.3.2　主生产计划（含粗能力计划）

该模块根据企业的经营目标、市场预测、销售合同，确定出厂产品，编制生产计划大纲；同时，根据各种资源的消耗定额及相关工艺路线，自动计算关键工作中心的负荷，编制粗能力计划。该模块是一个人机交互过程，可模拟不同计划大纲和粗能力计划，通过人工干预，对二者进行平衡，选择和制定最佳的、可执行的主生产计划。

7.3.3.3　物料需求计划（含能力需求计划）

该模块根据主生产计划规定的最终产品的生产进度和数量、物料清单与可用库存产生综合的、时间上分阶段的物料需求计划。然后，根据物料需求计划中的加工件的数量和需求阶段、它们在各自工艺路线中使用的工作中心及占用时间，对比工作中心在该时段的可用能力，生成能力需求报表，并进行负荷与人力的平衡，以获得理想的、可行的生产计划。

7.3.3.4　销售管理

该模块提供有关销售目标、订货情况、合同执行情况等信息，主要包括编制销售计划，对用户的合同进行维护、汇总，维护向用户发货的发运记录，记录用户付款、拖欠款情况，监督合同的执行情况，并进行销售分析，管理客户档案。

7.3.3.5　生产基本信息管理

该模块主要管理其他模块所共享的全部基础数据，减少重复，保证数据的准确性与及时性。这些基础数据包括产品结构、工艺路线、材料消耗定额、工时定额、工作中心、人事等各种数据，还包括物料单的生成（BOM 单级、多级、综合的展开与反查）及工厂日历的生成。

7.3.3.6　成本管理

该模块对企业生产的产品编制成本计划，核算实际成本，并进行成本分析。根据材料定额、工时定额等数据，计算出单件定额成本；根据计划产量及定额数据，计算计划成本，进行成本分析，确定降低成本分析的途径及控制成本的方向。

7.3.3.7　采购管理（或物资管理）

根据生产计划大纲和物料消耗定额，编制物资供应计划，并根据物资计划、库存数据、采购合同数据，进行物资平衡，登录合同台账，监督合同到货情况，维护供应商档案。

7.3.3.8　库存管理

库存管理包括对成品、外购、外协、原材料、辅料、工具等一切物品的管理，包括对全厂各种库房的入/出库台账的管理，并维护各车间的在制品台账，对全部库存项目进行监督与控制，并完成各种统计分析。

7.3.3.9　车间作业管理

该模块主要包括车间作业计划的编制、任务的下达与维护、车间生产统计与分析等。车间作业计划是指按产品加工工序生成进度计划，并进行短期能力平衡。

车间生产任务管理是指生产任务的维护、任务的下达与跟踪、生产任务的调整、车间生产统计与分析，即为顺利执行计划提供必要的反馈信息，如工序进度的反馈、工票统计、车间任务和在制任务的分析、任务完工处理等。

7.3.3.10　财务管理

财务管理包括：根据企业的管理水平和管理层次，建立灵活的账目结构；自动登录各种分类明细账及总账；自动进行银行对账；提供多种账务核算功能；根据固定资产的分类及使用状态，计算提取折旧；根据物资供应合同和收货、验收入库等，进行应付款项管理过程中的账务处理；根据向用户发货的情况及用户合同，进行预收款、应付款、催交货款，核算销售收入及利润，实现销售过程的账务处理；提供灵活的财务报表功能，自动实现各财会报表之间的一致性及财务分析功能。

7.3.3.11　设备管理

该模块维护工厂设备台账及技术档案，制订预防性维修计划，维护能力数据，管理设备备件库存，产生各种设备的统计分析报告。

7.3.3.12　质量管理

该模块对产品生产过程中各阶段的质量进行统计和分析，包括物料入库、从原料生产到产品加工的质量检验及产品装配与试车过程的检测数据，用户反馈回来的质量信息的统计与分析，并建立质量统计台账。

7.3.3.13　劳动人事管理

该模块管理劳动人事基本信息，建立人事台账，编制劳动计划，根据人事档案及车间劳动统计，进行人事和劳动的统计。

7.4　企业资源计划概述

7.4.1　企业资源计划的含义

20世纪90年代初，美国著名的咨询公司加特纳提出了企业资源计划的概念，并很快得到业内人士的认同。ERP是一个高度集成化的系统，从物资供应、生产加工、销售这一"供需链"出发，全面优化企业资源，对供需链上的所有环节实施有效的管理，如订单、采购、库存、生产计划、质量控制、成本核算、财务、销售、服务和决策等。近些年来，ERP迅速发展，功能不断扩展，已远远超出制造业的应用范围，成为一种适应性强、具有广泛应用意义的企业信息系统。ERP在管理范围上已从企业内部走向企业外部，如点对点业务（BTOB）、电子商务（E-commerce）、电子数据交换（EDI）和虚拟企业等。此外，ERP为企业提供了灵活的运作方式，具有多地点、多语种、多币制的特点。ERP在管理技术上通过对供需链上资金流和信息流的管理，动态地对企业进行控制，实现企业经营目标。目前，在全球处于领先地位的ERP供应商如美国的Oracle公司、PeopleSoft公司、SAP公司等产品已实现从供需链管理向价值链控制的转换，从而形成了一个以生产制造计划为中心的全面的企业级信息系统。

企业资源计划可以从管理思想、软件产品、管理系统 3 个层次来理解。

第一，它是一整套企业管理系统体系标准，其实质是在 MPRⅡ基础上发展而成的面向供应链的管理思想。

第二，它综合应用了客户机/服务器体系、关系数据库结构、面向对象技术、图形用户界面、网络通信等信息产业成果，是以 ERP 管理思想为灵魂的软件产品。

第三，它是整合了企业管理理念、业务流程、基础数据、人力和物力、计算机硬件和软件于一体的企业资源管理系统。

7.4.2　企业资源计划的特点

企业资源计划是从 MRPⅡ上发展起来，克服了 MRPⅡ在企业管理方面的一些局限性。为进一步说明 ERP 的概念、功能及所具有的特点，我们可将其与 MRPⅡ作比较。

7.4.2.1　在资源管理范围方面的差别

MRPⅡ主要侧重对企业内部人、财、物等资源的管理。ERP 系统提出了供应链的概念，即把客户需求和企业内部的制造活动以及供应商的制造资源整合在一起，并对供应链上的所有环节进行有效管理，这些环节包括订单、采购、库存、计划、生产制造、质量控制、运输、分销、服务与维护、财务管理、人事管理、实验室管理、项目管理、配方管理等。

7.4.2.2　在生产方式管理方面的差别

MRPⅡ系统把企业归类为几种典型的生产方式来进行管理，如重复制造、批量生产、按订单生产、按订单装配、按库存生产等，针对每一种类型都有一套管理标准。目前，多品种、小批量生产以及看板生产成为企业主要采用的生产方式。ERP 能很好地支持和管理这种混合型制造环境，满足了企业多元化的经营需求。

7.4.2.3　在管理功能方面的差别

ERP 除了 MRPⅡ系统的制造、分销、财务管理等功能外，还增加了支持整个供应链上物料流通体系中供、产、需各个环节之间的运输管理和仓库管理功能，支持多工作流（业务处理流程）的管理。

7.4.2.4　在事务处理控制方面的差别

MRPⅡ通过计划的及时滚动来控制整个生产过程，它的实时性较差，一般只能实现事中控制。而 ERP 系统支持在线分析处理（online analytical processing，OLAP）、售后服务及质量反馈，强调企业的事前控制能力。它可以将设计、制造、销售、运输等通过集成来并行地进行各种相关的作业，为企业提供了对质量、适应变化、客户满意、效绩等关键问题的实时分析能力。

7.4.2.5　在跨国（跨地区）经营事务处理方面的差别

ERP 系统运用完善的组织架构，可以支持跨国经营的多国家（地区）、多工厂、多语种、多币制应用需求，满足了企业内部之间、企业与外部的业务单元之间越来越多的协调关系。

7.4.2.6 在计算机信息处理技术方面的差别

网络技术的发展使得ERP系统能够实现对整个供应链信息进行集成管理。ERP系统采用分布式处理技术，支持互联网/内联网/外联网、电子商务、电子数据交换，并且支持不同平台上的互操作。

7.4.3 ERP系统的结构和管理思想

7.4.3.1 ERP系统的结构

ERP系统包括支持企业整体发展战略的战略经营系统、实现全球化销售的营销与市场销售集成系统、完善企业成本管理机制而建立的全面成本管理系统、应用新的技术开发和工程设计管理模式的集成系统、建立敏捷生产支持系统、有利于实施精益生产的支持系统。

如果从功能模块上进一步划分，ERP系统的所有基础模块至少应包括系统管理、生产数据管理、生产计划管理、作业计划管理、车间管理、质量管理、动力管理、总账管理、应收账管理、应付账管理、固定资产管理、工资管理、现金管理、成本核算管理、采购管理、销售管理、库存管理、分销管理、设备管理、人力资源管理、办公自动化、领导查询、运输管理、工程管理、档案管理等数十个既高度集成又能灵活组织运行的功能模块。它在企业中的应用彻底改变了企业管理的传统模式，使管理效率的提高有可能与信息技术发展同步。

7.4.3.2 ERP的核心管理思想

ERP的核心管理思想是实现对整个供应链的有效管理，其主要表现在以下方面：

（1）对整个供应链资源进行全面的管理

在知识经济时代仅靠自己企业的资源不可能有效地参与市场竞争，还必须把经营过程中的相关各方，如供应商、制造商、分销网络、客户等纳入一个紧密的供应链中，这样才能够有效地安排企业的产、供、销活动，满足企业利用全社会一切市场资源快速高效地进行生产经营的需要，以期进一步提高效率和增强在市场上的竞争优势。换言之，现代企业之间的竞争并不是单一企业和单一企业间的竞争，而是一个企业供应链和另一个企业供应链之间的竞争。ERP系统体现了对整个企业供应链的管理，适应了企业在知识经济时代市场竞争的需要。

（2）融入精益生产、同步工程和敏捷制造的思想

ERP系统支持对混合型生产方式的管理，其管理思想表现在两个方面：

一是精益生产思想，把客户、销售代理商、供应商、协作单位纳入生产体系，企业同其销售代理、客户和供应商的管理，已不再是简单的业务往来关系，而是利益共享的合作伙伴关系。这种合作伙伴管理组成了一个企业的供应链，形成"虚拟工厂"，把供应和协作单位看成企业的组成部分，运用同步工程（simultaneous engineering，SE）组织生产，用最短时间将新产品打入市场。

二是时刻保持产品的高质量、多样化和灵活性。这是"敏捷制造"的核心思想。在互联网时代，企业还应通过ICP（internet content provider）发布企业的需求或直接访问

专业网站，寻找并选择最优的合作伙伴，并进行谈判、订货、交易、结算，使自身的供应链始终保持动态优化，从而提高企业整体的竞争力。

（3）体现事先计划和事中控制的思想

ERP系统中的计划体系主要包括主生产计划、物料需求计划、能力计划、采购计划、销售执行计划、利润计划、财务预算计划和人力资源计划等，而且这些计划功能与价值已完全集成到整个供应链系统中。

此外，ERP系统定义了与事务处理相关的会计核算科目与核算方式，以便在事务处理的同时自动生成会计核算分录，保证了资金流与物流的同步记录和数据的一致性。这样实现了根据财务资金现状去追溯资金的来龙去脉，并进一步追溯所发生的相关业务活动，改变了资金信息滞后于物料信息的状况，便于实现事中控制和实时作出决策。

此外，计划、事务处理、控制与决策功能都在整个供应链的业务处理流程中实现，要求在每个流程业务处理过程中最大限度地发挥每个人的工作潜能，实现企业管理从"高耸式"组织结构向"扁平式"组织结构的转变，提高企业对市场动态变化的响应速度。

❖ **案例窗7-1**

新华制药ERP应用分析

此处以金蝶软件的"金手指六步实施法"在新华制药成功实施的案例，来介绍ERP系统的实施。

金手指六步实施法为在中国系统地实施ERP、MRPⅡ等管理软件提供了科学的、标准化的实施指导方法。该方法主要包括6个步骤：项目组织、系统培训、系统定义、环境准备、系统切换、运行维护。

本案例通过透视山东新华制药股份有限公司（简称新华制药）企业信息化建设之路，来展示实施过程的重要作用。

新华制药是一家国家一级企业，是我国最大的解热镇痛药和中枢神经系统药物的生产开发基地，系我国香港、深圳上市公司。近年来，随着新华制药业务的不断发展，对财务数据的及时性、原材料的库存管理精度、产品和材料的质量跟踪等方面产生了越来越高的要求。从企业内部管理来看，原有系统局限于各业务部门，形成信息孤岛，数据共享性差，系统效率低下，显然不能满足企业迅速发展的需要。

一、系统方案选型

针对企业存在的种种问题，新华制药的决策者们也日益感到了来自内部管理的压力。公司决策层一再研究，决定加大对企业信息化的投入，增强计算机技术在企业管理中所起的作用，提升企业整体管理能力。

最重要的工作就是软件选型。经过多轮竞标，新华制药选中了金蝶公司的K/3 ERP系统。其表示，选择软件主要取决于两点：

第一，软件公司是否有较强的实力。企业实施ERP系统，不是一天两天的事情，此期间的投资也不小，最终成功与否很大程度上在于软件厂商的实施能力和软件系统的可持续发展能力。人们很难相信一家十几个人的小公司能够给客户提供ERP的实施服务。

第二，软件系统是否有亲和性和后续发展能力。让企业一下扔掉自己原先开发的系统，不光可惜，也有点不现实。所以，正在实施的ERP系统必须有较好的亲和性，可以保证原有系统和现有系统的平滑过渡。后续发展能力更是毋庸置疑的，随着企业的发展，软件功能的增强是必然趋势。

二、系统解决方案

根据新华制药的需求，金蝶公司提供了全面的解决方案。

（一）软件配置

针对新华制药业务的复杂程度，项目实施小组在规范业务的基础上确立以下方案：（1）总公司、新药公司、国贸公司采用K/3（标准版）系统；（2）供销公司、贸易公司、机械分公司、制剂分公司采用K/3（商贸版）系统；（3）供销储运处、医药部、国贸部业务整理成规范的模式在总公司系统中实现。

对于总公司K/3系统采用以下模块配置：产品结构、库存管理、销售管理、采购管理、质量检验、人力资源、总账管理、应收款管理、应付款管理、存货核算、固定资产、工资管理、现金管理、报表系统、财务分析、合并报表、系统管理等。

（二）硬件配置

企业网络主干为光纤系统，主干交换机为3Com公司的CoreBuilder 3500交换机，配置千兆模块。

服务器采用两台HP4LH作为主机双机热备份，1台HP4LH为中间层服务器，存储设备为PAS 6000磁盘阵列，客户端约200个，采用联想PⅢ微机，同时采用Dawning并行机作为企业的综合服务器。

数据库及开发工具：数据库为微软的SQL Server 7.0，开发工具为Sybase的PB 6.5和微软的VB 6.0。

三、实施攻坚战

2000年2月25日，新华制药项目开始启动。实施人员严格采用金手指六步实施法，为项目的成功实施和应用打下了坚实的基础。

（一）项目组织阶段

企业各个职能部门是应用ERP系统的主体，是实施成败的关键所在。因此，第一步就是项目组织阶段。

项目组织和人员配备是项目实施的前提。新华制药对K/3项目非常重视，成立了以总经理为组长、各业务副总及主要部门负责人为成员的项目指导委员会，从系统导向和资源上充分保证项目的实施，成立了以副总经理任总监、各业务部门业务骨干为成员的项目实施小组，确保项目实施的业务和技术素质，并分别成立了物料管理、采购管理、销售管理、财务管理、系统管理5个职能小组，分别负责相关职能领域的实施。

项目在实施策略和实施计划的确定中进行了较大范围的讨论，在调研的基础上由金蝶实施顾问组和新华制药项目实施小组共同确定，报项目指导委员会认可。对于新华制药项目实施采用了以下策略：以股份公司实施为主线，兼顾其他子公司的实施，对股份公司则采取各部门、全部模块同时切换的方针。实施计划将实施总目标合理分解为多个阶段目标，使系统总目标的完成更易控制和实现。

（二）系统培训阶段

系统培训是系统实施展开的第一步，包括多个层次的培训。从ERP系统概念、管理概念培训、系统初步培训、系统集中培训、系统高级应用培训到最终用户培训，培训范围包括决策层、管理层和执行层的企业主要人员。

在系统培训阶段，企业主要完成了对软件产品功能的培训，包括业务系统培训、财务系统培训、系统管理培训等。系统培训实际上贯穿了系统实施的始终，只是在培训阶段培训工作相对集中。

有效的培训是K/3系统能在新华制药顺利实施的重要原因之一。

（三）系统定义阶段

首先由相关项目小组成员准备所属范围的业务流程，然后项目小组开会讨论，确定各职能部门的实际业务流程。通过这一过程，项目小组成员不仅明确了本部门的流程，而且了解了整个公司的运作，看问题也更能从全局出发了。

原型测试是明确企业原业务流程和软件功能差异的主要方式。通过一套精心准备的原型测试数据，大部分功能K/3软件系统可直接满足，部分功能可通过调整解决，另有部分需要二次开发解决，项目组在此基础上详细定义二次开发的需求。

在原型测试的基础上，新业务流程必须通过相关部门的审核，并报决策层批准后正式发布执行。新业务流程的定义经历了编写流程、讨论流程、修改流程、二次讨论、二次修改、正式定稿等阶段。

定义数据接口、数据转换方式和转换计划为数据准备和初始化阶段打下基础。

（四）数据准备阶段

在建立了新的业务规则后，基础数据的准备自然成为实施的重点。系统如果是一个有机的生物体，新业务规则就是生物体的骨骼，数据则是其中奔涌的血液，是最充满活力的成分。

新华制药K/3系统实施面临的主要问题是数据量大、数据源头分散。项目组在编码方案的基础上，分别按功能和部门进行数据准备。由于数据量和数据精度的要求，新华制药的数据准备在系统培训阶段就已开始。

（五）系统切换阶段

系统切换是整个实施过程的里程碑。其组织工作是一个较复杂的过程，必须根据详细的计划进行。实际上，系统切换的顺利程度很大程度上取决于系统切换前的相关工作的质量，可以说，系统切换是对前阶段工作的集中检验。实际切换主要依据以下顺序进行：①系统设置；②财务数据维护；③业务数据维护；④财务期初值的维护；⑤业务期初值的维护；⑥执行中的动态单据的维护。

（六）运行维护阶段

为了将系统的风险降到最低的程度，新华制药系统试运行3个月，给企业缓冲时间，以调节实施任务的一些偏差，使系统运行更加高效而有效。在运行维护过程中，企业通过连续的系统监控，确定系统运行绩效，并发现问题、及时调整，保证系统稳定运行。

四、应用成果鉴定

经过一年的实施与应用，K/3系统在新华制药的应用取得了良好的经济效益，各项流程运行顺畅，数据处理迅速、准确，有效降低了企业的库存、采购、销售、生产的成本。

五、应用前景

经过K/3系统的正式切换，新华制药通过在系统的继续运行过程中不断优化流程，加强系统数据精度，扩大系统应用范围，将系统应用提高到新的水平。与此同时，新华制药又着手企业电子商务应用。

资料来源：贾春玉，张晓辉．企业管理基础［M］．北京：中国时代经济出版社，2003：247-252.

思考题：

（1）企业在实施ERP过程中应注重哪些环节？

（2）ERP对于企业经营的重要意义是什么？

本章小结

第一节介绍了ERP发展历程的时段式MRP、闭环MRP、MRPⅡ和ERP 4个阶段。

第二节首先论述了MRP的核心思想；MRP是按时间段来确定各种相关需求的物料（即零部件与原材料）的需求数量和需求时间，从而解决了企业产、供、销部门的物料信息的集成管理；然后论述了主生产计划、物料主文件与物料清单和库存记录文件3个输入文件，零部件投产和出产计划、原材料需求计划、库存文件等输出文件；毛需求、总需求、净需求和现有数等15个基本概念和详细运算过程。

第三节论述了MRPⅡ的处理逻辑、管理模式的特点及主要功能。

第四节论述了企业资源计划的含义、特点。ERP与MRPⅡ比较，在以下方面具有差别：资源管理范围方面、生产方式管理方面、管理功能方面、事务处理控制方面、跨国（跨地区）经营事务处理方面、计算机信息处理技术方面。最后介绍了ERP系统的结构，以及管理思想：是对整个供应链资源进行全面的管理；融入精益生产、同步工程和敏捷制造的思想，体现事先计划和事中控制的思想。

关键术语

企业资源计划（enterprise resource planning，ERP）   制造资源计划（manufacturing resources planning）　物料需求计划（material requirements planning）　物料清单（bill of materials）

基本训练

❖ 简答题

1.MRP 的运算程序是什么？

2.MRP 的输入内容包括什么？

3.净需求计算公式（包括 Excel 公式）是什么？

4.计划发出订货量如何确定？

5.常用计划方法有哪些？

6.何谓 BOM？

7.何谓生产大纲？

❖ 实务题

1.根据表 7-4 和图 7-10 所提供的资料计算各零部件的数量。

表7-4　　　　　　　　　　　　　　　　原始资料表

项　目	A	B	C	D
计划期内需求（NQ）	30	4	20	12
期初库存（NB）	1	5	3	4
期末库存（NN）	2	7	1	6

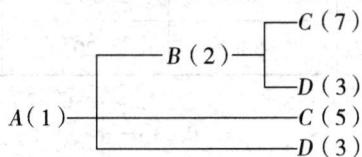

图7-10　产品结构树（一）

2.$S=300$ 元，$H=2$ 元/件·周，其他资料见表 7-5，请给出较优方案。

表7-5　　　　　　　　　　　　　　　　需求状况表

项目	周 次											
	1	2	3	4	5	6	7	8	9	10	11	12
净需求	20	10	35	20	70	180	250	200	230	30	0	20

3.根据表 7-6 列出单元格（I8、I10、I12、I13、I14 和 H15）Excel 计算公式并计算数值，产品批量为 20 件，提前期为 1 周，安全库存为 32 件，第 7 周期初库存为 210 件，F 的父项为 B、C 和 D。

表7-6 原始资料表

	B	C	D	E	F	G	H	I	J
2			周			6	7	8	9
3	K_{bf}	2	B	投产				56	
4	K_{cf}	3	C	投产				60	
5	K_{df}	5	D	投产				25	
6									
7									
8			F父项需求						
9			F独立需求					200	
10			F总需求						
11			预计到货					15	
12	提前期	1	期末库存				210		
13	批量	20	净需求						
14	安全库存	32	计划出产						
15	废品率	1%	计划投产						

4. 根据表7-7和图7-11所提供的资料计算零部件A、B、C、D和E应生产的数量。

表7-7 原始资料表

零部件	A	B	C	D	E
计划期需求	900	30	20	60	50

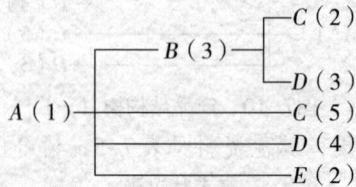

图7-11 产品结构树（二）

5. 根据表7-8所提供的资料计算零部件A、B、C、D和E应生产的数量。产品结构与上题一致。

表7-8 原始资料表

零部件	A	B	C	D	E
计划期需求	900	30	20	60	50
废品率	5%	2%	3%	4%	7%

6.某企业生产A和B两种产品，有关资料参见表7-9、图7-12和图7-13。要求：请用Excel编制该企业的MRP。

表7-9 零部件相关信息

项目	批量	提前期	期初库存	安全库存	第8周独立需求	第11周独立需求
A	1	2	50	30	100	120
B	1	2	80	40	300	200
C	1	1	100	60	200	230
D	1	1	200	60	400	500
E	200	1	300	120	200	0
F	200	1	500	120	0	100

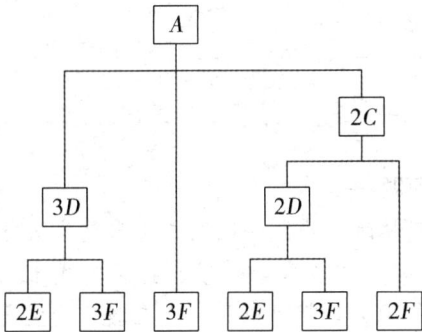

图7-12 A产品结构树

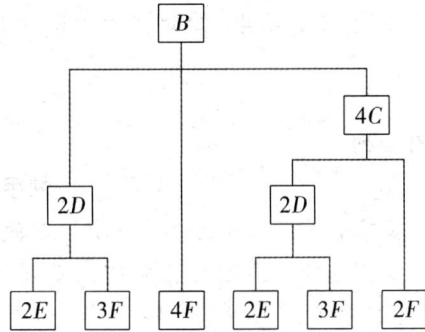

图7-13 B产品结构树

第8章 作业计划与控制

学习要点评级

1. 作业计划的意义与内容（★★★）
2. 3种移动方式（★★★★★）
3. 多个零件的时间组织方法（★★★★★）

❖ 引 例

棘手的排队问题

本书作者在高校任教时发现，在教工食堂就餐时的排队时间明显比自己上大学时长许多。这并不是因为排队的人数多了，而是因为学校食堂打饭、打菜方式上的不同。在学生食堂同样长的队伍只需排十几分钟到20分钟就可以了，而在教工食堂需要将近30分钟，至少需要20分钟。来到宁波后，尤其是到了新校区，卖饭、打菜的效率问题更加突出。学校有一个小食堂，打菜和打饭分两个窗口，需排两次队。学生食堂与教工食堂不同。教工食堂饭不限量，菜限量，米饭多点少点没关系。学生食堂，米饭打少了，学生不满意；打多了，食堂经营者不高兴，多了去掉一些、少了再打一些，浪费时间。任何一个窗口，所有的菜全部都卖，这个窗口没有，走几米甚至十几米远的另一个窗口打菜，再回到原窗口，有时还相互躲让以免撞在一起。就算只打两份菜、一份饭，结算时需记住价格。假设菜价和饭价分别为2.50元、3.60元和1.20元，则共需12次（按数字键、小数点和确认键的总次数）键盘才可以完成操作；如果是三菜一饭就得需要16次键盘操作。

从工业工程的角度看动作幅度越小越好，操作越少、越简单越好，等待时间越少越好，运输时间越少越好。为此，作者提出四点改进意见，至少会使排队时间缩短30%：第一，每个窗口固定只卖少数几种菜（小于等于9为宜）、减少决策时间，减少打菜时间。第二，米饭用板式蒸笼一层一层蒸出来，像切豆腐一样，切成一个个方块，一两、二两、四两等规格，减少打米饭的次数（省去多了去掉一些、少了再打一些的浪费时间的动作）。第三，菜的标牌用不同的颜色，分别用1、2、3等自然数代替，磁卡程序作改进，如1代表2.80、2代表3.50等，这样减少记菜价和键盘输入的时间，三菜一饭，8次键盘操作即可。第四，运用图像识别技术，摄像镜头对准餐盘，快速、自动识别与计价，屏幕显示菜名、价格及总价。这样不仅节约学生的排队时间，也减轻食堂工作人员的劳动强度，提高食堂效率，多赢！

生活中还有许多使我们心烦意乱的排队问题，如在超市排队结账、银行排队等待服务、迪士尼乐园漫长排队等候、焦急等待不知何时才来的公交汽车等。你可接受的等待时间为多少？可容忍的排队队长为多少人？你有何办法解决或缓解棘手的排队问题？

8.1 作业计划概述

8.1.1 作业排序与计划

制造业和服务业普遍存在排序问题。在制造业中，通过 MRP 运算确定各个车间各种零部件投产和出产的数量与时间，将生产计划分解到车间，车间还要将车间生产计划落实到班组和每个工作地。如何根据企业的资源组织生产和安排生产任务，有效地分配和利用资源，进行作业排序，对生产活动进行有效控制，是制造业和服务业必须认真对待和解决的问题，事关企业的竞争力，促进企业高效、快速、低成本和高质量完成生产任务。

8.1.1.1 作业排序

作业排序（job sequencing）是指确定工件在机器上的加工顺序，为每台机器设备、每位员工具体确定一定时间内的工作任务和加工顺序。这里的"机器"是一个广义机器，代表"服务者"，凡是能提供服务的都可以称之为机器，如工厂里各种设备、维修工人、医生、码头、装卸吊车以及计算机处理中心等。每种机器设备可以是一台，也可以是相同多台，通常用 M_i 表示，M 代表机器设备，i 代表第 i 道工序，i 取值范围在 1 到 m。"工件"代表被服务的对象，可以是一个工件、一批相同工件、各种不同工件（批量可以是任意数），也可以是需要维修的车辆、等待看病的病人等，通常用 J_j 表示，J 代表工件，j 代表第几个工件，j 取值范围在 1 到 n。这里是按数学矩阵习惯行用 i，列用 j，先行后列。例如，本教材用 p_{ij} 代表第 j 个工件在第 i 台机器上的加工时间。

8.1.1.2 作业计划

作业计划（job scheduling）与作业排序是不同的。作业排序只是确定工件在机器上的加工顺序，而作业计划不仅包括确定工件的加工顺序，还包括确定机器加工每个工件的开始时间和完成时间，每台机器开始工作时间、等待时间和最后完成全部工作时间。

8.1.2 排序问题的分类与表示方法

8.1.2.1 排序问题的分类

排序问题的分类依据不同标准有多种分类方法，常见分类方法如图8-1所示。

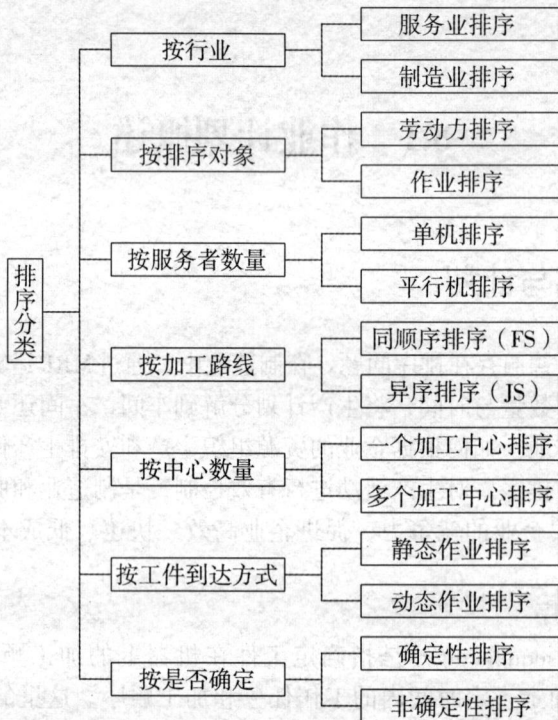

```
                    ┌── 按行业 ──────┬── 服务业排序
                    │               └── 制造业排序
                    │
                    ├── 按排序对象 ──┬── 劳动力排序
                    │               └── 作业排序
                    │
                    ├── 按服务者数量 ┬── 单机排序
              排    │               └── 平行机排序
              序    │
              分 ───┼── 按加工路线 ──┬── 同顺序排序（FS）
              类    │               └── 异序排序（JS）
                    │
                    ├── 按中心数量 ──┬── 一个加工中心排序
                    │               └── 多个加工中心排序
                    │
                    ├── 按工件到达方式┬── 静态作业排序
                    │               └── 动态作业排序
                    │
                    └── 按是否确定 ──┬── 确定性排序
                                    └── 非确定性排序
```

图8-1 排序分类

8.1.2.2 排序问题的表示方法

1967年，梅尔文·康威（Melvin Conway）等首先提出用4个参数来表示排序。1979年，格雷厄姆（Graham）等提出三参数表示法（$\alpha/\beta/\gamma$），α描述机器环境，β描述工作环境，γ表示优化目标。三参数表示法是国际上较为广泛使用的描述方法。因其较为复杂，这里不详细介绍。[①]为了方便教学，这里介绍相对简单的四参数表示法：$n/m/A/B$。其中：n为工件种数（有多少个任务）；m为工序数（有几台机器）；A为车间类型（机器类型，即流水作业还是异序作业）；B为优化目标。例如：$n/2/F/C_{max}$代表n个工件，两道工序（两台机器），流水作业（同顺序排序），优化目标为使全部完工时间最短，即优化目标为$\min C_{max}$，C_{max}代表工件完工时间最长的时间（有时也用F_{max}表示）。$C_{max} = \max(C_j)$，C_j代表第j个工件完工时间。C_{max}也被翻译成时间表长。

---

① 感兴趣的读者请参见唐国春、张峰、罗守成等著的《现代排序论》或唐恒永和赵传立编著的《排序引论》。

8.2 3种移动方式

3种移动方式是求解复杂排序问题的基础，尤其是顺序移动和平行移动方式，运用非常广泛。复杂排序涉及多种不同零件、每种零件数量不同、加工顺序相同（同顺序）或不相同（异顺序）、各道工序具有不同数量设备。复杂排序问题是NP难问题，如何快速获得满意近似最优解是人们关注的话题。

8.2.1 顺序移动方式

顺序移动方式的特点是整批移动，即当一批零件在上道工序全部加工完以后，整批从上道工序转移到下道工序进行加工。当每道工序只有一台设备，工序之间的运输时间忽略不计时，其生产周期的计算公式为：

$$T_{顺} = n \sum_{i=1}^{m} t_i \tag{8-1}$$

式中：$T_{顺}$为顺序移动方式下生产周期；n为零件批量（个数）；m为工序数目；t_i为第i道工序作业时间。

顺序移动方式的优点是生产管理简单，人员和设备的时间便于充分利用，运输效率高；缺点主要是生产周期最长，在制品多，占用资金多，占用场地面积大。顺序移动方式的适用条件如何？若每道工序的设备数量不是一台，该如何计算其生产周期？顺序移动方式在排序中有何作用？请读者思考。

【例8-1】一批相同的4个零件需经过4道工序进行加工，各道工序单件加工时间（单位：分钟）分别为：t_1=10，t_2=5，t_3=20，t_4=15。顺序移动方式的资料见表8-1。其生产周期为：

$$T_{顺} = n \sum_{i=1}^{m} t_i = 4 \times (10 + 5 + 20 + 15) = 200 （分钟）$$

表8-1　　　　　　　　　　　　　　　　**顺序移动方式资料**

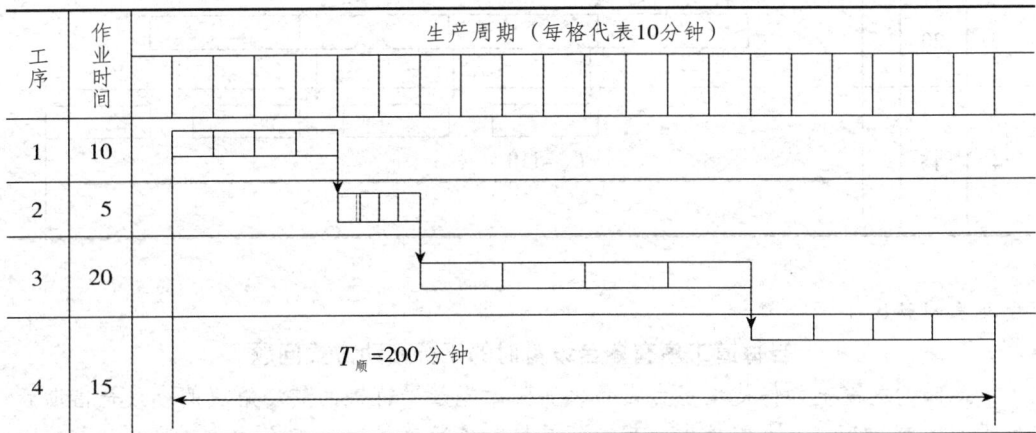

8.2.2 平行移动方式

平行移动方式是指一批制品中的每一个零件在上道工序加工完毕之后，立即转移到下道工序继续加工的移动方式。每道工序只有一台设备时的平行移动方式，其生产周期计算公式为：

$$T_{平} = \sum_{i=1}^{m} t_i + (n-1)t_{max} \tag{8-2}$$

式中：t_{max} 为各工序中单件作业时间最长的加工时间。

平行移动方式的优点是生产周期最短，在制品最少，占用资金最少，占用场地面积最小；缺点主要是人员和设备的时间不便于充分利用，有时运输效率不高，需一件一件往下道工序运。平行移动方式的适用条件如何？当每道工序设备数量不是一台时，该如何计算其生产周期？平行移动方式在排序中有何用？请读者思考。

【例8-2】一批相同的4个零件需经4道工序进行加工，单件工序的作业时间（分钟）分别为：$t_1=10$，$t_2=5$，$t_3=20$，$t_4=15$。平行移动方式的资料见表8-2。其生产周期为：

$$T_{平} = \sum_{i=1}^{m} t_i + (n-1)t_{max} = (10+5+20+15)+(4-1)\times 20 = 110 \text{（分钟）}$$

表8-2　　　　　　　　　　　　　　　　平行移动方式资料

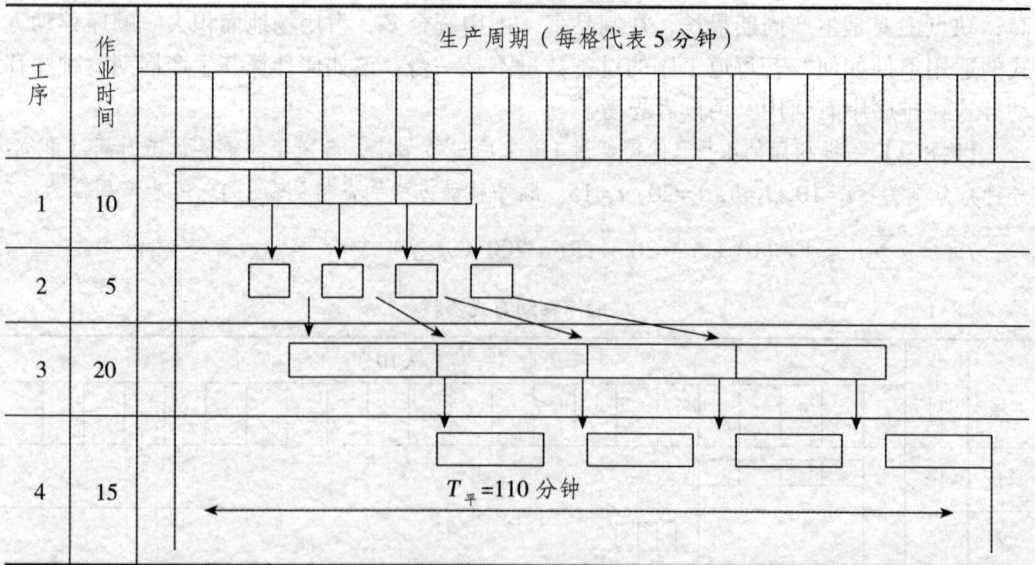

工序	作业时间	生产周期（每格代表5分钟）
1	10	
2	5	
3	20	
4	15	$T_{平}=110$ 分钟

❖ 拓展阅读8-1

当每道工序有多台设备时的平行移动方式问题

此时的关键是如何处理多台设备，实际上也是平行机问题。解决的办法是借助表格进行求解计算，一个零件占一列，行是按加工顺序排列，工序是几就写几。若某道

工序有 k 台相同设备，就列 k 行。在例 8-3 中，第二道工序有 4 台设备，就列 4 行，这 4 行第一列数字都是 2。这样问题就容易解决了。

【例 8-3】7 个相同的零件均需经过 4 道工序进行加工，每道工序的加工时间分别为：$t_1=2$，$t_2=20$，$t_3=4$，$t_4=1$，每道工序设备的数量分别为 1、4、1 和 1。其生产周期的计算过程见表 8-3 第一列。

第一步，列表。第一行为零件序号，n 个零件需（$n+1$）列；第一列为工序和设备，共需（$\sum k_i + 1$）行。1 代表第二道工序，2 代表第三道工序，以此类推，工序只有一台设备，数字只出现一次，重复出现的次数与该工序设备数量相同。如例 8-2 中 1 出现一次，代表第一道工序设备数量只有 1 个；2 出现 4 次，说明第二道工序有相同 4 台设备。

表 8-3　　　　　　　　　　　　　　　　生产周期计算表　　　　　　　　　　　　　　　单位：小时

工序＼零件	1	2	3	4	5	6	7
1	2_2	2_4	2_6	2_8	2_{10}	2_{12}	2_{14}
2	20^{22}				20_{42}		
2		20^{24}				20_{44}	
2			20^{26}				20_{46}
2				20^{28}			
3	4^{26}	4_{30}	4_{34}	4_{38}	4^{46}	4_{50}	4_{54}
4	1^{27}	1^{31}	1^{35}	1^{39}	1^{47}	1^{51}	1^{55}

第二步，填上（安排）作业时间。

第三步，计算。表中 T_y 和 T^y 中的 T 代表为单件作业时间，y 代表完成时间，上角标代表由上面（即列）确定时间，下角标代表由前面（即行）确定时间。节点完成时间是上面和前面都完成的时间，即两者最大者加上本节点的作业时间。例如，表 8-3 中数据矩阵中的第 6 行第 2 列，见 4_{30}，30=max（26，24）+4。箭头代表关键线路走向。在例 8-3 中，生产周期为 55 小时。

8.2.3　平行顺序移动方式

平行顺序移动方式是前两种移动方式的结合，是指某种零件既在某道工序上连续加工，又进行平行加工，即某种零件一旦在某道工序上开始加工，就不发生中断，直到加工完毕，且使生产周期尽可能短的移动方式。其优点为工人和设备时间易充分利用，且生产周期较短，在某种情况下可达到最短。平行顺序移动方式下的生产周期的计算公式如下：

$$T_{平顺} = n \sum_{i=1}^{m} t_i - (n-1) \sum_{j=1}^{m-1} \min(t_j, t_{j+1}) \tag{8-3}$$

或　$T_{平顺} = n\sum_{i=1}^{m}t_i - (n-1)\sum_{j=1}^{m-1}t_{邻小}$　　　　　　　　　　　　(8-4)

（注：上述3种移动方式下的计算公式是在各道工序只有一台设备且制品在各道工序之间的运输时间忽略不计、设备调整忽略不计的情况下推导出来的。当不是一台设备时，上述计算公式失效。）

【例8-4】以例8-2的数据为例，平行顺序移动方式的资料见表8-4，则生产周期的计算如下：

$$T_{平顺} = n\sum_{i=1}^{m}t_i - (n-1)\sum_{j=1}^{m-1}t_{邻小}$$

$$=4\times(10+5+20+15) - (4-1)\times(5+5+15)$$

$$=125（分钟）$$

表8-4　　　　　　　　　　　　　　平行顺序移动方式资料

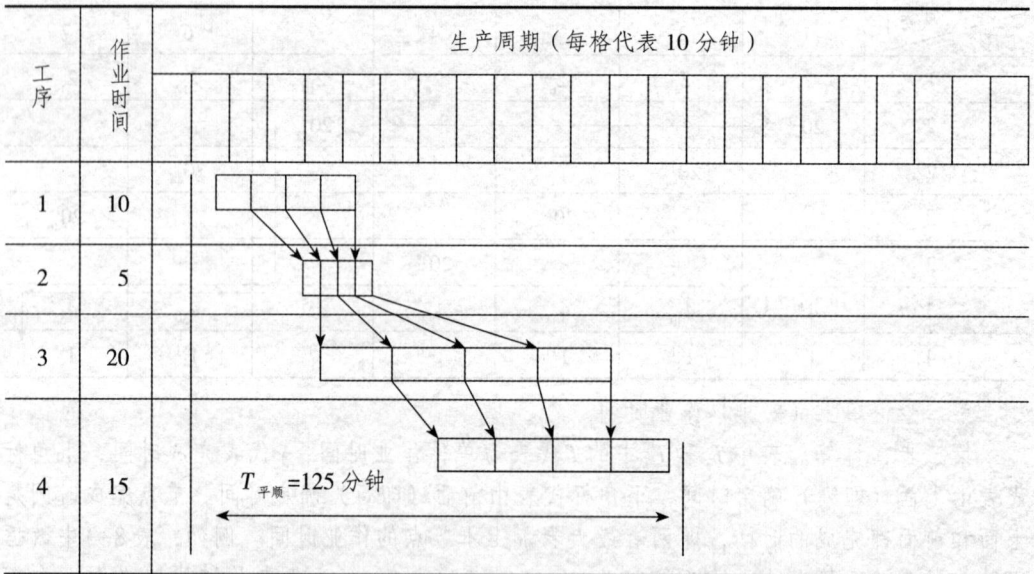

工序	作业时间	生产周期（每格代表 10 分钟）
1	10	
2	5	
3	20	
4	15	$T_{平顺}$=125分钟

8.3　多个零件在一个加工中心的时间组织

8.3.1　多个零件在一个加工中心安排加工顺序的原则

多个零件在一个加工中心的时间组织的问题是比较简单的一种时间组织。因为只有一个加工中心，n项任务都需要在它上面完成加工，所以实质上是n项任务的n个全排列问题。在一个加工中心安排加工顺序，不论怎样安排，n项任务中的最大流程时间总是一个固定数值。换句话说，不论怎样安排加工顺序，完成所有任务的时间是一定的。

所以，优化的目标是平均流程时间最小或延期量最小。安排加工顺序遵循的原则有很多，常见的主要有以下几种原则：

第一，最短加工时间（SPT）原则，即按加工时间长短来安排加工顺序，加工时间短的优先安排。

第二，最早交货期（EDD）原则，即按交货期的先后顺序来安排加工顺序，交货期早的优先安排。

第三，先到先服务（FCFS）原则，即按到达加工中心的先后顺序来安排加工顺序，先到先服务。

第四，调整费用最小（MJC）原则，即按能使调整费用最小的加工顺序来安排生产任务。

第五，"下一个是最好的"原则，即按下一个调整费用最小的原则安排生产任务。

8.3.2 多个零件在一个加工中心排序例题

8.3.2.1 多个零件、一个加工中心、一台设备的排序问题

（1）按最短加工时间原则安排加工顺序

【例8-5】某一个加工中心在计划期内接到6项任务（见表8-5）。试确定加工顺序。

表8-5 加工中心任务表

生产任务编号（J_i）	J_1	J_2	J_3	J_4	J_5	J_6
加工时间（天）（T_i）	4	8	2	5	9	3
交货期（天）（C_i）	24	23	8	6	32	13

【解】按最短加工时间原则安排加工顺序为$J_3 \to J_6 \to J_1 \to J_4 \to J_2 \to J_5$，结果见表8-6。

表8-6 最短加工时间原则加工顺序表

生产任务编号（J_i）	J_3	J_6	J_1	J_4	J_2	J_5
加工时间（天）（T_i）	2	3	4	5	8	9
计划完成时间（天）（F_i）	2	5	9	14	22	31
交货期（天）（C_i）	8	13	24	6	23	32
交货期延期量（天）（D_i）	0	0	0	8	0	0

平均流程时间为：$F_p = (\sum F_i)/n = (2 + 5 + 9 + 14 + 22 + 31) \div 6 = 13.8$(天)

平均延期量为：$D_p = (\sum D_i)/n = 8 \div 6 = 1.33$（天）

（2）按最早交货期原则安排加工顺序

【例8-6】承例8-5，按最早交货期原则安排加工顺序为$J_4 \to J_3 \to J_6 \to J_2 \to J_1 \to J_5$，结果见表8-7。

表8-7　　　　　　　　　最早交货期原则加工顺序表

生产任务编号（J_i）	J_4	J_3	J_6	J_2	J_1	J_5
加工时间（天）（T_i）	5	2	3	8	4	9
计划完成时间（天）（F_i）	5	7	10	18	22	31
交货期（天）（C_i）	6	8	13	23	24	32
交货期延期量（天）（D_i）	0	0	0	0	0	0

平均流程时间为：$F_p = (\sum F_i)/n = (5 + 7 + 10 + 18 + 22 + 31) \div 6 = 15.5$（天）

平均延期量为：$D_p = (\sum D_i)/n = 0 \div 6 = 0$（天）

（3）按"下一个是最好的"原则安排加工顺序

【例8-7】设某个加工中心正在加工A产品，B、C、D、E产品正在等待加工，调整费用见表8-8。请问如何安排使总的调整费用最小？

表8-8　　　　　　　　　　　　调整费用　　　　　　　　　　　　单位：元

至　＼　从	A	B	C	D	E
A	∞	290	200	180	240
B	∞	∞	140	190	150
C	∞	350	∞	370	260
D	∞	150	100	∞	100
E	∞	180	160	400	∞

【解】此问题可以求出最优解，因篇幅所限，求解过程从略。这里给出一种简便算法，即"下一个是最好的"方法。因为A是正在被加工的产品，A产品加工完后加工D产品调整费用最小，180元，故选D产品；D产品加工完后，加工C产品或E产品调整费用最小，均为100元。故有两个方案可供选择：方案一是选C产品。C产品选完后，选E产品调整费用最小，最后只剩下B产品，虽然不是调整费用最小，但因每个零件都必须被加工，因此，不管此时调整费用有多少，也得选没被加工的最后剩余的一个零件。同理，方案二是选E产品，然后是C产品和B产品。较优的加工顺序为A、D、C、E、B或A、D、E、C、B。

总的调整费用分别为：

180+100+260+180=720（元）

180+100+160+350=790（元）

故采纳方案一，此时总的调整费用为720元（较优解）。

借助指派问题解法（求解过程因篇幅所限从略），可求得该问题的最优加工顺序为A、D、E、B、C。根据最优方案可计算最小调整费用为：180+100+180+140=600（元）。

读者可以思考，下一个最好法能否改进，如何改进，能否借助等价变化原理，进行改进，提出优化程度更高的改进解法。

8.3.2.2　一个加工中心、多台相同设备的排序问题

（1）问题描述

一个加工中心、多台相同设备的排序问题（平行机问题）是指只需经过一道工序加工，有 k 台相同设备、n 个不同零件的作业计划问题。

（2）经典排序原则及最优解下限

① 经典排序原则是 LPT 原则，即大的优先排，谁短就接谁后面（哪台设备完工早就优先安排哪台设备）。

② 许多学者给出最优解下限为：

$$CL \geqslant \max\left\{\sum p_i / k, \ \max(p_i)\right\} \tag{8-7}$$

式中：CL 为最早完工时间；p_i 为第 i 个零件的加工时间；$\max(p_i)$ 为零件的最长加工时间。

【例 8-8】7 个不同零件的加工时间分别为 5、8、12、15、20、6、4 小时，分别在以下两种情况下求最优解下限：（1）有两台相同设备，$k=2$；（2）有 3 台相同设备，$k=3$。

【解】（1）$\because \sum p_i / k = 70 \div 2 = 35$（小时）

$\max(p_i) = 20$

$\therefore CL \geqslant \max\left\{\sum p_i / k, \ \max(p_i)\right\} = 35$（小时）

（2）$\sum p_i / k = 70 \div 3 = 23.3$（小时）

结果出现小数，有人提出取整，即给出修改后的最优解下限：

$$CL \geqslant \max\left\{\left[\sum p_i / k\right], \ \max(p_i)\right\}$$

$$T = \left[\sum p_i / k\right]$$

式中：T 为平均完成时间；"[ ]"代表大于等于它的最小整数，即向上取整。

❖ **拓展阅读 8-2**

最优解下限的进一步探讨

我们观察下面两组数据：

第一组：$\{5, 8, 12, 15, 77, 6, 4; k=2\}$，该组数据没问题。

$CL \geqslant \max\left\{\left[\sum p_i / k\right], \ \max(p_i)\right\} = \max\left\{[127/2], \ 77\right\} = 77$

第二组：$\{80, 80, 80, 80, 80; k=2\}$。

$\because \sum p_i / k = 400 \div 2 = 200$

$\therefore CL \geqslant \max\left\{\left[\sum p_i / k\right], \ \max(p_i)\right\} = \max\left\{[400/2], \ 77\right\} = 200$

按此公式计算最优解下限大于等于 200，而实际上是一台设备安排 2 个零件，另一个安排 3 个零件，至少最优解下限为 240（在零件作业时间不能间断和分割时）。

$$[n/k] \cdot \min (p_i) = [5/2] \times 80 = 240$$

所以，我们可以把最优解下限修改为：

$$CL \geqslant \max \{ [n/k] \cdot \min (p_i), [\sum p_i / k], \max (p_i) \} \qquad (8-10)$$

或 $$CL \geqslant \max \{ [\sum p_i / (k \cdot t)] t, \max (p_i) \} \qquad (8-11)$$

式中：n 为零件数；t 为最小计量单位。

实际上，看似简单的问题，要想用一个通式来描述最优解下限还是相当难的。最优解下限是否精确，直接影响解题效率和思路。如上例所述，最优解下限较为精确是 240，而有人算的是 200。谁能在小于 240、大于 200 之间找到最优解？

因篇幅和学时所限，这里我们只介绍非常有用的特殊情况：一个中心平行机排序最优解下限。当设备数量 k 大于等于零件个数 n 时：

$$CL \geqslant \max (p_i) \qquad (8-12)$$

当设备数量 $k=1$ 时：$CL \geqslant \sum p_i \qquad (8-13)$

因此有：$\sum p_i \geqslant CL \geqslant \max (p_i)$

（3）一维装箱问题

设箱长为 C，货物长度为 L_i，需要箱数为 k，则有：$k \geqslant \sum L_i / C \qquad (8-8)$

更为准确的公式为：$k \geqslant [\sum L_i / C] \qquad (8-9)$

【例 8-9】箱长 $C=100$，货物长度 $L_i=40$，$n=10$，需要箱数为 k，则有：

$$k \geqslant [\sum L_i / C] = [40 \times 10 \div 100] = 4$$

若 n=8，则有：

$$k \geqslant [\sum L_i / C] = [40 \times 8 \div 100] = 4 \text{（向上取整）}$$

8.4 多个零件在两个及以上加工中心的时间组织

8.4.1 多个零件在两个加工中心的时间组织

$n/m/P/F_{max}$ 问题也被称为流水作业排序问题，多个零件在两个加工中心的时间组织问题是一般 $n/m/P/F_{max}$ 问题中最简单的情况之一，即 $n/2/P/F_{max}$。虽然这种情况简单，很容易找到最优解，但它是深入研究的基础，有助于我们了解排序的规律和特点，总结出比较理想的启发式算法。

8.4.1.1 约翰逊原则

多个零件在两个加工中心的时间组织可按约翰逊原则（Rule of Johnson）安排加工顺序。设 T_{iA} 和 T_{iB} 分别是零件在第一个加工中心和第二个加工中心加工的时间，则约翰逊原则为：

第一，首先找最小元素。若最小元素属于 T_{iA}，则最先安排；若最小元素属于 T_{iB}，最后安排；若出现多个最小元素相等，任意选，结果一样。

第二，剔除已安排的零件，然后在剩下的元素中重复第一步，直到空集，即所有零件都安排完为止。

【例8-10】设有5个零件，均需在两个加工中心进行加工，先在 P_1 加工，后在 P_2 加工，有关资料参见表8-9，试安排最优的加工顺序。

表8-9　　　　　　　　　　　　　　加工中心任务　　　　　　　　　　　　单位：小时

零件 工序	J_1	J_2	J_3	J_4	J_5
P_1（P_{1j}）	6	8	12	3	7
P_2（P_{2j}）	11	9	5	3	1

【解】按约翰逊原则安排最优加工顺序为 J_4、J_1、J_2、J_3、J_5 或 J_1、J_2、J_3、J_4、J_5。两者结果一样，生产周期均为37天（见图8-2至图8-4和表8-10）。

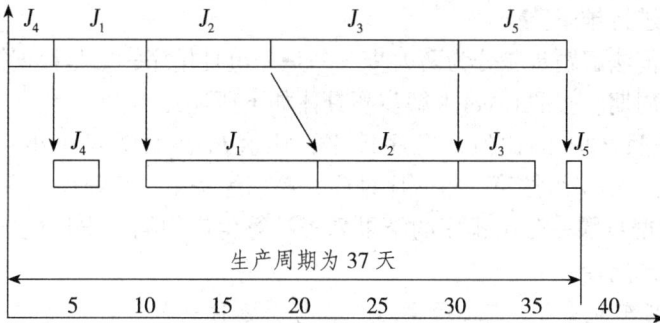

图8-2　生产周期（一）

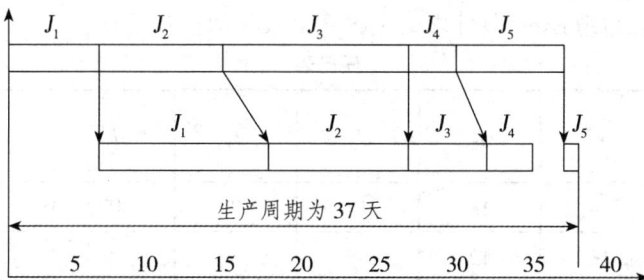

图8-3　生产周期（二）

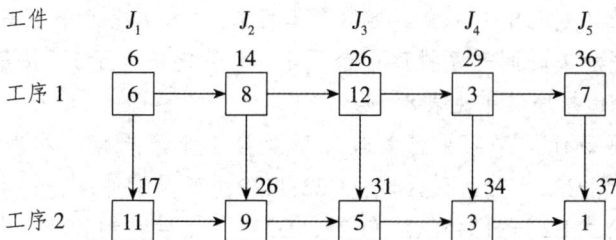

图8-4　排序网络图

表8-10 　　　　　　　　　　　　　　　　　排序表格

工序 ＼ 零件	J_1	J_2	J_3	J_4	J_5
P_1 (P_{1j})	6/6	8/14	12/26	3/29	7/36
P_2 (P_{2j})	11/17	9/26	5/31	3/34	1/37

传统解法是画甘特图求解生产周期，相当麻烦。图8-2或图8-3可以转化为图8-4的网络图，可以简化周期算法；排序问题也是网络图问题，可以运用图论来求解排序问题。为了简化算法，图8-4又可转换为表格形式，免去画图麻烦，求解非常方便。各节点完成时间可用上角标或下角标表示，也可用"/"符号表示（见表8-10）。例如表8-10中的J_3对应的12/26，代表J_3第一道工序作业时间为12，完成时间为26。

8.4.1.2　加工时间比值法

根据约翰逊原则求得最优解有如下规律：上小下大（$P_1/P_{2j} \leq 1$）排在前面，且按照P_{1j}递增顺序排序；上大下小（$P_1/P_{2j} \geq 1$）排在后面，且按照P_{2j}递减顺序排序。因此，我们也可用比值法进行排序。

加工时间比值法解题步骤分为两大步：一是分组且排序；二是根据第一步分组排序的结果计算生产周期。按照Excel求解步骤具体如下所述：

步骤一：按照P_1/P_{2j}的比值，升序排序，比值$P_1/P_{2j} \leq 1$为第一组；余下为第二组（$P_1/P_{2j} > 1$）；然后，第一组按第一行升序排序，第二组按第二行降序排序，得最优排序。

步骤二：根据步骤一分组排序的结果列表计算生产周期。根据最优排序，用Excel软件自动计算生产周期。

【例8-11】某车间需加工7个不同零件，每个零件均需经过两道工序进行加工，且加工顺序都相同，首先在P_1设备上加工，然后在P_2设备上加工。有关资料见表8-11。要求：用比值法，借助Excel软件求最优排序及最短的生产周期。

表8-11 　　　　　　　　　　　　　　　　　任务表 　　　　　　　　　　　　　　　单位：小时

工序 ＼ 零件	J_1	J_2	J_3	J_4	J_5	J_6	J_7
P_1 (P_{1j})	4	18	12	2	15	23	7
P_2 (P_{2j})	11	12	8	3	9	2	29

【解】第一步：根据表8-11中的资料计算P_1/P_{2j}，计算结果见表8-12。根据按比值大小升序排序结果（见表8-13）知，前3个零件J_7、J_1和J_4比值小于等于1，所以这3个零件按第一道工序加工时间升序排序；余下4个零件比值大于1，按第二道工序加工时间降序排序，得最优排序结果见表8-14。

第二步：根据最优排序结果计算最优解及最小生产周期。在表8-15中，单元格C22=C14，然后复制C22，粘贴到区域：C22：I22，可得零件顺序；参照公式（8-19），得到单元格计算公式E23=E15+MAX（E22，D23），然后复制E23，粘贴到区域：C23：I24，可得最优解计算过程，右下角单元格I24=83，即为最小生产周期。

表8-12   比值计算表   单位：小时

工序 \ 零件	J_1	J_2	J_3	J_4	J_5	J_6	J_7
P_1 (P_{1j})	4	18	12	2	15	23	7
P_2 (P_{2j})	11	12	8	3	9	2	29
比值 P_{1j}/P_{2j}	0.36	1.50	1.50	0.67	1.67	11.50	0.24

表8-13   按比值大小升序排序表结果   单位：小时

工序 \ 零件	J_7	J_1	J_4	J_2	J_3	J_5	J_6
P_1 (P_{2j})	7	4	2	18	12	15	23
P_2 (P_{2j})	29	11	3	12	8	9	2
比值 P_{1j}/P_{2j}	0.24	0.36	0.67	1.50	1.50	1.67	11.50

表8-14   用Excel排出的最优顺序   单位：小时

行 \ 列	B	C	D	E	F	G	H	I
14	零件工序	J_4	J_1	J_7	J_2	J_5	J_3	J_6
15	P_1 (P_{1j})	2	4	7	18	15	12	23
16	P_2 (P_{2j})	3	11	29	12	9	8	2
17	比值 P_{1j}/P_{2j}	0.67	0.36	0.24	1.50	1.67	1.50	11.50

表8-15   用Excel计算的最优解   单位：小时

行 \ 列	B	C	D	E	F	G	H	I
22	零件工序	J_4	J_1	J_7	J_2	J_5	J_3	J_6
23	P_1	2	6	13	31	46	58	81
24	P_2	5	17	46	58	67	75	83

8.4.2 多个零件在两个以上加工中心的时间组织

8.4.2.1 多个零件在两个以上加工中心的时间组织概述

多个零件在两个以上加工中心的时间组织问题是无法用多项式求解的问题，没有任何一种方法在任何条件下都能得到最优解，其有效解法是启发式算法。启发式算法有很多，如约翰逊原则扩展法、最小系数法、Pamlmer法、CDS法、陈荣秋的关键工件法（关键零件法）和本书作者的关键加工中心法等。这里只介绍关键零件法、关键加工中心法和新系数法。

8.4.2.2 流水型排序问题的描述

为了更好理解和掌握关键零件法和关键加工中心法，我们首先应了解排序的模型、特点及基本理论，再讲解上述两种方法。流水型排序问题可描述为：Fm||g，其中，g 是完工时间的不减函数。设作业集 $Z=\{J_1, J_2, \cdots, J_n\}$，加工中心（设备）集 $P=\{P_1, P_2, \cdots, P_m\}$，第 i 个零件在第 j 个加工中心的加工时间为 P_{ij}，如图 8-5 所示，则有 $P_{ij} \geq 0$。

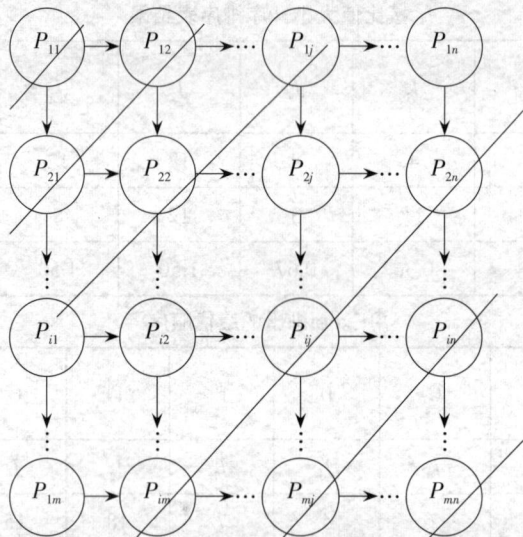

图8-5 同顺序 $m \times n$ 排序网络图

目标函数为：

$$\min F_{max}=\min \{F^1_{max}, F^2_{max}, \cdots, F^{n!}_{max}\} \tag{8-10}$$

式中：F^i_{max} 为第 i 个方案的最大流程时间。

此类问题也可用网络图来描述，描述为：设第 ij 节点的最早完成时间为 T^{ij}_{EF}；最后第 $m \times n$（最后节点）节点的最早完成时间为 T^{mn}_{EF}，则数学模型还可以表述为：

$$\min T=\min T^{mn}_{EF} \tag{8-11}$$

$$T^{ij}_{EF}-T^{(i-1)(j-1)}_{EF} \geq 0 \tag{8-12}$$

$$T^{ij}_{EF}=\max \{T^{(i-1)j}_{EF}+p_{ij}, \ T^{(j-1)}_{EF}+p_{ij}\} \tag{8-13}$$

8.4.2.3 最优解下限影响因素及排序原理

（1）影响最优解下限的两个关键因素

由于排序问题可以看成网络图问题，所以网络图中的理论可以运用到排序问题中。由图论知网络图完工时间（全部零件都加工完，取决于最长完工时间）取决于最长的关键线路，参见公式（8-10），关键线路缩短了，全部完工时间 F_{max} 才能缩短，因此，应重点关注关键线路的长度，解决如何排序使关键线路缩短。在排序问题中存在关键加工中心 K（简称关键工序）和关键零件 J_k（或称关键工件）。关键加工中心是指某道工序各零件作业时间之和最长的那个工序，关键零件是指各道工序作业时间之和最长的那个零件。最长的线路由关键工序和关键零件组成的两条线路（如图8-6和图8-7所示）可能性最大，是影响最优解下限的重要因素，因为关键工序是横行最长、关键零件是列最长的，关键线路是最长的线路，哪个地方长就走哪，这两条线路是关键线路的一部分的概率非常大，所以排序时重点应关注这两条线路的变化。

（2）两个原理

一是平行四边形原理（或称线路条数原理）：由图论及线路条数等理论知，网络图两端最重要，尤其是开始点（第1行第1列）和结束点（第 m 行第 n 列），各条线路都通过这两点，越靠近这两点，通过的线路条数越多，也就越重要；反之亦然。例如第 m 行第1列（图8-5左下角点），从该点到最后（第 m 行第 n 列）点，只有一条线路；第1行第 n 列（图8-5右上角点），从该点到最后（第 m 行第 n 列）点，也只有一条线路；重要的地方应安排加工时间短的，不重要的地方安排加工时间长的，这样生产周期短，优化程度高（如图8-8所示）。图8-8的含义是，加工时间短的安排在两个角小的区域（开始和结束）；加工时间长的安排在两个角大的区域，这样就可获得比较理想的排序结果，据此，可以提出新的启发式解法。

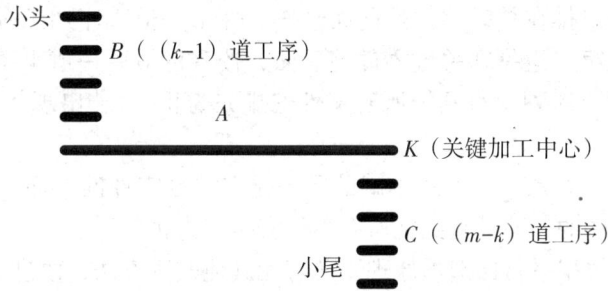

图8-6　通过关键加工中心线路及其构成

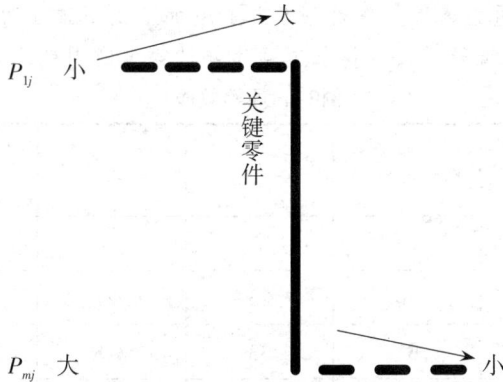

图8-7　通过关键零件线路及其构成

图8-8　平行四边形原理

二是平行作业原理：加工时间长的零件同时平行作业，比顺序依次加工作业时间短，如3种移动方式中平行移动方式生产周期最短（如图8-2和图8-3所示），在后续排序计算表中，较大加工时间数据成45度角，这些较大时间数据就实现平行作业，生产周期会缩短。

考虑这些影响因素和原理就可制定出比较理想的启发式算法。

8.4.2.4 关键零件法

关键零件法是陈荣秋教授于1983年提出的一种启发式解法，当关键零件长度非常长，明显比关键加工中心长时（如比关键加工中心长30%以上），这时最长的线路通过关键零件的概率非常大，此时比较适合选用关键零件法求解，获得满意近似最优解的概率大。

关键零件法的求解步骤是：

首先，计算每个工件的总加工时间（b_u），将加工时间最长的工件作为关键工件J_k，然后将余下的工件分成两组。满足$P_{1j} \leqslant P_{mj}$约束条件的零件，即零件第一道工序的加工时间小于等于该零件最后一道工序m的，归为第一组；余下的都是满足约束条件$P_{1j} > P_{mj}$的，归为第二组。

其次，把第一组排在关键零件的前面，按零件第一道工序加工时间P_{1j}不减的顺序排成一个序列；把第二组排在关键零件的后面，按零件最后一道工序m的加工时间P_{mj}不增的顺序排成一个序列，直到把所有零件安排完为止。（若出现相等情况如何解决？请读者思考。）

简单地说：满足$P_{1j} \leqslant P_{mj}$，按P_{1j}不减的顺序排在关键零件的前面；否则，按P_{mj}不增的顺序排在关键零件的后面，直到把所有零件安排完为止。

读者可思考，根据平行四边形原理，还有无其他改进方法，改进关键零件法，有可能进一步增强优化程度。

【例8-12】6个不同的零件均需经过5道工序加工，每道工序只有一台设备，其他资料见表8-16。试用关键零件法安排加工顺序并计算生产周期。

表8-16　　　　　　　　　　　　　例8-11原始数据

零件 / 工序	J_1	J_2	J_3	J_4	J_5	J_6
P_1	67	32	7	40	4	23
P_2	45	26	23	27	18	35
P_3	22	32	33	216	12	25
P_4	27	30	32	56	20	56
P_5	9	35	1	80	21	21

【解】步骤1：把表8-16复制到Excel工作表中B3：H8区域中（见表8-17），计算每列之和（见表8-17中区域C9：H9），计算公式为：单元格C9=SUM（C4：C8），然后复制整个区域C9：H9，计算结果见表8-17中区域C9：H9，关键零件为J_4，加工时间长度为419。

表8-17   例8-11求解过程（一）

行\列	B	C	D	E	F	G	H
	零件\工序	J_1	J_2	J_3	J_4	J_5	J_6
3							
4	P_1	67	32	7	40	4	23
5	P_2	45	26	23	27	18	35
6	P_3	22	32	33	216	12	25
7	P_4	27	30	32	56	20	56
8	P_5	9	35	1	80	21	21
9	b_i	170	155	96	419	75	160
10	P_{1j}/P_{mj}	7.44	0.91	7.00	0.50	0.19	1.10

步骤2：计算每个零件的 P_{1j}/P_{mj}（C10：H10），进行分组（见表8-17），P_{1j}/P_{mj} 的计算公式为：单元格C10=C4/C8，然后复制区域C10：H10；这样每个零件的 P_{1j}/P_{mj} 就全部计算出来。按 P_{1j}/P_{mj} 比值大小进行升序排序。比值小于等于1的为第一组，排在关键零件前面，余下为第二组，排在关键零件后面（见表8-18）。为了使关键零件能参与排序，完成全部零件自动排序，我们令关键零件 $P_{1j}/P_{mj}=1$，这样技术处理就可以了。

表8-18   例8-11求解过程（二）

行\列	B	C	D	E	F	G	H
	零件\工序	J_5	J_2	J_4	J_6	J_3	J_1
15							
16	P_1	4	32	40	23	7	67
17	P_2	18	26	27	35	23	45
18	P_3	12	32	216	25	33	22
19	P_4	20	30	56	56	32	27
20	P_5	21	35	80	21	1	9
21	b_j	75	155	419	160	96	170
22	P_{1j}/P_{mj}	0.19	0.91	1	1.10	7.00	7.44

步骤3：排序（可用Excel功能排序），在表8-18中，区域C16：D16，升序排序；区域F20：H20，降序排序，得表8-19。

表8-19　　　　　　　　　　　　　计算过程表（三）

行 \ 列	B	C	D	E	F	G	H
27	零件 / 工序	J_5	J_2	J_4	J_6	J_1	J_3
28	P_1	4	32	40	23	67	7
29	P_2	18	26	27	35	45	23
30	P_3	12	32	216	25	22	33
31	P_4	20	30	56	56	27	32
32	P_5	21	35	80	21	9	1
33	b_j	75	155	419	160	170	96
34	P_{ij}/P_{mj}	0.19	0.91	1.00	1.10	7.44	7.00

步骤4：计算生产周期。运用公式 $T^{ij}_{EF}=\max\{T^{(i-1)j}_{EF}+p_{ij},\ T^{i(j-1)}_{EF}+p_{ij}\}$ 可编制 Excel 公式自动计算各节点完工时间及零件全部加工完的生产周期。其计算公式为：单元格 D40=D29+MAX（D39，C40），然后复制整个区域 C39：H43，完成全部计算，右下角最后一个节点（单元格 H43）为零件全部加工完的时间，即生产周期，生产周期为491小时（见表8-20）。

表8-20　　　　　　　　　　　　例8-11最终优化结果及生产周期

行 \ 列	B	C	D	E	F	G	H
38	零件 / 工序	J_5	J_2	J_4	J_6	J_1	J_3
39	P_1	4	36	76	99	166	173
40	P_2	22	62	103	138	211	234
41	P_3	34	94	319	344	366	399
42	P_4	54	124	375	431	458	490
43	P_5	75	159	455	476	485	491

8.4.2.5　关键加工中心法

（1）关键加工中心法及适用条件

关键加工中心法是于福和贾春玉教授2004年提出的启发式解法。当关键加工中心长度非常大，明显且比关键零件长，如比关键零件长30%以上时，最长的线路通过关键加工中心的概率非常大，此时使用关键加工中心法求解比较合适，获得满意近似最优解的概率大。

（2）求解步骤

第一阶段，分别计算 B 和 C（如图8-6所示）。其中：B 为某零件关键加工中心之上各道工序作业时间之和 $\sum_{i=1}^{k-1} p_{is}$，C 为某零件关键加工中心之上各道工序作业时间之和 $\sum_{k+1}^{m} p_{iq}$。

第二阶段，排序。排序步骤如下：

第一步，把第一小的 B（最小的"小头之和"）排在最前面，第一小的 C（最小的"小尾之和"）排在最后，倒数第一位（前面优先安排，再安排后面，简称"前后"）。

第二步，把第二小的 C 排在倒数第二位，第二小的 B 排在第二位（后面优先安排，再安排前面，简称"后前"）。

第三步，把第三小的 B 排在第三位，第三小的 C 排在倒数第三位（"前后"）。

第四步，把第四小的 C 排在倒数第四位，第四小的 B 排在第四位（"后前"）；"前、后"交替优先安排，以此类推，直到全部排完为止。

简单地说就是一前一后，交替优先下安排，两头一起来安排。最小的"小头之和"排在最前面，最小的"小尾之和"排在最后，把已安排零件剔除，前后交替优先下安排，即"前后""后前""前后""后前"，这样交替进行安排，重复上述步骤，直到全部排完为止。这种顺序优化程度高。其他安排顺序虽然也可使 B 小的排在前面，C 小的排在后面，但优化程度一般没有这种安排方法高。

为了简化求解步骤，可按 B 从小到大排序，确定前一半零件加工顺序，余下一半再按 C 从大到小排序，确定余下零件加工顺序，这样可快速获得近似最优解（通常优化程度略低于上面二阶段解法）。当然，也可先按 C 从大到小排序，确定后一半零件加工顺序，余下一半再按 B 从小到大排序，确定余下零件加工顺序，两种方法择优作为改进后简化关键加工中心法的优化结果。读者可思考，根据平行四边形原理，还有无其他改进方法有可能进一步提高优化程度。

【例8-13】某企业加工6个零件，有关资料见表8-21。试用关键加工中心法求解，给出优化加工顺序，并计算生产周期。

表8-21   **任务表**   单位：小时

加工中心 ＼ 任务（零件）	J_1	J_2	J_3	J_4	J_5	J_6	a_k
P_1	12	1	2	7	10	4	*36*
P_2	16	2	13	20	4	8	*63*
P_3	3	4	6	8	3	12	*41*
P_4	3	16	1	5	2	3	*30*
排序	5	1	2	4	6	3	$T_{EF}^{mn}=88$

【解】关键加工中心法的解题步骤如下：

关键加工中心长度 $=\sum_{j=1}^{n} p_{kj}=a_2=63$

关键零件长度=$\sum_{i=1}^{m} p_{iu} = b_u = b_4 = 40$

因关键加工中心长度63大于关键零件长度40，所以选用关键加工中心法比较合适，运用二阶段排序步骤，排序顺序参见表8-21最后一行，最终排序结果及计算结果见表8-22。因为关键加工中心为第二道工序，关键加工中心之上各道工序作业时间之和只有第一道工序，最小$B=1$，对应零件是J_2，所以这个零件排在第一位加工；关键加工中心之下各道工序作业时间之和最小$C=3+2=5$，对应零件是J_5，所以这个零件排在最后一位（第六位）加工；倒数第二小的$C=3+3-6$，对应零件是J_1，所以这个零件排在倒数第二位（第五位）加工；第二小的$B=2$，对应零件是J_3所以这个零件排在第二位加工；第三小的$B=4$，对应零件是J_6，所以这个零件排在第三位加工；第三小的$C=8+5=13$，对应零件是J_4，所以这个零件排在倒数第三位（4）加工，根据表8-22数据，经计算的生产周期为69小时，计算过程表从略。

表8-22　　　　　　　　　　　　　　　　运算结果表　　　　　　　　　　　　　　单位：小时

加工中心 ＼ 任务（零件）	J_2	J_3	J_6	J_4	J_1	J_5
P_1	1	2	4	7	12	10
P_2	2	13	8	20	16	4
P_3	4	6	12	8	3	3
P_4	16	1	3	5	3	2
						$T_{EF}^{mn}=69$

8.4.2.6 新系数法

为了克服关键加工中心法出现多个安排方案概率较大、相对又有些烦琐，原系数法优化程度不理想的弊端，借鉴最小系数法简单优点、结合关键零件法排序理念、兼顾线路条数原理和平行作业原理，我们提出改进后的新系数法。原系数法按工序数把零件加工时间分为上一半和下一半，当工序数为偶数时，系数等于零件上一半各道工序作业时间之和除以零件下一半各道工序作业时间之和；当工序数为奇数时，中间工序时间一分为二，平均分给上一半和下一半，再计算系数。新系数法的解法如下：

（1）排序的规则及排序步骤

步骤1：计算每行作业时间之和，确定关键加工中心。

步骤2：计算排序系数B/C比值大小，计算公式如下：

$$B/C = \sum_{i=1}^{k-1} p_{is} \Big/ \sum_{i=k+1}^{m} p_{iq} \tag{8-14}$$

步骤3：按排序系数大小由小到大排安排零件，若出现比值相同，则按$B\left(\sum_{i=1}^{k-1} p_{is}\right)$的大小决定顺序，$B$小的优先排，若再相等，则按第一行加工时间，小的优先排。由于只计算比较排序系数一个比值，只会出现比值相同这一种矛盾情况，不会出现多种复杂矛盾情况。

（2）注意事项及适用条件

新系数法在两种特殊情况下的处理：一是关键加工中心出现在首行时，为了保证较小出现在开始端区域，计算排序系数时，分子按第一行关键加工中心处理，分母同正常情况一样计算即可；二是关键加工中心出现在最后一行时，为了保证较小出现在结束端区域，计算排序系数时，分母按第最后一行关键加工中心处理，分子同正常情况一样计算即可。

当关键加工中心居于中间工序时比较适用系数法，此时优化程度较高。

【例8-14】7个不同零件相关资料见表8-23，排序系数计算结果见表8-24，运用Excel按 B/C 行升序排序结果见表8-25。根据公式（8-19）：$T^{ij}_{EF}=\max\{T^{(i-1)j}_{EF}+p_{ij}, T^{(j-1)}_{EF}+p_{ij}\}$，运用Excel计算结果见表8-26，完成时间为454小时，恰好为排列排序最优解。原系数法、新系数法、关键零件法和关键加工中心法4种方法排序完工时间见表8-27。

表8-23　　　　　　　　　　　　　　**任务安排表**　　　　　　　　　　　　　　单位：小时

工序＼零件	J_1	J_2	J_3	J_4	J_5	J_6	J_7
P_1	20	2	30	3	50	40	15
P_2	10	5	20	4	10	20	20
P_3	50	90	80	100	20	30	60
P_4	16	10	70	10	20	10	80
P_5	20	20	40	5	3	5	10
P_6	15	15	50	7	6	2	30

表8-24　　　　　　　　　　　　　　**排序系数计算表**　　　　　　　　　　　　　　单位：小时

工序＼零件	J_1	J_2	J_3	J_4	J_5	J_6	J_7	a_i
P_1	20	2	30	3	50	40	15	160
P_2	10	5	20	4	10	20	20	89
P_3	50	90	80	100	20	30	60	430
P_4	16	10	70	10	20	10	80	216
P_5	20	20	40	5	3	5	10	103
P_6	15	15	50	7	6	2	30	125
B	30	7	50	7	60	60	35	
C	51	45	160	22	29	17	120	
B/C	0.588	0.156	0.313	0.318	2.069	3.529	0.292	
顺序	5	1	3	4	6	7	2	

表8-25   按排序系数排列结果表   单位：小时

工序 \ 零件	J_2	J_7	J_3	J_4	J_1	J_5	J_6
P_1	2	15	30	3	20	50	40
P_2	5	20	20	4	10	10	20
P_3	90	60	80	100	50	20	30
P_4	10	80	70	10	16	20	10
P_5	20	10	40	5	20	3	5
P_6	15	30	50	7	15	6	2

表8-26   按排序系数排列完成时间   单位：小时

工序 \ 零件	J_2	J_7	J_3	J_4	J_1	J_5	J_6
P_1	2	17	47	50	70	120	160
P_2	7	37	67	71	81	130	180
P_3	97	157	237	337	387	407	437
P_4	107	237	307	347	403	427	447
P_5	127	247	347	352	423	430	452
P_6	142	277	397	404	438	444	454

表8-27   4种方法计算结果比较   单位：小时

方法	原系数法	新系数法	关键零件法	关键加工中心法
结果	482	454	520	462

作业排序解法较多，除了启发式解法外，还可用规划求解法进行求解，可根据实际情况选择几种方法进行排序，提高优化程度。[①]

❖ 拓展阅读8-3

"同中求异，异中求同"法

为什么你做的跟我做的不同？为什么今天做的跟昨天不同？既然有不同，差异点就是问题点、改善点，一定有优有劣，有长有短，我们择优汰劣，截长补短，一定能够得到改善。

杨望远曾经在太平洋电缆公司服务。该公司有一个困扰其20多年的问题，他刚去2个月就解决了。一个外行人怎么能够解决这个问题？其实，就像哥伦布立蛋，别人立了

---

① 其他方法参见：贾春玉，包薇，郭美芳. 物流流通加工中排序问题最小系数法的改进与完善［J］. 武汉商学院学报. 2024，38（6）：83-87.

半天都立不起来，他把它敲一敲就立住了。怎么可以敲？哥伦布说：谁规定不能敲？

太平洋电缆公司的主要产品是把粗铜条抽细，再包上塑料变成电线。因为抽的速度很快，所以为避免再去穿眼模，把前一轴铜条的尾和新轴的头用冷焊机焊起来。问题是，新手焊10条断8条，即使是老师傅，焊10条亦要断2条，断1次就要重新穿眼模，需要40分钟，又累又热又油又脏，每个人都视为畏途。因此，老手怕，新手更怕，但是20多年来，所有电缆业皆不能克服这个问题。

新手焊10条断8条，老手焊10条断2条，这代表什么？就是差异点。杨望远分析老手与新手之间的差异，发现新手怕它断，咬紧牙很用力地压，结果还是断了；老手压一下转一下，压一下转一下，这个就是差异。这转一下有何用？杨望远发现这铜线的断面，在高压时会产生应力，这种应力如果不均匀，在高速抽拉时就容易断掉；转一下能让应力均匀，但是为什么还断2条？经分析发现，老手转这一下是凭感觉，但感觉并不精确，所以应力并不是很均匀，所以得到改善的重点就是必须转，但是要转得精确。于是杨望远提议在冷焊机上做一个90º导杆，转3下，270º，刚好一圈回来。做好以后，老手和新手只要按照标准作业便不会再断。经由比较找到差异，经由差异分析问题，然后得到根本解决对策，这就是"同中求异"。

"异中求同"就是把差异点经过改善之后截长补短，择优汰劣。相同的标准，任何人照做都不会错，而且效率高、质量好。杨望远常推广专家系统。如查账工作，很多人常说这个需要专家做，你没有做过，不可能查账的。但是专家系统是什么？就是让非专家经由专家系统成为专家，也就是让老手把经验传授给新手，让新手变成专家。大家不要求新手做到百分之百，但至少可以做到80%或90%，真正有问题的才交给资深专家去做。这样可以大幅简化工作，而且第一线人员可以处理大部分事情。

资料来源：杨望远. 简化工作，提高效率［EB/OL］.（2017-10-06）［2025-10-06］. https://www.sohu.com/a/196534047_228668.

思考题：差异点还可以如何寻找？找到后怎么办？质量管理中的层次分析法，以及数理统计方法的方差分析法、正交试验法等是否可以运用？

❖ 案例窗8-1

五洲工业磨料公司的生产状况

五洲工业磨料公司生产用于制造工具的砂纸、砂轮和其他产品的石英砂。其生产过程采用的原材料主要为氧化铝和碳化硅矿石。这些原料通过一条铁路支线直接运进磨碎工厂，在那里原料经过一系列的辊式破碎机磨碎、筛选和加热炉处理作业，生产出形状和细度符合规定要求的石英砂，最后将成品石英砂黏接在纸底上，制作成砂纸或采用专门工艺制作成其他磨料产品。

石英砂的生产流程如图8-9所示。原料矿石被送进初级磨碎工序，被加工成豆粒大小的石英砂，然后分别通过3个次级精磨加工过程；一是用来加工氧化铝；二是用来加工碳化硅；三是既可用来加工氧化铝，也可用来加工碳化硅。在每一个过程中分别有几种不同的机器相继执行磨碎、筛选、加热炉处理作业。一般每种次级磨碎作业生产3种细度规格的石英砂，经提纯处理后，大约有10%的砂料由于超出了质量容差范围而被剔除。石英砂的在制品和成品库存是这种制造过程不可避免的结果，一定数量的在制品对于保证生产的连续进行是必不可少的，而多余的成品库存是由磨碎过程本身的性质决定的，因为不可能只生产单一规格的磨料，故在生产某一种规格的磨料时，总要形成其他几种相关规格的成品磨料库存。这种多余的成品磨料库存，成为生产的一种制约条件。由于场地限制，不得不将多余的成品磨料运送到另一处较远的存放地点，这使生产成本大大增加。

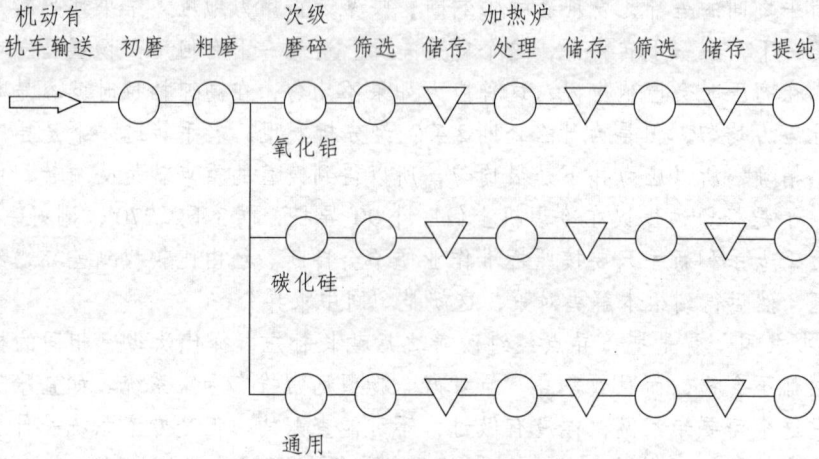

图8-9 石英砂的生产流程图

另一个不可避免的结果是，经初级磨碎后的粗矿砂中约有20%不符合规格，应当重新磨碎。如果不经筛选进入次级精磨过程，将会降低成品率，使经过提纯处理后的不合格品增加3%左右，同时会增加其他规格成品磨料的库存。如果将这20%不符合规格的粗矿砂重新磨碎，需重新调整初级和次级工序中各台磨碎机和筛选机的工作参数，从而损失工作时间和增加作业更换成本。

由于很难精确控制初级磨碎工序的参数，公司常不得不直接从外部购买经过粗加工分级的石英砂。这种分级石英砂的价格要比没经过加工的原料石英砂的价格贵许多，但因此带来的好处是，可以提高所有规格石英砂的成品率（约5%），并减少其他规格石英砂副产品的数量。

生产作业计划员每周收到销售部转来的订单，交货期从4周到8周不等。在编制作业计划时，作业计划员要考虑的目标有：满足顾客每一期需要的石英砂的品种规格和数量，控制各种规格成品库存的数量，使总生产成本（包括采用分级矿砂的附加成本）尽量降低。但是如何确定计划期内每一周粗矿砂的比率，如何确定每一周从外部采购的分级矿砂数量，如何确定初级磨碎工艺方案与次级磨碎方案的配合关系，如何确定氧化铝和碳化硅矿石的配比等，这些问题是作业计划人员感到最棘手的问题。

思考题：

（1）五洲工业磨料公司生产的特点主要有哪些？

（2）为什么成品库存不可避免？怎样才能减少成品库存？

（3）该公司存在哪些问题？如何解决？

（4）你认为该公司的作业计划优化数学模型应考虑哪些问题？

资料来源：黄卫伟. 生产与作业管理 [M]. 北京：中国人民大学出版社，1997：274-276.

本章小结

本章第一节首先论述了作业计划与作业排序的含义与异同。排序只是确定工件在机器上的加工顺序，而作业计划不仅包括确定工件的加工顺序，还包括确定机器加工每个工件的开始时间和完成时间，每台机器开始工作时间、等待时间和最后完成全部工作时间。本章然后介绍排序问题的分类与表示方法。

第二节分别介绍 3 种移动方式的特点及计算方法和公式，在每道工序只有一台设备时 3 种移动方式下生产周期的公式分别为：

$$T_{顺} = n \sum_{i=1}^{m} t_i$$

$$T_{平} = \sum_{i=1}^{m} t_i + (n-1) t_{\max}$$

$$T_{平顺} = n \sum_{i=1}^{m} t_i - (n-1) \sum_{j=1}^{m-1} \min(t_j, t_{j+1}) \quad 或 \quad T_{平顺} = n \sum_{i=1}^{m} t_i - (n-1) \sum_{j=1}^{m-1} t_{邻小}$$

第三节首先介绍第一种情况，只有一台设备时几种常见的排序原则：最短加工时间原则、最早交货期原则、先到先服务原则、调整费用最小原则、"下一个是最好的"原则。然后介绍第二种情况，最优解下限问题及其运用。

第四节首先介绍最简单的约翰逊原则：首先找最小元素。若最小元素属于 T_{iA}，则最先安排；最小元素属于 T_{iB}，最后安排；若出现多个最小元素相等，任意选，结果一样。剔除已安排的零件，然后在剩下的元素中重复第一步，直到空集，即所有零件都安排完为止。然后分别介绍关键工件法和关键加工中心法的原则和步骤。

关键工件法的排序原则：满足 $P_{1j} \leqslant P_{mj}$，排在关键零件的前面，按 P_{1j} 不减的顺序排序；否则，排在关键零件的后面，按 P_m 不增的顺序排序，直到把所有零件全部安排完为止。

关键加工中心法排序原则：一前一后，两头一起来安排。最小头之和排在最前面，最小尾之和排在最后；第二小头之和排在前面第二位，第二小尾之和排在后面倒数第二位；以此类推，直到全部排完为止。

关键术语

作业计划（job scheduling）　　作业排序（job sequencing）　　约翰逊原则（Rule of Johnson）　　流水作业排序（flow shop sequencing）

基本训练

❖ 简答题

1.顺序移动方式和平行移动方式的适用条件分别是什么？

2.关键零件法和关键加工中心法的适用条件分别是什么？

❖ 实务题

1.一批相同的10个零件须经过5道工序进行加工，各道工序单件加工时间分别为：t_1=10分钟，t_2=5分钟，t_3=20分钟，t_4=15分钟，t_5=1分钟。求3种移动方式下的生产周期。

2.根据表8-28的资料，分别用最早交货期、最短加工时间和二者相结合原则排序。

表8-28 　　　　　　　　　加工中心任务图表

任务	J_1	J_2	J_3	J_4	J_5	J_6
加工时间	4	8	2	5	9	3
交货期	24	23	8	8	32	13

3.根据表8-29的资料给出较优加工顺序。设某个加工中心有5个零件同时到达，零件集$J=\{J_1, J_2, \cdots, J_n\}$都正在等待加工。要求：如何安排加工顺序，使加工完5个零件的总调整费用最小？

表8-29 　　　　　　　　　　　　任务表 　　　　　　　　　　单位：小时

从 ＼ 至	J_1	J_2	J_3	J_4	J_5
J_1	—	27	29	30	16
J_2	25	—	22	21	30
J_3	35	9	—	7	25
J_4	30	5	6	—	2
J_5	70	50	80	40	—

4.根据表8-30的资料排序，并计算生产周期（均需经过两道工序加工，每道工序只有一台设备）。

表8-30 　　　　　　　　　　　　任务表 　　　　　　　　　　单位：小时

加工中心 ＼ 零件	J_1	J_2	J_3	J_4	J_5
P_1	6	8	12	2	7
P_2	11	9	5	3	9

5. 根据表8-31的资料排序，并计算生产周期。

表8-31　　　　　　　　　　　　　　　　**任务表**　　　　　　　　　　　　　　单位：小时

加工中心\零件	J_1	J_2	J_3	J_4	J_5	J_6	J_7
P_1	16	18	12	2	7	23	5
P_2	21	39	5	3	9	26	19

6. 根据表8-32的资料排序，并计算生产周期（均需经过4道工序加工，每道工序只有一台设备）。

表8-32　　　　　　　　　　　　　　　　**任务表**　　　　　　　　　　　　　　单位：小时

加工中心\零件	J_1	J_2	J_3	J_4	J_5	J_6	J_7
P_1	6	8	12	2	7	23	5
P_2	11	90	50	30	9	6	19
P_3	3	35	6	8	12	6	11
P_4	36	8	1	5	55	8	3

7. 根据表8-33的资料排序。这是平行机排序问题，两台相同设备，多个不同零件，请给出较优排序（多个零件在一个加工中心加工，这个加工中心有两台相同设备）。

表8-33　　　　　　　　　　　　　　　　**任务表**　　　　　　　　　　　　　　单位：小时

加工中心\零件	J_1	J_2	J_3	J_4	J_5	J_6	J_7	J_1	J_9
T_i	6	8	12	2	7	23	5	51	6

8. 根据表8-34的资料排序。这是平行机排序问题，两台相同设备，多个不同零件，请给出较优排序。若有相同3台设备结果又如何？（多个零件在一个加工中心加工，这个加工中心有3台相同设备）

表8-34　　　　　　　　　　　　　　　　**任务表**　　　　　　　　　　　　　　单位：小时

加工中心\零件	J_1	J_2	J_3	J_4	J_5	J_6	J_7	J_8	J_9
T_i	8	9	28	18	8	8	5	1	6

9. 根据表8-35的资料，试安排较优的加工顺序，并计算其生产周期。

表8-35　　　　　　　　　　　　　　　　**任务表**　　　　　　　　　　　　　　单位：小时

加工中心\零件	J_1	J_2	J_3	J_4	J_5	J_6
P_1	160	60	40	50	70	10
P_2	80	90	150	120	10	60
P_3	60	30	50	80	80	80

10.根据表8-36的资料，试安排最优的加工顺序，并计算其生产周期。

表8-36 **任务表** 单位：小时

加工中心 ＼ 零件	J_1	J_2	J_3	J_4
P_1	1	18	1	1
P_2	1	1	18	1
P_3	1	1	1	18
P_4	18	1	1	1

11.根据表8-37的资料，试安排最优的加工顺序，并计算其生产周期。

表8-37 **任务表** 单位：小时

加工中心 ＼ 零件	J_1	J_2
P_1	8	1
P_2	1	8
P_3	1	8
P_4	8	1

12.根据表8-38的资料，试安排较优的加工顺序，并计算其生产周期。

表8-38 **任务表** 单位：小时

加工中心 ＼ 零件	J_1	J_2	J_3	J_4
P_1；$K=2$	5	6	7	9
P_2；$K=3$	12	20	15	9
P_3；$K=1$	8	9	7	6

13.根据表8-39的资料，试安排较优的加工顺序，并计算其生产周期。

表8-39 **任务表** 单位：小时

加工中心 ＼ 零件	J_1	J_2	J_3
P_1	6	10	3
P_2	50	30	8
P_3	20	120	20
P_4	8	50	70
P_5	8	30	1

14.流水作业排序的最优解下限是什么？

第9章 服务业作业计划

学习要点评级

1. 服务业作业计划（★★★）
2. 随机服务系统（★★★）
3. 服务系统的分类（★★★★★）
4. 班次计划方法（★★★★★）

❖ 引 例

峨眉山景区高峰期排队概况

峨眉山四季分明，风景秀丽，环境宜人。游客坐缆车上金顶犹如飞越三重天，底层阴雨绵绵，中层大雪纷飞，而金顶又是艳阳高照，实在是美不胜收。当然，游客排队也是里三层外三层，因此景区需要提高排队的服务与管理质量。旅游景区排长队往往是打击游客积极性和降低体验感的利器，如何缓解久排队造成的游客焦躁情绪是景区亟待解决的首要问题。

峨眉山旅游高峰期排队应对策略为：

第一，定量管理，即为了保证景区的管理人员更好地对区域进行管理，对当日游客进出人次加以管控。景区可以开发预约订票小程序，根据前日游客的预约人数，限定当日进入景区的人数，从而提前做好人员部署。

第二，定点管理，是指在需要特别保护的地带利用警示性标牌提醒游客什么不可以做，或在高峰期聘用保安及专门服务人员或安排志愿者，从而避免人流拥挤和混乱对景区资源造成的破坏和损伤。景区也可以安排一定数量的执勤人员。定点管理既可以保护景区旅游资源，又可以使游客进行安全有序的排队。

第三，游览路线管理。对景区内的参观路线加以设计和规整，合理引导保证游客均匀分布在各个景点，可以缓解部分景点因游客过多而产生的拥挤和混乱状况，也避免有些景点由于过于冷门而出现的管理人员闲置的问题。

第四，景区内部进行游客分流。对于日均人流量维持在比较稳定水平的景点区域，应考虑通过旅游路线设计实施游客分流，降低游客在景区内部某些景点的集中程度。景区管理人员业务能力对解决景区高峰期游客排队问题有重要影响。景区管理人员是维护景区秩序、实现游客安全有序管理的主要力量，其本身对于景点的地形、线路及游览顺序的熟悉程度可能直接影响景区管理水平的高低。经验老到、业务熟练的管理人员不仅能够帮助游客解答各类问题、介绍景点特色、节省游览时间，还能提高景区的服务质量，提升游客对于景区的印象，从而吸引更多的游客到访游览。这样不仅可以帮助景区提升口碑，改善游客出行体验，也能推动景区的可持续发展。

第五，队列管理。根据游客和配备工作人员的数量，队列可被分为单列单人型、单列多人型、多列多人型等。排队的地方最好选择风景较好的区域，可以设置相应的休息区，提供当地特色饮食。旅游出行不单单是为了进行景色游览，文化交流也很重要，在游客休闲小憩之时，可让游客体验景区当地的民俗文化、特色饮食，也可以结合游客心理将景点与故事结合起来，还可以派遣专业人员教游客在特定的景点如何选取拍照角度会最大限度地呈现美景。

在排队时间较长的地方播放热门电视剧、电影，可以分散游客的注意力。如云南丽江的玉龙雪山，在乘坐索道的地方不仅播放关于雪山的相关信息，也告知游客在乘坐索道时应该注意的事项，这样不仅能缓解游客的焦虑感，更能够加强游客的安全行为意识。合理有效的人员部署和队列管理不仅能够帮助景区管理者最大程度地缓解管理人员的压力，还可以提升游客对景区的印象。此外，旅游景区排队高峰期还需要利用其他领域的相关知识进行游客管理，如心理学、社会学、美学等。

综上所述，旅游高峰期的游客排长队问题得到解决后，等同于造就了一个良性的景区管理生态，无论是对当前的管理工作还是后续的项目发展都有着显著的正向作用。峨眉山景区高峰期排队需要一个系统的优化策略来帮助解决问题。

资料来源：张晨. 景区旅游高峰期排队问题的应对策略——以四川峨眉山为例 [J]. 旅游与摄影，2021（24）：25-26.

9.1 服务业运作计划的特点

9.1.1 服务业作业计划概述

在后工业社会的今天，服务业创造的增加值已占 GDP 的主导。可以说人们主要从事服务业，也随时都接触社会所提供的各类服务，简单的服务如家政、环卫和保安等，复杂的服务则有金融、医疗和咨询等。正是由各种各样的服务活动才形成了服务业。服务业是以提供服务为主的产业。员工的劳动直接满足顾客需求，为其提供某种服务。服务业生产运作管理的好坏对于服务业的竞争力有直接的影响，因此服务产业的发展与服务业生产运作管理息息相关。所谓服务业生产运作管理，一般是指对服务业企业生产运作过程及其生产运作系统的设计、计划、组织和控制。

本章主要研究服务业作业管理当中的作业计划问题。服务业作业计划要解决的主要问题是服务能力与客流量（工作负荷）的匹配。首要解决的就是将不同的顾客需求分配到不同的服务系统的排队问题。相对于制造业作业计划，服务业的作业计划有与之共同之处，但也有很多不同的特点。对于主要提供实体产品的服务，可以应用制造业的作业计划方法；对于主要提供劳务的服务，有其自身显著特点，这种服务类型的作业计划方法要单独阐述。接下来将从服务业作业计划的特点出发，讨论服务排队系统、排队模型及常见排队模型应用问题。

9.1.2 服务业运作计划的特点

在第1章中我们已经介绍了服务业的分类及其运作特点，接下来着重介绍服务业运作计划具备的特点。服务企业运作的最大特点是顾客到达和服务的时间是随机的；服务的消费者有时并非购买服务的人，或者只是其中一部分购买服务的人；服务能力与顾客流匹配是作业计划主要问题；服务运作通过服务台进行；争取"回头客"是服务企业重要策略；服务企业很难将营销与生产运作分离。制造业是通过产品为顾客服务的，而服务业是通过员工的劳动直接为顾客服务，所以服务业的作业计划与制造业作业计划有很大区别。由于服务业中顾客化程度较高，易受多种因素的影响，如需求的不稳定性、随机性、非均匀性及顾客的参与，这使得制订服务业作业计划变得复杂。许多服务企业只有在明确了服务对象之后，才能设计服务内容与服务方式。因此，制订服务业作业计划很难做到如制造业那样标准规范。

9.1.2.1 服务交付问题

（1）与制造业类似

服务企业必须确定目标市场在哪里即向谁提供服务；服务产品是什么即提供什么样的服务；在哪里提供服务（服务台）；如何提供服务以及如何保证服务质量。因此，在确定目标市场的战略决策过程中，必须确定服务交付系统的设计及其运行方式。

（2）与制造业不同

相对于制造业，服务业很难将营销与生产运作分离。对于制造业，从事营销的人们直接与顾客打交道，从事生产的人们几乎不与顾客直接接触。对于服务业，从事营销的人与从事生产的人往往不可分离，他们要与顾客直接打交道。纯粹服务不能存储，使得只有顾客出现时才能提供服务，即服务在生产出来的同时就交付了。理发是一个典型的例子。实际上，一些服务的管理者在同时管理营销渠道、分配渠道和生产系统。

9.1.2.2 顾客参与问题

顾客参与是服务本身的性质决定的，顾客参与对组织有正面影响和负面影响。从正面讲，发挥顾客在服务运作中的作用，不仅可以提高服务能力，改进服务质量，而且可以与顾客共同创造价值，创造知识。从负面讲，顾客参与可能会影响服务组织的工作效率。

（1）顾客参与的正面影响

第一，顾客参与可以共同创造价值。服务价值是顾客的感知价值。由于顾客参与，得到的服务或制造的产品更符合顾客的要求。同时，顾客在参与过程中得到体验，从而提高顾客的感知价值。

第二，顾客参与可以共同创造知识。服务组织和顾客共同受益。例如，在教学过程中，学生在教师的启发下会产生一些新的见解，可能突破现有知识的局限，从而创造新知识。病人通过接受治疗后身体的感受，可以验证某些药品的有效性，验证某些诊断的正确性，从而创造知识。

第三，顾客参与可以提高产能。顾客自我服务使得产能与需求同步增长，自助餐是一个极好的例子。另外，让有知识的病人自己写以往的治疗史，可以节省医生写病史的时间。

（2）顾客参与的负面影响

第一，顾客参与影响服务运作实现标准化，从而影响服务效率，所谓"众口难调"。顾客直接与服务员工接触，会对服务人员提出各种各样的要求和发出各种各样的指示，使得服务人员不能按预定的程序工作，从而影响服务的效率。

第二，为使顾客感到舒适、方便和愉快，也会造成服务能力的浪费。顾客为了与他人分享信息和兴趣，希望与服务人员交谈，难以控制时间。使顾客感到舒适和有趣的代价是损失了服务人员的时间。

顾客参与的程度越深，对效率的影响越大（见表9-1）。不同的服务，顾客参与的程度不同。邮政服务，顾客的参与程度低；饭馆就餐，顾客参与程度较高；咨询服务，顾客参与程度更高。顾客参与程度不同，对服务运作的影响就不同。

表9-1　　　　　　　　　　**按顾客参与程度高低划分的服务交付系统**

生产活动	顾客参与程度高的系统	顾客参与程度低的系统
选址	生产运作必须靠近顾客	生产运作可能靠近供应商，便于运输或劳动力易获的地方
设施布置	设施必须满足顾客的体力和精神需要	设施更应该提高生产率
产品设计	环境和实体产品决定了服务的性质	顾客不在服务环境中，产品可规定较少的属性
工艺设计	生产阶段对顾客有直接的影响	顾客并不参与主要的加工过程
编作业计划	顾客参与作业计划	顾客主要关心完工时间
生产计划	存货不可存储，均衡生产导致生意损失	晚交货和生产均衡都是可能的
工人的技能	第一线的工人组成服务的主要部分，要求他们能很好地与公众交往	第一线工人只需要技术技能
质量控制	质量标准在公众的眼里易变化	质量标准一般是可测量的、固定的
时间定额标准	服务时间取决于顾客需求，时间定额标准松	时间定额标准紧
工资	可变的产出要求计时工资	固定的产出允许计件工资
能力计划	为避免销售缺货，能力按尖峰考虑	库存调节可使能力处于平均水平
预测	预测是短期的和时间导向的	预测是长期的和产量导向的

（3）减少顾客参与影响的方法

由于顾客参与对服务运作的效率造成不利的影响，就要设法减少这种影响。使服务运作在提高效率的同时也能提高顾客的满意度的方法有很多。

第一，服务标准化能减少服务品种。顾客需求的多样性会造成服务品种无限多，服务品种增加会降低效率，服务标准化可以使有限的服务满足不同的需求。饭馆里的菜单或快餐店食品都是标准化的例子。

第二，自动化能减少同顾客的接触。有的服务业通过操作自动化限制同顾客的接触，如银行使用自动柜员机，商店使用自动售货机。这种方法不仅降低了劳动力成本，而且限制了顾客的参与。

第三，将部分操作与顾客分离。提高效率的一个常用策略是将顾客不需要接触的那部分操作同顾客分离。如在酒店，服务员在顾客外出时才清扫房间。这样做不仅避免打扰顾客，而且可以减少顾客的干扰，提高清扫的效率。另一种方法是设置前台和后台，前台直接与顾客打交道，后台专门从事生产运作，不与顾客直接接触。例如，在饭店，前台服务员接待顾客，为顾客提供点菜服务；后台厨师专门炒菜，不与顾客直接打交道。这样做的好处是既可改善服务质量，又可提高效率。

9.2 随机服务系统

9.2.1 随机服务系统的构成与特征

在制造业中，当一个工件到达时，机器若正在加工其他工件，就产生排队问题；在服务业中，当一个顾客到达时，服务员或服务台若正忙于服务其他顾客，则也产生排队问题。在人们的日常生活中，一个服务系统在工作过程中由于拥挤而产生的排队等待现象是经常发生的，如人们排队等待公交车，顾客在理发店内等待理发，顾客在超市收银处排队，病人到医院看病排队挂号、就诊，旅客在火车站售票处排队购票等。另一种排队是物的排队，如文件等待打印或发送、交通岗等待通过的汽车等。在物流服务系统中，一台装卸设备用于给入库车辆卸货，车辆可能随时到达，无车时装卸设备处于等待状态，车辆到达而装卸设备在工作，车辆就要排队等待。在服务系统中，只要目前的服务需求超过了现有的服务能力，排队就会产生。我们就将这种具有排队等候现象的服务系统称为排队系统。

排队系统由两个方面构成：一方要求得到服务；另一方给予服务。我们把要求得到服务的人、物（设备）或信息统称为顾客；给予服务的一方称为服务人员、服务机构或服务台。顾客与服务台（服务员）就形成一个排队系统。例如，在货场里，要求卸货的货车与承担卸货工作的机械和人员构成排队服务系统；在仓库里，领料人员和库管员构成排队服务系统。显然，缺少顾客或服务台任何一方都不会形成排队系统。

对于排队系统来说，如果顾客的到达时刻和对顾客的服务时间是固定的，人们总可以适当安排或调整服务员人数、服务速率，从而使顾客到达后少排队甚至不排队而迅速获得服务，亦即容易达到供求之间的平衡关系。通常情况下的火车调度就属于以上情况。

然而由于客观环境的复杂多变以及种种随机因素的影响，在绝大数情况下，顾客到达服务系统的时刻以及对顾客的服务时间都是随机的，如飞机到达机场、船舶到达码头等，这就给服务系统造成了一系列供求之间的矛盾。例如，有时顾客到得多而服务跟不上（供不应求），而另一些时候由于顾客少（或无顾客）而使服务员处于空闲状态（供过于求）。随机性是各种排队系统的一个共性，而且起着根本性的作用。顾客的到达间隔时间与顾客所需的服务时间中，至少有一个具有随机性。因此，排队系统又称随机服务系统。

随机服务系统理论主要是研究单位时间内服务系统能够服务的顾客的平均数、顾客平均的排队时间、排队顾客的平均数等数量规律。

排队系统一般有三个基本组成部分：第一，输入过程：需求群体、顾客到达规律。第二，排队规则：顾客排队与接受服务的规则。第三，服务机构：服务机构的结构形式、服务员人数与服务速率（如图9-1所示）。

图9-1 排队系统构成示意图

9.2.1.1 输入过程

输入描述顾客出现在排队系统中的方式，输入过程指顾客按什么样的规律到达。人们通常用某种带有任意参数和适当简化假设的随机过程来表示它。输入过程分如下部分：

（1）顾客总体

顾客总体即顾客源，指可能到达服务设施的顾客总数。分析随机服务问题所用的方法取决于潜在顾客数量是否有限。顾客总体有两种可能性：无限来源总体与有限来源总体。也就是说，顾客总体可以是一个有限的集合，也可以是一个无限的集合。只要顾客总体所包含的元素数量充分大，就可以把顾客总体有限的情况近似看成顾客总体无限的情况来处理。在无限来源形式下，潜在顾客数量远远超过系统的服务能力。只有当服务不受限制时才会存在无限来源形式，如超市、银行、餐厅、高速收费站等。当潜在顾客数量有限时，有限来源情形就出现了。如仓储企业内部出现故障而等待修理的叉车数是有限的，装卸工只为4台车装卸货物等。

（2）顾客到达的类型

顾客到达的类型是描述顾客是怎样来到系统的，是单个还是成批到达。例如，病人到医院看病是顾客单个到达，而在库存问题中若将生产器材进货或产品入库看作顾客，那么这种顾客是成批到达的。

（3）顾客到达的时间间隔

顾客到达的时间间隔一般是随机的。如商场购物的顾客、医院诊病的病人、通过路口的车辆的到达都是随机的。这种随机的情形，顾客到达速度一般用泊松（Poisson）分布描述，服务时间则可用负指数分布表示。泊松分布和负指数分布作为表示同一基本信息的不同方法，二者之间有一定的关联性。如果服务时间服从指数分布，服务速度就服从泊松分布。类似地，如果顾客到达速度服从泊松分布，那么到达间隔时间就是负指数的。

9.2.1.2　排队规则

排队规则是指顾客接受服务的规则（先后次序）。其一般可以分为：

（1）损失制

损失制是指如果顾客到达排队系统，所有服务台都已被先来的顾客占用，那么他们就自动离开系统永不再来。如电话拨号后出现忙音，顾客不愿等待而自动挂断电话，如要再打，就需重新拨号，这种服务规则即损失制。

（2）等待制

等待制是指当顾客来到系统时，所有服务台都不空，顾客加入排队行列等待服务，如排队等待售票、故障设备等待维修等。

在等待制中，常有如下4种规则：

第一，先到先服务（first come first served，FCFS），即按顾客到达的先后顺序对顾客进行服务，当有多个服务设施时，一种是顾客分别在每个设施前排成一队，也有排成一个公共的队伍，当任何一个服务设施有空时，排在队首的顾客先得到服务，这是最普遍的情形。先到先服务对顾客公平，但它是一种静态规则，不随顾客的特征和队伍的情况而变化。

第二，后到先服务（last come first served，LCFS），同先到先服务正好反过来，越后到的顾客反而先得到服务。如大多数仓库中存放的钢材，后叠放上去的都先被领走，就属于这种情况。

第三，随机服务（service in random order，SIRO），是指到达服务系统的顾客不形成队伍，即当服务台空闲时，不按照排队序列而随意指定某个顾客去接受服务，如电话交换台接通呼叫电话就是一例。

第四，优先权（priority，PR）服务。如老人、儿童先进车站，危重病员先就诊，遇到重要数据需要处理计算机立即中断其他数据的处理等，均属于此种服务规则。

（3）混合制

这是等待制与损失制相结合的一种服务规则，一般是指允许排队，但又不允许队列无限长下去。具体说来，混合制大致有3种：

第一，队长有限。当排队等待服务顾客人数超过规定数量时，后来顾客就自动离去，另求服务。例如，水库的库容、旅馆的床位等都是有限的。

第二，等待时间有限，即顾客在系统中的等待时间不超过某一给定的长度T，当等待时间超过T时，顾客自动离去，不再回来。如顾客到饭馆就餐，等了一定时间后不愿再等而自动离去另找饭店用餐。

第三，逗留时间（等待时间与服务时间之和）有限。如用高射炮射击敌机，当敌机飞越高射炮射击有效区域的时间为t时，若在这个时间内未被击落，也就不可能再被击落了。

9.2.1.3　服务机构

服务机构是排队系统中不可或缺的组成部分。排队系统的服务机制可以从以下方面加以描述：

（1）服务台数量及构成形式

从数量上说，一个排队系统中可以有一个服务台，也可以有多个服务台。对于多服务台来讲，各服务台可以串联、并联，也可以混联。图9-2表示了最常见的排队系统构成形式，主要有5种形式：单队-单服务台式；多队-多服务台并联式；单队-多服务台并联式；单队-多服务台串联式；单队-多服务台并联、串联混合式。

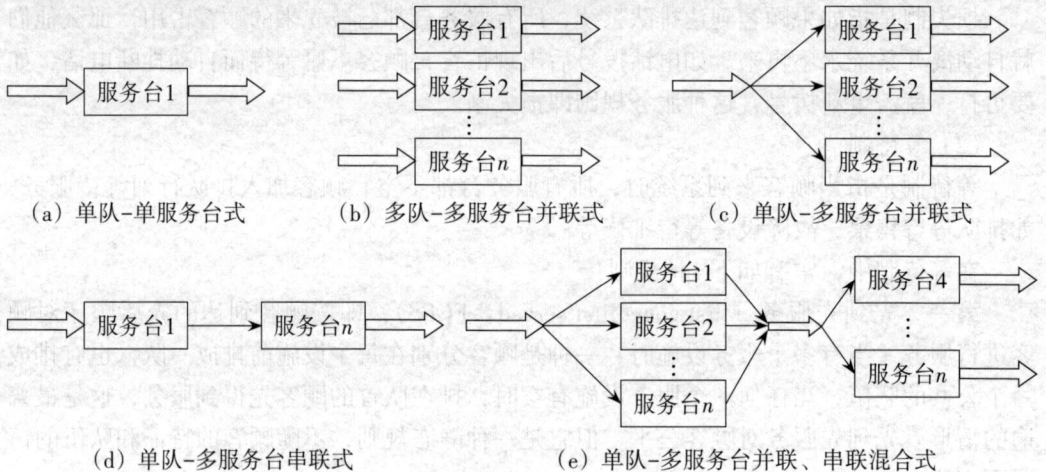

（a）单队-单服务台式　　（b）多队-多服务台并联式　　（c）单队-多服务台并联式

（d）单队-多服务台串联式　　　　（e）单队-多服务台并联、串联混合式

图9-2　排队系统的常见形式

（2）服务方式

服务方式是指在某一时刻接受服务的顾客数。服务可针对单一顾客来进行，也可以针对一批顾客来进行。因此，服务方式分为单个顾客服务和成批顾客服务。公共汽车对等候的顾客就是成批进行服务的。

（3）服务时间的分布

一般来说，在多数情况下，对每一个顾客的服务时间是一随机变量，其概率分布有定长分布、负指数分布、k阶爱尔朗分布、一般分布（所有顾客的服务时间都是独立同分布的）等。

（4）服务的平稳性

服务的平稳性是指服务时间分布及特征参数不随时间的变化而变化。服务的平稳性排除了工作时间长短（疲劳程度）以及队列长短（服务员有意加快各种速度）对服务时间分布的影响，在这里我们假定是平稳的。

9.2.1.4　服务系统的分类描述

（1）排队系统的分类描述

常见的排队服务系统的几种形式，前面已经介绍过。研究排队问题的目的在于研究随机服务系统的运行效率，估计服务质量，确定系统参数的最优值，以决定系统的结构是否合理、设计改进措施等。

根据服务系统的基本构成，肯达尔（D. G. Kendall）于1953年提出了排队系统的分类描述记号：X/Y/Z。其中：X表示输入，即相继顾客到达的时间间隔分布；Y表示输出，即服务时间分布；Z 表示服务台个数。

1971 年，排队理论符号标准化会议决定，将柯恩达符号扩充为 $X/Y/Z/A/B/C$。其中：前 3 项含义不变；A 处填写系统容量限制 N；B 处填写顾客源数目 m；C 处填写服务规则。例如：$M/G/c/N/m/FCFS$，表示输入过程为泊松分布、服务时间为一般分布、c 个服务台、系统容量有限为 N、顾客源有限为 m、先到先服务模型。

（2）排队系统的参数及数量指标

一个特定的模型可能有多种假设，也需要通过多种数量指标来加以描述。随机服务系统是以服务系统达到稳定状态的假设为前提的。这种假设是合理的，在系统开始运行的一段时间内，系统状态随时间而变化，在运行一段时间之后，系统的状态将不随时间变化，此时系统进入稳定状态。另外，受所处环境的影响，我们只需要选择那些起关键作用的指标作为模型求解的对象。环境不同，选择的指标也会不同。例如，我们有时关心的是顾客平均等待的时间，有时关心的是服务台的利用率。

常用参数及数量指标的符号及含义如下：

N——系统中的顾客数。

P_n——状态概率，即系统状态等于 n 的概率，即 $P\{N = n\}$。P_0，P_1，…，P_n 构成了随机变量 N 的概率分布。系统中没有顾客的概率为 P_0，系统中有 n 个顾客的概率为 P_n。

S——系统中的服务台数。

λ——顾客平均到达率，即单位时间内平均到达的顾客数，其为常数。

$1/\lambda$——顾客平均达到间隔，即相邻两个顾客到达的间隔时间的平均值，即平均隔多长时间到达一个顾客。

μ——平均服务率，即单个服务台单位时间内平均可服务完的顾客数。

$1/\mu$——平均服务时间，即对每个顾客进行服务的时间的平均值，其为常数。

W_s——平均逗留时间，即顾客从到达系统到离开系统所经历时间的平均值，逗留时间包括等待时间和服务时间，大多数时候顾客希望越短越好。

W_q——平均等待时间，即顾客在系统中处于等待状态的时间的平均值。等待时间等于逗留时间减去服务时间，顾客希望越短越好。

L_s——平均顾客数，即系统中顾客人数的平均值，即系统状态的均值。

L_q——平均队长，即系统中处于等待状态的顾客人数的平均值，即队长的均值。

ρ——服务强度，即每个服务台处于工作状态的时间占全部时间的比例，也称服务机构的利用率，是用于衡量系统繁忙程度的尺度。ρ 的数值趋于 0，表示对期待服务的数量来说，服务能力大，服务机构可能有大量空闲时间；如果 ρ 的数值趋于 1，表示有较多的等待时间，设备空闲时间少。

指标及参数间的关系为：

第一，平均顾客数为：$L_s = \sum_{n=1}^{\infty} nP_n$　　　　　　　　　　　　　　　　　（9-1）

第二，平均队长为：$L_q = \sum_{n=S+1}^{\infty} (n - S)P_n$　　　　　　　　　　　　　　　（9-2）

第三，平均逗留时间为：$W_s = \dfrac{L_s}{\lambda}$ $\qquad\qquad$ (9-3)

第四，平均等待时间为：$W_q = \dfrac{L_q}{\lambda}$ $\qquad\qquad$ (9-4)

第五，平均逗留时间为：$W_s = W_q + \dfrac{1}{\mu}$ $\qquad\qquad$ (9-5)

第六，平均等待时间为：$L_q = L_s - \dfrac{\lambda}{\mu}$ $\qquad\qquad$ (9-6)

第七，服务强度为：$\rho = \dfrac{\lambda}{S\mu}$ $\qquad\qquad$ (9-7)

其中：公式（9-3）至公式（9-6）被称为李特尔公式，由约翰·李特尔（John D. C. Little）提出，表示服务系统中的平均顾客数=顾客平均到达率×顾客平均等待时间。试想有一个顾客刚刚到达系统并排队等候服务，当他开始接受服务时，留在系统中的顾客正好是他在系统中等待期间到达的；当接受服务离开系统时，系统中的顾客正好是他在系统中逗留期间到达的。因此，顾客数目应等于相应的时间长度乘以到达率。

9.2.2　常见随机服务系统的运用

前面讲过，分析随机服务问题所用的方法取决于潜在顾客数量是否有限。有两种可能性：无限来源总体与有限来源总体。下面就这两种情况常见的几种随机服务系统排队模型及其运用进行介绍。

9.2.2.1　M/M/1模型（M/M/1/∞/∞模型），单服务台、队长不受限制系统

模型适用条件：

第一，到达规律：顾客到达为最简单的单流，即顾客平稳、单个、相互独立地到达，到达间隔服从指数分布（到达率服从泊松分布），一定时间段内的到达人数服从泊松分布，顾客源无限。

第二，排队规则：单队，队长无限，先到先服务。

第三，服务情况：单服务台，单个服务；服务时间服从负指数分布。

系统主要指标公式为：

① $p_0 = 1 - \rho$, $p_n = \rho^n(1 - \rho)$, $n \geq 1$, $\rho < 1$, $\rho = \lambda/\mu$ $\qquad\qquad$ (9-8)

② $L_s = \displaystyle\sum_{N=0}^{\infty} np_n = \dfrac{\rho}{1 - \rho} = \dfrac{\lambda}{\mu - \lambda}$ $\qquad\qquad$ (9-9)

③ $L_q = \displaystyle\sum_{n=1}^{\infty} (n-1)p_n = \dfrac{\rho^2}{1 - \rho} = \dfrac{\rho\lambda}{\mu - \lambda}$ $\qquad\qquad$ (9-10)

④ $W_s = \dfrac{1}{\mu - \lambda}$ $\qquad\qquad$ (9-11)

⑤ $W_q = W_s - \dfrac{1}{\mu} = \dfrac{\lambda}{\mu(\mu - \lambda)} = \dfrac{\rho}{\mu - \lambda}$ $\qquad\qquad$ (9-12)

【例9-1】一个码头，设待卸货船到达时间间隔服从负指数分布，平均到达2艘/小

时；服务台是1台吊车，卸货时间服从负指数分布，平均每20分钟可卸完一艘货船，当被占用时，新到货船只能停在码头等待。要求：在平稳状态下，码头上货船的平均数是多少？等待卸货船只的平均数是多少？每艘货船在码头的平均停留时间是多少？货船平均需等待多长时间可以开始卸货？

【解】这是一个典型的$M/M/1$排队问题。

$$\lambda = 2，\mu = \frac{60}{20} = 3$$

服务强度：$\rho = \frac{\lambda}{\mu} = \frac{2}{3}$

码头上货船的平均数：$L_s = \frac{\lambda}{\mu - \lambda} = \frac{2}{3-2} = 2$（艘）

货船平均停留时间 $W_s = \frac{L_s}{\lambda} = \frac{2}{2} = 1$（小时）

等待卸货船只的平均数：$L_q = L_s - \frac{\lambda}{\mu} = 2 - \frac{2}{3} = \frac{4}{3}$（艘）

平均需等待多长时间：$W_q = \frac{L_q}{\lambda} = \frac{\frac{4}{3}}{2} = \frac{2}{3}$（小时）

9.2.2.2 $M/M/S$模型（$M/M/S/\infty/\infty$模型），多服务台、队长不受限制系统

模型适用条件：

第一，输入过程：顾客源是无限的，顾客的到达过程是泊松过程。

第二，排队规则：单队，对队长无限制，先到先服务。

第三，服务机构：多服务台，各服务台工作相互独立，且服务时间均服从参数为μ的负指数分布。

此外，假定服务时间和顾客到达的间隔时间相互独立。

系统主要指标公式为：

①平均队长为：$L_q = \sum_{n=S+1}^{\infty}(n-S)P_n = \frac{P_0(\lambda/\mu)^S\rho}{S!(1-\rho)^2}$ （9-13）

②平均顾客数为：$L_s = L_q + \frac{\lambda}{\mu}$ （9-14）

③平均逗留时间为：$W_s = \frac{L_s}{\lambda}$ （9-15）

④平均等待时间为：$W_q = \frac{L_q}{\lambda}$ （9-16）

⑤服务强度为：$\rho = \frac{\lambda}{S\mu}$ （9-17）

⑥空闲率为：$P_0 = 1 - \rho$ （9-18）

【例9-2】排队系统有两个服务台，每个服务台的平均服务时间均为15分钟，服从指数分布，顾客按泊松流到达，平均每小时到达6人，求系统的各项指标。

【解】已知：$S=2$，$1/\mu = 15$分钟，$\mu = 4$人/小时，$\lambda = 6$人/小时

服务强度（繁忙率）：$\rho = \dfrac{\lambda}{S\mu} = \dfrac{6}{2 \times 4} = 0.75$

空闲率：$P_0 = 1 - \rho = 0.25$

平均队长：$L_q = \dfrac{P_0(\lambda/\mu)^S \rho}{S!(1-\rho)^2} = \dfrac{\dfrac{1}{7} \times \left(\dfrac{6}{4}\right)^2 \times \dfrac{3}{4}}{2! \times \left(1 - \dfrac{3}{4}\right)^2} = \dfrac{27/112}{1/8} = \dfrac{27}{14} = 1.929$

平均顾客数：$L_s = L_q + \dfrac{\lambda}{\mu} = \dfrac{27}{14} + \dfrac{6}{4} = \dfrac{48}{14} = \dfrac{24}{7} = 3.429$

平均逗留时间：$W_s = \dfrac{L_s}{\lambda} = \dfrac{24/7}{6} = \dfrac{24}{42} = \dfrac{4}{7} = 0.5714$（小时）$= 34.29$（分钟）

平均等待时间：$W_q = \dfrac{L_q}{\lambda} = \dfrac{27/14}{6} = \dfrac{27}{84} = \dfrac{9}{28} = 0.3214$（小时）$= 19.29$（分钟）

9.2.2.3 $M/M/1/K/\infty$模型，单服务台、容量有限系统

模型适用条件：

与$M/M/1$系统相比只有一点不同：当系统中的顾客数为K时，到达的顾客将不能进入系统，而必须离开。

顾客的达到仍为泊松流，平均达到率为λ，但其中只有一部分进入系统，达到并进入系统的顾客的平均到达率被称为平均有效到达率，记为λ_{eff}。

由于系统容量有限，当$\lambda \geqslant \mu$时，系统中的顾客数不会无限增长，仍可达到稳态，因此这类系统可以有$\lambda \geqslant \mu$。

系统主要指标公式为：

①顾客损失率为：$P_K = \dfrac{1-\rho}{1-\rho^{K+1}} \cdot \rho^K$ \hfill (9-19)

②平均有效到达率为：$\lambda_{eff} = \lambda(1 - P_K)$ \hfill (9-20)

③服务强度为：$\rho_{eff} = \dfrac{\lambda_{eff}}{\mu}$ \hfill (9-21)

④空闲率为：$P_0 = 1 - \rho_{eff}$ \hfill (9-22)

⑤平均顾客数为：$L_s = \dfrac{\rho}{1-\rho} - \dfrac{(K+1)\rho^{K+1}}{1-\rho^{K+1}}$ \hfill (9-23)

⑥平均队长为：$L_q = L_s - \rho_{eff}$ \hfill (9-24)

⑦平均逗留时间为：$W_s = \dfrac{L_s}{\lambda_{eff}}$ \hfill (9-25)

⑧平均等待时间为：$W_q = \dfrac{L_q}{\lambda_{eff}}$ \hfill (9-26)

⑨有n个顾客的概率为：$P_n = \dfrac{1-\rho}{1-\rho^{K+1}} \cdot \rho^n$，$n = 0, 1, 2, \cdots, K$ \hfill (9-27)

【例9-3】某理发店只有一位理发师，平均每20分钟到达一位顾客，为每位顾客理发的时间平均为15分钟，到达间隔及理发时间均服从指数分布。理发店有3张等候的座

椅，等候座椅坐满时，新到达的顾客将离开。求系统的各项指标。

【解】有：$S = 1$，$K = 4$，$\lambda = 3$，$\mu = 4$

服务强度：$\rho = \dfrac{\lambda}{\mu} = \dfrac{3}{4} = 0.75$

顾客损失率：$P_K = \dfrac{1 - \rho}{1 - \rho^{K+1}} \cdot \rho^K = \dfrac{1 - 0.75}{1 - 0.75^5} \times 0.75^4 = 0.1037$

平均有效到达率：$\lambda_{eff} = \lambda(1 - P_K) = 3 \times (1 - 0.1037) = 2.6889$（人/小时）

繁忙率：$\rho_{eff} = \dfrac{\lambda_{eff}}{\mu} = \dfrac{2.689}{4} = 0.6722$

空闲率：$P_0 = 1 - \rho_{eff} = 1 - 0.6722 = 0.3278$

平均顾客数：$L_s = \dfrac{\rho}{1 - \rho} - \dfrac{(K+1)\rho^{K+1}}{1 - \rho^{K+1}} = \dfrac{1 - 0.75}{0.75} - \dfrac{5 \times 0.75^5}{1 - 0.75^5} = 1.4443$（人）

平均队长：$L_q = L_s - \rho_{eff} = 1.4443 - 0.6722 = 0.7721$（人）

平均逗留时间：$W_s = \dfrac{L_s}{\lambda_{eff}} = \dfrac{1.4443}{2.6889} = 0.5371$（小时）$= 32.2$（分钟）

平均等待时间：$W_q = \dfrac{L_q}{\lambda_{eff}} = \dfrac{0.7721}{2.6889} = 0.2871$（小时）$= 17.2$（分钟）

9.2.2.4　$M/M/S/K/\infty$ 模型，多服务台、系统容量有限系统

模型适用条件：同单服务台、容量有限系统类似，服务台为多台。因为系统中不允许多余 K 个顾客，当 $n<K$ 时，λ_n 和队长不受限制时一样，但当 $n \geq K$ 时，$\lambda_n = 0$。

系统主要指标公式为：

①服务强度为：$\rho = \dfrac{\lambda}{S\mu}$，$\rho \neq 1$ $\qquad\qquad$ (9−28)

②没有顾客概率为：$P_0 = \left[\displaystyle\sum_{n=0}^{S-1} \dfrac{(\lambda/\mu)^n}{n!} + \dfrac{S^S \cdot \rho^S(1 - \rho^{K-S+1})}{S!(1 - \rho)} \right]^{-1}$ $\qquad$ (9−29)

③有 n 个顾客概率为：$P_n = \begin{cases} \dfrac{(\lambda/\mu)^n}{n!} P_0 & (1 \leqslant n \leqslant S) \\[2mm] \dfrac{(\lambda/\mu)^n}{S!S^{n-S}} P_0 & (S \leqslant n \leqslant K) \\[2mm] 0 & (n > k) \end{cases}$ $\qquad$ (9−30)

④顾客损失率为：$P_K = P\{n = K\} = \dfrac{(\lambda/\mu)^K}{S!S^{K-s}} P_0$ $\qquad$ (9−31)

⑤平均有效到达率为：$\lambda_{eff} = \lambda(1 - P_K)$ $\qquad\qquad$ (9−32)

⑥繁忙率为：$\rho_{eff} = \dfrac{\lambda_{eff}}{S\mu}$ $\qquad\qquad$ (9−33)

⑦空闲率为：$P_0 = 1 - \rho_{eff}$

⑧平均队长为：$L_q = \dfrac{(\lambda/\mu)^S P_0 \rho}{S!(1 - \rho)^2} \left[1 - \rho^{K-S} - (1 - \rho)(K - S)\rho^{K-S} \right]$ $\qquad$ (9−34)

⑨平均顾客数为：$L_s = L_q + \dfrac{\lambda_{eff}}{\mu}$　　　　　　　　　　　　　　　　　（9-35）

⑩平均逗留时间为：$W_s = \dfrac{L_s}{\lambda_{eff}}$　　　　　　　　　　　　　　　　　（9-36）

⑪平均等待时间为：$W_q = \dfrac{L_q}{\lambda_{eff}}$　　　　　　　　　　　　　　　　　（9-37）

【例9-4】某修车店有两名修理技工，车辆到达服从 $\lambda = 4$ 辆/小时的泊松分布，每辆车的修理时间服从 $\mu = 1$ 辆/小时的负指数分布。修车店只能停放 3 辆待维修的车辆。要求：（1）系统的各项统计指标是什么？（2）若每修一辆车平均可盈利 50 元，修车店每天营业 8 小时，增加 1 名技工每天需增加开支 150 元，则该修车店是否应该增加一名技工？

【解】（1）有：$S = 2$，$K = 5$，$\lambda = 4$，$\mu = 1$

$$\rho = \frac{\lambda}{S\mu} = \frac{4}{2 \times 1} = 2$$

$$P_0 = \left[\sum_{n=0}^{S-1} \frac{(\lambda/\mu)^n}{n!} + \frac{S^S \cdot \rho^S (1 - \rho^{K-S+1})}{S!(1-\rho)}\right]^{-1} = \left[\frac{(4/1)^0}{0!} + \frac{(4/1)^1}{1!} + \frac{2^2 \times 2^2 (1 - 2^4)}{2 \times (1 - 2)}\right]^{-1}$$

$$= (1 + 4 + 120)^{-1} = 0.008$$

顾客损失率：$P_K = \dfrac{(\lambda/\mu)^K}{S! S^{K-S}} P_0 = \dfrac{(4/1)^5}{2 \times 2^{5-2}} \times 0.008 = 0.512$

平均有效达到率：$\lambda_{eff} = \lambda(1 - P_K) = 4 \times (1 - 0.512) = 1.952$

繁忙率：$\rho_{eff} = \dfrac{\lambda_{eff}}{S\mu} = \dfrac{1.952}{2 \times 1} = 0.976$

空闲率：$P_0 = 1 - \rho_{eff} = 1 - 0.976 = 0.024$

平均队长：$L_q = \dfrac{(\lambda/\mu)^S P_0 \rho}{S!(1-\rho)^2}\left[1 - \rho^{K-S} - (1-\rho)(K-S)\rho^{K-S}\right]$

$$= \frac{(4/1)^2 \times 0.008 \times 2}{2 \times (1-2)^2} \times \left[1 - 2^3 - (1-2)(5-2) \times 2^3\right]$$

$$= 16 \times 0.008 \times 17 = 2.176 \text{（辆）}$$

平均顾客数：$L_s = L_q + \dfrac{\lambda_{eff}}{\mu} = 2.176 + \dfrac{1.952}{1} = 4.128 \text{(辆)}$

平均逗留时间：$W_s = \dfrac{L_s}{\lambda_{eff}} = \dfrac{4.128}{1.952} = 2.115 \text{（小时）}$

平均等待时间：$W_q = \dfrac{L_q}{\lambda_{eff}} = \dfrac{2.176}{1.952} = 1.115 \text{（小时）}$

（2）设 $S=3$，计算可得：

$$\rho = \frac{\lambda}{S\mu} = 1.3333$$

$P_0 = 0.0176$

顾客损失率：$P_K = 0.3336$

每天平均可增加的车辆修理量为：（0.512−0.334）×4×8=5.696（辆）

每天可增加的修车盈利为：5.696×50=285（元）>150元

所以应增加1名技工。

9.2.3 Excel在随机服务系统中的运用

【例9-5】某城市工业园区中物流企业为该园区企业提供物流服务，平均每小时有4项业务（该工业园区内企业物流业务）在网站上下单要求提供物流服务，该物流企业目前平均每小时可完成5项物流业务服务，工业企业平均能容忍等待时间为小于0.33小时（否则去找其他物流公司为其服务），平均完成时间小于0.5小时。要求：（1）这种情况下，平均每小时可完成多少项物流业务服务才能满足顾客要求？（2）若到达率为6，则服务率应为多少才能满足要求？

【解】首先借助Excel计算原先物流服务系统主要指标参数，计算过程及结果如下：首先，把原始资料填入表9-2中，如单元格C3=4，D3=5，C4=4，C5=4；C6=6，C7=6，C8=6，C9=6。其次，根据排队论相关公式编辑Excel计算公式，E3=C3/（D3−C3），F3=C3^2/（D3*（D3−C3）），G3=1/（D3−C3），H3=C3/（D3*（D3−C3）），I3=C3/D3，然后在区域E4：I9复制上述公式，把区域D4：D9相关参数填入，便可自动计算出表9-2的结果，单元格G4和H4分别为0.5和0.33，满足要求，即第一个问题已解决。服务率提高到每小时6个即可；单元格G8和H8，同时满足两项要求，所以第二个问题已解决，即服务率应为每小时9个。

表9-2　　　　　　　　　　　　　借助Excel计算相关参数

B	C	D	E	F	G	H	I
2	到达率	服务率	队长	平均等待单数	平均服务时间	平均等待时间	服务强度
3	4	5	4.00	3.20	1.00	0.80	0.80
4	4	6	2.00	1.33	0.50	0.33	0.67
5	4	7	1.33	0.76	0.33	0.19	0.57
6	6	7	6.00	5.14	1.00	0.86	0.86
7	6	8	3.00	2.25	0.50	0.38	0.75
8	6	9	2.00	1.33	0.33	0.22	0.67
9	6	10	1.50	0.90	0.25	0.15	0.60

9.3 服务业人员班次计划

制造业和服务业均涉及人员班次计划问题，企业生产或服务类型不同，班次安排方法和难易程度也有所不同。不考虑出勤率且每天需要人数相同、周末和节假日休息时为最简单一种情况，非常好安排班次。每天需求人数不同、连续生产或服务类型、考虑出勤率时，情况较为复杂，不易作出合理的安排。如何配备员工人数、科学合理安排班次，需要我们深入研究，作出科学决策，以便保证员工合理休息要求、提高工作效率、提高企业经济效益。下面就几种常见情况论述服务业人员班次计划方法。

9.3.1 固定班组的轮班计划

对于连续服务型企业，服务24小时不能中断，可有以下几种方法安排轮班计划。

9.3.1.1 三班倒轮班计划

这是一种每班8小时，每天3个工作班，分别分为早、中和晚3个工作班的计划安排方法。

（1）往下轮换法

往下轮换法就是上完早班后上中班，然后是晚班，接下来是早班，以此类推（见表9-3）。例如，某物流中心服务企业发货处，分甲、乙和丙3个工作班，每班每天工作8小时，如暂时不考虑每周休息2天这个因素，往上轮换班次安排见表9-3。3周循环一次，比较好记，容易安排；缺点是各周开始和结束时，出现连班现象，如甲班上周上完早班后接着上中班，中间没有休息时间，不利于员工恢复体力和休息，影响工作效率。

表9-3　　　　　　　　　　　往下轮换班次安排

班次	第一周	第二周	第三周	第四周
早	甲	丙	乙	甲
中	乙	甲	丙	乙
晚	丙	乙	甲	丙

（2）往上轮换法

往上轮换法是轮完晚班后轮中班，然后是早班，接下来是晚班，以此类推（见表9-4）。例如，某物流中心服务企业发货处，分甲、乙和丙3个工作班，每班每天工作8小时，如暂时不考虑每周休息两天这个因素，往上轮换班次安排见表9-4。3周循环一次，比较好记，容易安排，优点是各周开始和结束时，没有出现连班现象，中间有休息时间，有利员工恢复体力和休息、提高工作效率。

表9-4　　　　　　　　　　　往上轮换班次安排

班次	第一周	第二周	第三周	第四周
早	甲	乙	丙	甲
中	乙	丙	甲	乙
晚	丙	甲	乙	丙

9.3.1.2　四班倒轮班计划

这是一种每班8小时，每天有3个班在工作班，1个班在轮休，分别分为早、中和晚3个工作班的计划安排方法。

（1）往下4班轮换

有些连续型服务企业，为了让员工得到更多时间休息，采取4班3运转轮班方式，往下轮换，即早班上完上中班，中班上完上晚班。例如，每天都有一个班休息，进行轮休，8天一个循环，每8天休息2天（见表9-5）。这种轮班方式虽然8天内休息2天，但会出现连班现象，不利于员工休息，影响工作效率和安全生产。

表9-5　　　　　　　　　　往下4班轮换班次安排

工作日	1	2	3	4	5	6	7	8	9	10	11	12
早	甲	甲	丁	丁	丙	丙	乙	乙	甲	甲	丁	丁
中	乙	乙	甲	甲	丁	丁	丙	丙	乙	乙	甲	甲
晚	丙	丙	乙	乙	甲	甲	丁	丁	丙	丙	乙	乙
休息班组	丁	丁	丙	丙	乙	乙	甲	甲	丁	丁	丙	丙

（2）往上4班轮换

采取4班3运转轮班方式，往下轮换，即中班上完上早班，晚班上完上中班。例如，每天都有一个班休息，进行轮休，8天一个循环，每8天休息2天（见表9-6）。这种轮班方式不会出现连班现象，有利于员工休息，提高工作效率和生产安全率。

表9-6　　　　　　　　　　往上4班轮换班次安排

工作日	1	2	3	4	5	6	7	8	9	10	11	12
早	甲	甲	乙	乙	丙	丙	甲	甲	甲	甲	乙	乙
中	乙	乙	丙	丙	丁	丁	乙	乙	乙	乙	丙	丙
晚	丙	丙	丁	丁	甲	甲	丁	丁	丙	丙	丁	丁
休息班组	丁	丁	甲	甲	乙	乙	丙	丙	丁	丁	甲	甲

9.3.2　无固定班组的轮班计划

无固定班组的轮班计划是指每个人无固定班组，每个时间段上工作岗位人员也不固定，随着需求量变化而变化情况下的轮班计划。每个时间可按小时划分，也可按天划分。轮班安排时需要考虑因素较多，如哪个人做哪个时间段工作效率高、如何安排最节省人力资源、员工休息时间的保证等因素。通常选用启发式算法进行轮班安排，得出近似最优解。这里我们只考虑保证员工每周至少休2天情况下的安排方法。

该类问题可选用Excel表格解法和规划解法。Excel表格解法就是利用Excel计算公式，根据约束条件，手工给出可行方案，参见例9-6。规划解法可分为两种类型：一是直接规划解法，适用于每人每周连续工作5天、每周连休2天的情况或变量个数小于200个的情况；二是两阶段解法，既首先在Excel表格上手工安排一些人员，再利用Excel进行规划求解，适用于每人每周可不连续工作5天、每周可不连休2天、员工人数较多、变量超过200个的情况。

9.3.2.1　Excel表格解法

【例9-6】某物流企业一周人员需求见表9-7，每天一班制，每人每周工作5天，试编制轮班计划，使每人每周休2天尽可能连在一起。无固定班组人员轮班计划见表9-8。

表9-7　　　　　　　　　　　　　　每天人员需求

星期	一	二	三	四	五	六	七
需要人数	6	7	5	8	5	10	9

表9-8　　　　　　　　　　　　无固定班组人员轮班计划

行＼列	A	B	C	D	E	F	G	H	I
1		星期一	星期二	星期三	星期四	星期五	星期六	星期日	每星期休息合计
2	1			1	1				2
3	2			1	1				2
4	3			1		1			2
5	4			1		1			2
6	5			1		1			2
7	6					1		1	2
8	7	1				1			2
9	8	1	1						2
10	9	1	1						2
11	10	1	1						2
12	每天休息合计	4	3	5	2	5		1	
13	上班	6	7	5	8	5	10	9	50
14	需求	6	7	5	8	5	10	9	50
15	多出	0	0	0	0	0	0	0	0

注：在区域B2：H11中的1代表休息，无数据代表没有休息，在工作。

【解】因为需求人数之和为 $S=6+7+5+8+5+10+9=50$（人），每天最多需求是周六 10 人，10 人每周工作 5 天，一共工作 50 天，与需求总人数恰好相等，所以能保证每人每周休息 2 天，但很难保证 2 天连续休息。表 9-8 是借助 Excel 表格编制轮班计划方案之一，可有多个组合方案。在表 9-8 中，单元格 I2=SUM（B2：H2）；B12=SUM（B2：B11）；B13=\$A\$10−B12；B15=B13−B14，余者类推，借助 Excel 会比较容易获得可行方案之一。读者可思考，这类问题是否可用 0-1 规划，借助 Excel 软件进行规划求解。

9.3.2.2 规划解法

因篇幅有限，这里只介绍每周连续工作 5 天、连休 2 天情况下的解法，可思考可不连休，如何运用 Excel 表格，运用 0-1 规划求解，详细求解过程参见拓展阅读 9-1，多数情况下可进一步减少所需人员数。

这里只介绍连续休 2 天、每天新上班（休息后重新上班的人数）的解法。设 W_i 为每周第 i 天需要上班工作的人数，变量 X_i 为每周第 i 天新上班人数（同时也是人员安排上班轮休的计划方案），$i=1，2，3，\cdots，7$，$\sum X_i$ 为需要配备的总人数，目标函数是满足每天需要的人数，使需要的总人数最少。此时，数学模型如下：

目标函数：

$$\min Z=\sum X_i \tag{9-38}$$

$$\text{s.t.} \quad X_1+X_4+X_5+X_6+X_7 \geq W_1 \tag{9-39}$$

$$X_1+X_2+X_5+X_6+X_7 \geq W_2 \tag{9-40}$$

$$X_1+X_2+X_3+X_6+X_7 \geq W_3 \tag{9-41}$$

$$X_1+X_2+X_3+X_4+X_7 \geq W_4 \tag{9-42}$$

$$X_1+X_2+X_3+X_4+X_5 \geq W_5 \tag{9-43}$$

$$X_2+X_3+X_4+X_5+X_6 \geq W_6 \tag{9-44}$$

$$X_3+X_4+X_5+X_6+X_7 \geq W_7 \tag{9-45}$$

X_i 为非负整数

【例 9-7】某物流企业一周人员需求见表 9-9，每人每周连续工作 5 天，试编制人员轮班计划时需要的总人数最小。

表9-9　　　　　　　　　　　　　　　原始数据

星期	一	二	三	四	五	六	七
需要人数	32	42	29	51	43	34	39

【解】根据上面的数学模型，运用 Excel 软件编辑相关计算公式，设计规划求解参数，求解结果参见表 9-10 和图 9-3。其中：单元格 J5 为目标函数，J5=SUM（C5：I5），区域 C5：I5 为变量区域，区域 C6：I6 为每天上班人数约束条件 Excel 计算公式，单元格 C6=C5+F5+G5+H5+I5（根据公式（9-39）编制），其余区域 C6：I6 单元格类似，从略。求得结果需要配备 59 人，详细安排计划参见区域 B8：I15。规划求解参数设计如图 9-3 所示。

表9-10　　　　　　　　　　　　例9-7求解结果表

	B	C	D	E	F	G	H	I	J
2	星期	一	二	三	四	五	六	七	7天总人次
3	需要人数	32	42	29	51	43	34	39	270
4	每天新工作人数	x_1	x_2	x_3	x_4	x_5	x_6	x_7	目标函数
5	变量	10	9	17	0	7	1	15	59
6	每天上班人数	33	42	52	51	43	34	40	
7									
8		星期一	星期二	星期三	星期四	星期五	星期六	星期日	
9	星期一	x_1	x_1	x_1	x_1	x_1			
10	星期二		x_2	x_2	x_2	x_2	x_2		
11	星期三			x_3	x_3	x_3	x_3	x_3	
12	星期四	x_4			x_4	x_4	x_4	x_4	
13	星期五	x_5	x_5			x_5	x_5	x_5	
14	星期六	x_6	x_6	x_6			x_6	x_6	
15	星期日	x_7	x_7	x_7	x_7			x_7	

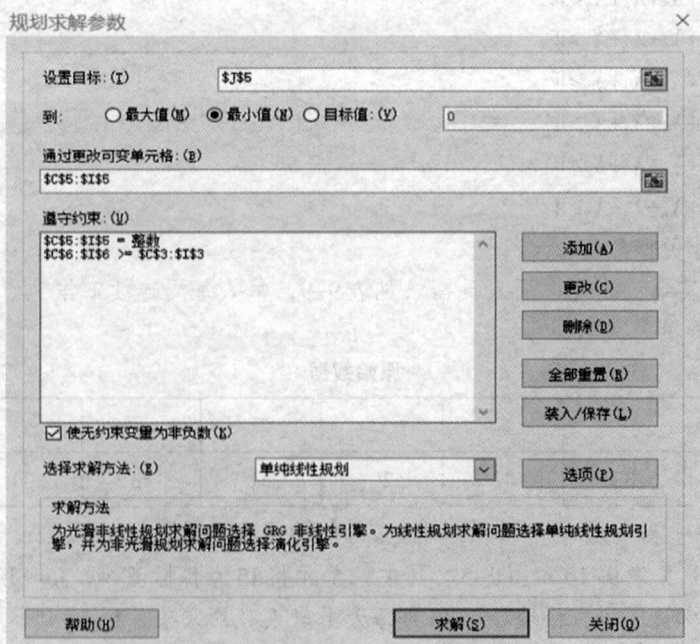

图9-3　例9-7规划求解参数设计截图

针对例9-7，思考一下，可不连休2天的情况下，最优解下限为多少？最多可进一步减少多少人？

9.3.3 每天需求一样时的班次计划

每天需求一样是指星期一至星期五和星期六、星期日需求员工人数一样多的情况。在这种情况下，假设每天需要 N 人，每人每周原则上休息2天，探讨最少需要多少人？如何安排班次？

首先为了简化起见，暂时不考虑出勤率，因企业每周工作7天，每天需要 N 人，所以，7天一共需要 $7N$ 天·人次。又因每人每周工作5天，若每天最少需要 W 人，则每周工作5天一共工作 $5W$ 天·人次。因此有如下不等式成立：

$$5W \geqslant 7N \tag{9-46}$$

所以：

$$W = [7N/5] \tag{9-47}$$

这里符号"［　］"代表向上取整。

若不等式（9-46）正好相等，则正好每人每周休息2天，且保证每天需要的人数 N，否则若 $5W$ 大于 $7N$，则有多余人力资源出现，多余天·人次为（ $5W-7N$ ）。若 $5W$ 小于 $7N$，则有些员工不能保证每周休息2天，需加班或找临时短工的办法处理。

【例9-8】某物流企业某班组每天需要6人，每周每人休息2天，问最少需要多少人？班次计划如何安排？

【解】经计算，$7N=7×6=42$（天·人次），$W=[7N/5]=[7×6/5]=9$，所以最少需要9人。因为 $5×9=45$（天·人次），比42多3，所以，不论哪种安排方案均出现多3天·人次的情况。班次安排方案之一见表9-11。

表9-11   班次安排方案（一）

工人	星期一	星期二	星期三	星期四	星期五	星期六	星期日	休息合计
1					1	1		2
2						1	1	2
3					1	1		2
4			1	1				2
5			1	1				2
6			1	1				2
7	1						1	2
8	1						1	2
9	1						1	2
休息合计	3	0	3	3	3	3	3	
需要人数	6	6	6	6	6	6	6	
上班人数	6	9	6	6	6	6	6	
多出人数	0	3	0	0	0	0	0	

9.3.4 平时和周末需求有差异时的班次计划

平时和周末需求有差异是指平时需求与周末需求人数不相等。设平时每天需求数为 P，周末需求数为 Z，每天最少需要 W 人，则有如下不等式成立：

$$5W \geq 5P+2Z \tag{9-48}$$

所以：

$$W = \lceil (5P+2X)/5 \rceil \tag{9-49}$$

这里符号"[ ]"代表向上取整。

不等式（9-48）分3种情况，与不等式（9-46）情况类似，即正好相等，不多不少；大于时人力资源过剩；小于时人力资源短缺。

【例9-9】某物流企业平时需要8个人，周末需要11个人，每个人每周休息2天，问最少需要多少个人？班次计划如何安排？

【解】 $W = \lceil (5P+2X)/5 \rceil = \lceil (5 \times 8+2 \times 11)/5 \rceil = 13$（人）

$13 \times 5 = 65$（天·人次）

$5 \times 8+2 \times 11 = 62$（天·人次）

$65-62 = 3$（天·人次）

因此，若不考虑出勤率，人力资源过剩，多3天·人次，不论哪种安排方案都出现多3天·人次的情况，班次安排方案之一见表9-12。

表9-12　　　　　　　　　班次安排方案（二）

工人	星期一	星期二	星期三	星期四	星期五	星期六	星期日	休息合计
1					1	1		2
2					1	1		2
3					1		1	2
4			1	1				2
5			1	1				2
6			1	1				2
7			1	1				2
8			1	1				2
9	1	1						2
10	1	1						2
11	1	1						2
12	1	1						2
13	1						1	2
休息合计	4	5	5	5	3	2	2	
需要人数	8	8	8	8	8	11	11	62
上班人数	9	8	8	8	10	11	11	65
多出人数	1	0	0	0	2	0	0	3

❖拓展阅读9-1

缩短客户等待感知时长的方法

在实际等待时间不变时，客户感知的等待时间决定了排队过程中客户的心情，客户心情的好坏直接决定了客户满意度。银行网点若存在无序等待、环境嘈杂、休息区无沙发可供客户休息、有其他客户投诉事件等情况发生，客户心理等待时长会大于实际等待时长。

第一，从等候区布置来看，类似咖啡厅、书吧的休闲布局让顾客的舒适度提升。银行网点等候区在布置时可以参考咖啡馆布局，设立图书展览区、饮品区、沙龙区，把贵宾室打造成贵宾休闲区，图书展览区除常见纸质杂志之外可放置象棋等，为等待的顾客提供一些活动来填充时间，而不是无聊等待。给客户设置上网区域、手机充电区域等；每周开办不同主题沙龙；每日在等候区客户较多时，由理财经理和大堂经理为客户宣传金融相关知识、防电信诈骗等专题沙龙，提升客户的金融知识，馈赠小礼品，通过添加联系方式，建立与客户之间的联系等，提升客户的体验感。

第二，从客户等待心理来看，客户感知等待时间会因盲目等待而延长，进而降低服务体验感。根据对L银行客户满意度问卷调查的结论得知，客户从进入网点时，客户愿意等待的最长等待时长为30分钟。因此，银行网点应根据该客户结论，将等候时间严格控制在客户容忍度范围内。同时，提前告知客户预计的等候时间，客户产生等待时长的心理预期，可缓解顾客的焦虑和烦躁心情。L银行营业网点是通过叫号机打印的等候叫号纸来告知顾客前面正在等候的顾客数，建议未来可通过对叫号机的升级改造，实现在等候叫号纸上显示预计需要等待时间，也可以在叫号纸上打印二维码，通过微信扫码即可得知剩余等待时间，客户不仅及时了解排队等待的最新动态，也可合理安排自己的时间，不盲目在银行大厅等待，处理其他事务，进而缓解客户焦虑情绪。但值得注意的是，如果预期等待时间延后，会更让客户焦虑，所以在遇到特殊问题时，银行应动态告知客户需要等待的时间。

资料来源：李嘉欣. L银行网点服务窗口配置改进研究［D］. 兰州：兰州大学，2023.

本章小结

本章介绍了服务业作业计划。第一节介绍了服务业运作的特点，简要介绍了服务交付问题和顾客参与问题。第二节介绍了随机服务系统，着重介绍了随机服务系统的构成与特征、随机服务系统的描述、常见的简单随机服务系统及其应用。第三节介绍了服务业人员安排问题，阐述了固定班组的轮班计划和无固定班组的轮班计划的排班方法。章节中，介绍了Excel在服务业运作计划中的运用，给出详细Excel计算公式，相关例题给出了详细的Excel求解过程。

关键术语

服务业作业计划（service industry work plan）　排队系统（queueing system）　班次计划（shift scheduling）

基本训练

❖ 判断题

1.顾客到达率大于服务率不会出现任务不饱满的情况。（　　）

2.配备人员数等于实际需要人数除以出勤率。（　　）

3.向上取整配备人员会出现人员过剩的情况。（　　）

4.往上轮班会出现连轴转（连续2个班工作）情况。（　　）

5.缩短等待和服务时间通常会增加服务系统的成本。（　　）

6.单队-多服务台并联式对顾客公平，能保证先到先服务。（　　）

7.平均等待时间等于逗留时间减去服务时间，顾客希望越短越好。（　　）

❖ 简答题

1.服务业作业计划有哪些特点？

2.减少顾客参与影响的方法是什么？

3.计算服务系统中平均队长有何用途？

4.单队-单服务台式、多队-多服务台并联式和单队-多服务台并联式三者有何优缺点？

5.常见的排队规则是什么？

6.排队相关理论可在物流哪些环节中运用？

❖ 实务题

1.增加一名员工会有4天人员过剩（假设每周工作5天），不增加员工只有一天人员短缺，是增加还是不增加？如何解决这一矛盾？

2.在最少需要人员数计算公式中$W=\left[(5P+2X)/5\right]$，是否会出现W小于X的情况？如果出现这种情况，如何解决？

3.某小型物流公司的业务部门平均每20分钟到达一个客户，业务部门只有一名工作人员，对每名客户平均服务时间为15分钟，均服从指数分布。要求：请计算物流服务系统的各项统计指标。

4.某车间的工具仓库只有一个管理员，平均每小时有4个工人来借工具，平均服务时间为6分钟。到达为泊松流，服务时间服从负指数分布。由于场地等条件限制，仓库内能借工具的人最多不能超过3个。要求：（1）仓库内没有人借工具的概率是多少？（2）系统中借工具的平均人数是多少？（3）排队等待借工具的平均人数是多少？（4）工人在系统中平均花费的时间是多少?(5)工人平均等待的时间是多少?

5.某服务亭只有一名服务员,顾客按泊松分布到达,平均每小时4人;服务时间服从负指数分布,平均每人6分钟。要求:(1)系统空闲的概率是多少?(2)有3名顾客的概率是多少?(3)至少有1名顾客的概率是多少?(4)平均的顾客数是多少?(5)平均逗留的时间是多少?(6)平均等待的顾客数是多少?(7)平均的等待时间是多少?

❖ 实训项目

1.某物流企业某分拣环节每周每天需求人数见表9-13,要求工人每周至少休息2天。要求:(1)至少需要多少名工人?(2)某些天若出现上班人数多于需求人数的情况,应如何处理?(3)借助Excel编制轮班计划。(4)如何确定最少需要人数下限?

表9-13 每天人员需求

星期	一	二	三	四	五	六	七
需要人数	6	7	6	8	7	10	9

2.是否会出现$X>W$的情况?若$X>W$,公式(9-49)如何修正?

3.考虑出勤率时,人员需求数如何确定?在考虑出勤率的基础上,在保证每周每个工人原则上最少休息2天的情况下。要求:最少人数为12人,但有4天多1人,若取11人,只有1天缺1人,在这种情况下应如何解决这一问题?

4.某物流企业平时需要12人,周末需要10人,每人每周休息2天。要求:(1)最少需要多少人?(2)运用Excel编制班次轮休计划。

5.某物流企业某班组每天需要8人,每周每人休息2天。要求:(1)最少需要多少人?(2)班次计划如何安排?

6.某物流企业平时需要9人,周末需要12人,每人每周休息2天。要求:(1)最少需要多少人?(2)班次计划如何安排?

第10章 库存管理

❖ 引 例

海尔集团信息化成本管理对策与建议

一、公司概况

(一)公司简介

海尔集团前身是成立于1984年的青岛电冰箱总厂，于1993年11月在上交所上市交易。其主要产品是冰箱、空调和洗衣机等大型家电。海尔集团是名列世界500强的跨国公司，且排名不断上升，入选"全球最受赞赏公司"榜单。海尔集团是同时具有智能化和全球化发展战略的企业。

(二)公司战略分析

运用SWOT战略分析方式对海尔集团的战略环境进行评估。

S（优势）：海尔集团的智能化和全球化发展给其带来了很大的优势。信息化财务信息共享中心和管理信息系统减少了海尔集团的信息不对称现象，提高了决策的准确性，降低了沉没成本和管理费用。智能化家居的数字化体验也是企业优势，海尔集团的国际化销售收获颇丰。

W（劣势）：虽然海尔集团一直努力发展小家电业务，但冰箱、空调和洗衣机三大家电产品依然是其核心收入和利润来源。

O（机会）：消费者对居家体验的要求越来越高，全球智能化家居需求增加，传统家居用品已经无法满足消费者的需求。海尔集团的智能化家居为自身利润增长提供了机会。同时，智能小家电的市场有待开发。

T（威胁）：近年房地产业不景气。家电作为海尔集团的主要产品，注定会受到房地产业的影响，国家政策的变化也增加了海尔集团全面预算的难度。

二、海尔集团信息化成本管理存在的问题

第一，信息不对称导致信息质量难以保证。海尔集团海内外许多分支机构都有属于自己的财务核算系统和信息系统，财务和业务也都有独立的运作系统，各个部门与信息技术部门之间建立了繁多的数据接口。各个分支机构对信息的集成度没有太高要求，拥有独立的系统和流程，便于操作。但对于集团财务总部来说，分支机构的独立系统反而会导致出现"信息孤岛"现象，极大地增加集团财务部门的工作难度。信息的逐级传递也会增加数据输出和反馈的时长，导致信息的集成度过低。若没有完善统一的数据收集处理规则，难以保证财务信息传递的及时性和质量。

第二，准时制生产方式存在风险。存货成本包括取得成本、储存成本和缺货成本，而海尔集团的准时制生产方式因没有计算误差导致存货中断，并紧急采购代用材料解决库存中断的缺货问题，这些成本会消耗大量的流动资金。尽管准时制生产方式会降低仓储成本，但也使海尔集团的成本管理失去了灵活性。

第三，营销成本占比过高。海尔集团将成本战略重心放在销售和售后服务环节，导致集团销售费用占比过高。与行业标杆美的集团相比，海尔集团的销售费用高于研发费用，主打智能家居的营销占比过高，难以让顾客对产品的质量和智能化产生信任。

三、海尔集团信息化成本管理的改进意见

第一，不断加强信息系统的优化。海尔集团要不断优化升级财务系统，紧跟时代，引进以"互联网+"为基础的财务信息系统，构建大数据分析模式，同时提高外部接入系统的便利性，为顾客提供更加便捷的服务。海尔集团要想保证财务、业务流程更加完整，业务财务信息融合更加高效，就必须不断拓展财务信息系统的功能，充分注重业务流程接入财务共享服务中心的及时性，提高信息质量，保证信息系统顺畅运行。

第二，适当设置保险储备。海尔集团的准时制生产方式假定存货的供需稳定、每日需求量和交货时间固定不变，但实际上存货的每日需求量和交货时间都有可能发生变化，如需求增加或因为各种不可抗力发生送货延迟的情况。为了避免这种情况的发生，海尔集团可以运用信息系统，根据缺货量的概率计算出总成本最低的最优方案准备保险储备，根据共享信息系统在不同地区调度应急存货，以备不时之需。

第三，将成本重心由营销向研发转移。海尔集团的主要经营方向是智能家居的销售，但研发支出的占比显然不符合其市场定位。尽管海尔的管理信息系统和财务共享中心紧跟时代发展的步伐，但作为智能化战略的核心，智能家居的不断研发和更新换代是提高海尔集团核心竞争力的主要手段。因此，海尔集团应将成本中心由营销向研发转移。

资料来源：毛靖铷，雷雨馨. 海尔集团信息化成本管理案例分析［J］. 科技经济市场，2023（1）：107-109.

10.1　库存管理概述

库存管理包含仓库管理和库存控制两部分。仓库管理是指库存物料的科学存放、保

管，以减少损耗，防止丢失，方便存取，并提供即时库存信息；库存控制则要求在保证生产需求（一定服务水平）的前提下控制合理的库存水平，使总库存成本最低。本章主要讨论库存控制。库存与库存管理越来越被企业经营者特别是物流管理者所重视，成为企业"第三利润源泉"，是挖掘内部潜力、降低成本的重要途径。原材料、零部件、外协件库存外包逐渐成为物流企业与制造企业合作的新模式，可以使企业的物流成本降低10%左右。

10.1.1 库存的定义

根据国家标准《物流术语》（GB/T 18354—2021），库存（inventory）是指"储存作为今后按预定的目的使用而处于备用或非生产状态的物品"。库存是为了满足未来需要而暂时闲置的资源，制造业和服务业都有库存控制问题，人、财、物、信息各方面的资源都有库存问题。库存的形成与分类如图10-1所示。

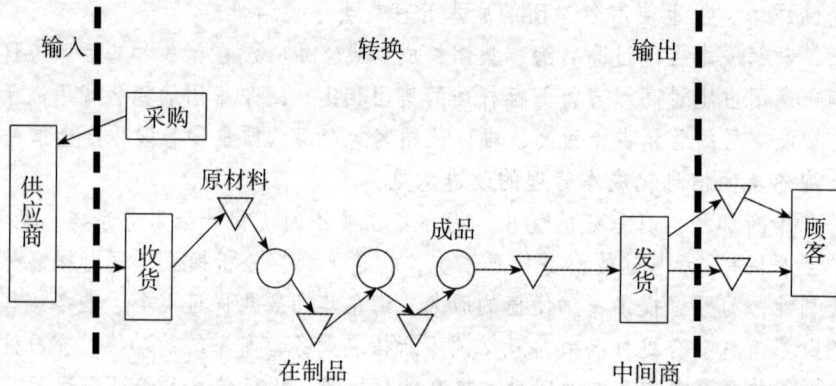

图10-1　库存的形成与分类图

10.1.2 库存的作用与弊端

10.1.2.1 库存的作用

库存是一把双刃剑，有利有弊。库存掩盖了管理的种种漏洞和问题。丰田把库存看作一种浪费，认为应该将其减少到最低限度。库存也是提高竞争力、防止缺货的重要手段。库存的功能主要包括以下几个方面：

（1）缩短供货周期，提高服务水平

当企业维持一定水平的成品库存时，可以随时满足顾客的订货需求，随到随取，不用经历整个生产周期（从采购、制造到最终成品），从而使企业的供货周期大幅度缩短，服务水平显著提高。

（2）缓解供需矛盾，维持生产均衡

由于人们生活水平不断提高，需求变化很快，市场需求很难预测，波动很大。在这种情况下，外部市场需求的波动与企业内部按均衡性组织生产的客观要求之间的矛盾加剧。此时，满足顾客需求和维持生产均衡的双重目标，客观上要求企业维持一定的产成品库存。

这样可以避免生产能力忽高忽低，用人忽多忽少，减少频繁招聘和解雇员工的烦恼。

（3）防止运营中断，确保运营过程的连续性

企业运营过程一般会涉及多个环节，有些环节或设备很容易出现故障或差错，如果不维持一定的在制品库存，一旦某一环节因故障而停工，则整个生产运营系统会中断，不能连续运营。维持一定的在制品库存是确保企业运营过程连续性的重要手段。

（4）防止短缺，确保正常供应

维持一定量的库存可以防止短缺和脱销，也可以应对各种需求或供应的变化，起到应急和缓冲的作用。例如，一个国家为了应对难以预料的战争和自然灾害，必须维持一定数量的战略物资储备。

（5）降低成本，获取规模效益

库存使企业能够实现规模经济。如果一个企业想要实现采购、运输和制造方面的规模经济，就需要设立库存。大批量的采购可以获得价格折扣和减少采购次数。因为当采购的数量足够大时，采购合同是根据年采购量来进行谈判的，而不是根据每个订单的采购数量来确定的。对于"三小一大一频"（即价值小、体积小、重量小，使用量大，使用频率高）产品，增加库存比准时采购好。

10.1.2.2　库存的弊端

（1）占用大量资金

无论是什么类型的库存，都需要占用大量资金。库存中的物品越多，能够满足顾客需求的可能性就越大，但占用的资金也就越多。多数中国企业原材料储备天数为20天，管理好的企业为7天左右，生产周期因产品和生产组织模式不同有较大差异。资金用量大、周转时间长严重影响企业的经济效益。有些企业认为其生产周期短，如2~3个月，货款3个月后才支付，所以库存多少没关系，不占用自己的资金，与自己没关系。这种想法是错误的。这是因为，一方面"羊毛出在羊身上"，供应商利润空间小了，给你的优惠空间就有限；另一方面，整个供应链不经济，整个社会就不经济。

（2）发生库存持有成本

库存持有成本指企业为持有库存所需花费的成本，主要包括占用资金的利息、保管费（仓库设施折旧费、仓库低值易耗品费、搬运费用、管理人员费用等）、保险费、库存物品价值损失费用（丢失或被盗、库存物品变旧、发生物理或化学变化导致价值的降低）等。

（3）带来一些管理上的问题

库存使许多问题不能及时暴露，因此会带来一些管理上的问题。例如，库存会掩盖经常发生的产品或零部件的制造质量问题。当废品率和返修率很高时，一种很自然的做法就是加大生产批量和在制品、产成品库存，掩盖在生产过程中及销售过程中存在的问题。库存水平高低与水库水位类似，较高的水库水位能使水库底下不平坦的底部被掩盖，较高的库存水平也能掩盖管理不到位的问题；反之，水库水位较低，水库底部不平坦的问题暴露无遗，较低的库存水平能使管理漏洞问题暴露出来（如图10-2所示）。

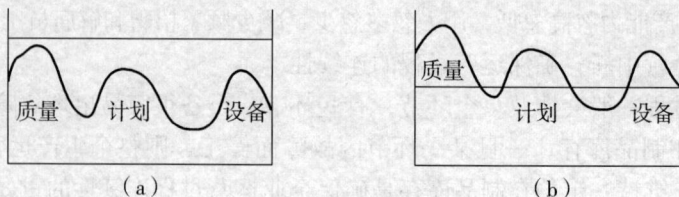

图10-2　库存的弊端

10.1.3　库存的类型

10.1.3.1　按库存在生产过程中和配送过程中所处的状态分类

（1）原材料库存

原材料库存是指在生产过程中企业需要持有一定数量的原料和材料，这些原料和材料必须符合企业生产所规定的要求。有时也将外购件库存划归为原材料库存。在生产企业中，原材料库存一般由供应部门来管理控制。

（2）在制品库存

在制品库存包括生产过程中不同阶段的半成品库存。其由生产部门来管理控制。

（3）维修库存

维修库存包括用于维修与养护的经常消耗的物品或备件，如润滑脂和机器零件，但是不包括产成品的维护活动所用的物品或备件。维修库存一般由设备维修部门来管理控制。

（4）产成品库存

产成品库存是准备运送给消费者的最终产品。这种库存通常由销售部门或物流部门来管理控制。

10.1.3.2　按库存的作用分类

（1）周转库存

周转库存的产生基于这样的想法：采购批量或生产批量越大，单位采购成本或生产成本就越低（可以节省订货费用，得到数量折扣）。这种由周期性的采购所形成的库存被称为周转库存。这里有两个概念：一是订货周期，即两次订货之间的间隔时间；二是订货批量，即每次订货的数量。这两者之间的关系是显而易见的。当总需求量一定时，每次订货批量越大，两次订货之间的间隔越长，周转库存量也越大。

（2）安全库存

由于需求和提前期等方面存在不确定性，企业需要持有超过周转库存的安全库存。安全库存是指为了应对需求、生产周期或供应周期等可能发生的无法预测的变化而设置的一定数量的库存。应付需求的安全库存水平高低与服务水平成正比，可依据服务水平确定安全库存。为了连续生产，设置安全库存与紧急订货天数或设备维修时间成正比，根据每天需求量或生产量加以确定。

（3）调节库存

这是为了调节需求与供应不均衡、生产速度与供应速度不均衡、各个生产阶段的投入与产出不均衡而设置的。例如，为了保持空调等季节性产品的均衡生产，淡季也按较高生产能力生产，多余部分储存起来，旺季生产能力不足时就消耗淡季储存的库存产品。这些储存起来的产品即调节库存，亦被称为季节性库存。

（4）在途库存

在途库存是指从一个地方到另一个地方处于运输过程中的物品。在途库存在没有到达目的地之前，不能用于销售或发货，但是可以将在途库存看作周转库存的一部分。这种库存是一种客观存在，而不是有意设置的。在途库存的大小取决于运输时间及该期间内的平均需求。

10.1.3.3　按库存物品需求的重复程度进行分类

（1）单周期库存

某类物品在一定时间内只订货一次，消耗完也不再补充订货，该类订货批量到达后所形成的库存即为单周期库存，如报纸、贺年卡以及圣诞礼品等。

（2）多周期库存

多周期库存是指为了满足在足够长的时间内，对某种物品的重复性和连续性的需求设置的库存（如图10-3所示）。例如，钢铁企业所用的铁矿石为了适应需求消耗，需要周期性补充；居民家庭所用的食品，消费完了需要重复采购。这些周期性重复采购即可形成多周期库存。

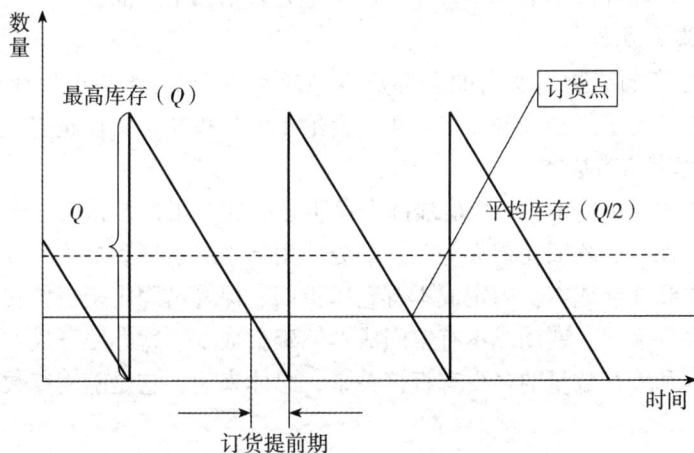

图10-3　库存周转及订货点图

10.1.3.4　按库存物品的需求特性进行分类

（1）独立需求库存

独立需求库存是指不同物品之间的需求互不关联，需求的数量与概率具有随机性和不确定性，是不受管理者的意志所左右的，只能通过预测的方法来确定。在企业中，来自外部用户对本企业产品的需求即独立需求，由该类需求导致的库存即独立需求库存。

（2）相关需求库存

相关需求库存是指某类物品的需求与其他物品的需求之间具有一定关联性，其需求数量与时间可借助两者之间的数量关系计算得出。例如，某企业接到100辆某种型号的轿车订单，依据该类轿车的结构情况，会派生出需要400个轮子以及不同数量的各种各样的零部件，这种由企业内部物料内在的隶属关系产生的需求所导致的库存即相关需求库存。

（3）确定性需求库存

确定性需求库存是指对某种物料在未来一段时间内的需求数量事先确切知道，具有一定的稳定性。

（4）随机性需求库存

随机性需求库存是指对某种物料在未来一段时间内的需求数量事先不能确切知道，但可以根据历史资料推断其统计特征，了解其概率分布。

10.2　经济订货批量模型

10.2.1　库存成本构成

库存管理的任务是用最少的费用在适宜的时间和地点获取适当数量的原材料、消耗品或最终产品。库存是包含经济价值的物质资产，购置和储存都会产生费用。物流成本的高低常常取决于库存成本的大小。库存成本主要包括以下方面：

10.2.1.1　购买成本

购买成本是指购买物料所需的全部资金（成本）。它与购买单价和全年需求量有关。通常，销售商为了鼓励采购商多购买，会给予价格折扣，买得越多，单价越低。

10.2.1.2　库存持有成本

库存持有成本（holding cost）是维持库存所必需的费用，包括资金成本、仓库及设备折旧、税收、保险、陈旧化损失等。这部分费用与物品价值和平均库存量有关。它可以分为固定成本和变动成本。固定成本有仓库折旧、保管员固定工资等费用。固定成本和库存数量的多少无关。变动成本有空间成本、资金成本、库存服务成本和库存风险成本等。变动成本和库存数量的多少有直接关系，总体来说，它是随库存数量增加而上升的费用。

10.2.1.3　订货成本

订货成本（ordering cost）是指企业为了实现一次订货而进行的各种活动的费用。订货成本与发出订单活动和收货活动有关，包括评判要价、谈判、准备订单、通信、收货检查等，一般与订货次数有关，而与一次订多少无关。

订货成本和库存持有成本随着订货规模的变化而呈反比例变化。随着订货规模（或生产数量）的增加，库存持有成本增加，而订货（或生产准备）成本降低。

10.2.1.4　加工成本

加工成本是指加工一批零件（产品）所需支付的加工费用，与价格折扣类似，每次加工数量越大，单位加工成本越低。

10.2.1.5　生产准备成本

生产准备成本也称调整准备费，是指为生产订购的物品而调整整个生产过程的成本。例如，加工零件一般需要准备图纸、工艺和工具，调整机床，安装工艺装备。如果花费一次生产准备成本，多加工一些零件，则分摊在每个零件上的生产准备成本就少，但扩大加工批量会增加库存持有成本。生产准备成本通常包括准备工作命令单、安排作业、生产前准备、更换或增添设备和质量验收等费用。

10.2.1.6 缺货成本

缺货成本是指由库存供应中断而造成的损失，包括原材料供应中断造成的停工损失、产成品库存缺货造成的延迟发货损失和丧失销售机会的损失（还包括商誉损失）。如果企业以紧急采购代用材料来解决库存材料的短缺，那么缺货成本表现为紧急额外购入成本（紧急采购成本大于正常采购成本的部分）。当一种产品缺货时，客户就会购买竞争对手的产品，这样就对企业造成直接利润损失，如果失去客户，还可能为企业造成间接或长期的利润损失。在物流供应方面，原材料、半成品或零配件的缺货意味着机器空闲，甚至关闭全部生产线。

当企业的客户得不到全部订货时，称外部短缺；当企业内部某个部门得不到全部订货时，称内部短缺。外部短缺会产生延期交货、失销（失去部分销售额）、失去客户 3 种情况。

10.2.2 库存总成本（费用）

计算库存总成本一般以年为时间单位（也可以是单位时间、月或周等）。年库存总成本包括以下 4 项：

10.2.2.1 年持有成本

年持有成本以 C_H 表示，是指持有库存一年（或其他时间单位）所必需的费用，包括资金成本、仓库及设备折旧、税收、保险、陈旧化损失等。这部分费用与物品价值和平均库存量有关。

10.2.2.2 年补充订货成本

年补充订货成本以 C_R 表示。它与全年（或其他时间单位）发生的订货次数有关，一般与一次订多少无关。

10.2.2.3 年购买成本（加工费）

年购买成本以 C_P 表示，它与价格和订货数量有关。

10.2.2.4 年缺货损失成本

年缺货损失成本以 C_S 表示。它反映销售减少带来的损失、信誉损失以及影响生产造成的损失。它与缺货多少、缺货次数有关，有时按少买一件损失多少钱计算单位损失，有时按紧急订货追加额外费用计算。但损失客户带来的潜在损失难以确定，所以通常在经济订货批量模型中不考虑此因素。

若以 C_T 表示年库存总成本，则：

$$C_T = C_H + C_R + C_P + C_S \qquad (10-1)$$

对库存进行优化的目标就是要使 C_T 最小。

10.2.3 经济订货批量模型

10.2.3.1 经济订货批量模型1

1915年，哈里斯（F. W. Harris）提出经济订货批量（economic order quantity，EOQ）模型（如图10-4所示）。该模型有如下假设条件：① 外部对库存系统的需求率已知，需求率均匀且为常量。年需求量以 D 表示，单位时间需求率以 d 表示。② 一次订货量无最大、最小限制。③ 采购、运输均无价格折扣。④ 订货提前期（TL）已知，且为常量。⑤ 订货费与订货批量无关。⑥ 维持库存费是库存量的线性函数。⑦ 不允许缺货。⑧ 补充率为无限大，全部订货一次交付。⑨ 采用固定量系统。

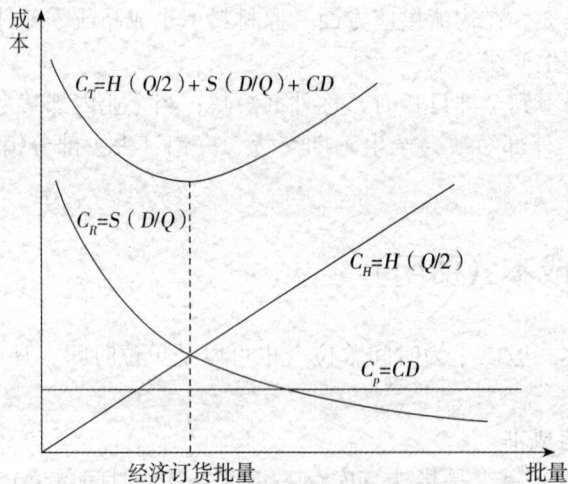

图10-4 经济订货批量模型

总成本函数为：$C_T = C_H + C_R + C_P = H(Q/2) + S(D/Q) + CD$ (10-2)

对 Q 求导数，令导数等于0，得：$Q^o = EOQ = \sqrt{\dfrac{2DS}{H}}$ (10-3)

式中：Q^o 为经济批量；S 为一次订货费或调整准备费；H 为单位维持库存费，$H = C \cdot h$，C 为单价，h 为资金效果系数；D 为年需求量。

不求导数也可获得经济订货批量表达式，因为 C 为常数，D 也为常数，所以 CD 为常数，不影响最优解，所以可以不予考虑。$H(Q/2)$ 是使成本增加的力量，$S(D/Q)$ 是使成本减少的力量，二者相等时就是最优解（如图10-4所示）。

【例10-1】某公司以单价10元每年购入某种产品8 000件，每次订货费用为30元，单位持有库存费按所库存货物价值的18%计算，每次订货的提前期为2周。试求经济订货批量、最低年总成本、年订购次数和订货点。

【解】$D = 8\ 000$，$S = 30$，$h = 18\%$，$LT = 2$ 周，$C = 10$。

经济订货批量为：

$Q^o = [2DS/(C \cdot h)]^{0.5} = [2 \times 8\ 000 \times 30 \div (10 \times 18\%)]^{0.5} = 516$（件）

每周需求量为：

$d=D/52=8\ 000\div52=154$（件/周）

订货点数量为（如图10-3所示）：

$R=d\cdot LT=154\times2=308$（件）

年最小总成本为：

$C_T=D\cdot S/Q+0.5Q\cdot C\cdot h+CD$

$=8\ 000\times30\div516+0.5\times516\times10\times18\%+10\times8\ 000$

$=80\ 930$（元）

一年订货次数为：

$N=D/Q=8\ 000\div516=16$（次）

【例10-2】某企业年需要物资量为14 400件（B2），该物资的单价为0.40元（B3），存储费率为25%（B4），每次的订货成本为20元（B5），一年工作52周，订货提前期为一周（B6）。要求：（1）经济订货批量（B7）是多少？（2）一年应该订几次货（B9）？（注：要求写出 Excel 公式）

【解】经济订货批量为：

$Q^o=(2DS/H)^{0.5}=[2\times14\ 400\times20\div(0.4\times25\%)]^{0.5}=2\ 400$（件）

Excel 公式为：（2*B2*B5/（B3*B4））^0.5

一年订货次数为：$N=D/Q=14\ 400\div2\ 400=6$（次）

Excel 公式为：B2/（2*B2*B5/（B3*B4））^0.5

订货点数量为：$R=(14\ 400\div52)\times1=277$（件）

Excel 公式为：（B2/52）*B6

10.2.3.2　经济订货批量模型2

其假设条件除与经济订货批量模型1的第⑧条不一样外，其余都相同。这里$p>d$，p为生产速率（如图10-5所示）。

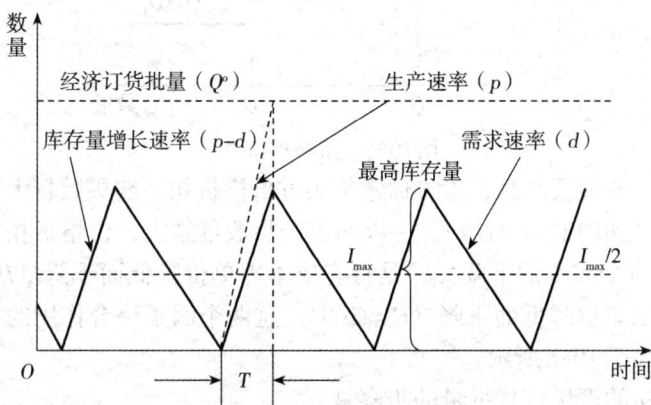

图10-5　边生产边消耗库存周转图

图10-5中，I_{max}为最高库存量，T为生产时间。

$\because T=Q/p$，$I_{max}=(p-d)T=(p-d)Q/p$

$\therefore C_T=C_H+C_R+C_P=H(Q/2)+S(D/Q)+CD$

$=H(p-d)Q/2p+S(D/Q)+CD$　　　　　　　　　　　　　　　　（10-4）

对 Q 求导数，令导数等于 0，得：

$$EPL = \sqrt{\frac{2DS}{H\left(1 - \dfrac{d}{p}\right)}} \qquad (10\text{-}5)$$

【例 10-3】吉林省某毛纺织厂生产面料，生产能力是每天 2 000 米，市场需求量为 240 000 米，每批生产的调整准备费为 280 元，单位持有费用是 3 元/米·年。要求：(1) 工厂的经济生产批量 EPL 是多少？(2) 每次开工，工厂需要持续生产多少天才能完成任务？(3) 最高库存水平是多少？(假设安全库存为零)

【解】$D=240\,000$，$p=2\,000$，$H=3$，$S=280$。

$d = D/365 = 240\,000 \div 365 = 658$（米/天）

$EPL = \{2DSp/\left[H\,(p-d)\right]\}^{0.5}$

$\quad = \{2 \times 240\,000 \times 280 \times 2\,000 \div \left[3 \times (2\,000-658)\right]\}^{0.5}$

$\quad = 8\,171$（米）

生产天数：$T = Q/p = 8\,171 \div 2\,000 = 4.09$（天）

最高库存水平：$I_{max} = T\,(p-d) = 4.09 \times (2\,000-658) = 5\,489$（米）

10.2.3.3　经济订货批量模型 3

经济订货批量模型 3 是指 C 不为常数、带有价格折扣的情况。折扣情况如图 10-6 至图 10-8 所示。

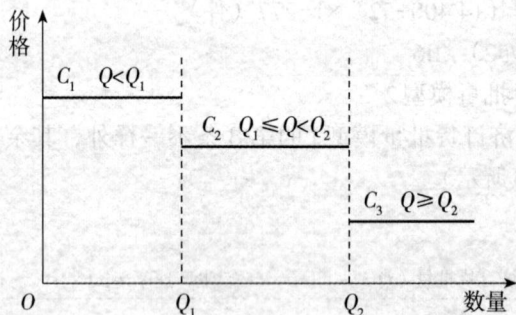

图10-6　价格折扣图

为了鼓励购买者多买产品，卖方通常给买方价格折扣，购买数量大于等于一定数量时会有价格折扣（如图 10-6 所示）。一次购买产品数量越大，价格折扣越大，单价就越低。这样会导致两个成本的下降：一是持有成本因单价降低而下降（$H = C \cdot h$）；二是全年产品购买成本因单价降低而下降（$C_p = C \cdot D$）。这两个因素综合作用的结果会影响总成本最低的位置（如图 10-8 所示）。

求有价格折扣的最优订货批量的步骤是：

① 取最低价格代入基本经济订货批量公式，求出最佳订货批量 Q^o。若 Q^o 可行（即所求的点在图 10-7 最上面 3 段实线构成的 3 段曲线中的位置最低的那段上），Q^o 即最优订货批量，否则转步骤②。

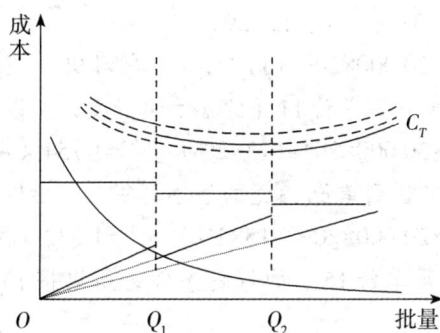

图10-7　价格折扣成本曲线图

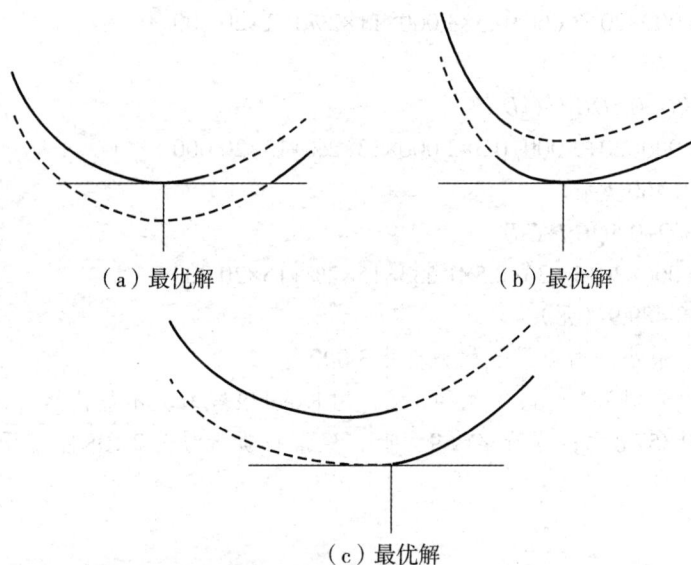

（a）最优解　　　　　（b）最优解

（c）最优解

图10-8　折扣最优解的3种情况图

② 取次低价格代入基本经济订货批量公式求出 Q^o。如果 Q^o 可行，计算订货量为 Q^o 时的总费用和所有大于 Q_o 的数量折扣点（曲线中断点，即图10-7中所有数量大于 Q_o 对应总成本曲线各段下端点对应的总费用）所对应的总费用，取其中最小总费用所对应的数量，即最优订货批量。

如果 Q^o 不可行，重复步骤②，直到找到一个可行的经济订货批量。

【例10-4】已知一次订货费为20元，单位维持库存费为库存物品价值的2%，年需要量为20 000件，其他资料参见表10-1。求最佳订货量。

表10-1　　　　　　　　　　　　　　　　　**价格折扣**　　　　　　　　　　　　　　　单位：元

订货量	单　价
0<Q<2 000	15
2 000≤Q<3 000	13
3 000<Q	11

【解】H_1=15×2%，H_2=13×2%，H_3=11×2%。

Q_3^o=$(2DS/H_3)^{0.5}$=$[2×20\ 000×20÷(11×2\%)]^{0.5}$=1 907（件）

因为1 907<3 000，没有达到单价11元的最小订货量，所以不可行。

Q_2^o=$(2DS/H_2)^{0.5}$=$[2×20\ 000×20÷(13×2\%)]^{0.5}$=1 754（件）

因为1 754<2 000，没有达到单价13元的最小订货量，所以不可行。

Q_1^o=$(2DS/H_1)^{0.5}$=$[2×20\ 000×20÷(15×2\%)]^{0.5}$=1 633（件）

因为1 633<2 000，满足单价15元的订货条件，所以按15元单价计算的经济批量可行。

$$C_{T(3000)}=DS/Q+0.5Q \cdot C_3 I+C_3 D$$
$$=20\ 000×20÷3\ 000+0.5×3\ 000×11×2\%+11×20\ 000$$
$$=220\ 463.3（元）$$

$$C_{T(2000)}=DS/Q+0.5QC_2 I+C_2 D$$
$$=20\ 000×20÷2\ 000+0.5×2\ 000×13×2\%+13×20\ 000$$
$$=260\ 460（元）$$

$$C_{T(1633)}=DS/Q+0.5QC_1 I+C_1 D$$
$$=20\ 000×20÷1\ 633+0.5×1\ 633×15×2\%+15×20\ 000$$
$$=300\ 489.9（元）$$

因为$C_{T(3000)}$最小，所以最优解为订货3 000件。

若价格折扣分别为10元、9元和8元，用Excel很容易算出最优解为3 000件，总成本$C_{T(3000)}$为160 357.8元；当价格为9元时，经济订货批量为2 108件，可行，$C_{T(2108)}$为180 379.5元。

10.3　单周期库存模型

10.3.1　单周期库存模型解法1——损益值法

单周期库存模型是指季节性、易腐蚀、易坏产品的库存模型，也称报童模型。已知各种需求的发生概率，每份报纸卖出获利（M_P）0.3元，每份报纸卖不出去损失（M_L）0.2元，求最佳进货策略和最大平均收益。解法1是列出矩阵表，把各种情况下的损益值填入表中，计算每种方案的期望收益，其中最大者为最佳策略，对应收益为最大平均收益。

【例10-5】某企业销售易坏食品，根据以往资料可知各种需求的发生概率（见表10-2），进货成本为每箱40元，售价为70元，当天卖出一件获利30元，10箱为300元（M_P），若卖不出去，每箱净损失15元，10箱为150元（M_L）。求最佳进货策略和每天最大平均收益。（为了便于用Excel计算，表格参照Excel形式，列的序号用英文字母编排。）

表10-2 各种需求的发生概率

		A	B	C	D	E	F	G
1	需求	50	60	70	80	90	100
2	发生概率	0.15	0.20	0.25	0.20	0.10	0.10

【解】首先把各种情况下的损益值填入表10-3中，然后计算每种方案的期望收益，其中最大者为最佳策略。

各方案下的损益值计算如下：

进50箱时，因为1箱获利M_P=30元，需求虽然都大于等于50，但只有50箱可销售，所以各种状态下的损益值都是50×30=1 500（元）。

进60箱时，因为1箱获利M_P=30元，每箱净损失M_L=15元。状态一（第一种需求情况，即50箱），需求为50箱，卖出50箱，此时获利50×30=1 500（元），还有10箱没卖出去，损失10×15=150（元），所以损益值为1 500-150=1 350（元）。状态二至状态六（第二至第六种需求情况）与进50箱时类似，都是60×30=1 800（元）。

可用如下公式计算所有状态下的损益值：

损益值=卖出数量×每箱获利-卖不出的数量×每箱损失

根据上述公式可计算其他状态下的损益值（见表10-3）。

表10-3 损益值与期望值计算表 单位：元

		A	B	C	D	E	F	G	H
1	需求	50	60	70	80	90	100	期望收益（S）
2	发生概率	0.15	0.20	0.25	0.20	0.10	0.10	
3	卖出概率	1.00	0.85	0.65	0.40	0.20	0.10	
4	50	1 500	1 500	1 500	1 500	1 500	1 500	1 500
5	60	1 350	1 800	1 800	1 800	1 800	1 800	1 732
6	70	1 200	1 650	2 100	2 100	2 100	2 100	1 875
7	80	1 050	1 500	1 950	2 400	2 400	2 400	1 905
8	90	900	1 350	1 800	2 250	2 700	2 700	1 845
9	100	750	1 200	1 650	2 100	2 550	3 000	1 740

S_{80}=1 050×0.15+1 500×0.20+1 950×0.25+2 400×0.40+2 400×0.10+2 400×0.10
=1 905（元）

同理，可分别计算出：S_{50}=1 500元，S_{60}=1 732元，S_{70}=1 875元，S_{90}=1 845元，S_{100}=1 740元。

每天期望收益最大是1 905元，对应进货为80箱，因此，最优解为进货80箱，每天平均收益最大为1 905元（见表10-3）。

与此相对应的是列表计算损失，期望损失最小对应的箱数也是80箱，同样可求最优解。但是，该方法一方面每天平均最大收益还得单独计算，另一方面容易搞混，不易掌握，故这里不予介绍。

解法1若用Excel求解，方法有很多，其中效率高的解法为：损益值计算用公式"=IF（\$A4>=B\$1，B\$1*M_P−（\$A4−B\$1）*M_L，\$A4*M_P）"（此处的M_P和M_L为具体数值），然后复制整个矩阵表的损益值计算格；期望收益计算用公式"=SUMPRODUCT（B\$2：G\$2，B4：G4）"，然后复制到期望收益计算列即可自动算出结果。

10.3.2 单周期库存模型解法2——边际期望收益法

边际期望收益法的思路是：

若需求函数为连续函数，当期望边际收益等于期望边际损失时为最优解。

若需求函数为离散函数，从前往后看，当最后一个期望边际收益大于等于期望边际损失时所对应的策略为最优解；从后往前看，当第一个出现期望边际收益大于等于期望边际损失时所对应的策略为最优解。

设卖出概率（获利发生概率）为$P(x)$，当需求函数为连续函数时，最优解条件为：

$$P(x) M_P= [1-P(x)] M_L$$

解得：$P(x)=M_L/(M_P+M_L)$ （10-6）

卖出概率（获利发生概率）是从后面往前累计，即只要需求大于等于进货箱数，就能卖出去。

当需求函数为离散函数时，最优解满足下面约束条件：从后往前看，当第一个出现期望边际收益大于等于期望边际损失时所对应的策略为最优解（从前往后看，当最后一个期望边际收益大于等于期望边际损失时所对应的策略）。

约束条件为：

$$P(x) M_P\geqslant [1-P(x)] M_L$$

$$P(x) \geqslant M_L/(M_P+M_L)$$

注意：$M_P/(M_P+M_L)$代表卖不出的概率。

【例10-6】以例10-5中的表10-3中的数据为例，从后往前看，当第一个出现期望边际收益大于等于期望边际损失时所对应的策略为80箱（从前往后看，当最后一个期望边际收益大于等于期望边际损失时所对应的策略为最优解，因为再增加采购量，目标函数就会减少，它是最后一个能使目标函数增加的策略），因此，最优策略为进货80箱，每天平均收益最大为1 905元。其具体计算过程如下：

$$P(80)=0.4\geqslant M_L/(M_P+M_L)=150\div(300+150)=1/3$$

$$S_{80}=1\,050\times0.15+1\,500\times0.2+1\,950\times0.25+2\,400\times0.4+2\,400\times0.1+2\,400\times0.1=1\,905（元）$$

10.3.3 单周期库存模型解法3——边际期望净收益法

边际期望净收益法展示利润增加过程和得最优解的情况，既可得出最优策略，又可通过计算累计期望收益，得出最优策略对应的最大期望收益，还有助于理解第二种方法。其原理是只要边际净收益大于零就可使总收益增加；一旦出现边际净收益为负数，总收益就会减少，因此，最后一个边际净收益大于零的策略（方案）为最优解。若其后面策略对应边际净收益为零，因为该策略既不能使总收益增加，也不能使总收益减少，所以它也是最优解，即出现边际净收益为零时，有两个最优解策略：一个是边际净收益为零对应的策略；另一个是它前面的那个策略，即最后一个可使总收益增加、边际净收益大于零的对策。

【例10-7】卖一件产品，可获利30千元（M_P），当天卖不出去净损失15千元（M_L），其他资料参见表10-4。求最优策略和平均每天最大期望收益。

表10-4　　　　　　　边际期望净收益法的计算过程（用Excel）　　　　金额单位：千元

需求箱数	1	2	3	4	5	6	M_P	M_L
发生概率	0.1	0.2	0.25	0.2	0.15	0.1	30	15
卖出概率	1	0.9	0.7	0.45	0.25	0.1		
卖不出概率	0	0.1	0.3	0.55	0.75	0.9		
期望收益	30	27	21	13.5	7.5	3		
期望损失	0	1.5	4.5	8.25	11.25	13.5		
净收益	30	25.5	16.5	5.25	-3.75	-10.5		
累计收益	30	55.5	72	77.25	73.5	63		

【解】（1）计算卖出概率和卖不出概率。

计算进6箱时的卖出概率和卖不出概率。表10-4中第一行是需求箱数，既可视为6种状态，也可同时看成决策者可采取的6种策略。从后往前看，状态6发生的概率为0.1，若决策者采取进6箱策略，则能卖出概率也为0.1，因为卖出概率和卖不出概率之和为1，所以进6箱卖不出概率为0.9。

若决策者采取进5箱策略，市场正好需求5箱，进5箱能卖出去，需求6箱，进5箱也能卖出去，因此，进5箱能卖出去这一事件是由需求5箱和需求6箱组成，其卖出概率是这两个事件发生概率之和，故有：

5箱能卖出概率=5箱市场需求概率+6箱市场需求概率=0.15+0.1=0.25

5箱卖不出概率=1-5箱能卖出概率=1-0.25=0.75

4箱能卖出概率=4箱市场需求概率+5箱市场需求概率+6箱市场需求概率
　　　　　　　=0.2+0.15+0.1=0.45

4箱卖不出概率=1-4箱能卖出概率=1-0.45=0.55

以此类推，参见表10-4。

（2）计算各状态（策略）下边际期望净收益和累计边际期望净收益。

状态（策略）1：

边际期望收益=边际收益×卖出概率=30×1=30（千元）

边际期望损失=边际损失×卖不出概率=15×0=0

边际期望净收益=边际期望收益-边际期望损失=30-0=30（千元）

累计边际期望净收益=状态1边际期望净收益

状态（策略）2：

边际期望收益=边际收益×卖出概率=30×0.9=27（千元）

边际期望损失=边际损失×卖不出概率=15×0.1=1.5（千元）

边际期望净收益=边际期望收益-边际期望损失=27-1.5=25.5（千元）

累计边际期望净收益=状态1边际期望净收益+状态2边际期望净收益

$$=30+25.5=55.5（千元）$$

以此类推，可得其他状态下的相关数据，参见表10-4。

最优解是边际期望收益从前往后看，当最后一个大于等于边际期望损失时所对应的策略。表10-4显示，4箱是最后一个满足条件的，从5箱开始边际期望损失开始大于边际期望收益。因此，4箱为最优解。从累计收益一行也可以看出，4箱对应实现期望收益最大为77.25千元。

此类问题Excel公式比较简单，只涉及乘法、加减法和求累计和，前面章节涉及过此类Excel公式，这里就不再详细介绍（注：表10-4中计算数据也是用Excel公式自动算出的）。

10.4　库存管理与控制

10.4.1　ABC分类管理法

10.4.1.1　ABC分类的基本思想

意大利经济学家帕累托（Pareto）于1879年在研究社会财富的分布状态时，发现社会财富的80%被20%左右的少数人所占有，即发现了所谓"关键的少数和次要的多数"的关系。这种规律在社会经济生活中具有普遍性，即存在所谓的20-80的统计规律，简称20-80律。在商业中，20%的关键客户创造了80%的利润；80%的次要客户只创造了20%左右的利润。质量管理中影响质量的因素也是如此。企业需要购入的物料很多，多数企业的物料成本也具有这一规律。ABC分类的库存控制方法正是在20-80律的指导下，通过对库存物品分类，找出占用大量资金的少数物品，并对其施以严格的控制与管理。而对占用少量资金的物品，施以较松的控制和管理。实际应用中，通常人们将占用了65%~80%的价值的15%~20%的物品划归为A类；将占用了15%~20%的价值的30%~40%的物品划归为B类；将占用了5%~15%的价值的40%~55%的物品划归为C类（如图10-9所示）。

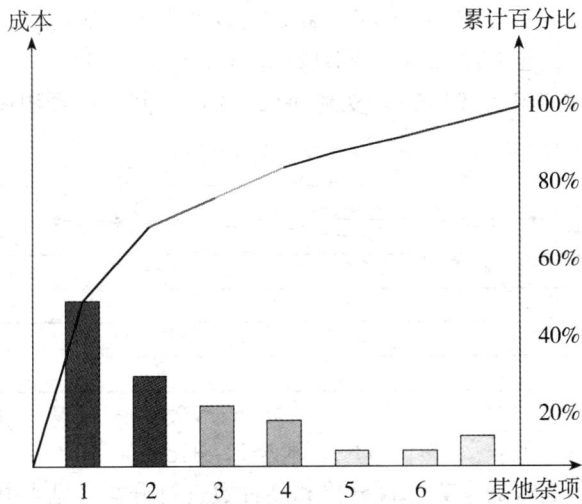

图10-9 ABC分类图

10.4.1.2 库存物品ABC分类的步骤

第一，将库存物品价值数据导入Excel中（见表10-5）。

表10-5 **库存物品ABC分类（用Excel）** 单位：元

	A	B	C	D	E	F	G	H
1	物资代码	年使用量	单价	年费用	累计费用	累计百分比（%）	序号	分类
2	Y-15	289 000	0.10	28 900	28 900	39.24	1	A
3	X-28	208 000	0.12	24 960	53 860	73.14	2	A
4	C-11	110 000	0.05	5 500	59 360	80.61	3	B
5	U-16	75 000	0.07	5 250	64 610	87.74	4	B
6	X-30	50 000	0.08	4 000	68 610	93.17	5	B
7	V-9	16 000	0.11	1 760	70 370	95.56	6	C
8	B-83	15 000	0.09	1 350	71 720	97.39	7	C
9	M-30	8 000	0.15	1 200	72 920	99.02	8	C
10	K-19	5 000	0.10	500	73 420	99.70	9	C
11	Q-2	2 000	0.11	220	73 640	100.00	10	C
12	合计			73 640				

第二，在Excel中按照每种物品购入成本的累计金额（一年）进行自动降序排列（如图10-10所示）。

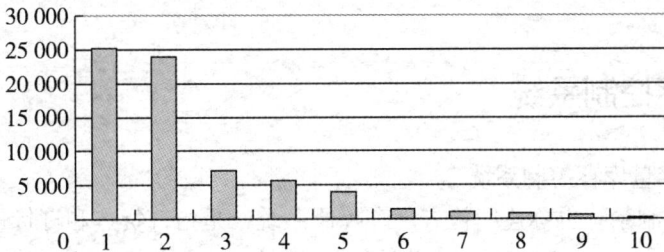

图10-10 成本排列图

第三，利用累计求和公式"=SUM（\$D\$2：D2）"，复制到E2：E11区间，计算不同物品成本累计数，这里D12=E11，或D12=SUM（D2：D11）。

第四，利用公式"=E2/\$D\$12"，复制到F2：F11区间，计算物料总成本累计百分比（如图10-11所示）。

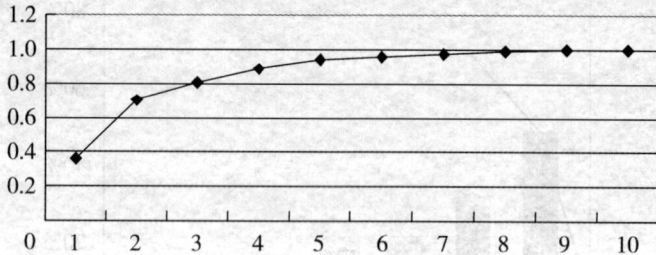

图10-11　成本累计百分比图

第五，根据物品购入成本累计百分比和品种数进行分类（见表10-5）。

10.4.1.3　各类物品的控制策略

（1）A类物品

对A类物品应重点控制成本，精确计算需求量、采购提前期，计算经济订货批量，挖掘潜力，降低库存量，缩短周转天数，减少库存天数；可通过供应链优化整合，减少企业这类库存数量。这类物料在有一定安全库存基础上尽量实施准时配送，降低成本；通过与供应商的有效沟通与协调，实现缩短订货提前期和准时交货的目标；严格执行每日或每周检查一次库存的盘点机制，提高对库存水平的控制精度。此外，需严格控制在制品库存及发货，实现物品外包装标准化，将物品放在易于出库的位置，采购须经高层主管核准。

（2）B类物品

对这类物品可以适当放松管控，不需要像A类物品管理那么严格，但也得准确算出需求量和库存周转天数，制定合理的采购批量，降低成本。除适宜对订货提前期较长或具有季节性需求特征的产品采用定期订货方式之外，通常应该采用定量订货方式；实行每两三周检查一次库存的盘点机制，进行中等数量采购，并须经中层主管核准。

（3）C类物品

对这类物品可采取大量采购的方式，以便减少订货成本，并获得价格折扣优惠。价值特别小且需求量很大的物品不宜采取准时采购模式。对C类物品可实行每半年或一年检查一次库存的盘点机制，通过大批量订货来简化其库存管理，其采购仅需基层主管核准。

10.4.2　库存控制系统

10.4.2.1　定量库存控制系统

定量库存控制系统也称连续检查库存控制系统，是指订货点和订货量都为固定量的库存控制系统，即（Q，RL）系统。其基本原理是：事先设置一个库存水平R，称其为订货点。当库存余额降低到小于或等于订货点时，厂商就向供应商发出一次订货，每次的订货量都是一个固定值 Q。经过一段时间该批订货到达，库存量增加 Q。从订货到货物到达所经历的时间称订货提前期，它一般由订货准备时间、发出订单、供方接受订货、供方生产、产品发运、产品到达、提货、验收以及入库等环节所组成。可见，订货提前期（LT）的构成比较复杂，一般为随机变量。图10-12给出了定量库存控制系统的基本运行模式和库存变化情况。

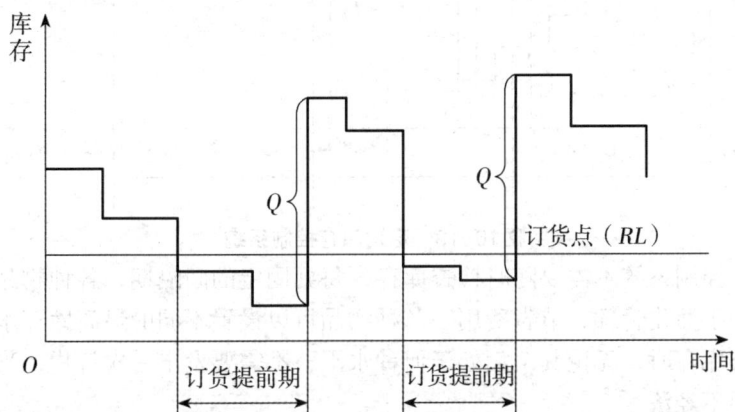

图10-12 定量库存控制系统

为了提高效率，在实际运用中可采用双仓（箱）系统（two-bin system）。双仓（箱）系统是指用两个仓（箱）存放物品，当第一个仓（箱）内存放的物品用完，即发出订货，在订货提前期内使用第二仓（箱）的存货，直到下一批订单到货，再将物品按两仓（箱）存放。

由上述可知，定量库存控制系统主要解决的是订货点与订货量的决策问题，即需要回答库存控制的两个问题：①何时发出订货？②每次的订货量应为多少？

10.4.2.2 定期库存控制系统

定量库存控制系统需要随时监视库存变化，当库存物品种类繁多时，工作量会很大；当订货费用较高，货物价值、体积和重量都较小时很不经济。定期库存控制系统能弥补这方面的不足。

定期库存控制系统也称固定间隔期系统，其库存检查周期固定，每次订货数量由检查库存时库存余额与最高库存水平之间的差额决定，不是固定的。定期库存控制系统的基本原理是：每隔一个固定的时间 t，对库存进行一次检查，并发出一次订货，其订货的数量为此时库存余额与最大库存水平 S 之间的差额。

图10-13给出了定期库存控制系统的运行模式及库存变化情况，表明经过固定间隔期 $t=t_i$，库存最高上限为 UPL。检查发现库存余额降为 L_1，此时发出数量为（$UPL-L_1$）的订货。经过订货提前期之后，上述订货到达。此后，再经过一个固定间隔期 $t=t_2$，库存余额为 L_2，此时发出数量为（$UPL-L_2$）的订货。如此周而复始地检查库存，补充库存量。

定期库存控制系统主要解决检查周期与订货量的决策问题，即需要回答库存控制的两个问题：①固定的库存检查周期以多长为宜？②每次的订货量应为多少？

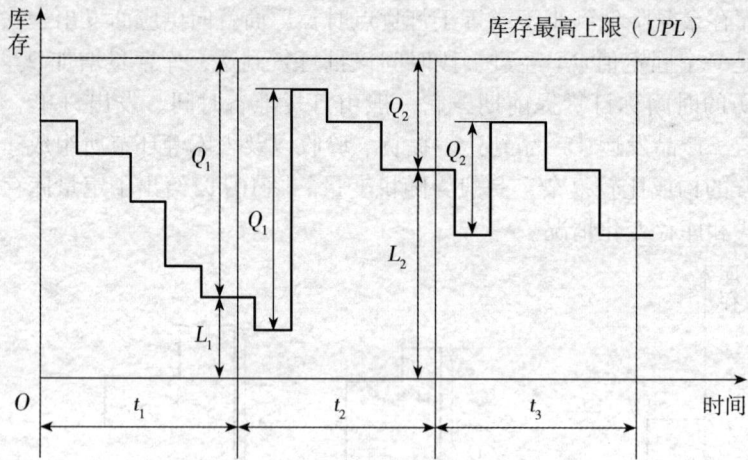

图10-13　定期库存控制系统

定期库存控制系统不需要随时检查库存，每到固定的间隔期，各种物品可以联合订货。这样有助于简化管理，节省费用。各种物品可以设置不同的最高库存水平。该策略的缺点是检查库存时，无论其余额处于何种水平，都需要发出一次订货；当订货量很少时，就显得很不经济。

10.4.2.3　最大最小库存控制系统

最大最小库存控制系统是定期控制系统与定量控制系统的混合产物（如图10-14所示）。其与定期控制系统的不同之处在于它确定了一个订货点（RL），当经过时间间隔 t 时，如果库存余额降至小于或等于 RL 的水平，则发出一次订货；否则，待下一次检查库存时再以同样的方式决定是否发出订货。其与定量控制系统的不同之处在于，每次的订货量不是固定的，而是取决于最大库存量（UPL）与订货点现有库存量之差额。

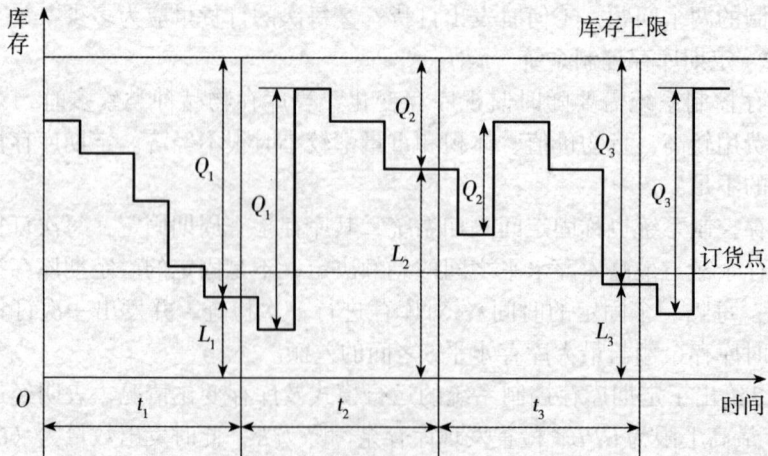

图10-14　最大最小库存控制系统

当经过固定间隔时间 t 之后，库存余额降至 L_1，因 $L_1 \leqslant RL$，所以发出订货 $Q_1 = UPL - L_1$。此后，经过订货提前期之后，上述订货到达。再经过固定间隔时间 t 之后，库存余额降至 L_2，因 $L_2 \geqslant RL$，所以本次不发出订货。再经过固定间隔期 t，库存余额降低至 L_3，

因 $L_3 \leqslant RL$，所以发出订货 $Q_3 = UPL - L_3$。如此循环往复地运行下去。带有安全库存的定量或定期控制模型如图10-15所示。

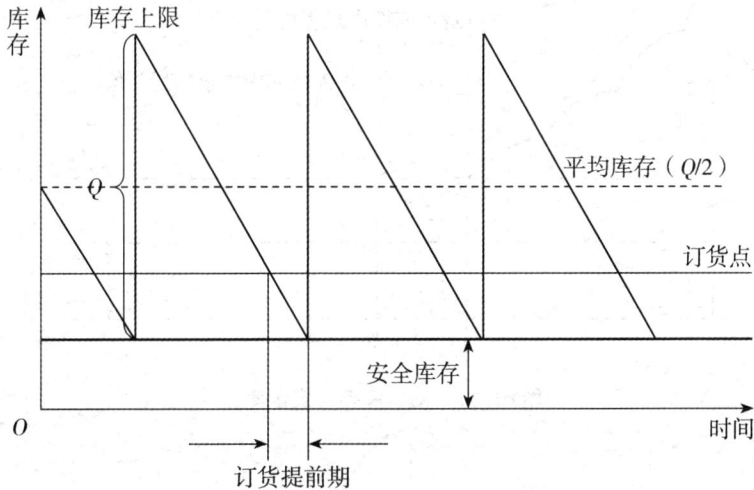

图10-15　库存周转及安全库存

10.4.2.4　随机库存控制问题

随机库存控制问题是指需求率和提前期中有一个为随机变量的库存控制问题。一般来讲，需求率和提前期都是随机变量（如图10-16和图10-17所示）。

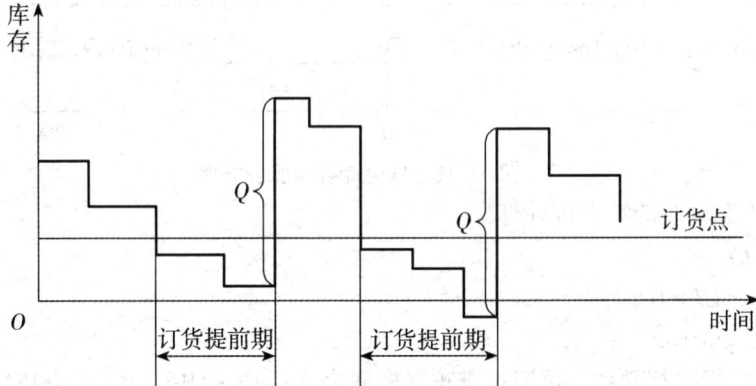

图10-16　随机库存控制系统

① 为了推导出安全库存的计算公式，我们作如下假设：某种物料服从每天平均需求率为 d、标准差为 s 的正态分布，其订货提前期也为正态分布的随机变量，且在不同的补充周期，这种分布不变；物料补充率无限大，全部订货一次同时交付；物料允许晚交货，即供应过程中允许缺货，但一旦到货，所欠物品就必须补上；无价格折扣。

② 相关变量的确定：

第一，订货量：直接用经济订货批量公式计算。

第二，安全库存的确定：

$$RL = D_E + SS \tag{10-7}$$

式中：D_E 为提前期内需求的期望值；SS 为安全库存（如图10-18所示）。

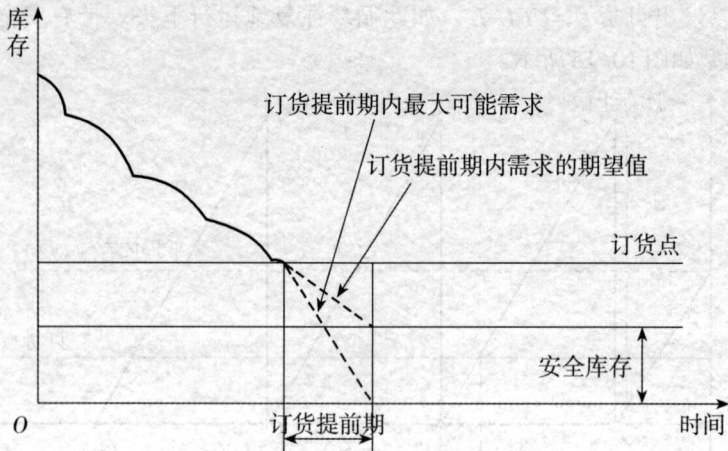

图10-17　随机库存与安全库存

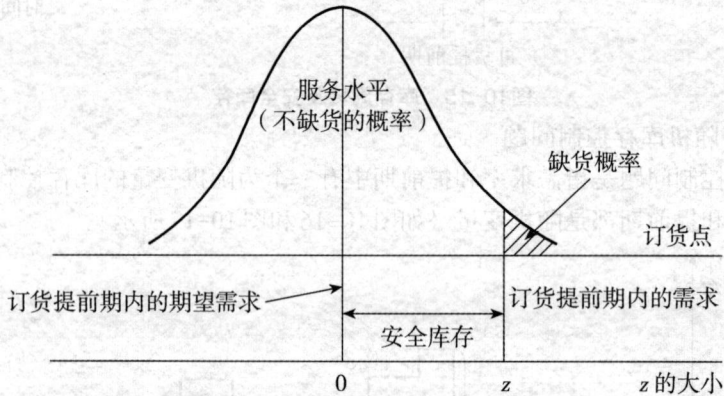

图10-18　安全库存与服务概率

根据正态分布的特点可计算出：

$$D_E = d \cdot LT \tag{10-8}$$

$$\sigma_E = \sigma \cdot (LT)^{0.5} \tag{10-9}$$

$$SS = RL - D_E = z \cdot \sigma_E \tag{10-10}$$

z 与服务概率相联系，可通过查正态概率表或用Excel中"=NORMSINV（P）"求得 z，P 为服务概率。

【例10-8】某产品平均每日需求60件，标准差为5件，订货提前期为9天，供货服务水平要求达到95%以上，经济订货批量为1 680件，问安全库存至少多少件？订货点库存为多少？

【解】$d=60$，$\sigma=5$，$LT=9$，$P(z)=95\%$，"=NORMSINV（0.95）"=1.65，所以：

$$\sigma_E = \sigma (LT)^{0.5} = 5 \times 9^{0.5} = 15 \text{（件）}$$

$$D_E = d \cdot LT = 60 \times 9 = 540 \text{（件）}$$

$$SS = RL - D_E = z \times \sigma_E = 1.65 \times 15 \approx 25 \text{（件）}$$

$$RL = D_E + SS = 540 + 25 = 565 \text{（件）}$$

所以，安全库存至少为25件，订货点库存为565件。

❖ **案例窗 10-1**

夏洛伊公司的泳装生产

夏洛伊公司设计、生产并销售夏季时尚服装，如泳装。在夏季到来之前的半年左右时，公司必须确定各种产品的生产量。因为没有清楚的迹象表明市场将会对新款式有什么样的反应，因此，公司必须利用各种工具来对每种款式进行需求预测，并相应地作出生产和供应计划。公司面临的主要问题是：高估顾客需求将导致库存销售不出去，使产品贬值；低估顾客需求将导致库存短缺，并失去潜在的顾客。

为了协助管理层作出决策，市场营销部门利用前5年的历史数据、目前的经济形势和其他因素来进行泳装需求的概率预测。他们根据可能的天气情况和竞争对手的行为等因素，认为在即将来临的季节中有6种可能的销售情况，并预测了每种情况可能发生的概率。市场营销部门认为，销售量为8 000件的情况有11%的发生概率，其他不同销售水平的情况也有不同的发生概率（如图10-19所示）。

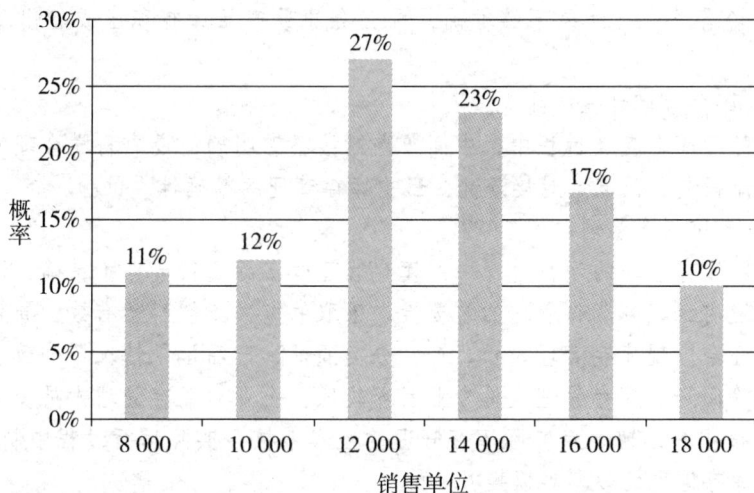

图10-19 市场销售情况预测图

夏洛伊公司的其他信息包括：（1）为了启动生产，不管生产多少，公司都必须投资100 000美元。（2）每件产品的生产变动成本为80美元。（3）在夏季，每件泳装以125美元出售。（4）任何在夏季没有卖出的泳装以每件20美元出售给折扣商店。

思考题：

（1）夏洛伊公司希望找出使平均期望利润最大的生产量。最优生产量与平均需求之间存在什么关系？最优生产量应该等于、大于还是小于平均需求？

（2）如果夏洛伊公司决定生产9 000件或16 000件泳装，那么在这两种情况下，公司可以获得多少利润？如果夏洛伊公司需要在生产9 000件与16 000件两种方案之间作出选择，那么你会为公司作出生产多少件的决策？理由是什么？

（3）现在假设泳装是去年生产的款式，并且制造商的初始库存为5 000件，那么制造商是否应该生产？如果生产，应该生产多少件？

资料来源：季建华. 运营管理［M］. 上海：上海人民出版社，2004：224-225.

❖ 拓展阅读10-1

利用ERP系统优化制药企业库存管理的策略

一、制药企业库存管理存在的问题

（一）产品周转率较低

在现代制药企业产品的生产调配过程中易出现供大于求的情况，制药企业生产的产品远超过市场的实际需求，导致产品库存堆积，从而影响整体系统的库存管理。

制药企业盲目地制订管理计划会影响实际的库存管理运行体系，导致制药企业库存的大量堆积，造成生产存储资源的损耗，进而使得制药企业经济效益损失，为企业的实际经营发展带来隐患。

（二）需求预测偏差

从实际库存管理的运行体系来看，制药企业一般依赖历史数据预测市场需求量，但是，市场需求的变化以及竞争对手策略的变动造成预测数据与实际需求存在较大偏差，前期对市场需求分析如果不够准确，那么会导致产品库存积压或者出现供不应求的情况。

（三）库存盘点过程散乱

在实际的库存盘点过程中，中间节点对接不够明确，没有科学合理的综合管理体系，整体流程散乱，节点对接混乱，影响库存管理的精确性。

（四）考核制度漏洞

在实际库存管理的运行过程中，库存管理的实际运行节点不精确，没有独立的运行模式，没有意识到库存管理的重要性，采取的方式不够科学有效，导致库存管理效率较低，还会出现库存管理较松、产品分类混乱、产品记录情况不细致、存储货架使用不明确等问题。库存管理人员专业素养较低，企业对库存管理人员没有制定和实施完善的考核体系，缺乏对实际库存管理的监察考核，实际运行过程中制度落后混乱，造成实际库存管理的效率难以提升。

二、利用ERP系统优化制药企业库存管理的策略

（一）优化既有技术体系形态

制药企业应结合生产力的发展需求提高库存管理成效，优化既有的技术体系形态。一般情况下，可以设置信息协调部门，减少不必要的岗位。此外，考虑到客户补货方面的需求，制药企业应设置生产与仓管协调的平台，在既有技术体系形态得到优化的基础上，以人为本，逐渐推进ERP系统融入库存管理模式，减少库存管理人力资源成本。

（二）完善客户合作ERP系统

当前制药企业的管理利用先进技术可以维系客户关系，应将这一工作作为关键落实。在库存管理中应完善客户的ERP系统，将模块分为普通型和专业型。普通型一般依靠互联网电商平台，专业型主要是基于ERP系统的终端嵌入。制药企业可以与专业ERP供应商加强交流合作，共同开发适合制药企业的客户ERP系统，目的是将更多优质客户引入ERP系统中，保证通过优质客户创造最大化经营利润，建立长期合作关系。在此基础上，促进客户数据的整合与共享，整合订单信息、市场数据等，保证数

据得到实时更新，使市场部门、销售部门、生产部门、采购部门获得最新的客户信息，并能够及时共享所在部门数据。另外，制药企业结合客户需求，有针对性地开发ERP系统功能模块。客户可以依据自身业务需求调整系统设置，如果客户需求发生变化，那么制药企业能够调整相应库存管理策略，保证供应链通畅。

（三）通过ERP系统打造组织生态

ERP系统属于物理层面的管理系统，在利用这一系统时，无法通过改良制药企业组织生态而保证管理效率和管理效果。一般通过先进技术打造符合制药企业库存管理要求的组织生态模块，丰富模块功能，以此满足制药企业开展部门协作的需求。所以，在与ERP供应商进行合作的背景下，制药企业应将ERP系统嵌入制药企业组织生态中，在加强与ERP供应商进行合作管理的前提下培养储备ERP系统技术人员，提升ERP系统的适应能力。此外，制药企业在加强财务管理、强化内部控制时，应确保数据接口标准统一，这是打造制药企业组织生态的前提条件，也是准备工作。

资料来源：王晖. 利用ERP系统优化制药企业库存管理的策略 [J]. 市场周刊，2025，38（8）：25-28.

本章小结

第一节阐述了如下内容：（1）库存的定义，即储存作为今后按预定的目的使用而处于闲置或非生产状况的物品；（2）库存的作用与弊端；（3）按库存生产过程中和配送过程中所处的状态分为4种类型；（4）按库存的作用分类，库存可分为周转库存、安全库存、调节库存和在途库存4种；（5）按库存物品需求的重复程度，可以将库存分为单周期库存和多周期库存两大类；（6）按库存物品的需求特性分4种。

第二节论述了与库存相关的成本：年持有成本（C_H）、年补充订货成本（C_R）、年购买成本（加工费）（C_P）、年缺货损失成本（C_S）及总成本（$C_T=C_H+C_R+C_P+C_S$）。给出成本函数：$C_T=C_H+C_R+C_P=H$（$Q/2$）$+S$（D/Q）$+CD$，以及经济订货批量模型的公式或算法（带价格折扣库存模型的算法）。

模型1：$Q^o=EOQ=\sqrt{\dfrac{2DS}{H}}$

模型2：$EPL=\sqrt{\dfrac{2DS}{H\left(1-\dfrac{d}{p}\right)}}$

第三节论述了单周期库存模型的3种解法：损益值法、边际期望收益法和边际期望净收益法。

第四节首先介绍ABC分类管理法，然后论述了库存控制系统中的定量库存控制系统、定期库存控制系统、最大最小库存控制系统和随机库存控制问题。

关键术语

库存（inventory） 经济订货批量（economic order lot） 安全库存（safety stock） 订货点（reorder point）

基本训练

❖ 简答题

1. 库存的利弊分别是什么？

2. 供应链各级如何设立库存？

3. 单周期库存模型的适用条件是什么？

4. 库存分为哪几种？

❖ 实务题

1. 某食品店销售某易变质食品，每箱进价为8元，售价为10元，有关资料见表10-6。若当天售不出去，每箱损失6元，应采取什么进货策略？若当天售不出去，每箱损失4元，应采取什么进货策略？

表10-6　　　　　　　　　　某食品店的相关资料（一）

需求数（箱）	20	30	40	50
概率	0.1	0.3	0.5	0.1

2. 某食品店销售某易变质食品，每箱进价为40元，售价为60元，有关资料见表10-7。若当天售不出去，每箱损失40元，应采取什么进货策略？若当天售不出去，每箱损失15元，应采取什么进货策略？

表10-7　　　　　　　　　　某食品店的相关资料（二）

需求数（箱）	70	80	90	100	110	120
概率	0.10	0.15	0.20	0.25	0.20	0.10

3. 某食品店销售某易变质商品，每箱成本为80元，售价为110元。若当天卖不出去，每箱损失15元，根据以往统计资料可得表10-8的数据，求最佳进货策略和最大平均期望收益。

表10-8　　　　　　　　　　　　需求概率

需求数（箱）	1	2	3	4	5	6	期望值
发生概率	0.1	0.2	0.25	0.20	0.15	0.1	
卖出概率	1.0	0.9	0.70	0.45	0.25	0.1	

4.设某工厂生产经营资料见表10-9，试确定最优的生产和库存策略。

表10-9 生产费用与销售量

月份	单位生产费用（元）	单位存贮费用（元）	销售量（件）
1	50	2	100
2	50	2	75
3	60	3	60
4	60	3	80
5	60	4	110
6	65	4	130
7	65	3	100

5.一家航空公司发现，一趟航班持有机票而未登机（"不露面"）的人数具有平均值为10人、标准偏差为5人的正态分布。根据这家航空公司的测算，每一个空座位的机会成本为100美元。乘客确认票后但因满座不能登机，净损失估计为400美元。该航空公司想限制该航班的"超额预订"。飞机上共有160个座位。要求：确认预订的截止上限应当是多少？

6.某企业年需要物资量为14 400件（B2），该物资的单价为0.40元（B3），存储费率为25%（B4），每次的订货成本为20元（B5），一年工作52周，订货提前期为1周（B6）。试求：（1）经济订货批量（B7）是多少？（2）一年应该订几次货（B9）？（写出Excel公式）（3）订货点数量是多少？

7.S公司以单价10元每年购入某种产品8 000件。每次订货费用为30元，资金年利息率为12%，单位持有库存费按库存货物价值的18%计算，每次订货的提前期为2周。试分别求经济订货批量、最低年总成本、年订购次数和订货点。

8.S公司以单价10元每年购入某种产品8 000件。每次订货费用为30元，单位持有库存费按库存货物价值的18%计算，每次订货的提前期为2周。试分别求经济订货批量、最低年总成本、年订购次数和订货点。

9.某公司每年需用某元件2 400单位。每次订购的固定成本为250元，单位持有库存费为货物价值的25%。现有3个货源可供选择：（1）不论订购多少单价都为10元；（2）订购量必须大于等于600单位，单价为9.5元；（3）订货起点为800单位，单价为9元。试确定该公司的订货策略，并计算年最低库存费用。

10.一名报童以每份0.20元的价格从发行人那里订购报纸，再以0.50元的零售价格出售。当天卖不出去，每份报纸损失0.15元。但是，他在订购第二天的报纸时不能确定实际的需求量，而只是根据以前的经验，知道需求量具有均值为80份、标准偏差为9份的正态分布。他应当订购多少份报纸？

第11章 项目管理

学习要点评级

1. 项目与项目管理（★★）
2. 项目管理的内容（★★★★）
3. 项目管理的方法（★★★）
4. 网络计划技术（★★★★★）
5. 项目成本管理（★★★★）

❖ 引 例

网络计划技术的产生与发展

网络计划技术最早出现于美国。20世纪50年代，杜邦化学公司研究设计了一种新的内部计划管理方法，叫作关键线路法（CPM），开始应用于新化工厂的建设，以后又应用于生产设备的维修，获得良好效果。路易维尔工厂原来因设备大修需停产125个小时，采用关键线路法后，停产时间缩短为78个小时。杜邦公司在采用新的计划管理方法后，一年节约了100万美元，相当于该公司用于研究发展关键线路法所花费用的5倍以上。

在关键线路法出现的同时，1958年，美国海军管理部门鉴于当时各种管理工具不能适应军备竞赛和开发宇宙空间的需要，急需寻求一种新的管理方法来加快实现北极星导弹的研制任务。经多方研究，与关键线路法十分相似的计划评审技术（PERT）被提出来。由于采用了这种新的管理方法，北极星导弹研制计划提前两年完成了。美国以后又采用这种方法组织"阿波罗"载人登月计划获得成功，于是计划评审技术声誉大振。自1962年起，美国有关部门决定对一切新开发的工程项目全面采用这种方法。计划评审技术很快成为一种盛行的科学管理新方法。

计划评审技术和关键线路法在作图、作业时间计算以及名词术语等方面虽有一些差异，但它们的基本原理是相同的，都是以网络图为基础，通过网络分析与计算，制订网络计划并实施管理的。由于这两种方法非常相似，因此，只要研究、掌握其中的一种就足以了解另一种。于是国外学者常将这两种方法合称网络计划技术。

网络计划技术出现后，很快在世界各地获得推广应用。1964年，苏联颁布了有关制订、应用网络计划的指示和条例，把它作为一项必须推广应用的新技术列入国家经济发展计划，并且规定所有大的建筑工地都必须采用网络计划技术。在日本，网络计划技术被称为当时最新的管理方法，出版了大量的教材、专题论文、方法指导等书刊资料。这种管理方法在当时的英国、法国、联邦德国、加拿大等许多国家都获得好评和推广应用。在推广应用过程中，有些部门结合自己生产的特点和需要，往往以计划评审技术和关键线路法为基础，进行某些改进和发展，从而形成了许多其他的名称和方法。

资料来源：周惠兴. 网络计划技术 [M]. 天津：天津人民出版社，1981：1-4。

11.1 项目管理概述

项目管理的实践从人们开始共同合作，进行社会生产与活动之日起就已经开始了，但是现代项目管理是近年来发展起来的一个管理学科的新领域。现代项目管理所涉及的管理理论和管理方法与传统的项目管理和一般的运营管理都有很大的不同。现代项目管理是有关现代社会活动中各种项目的一般管理理论和方法，而不是主要限于工程建设项目的传统项目管理方法。现代项目管理的理论和方法可以适用于我们现代社会中各种项目的管理，不管是科技开发项目还是房地产开发项目，不管是软件开发项目还是各种服务提供项目。现代项目管理的理论和方法基于对各种各样项目的管理一般规律的总结，具有非常广泛的适用性，所以它是现代管理科学中的一个重要领域。

11.1.1 项目管理的概念

11.1.1.1 项目的定义

现代项目管理认为：项目是一个组织为实现既定的目标，在一定的时间、人员和其他资源的约束条件下所开展的一种有一定独特性的、一次性的工作。

现代项目管理所定义项目的典型类别包括：

第一，新产品或新服务的开发项目，如新型家用电冰箱、空调器的研制开发项目和新型旅游服务开发项目等。

第二，技术改造与技术革新项目，如现有设备或生产线、生产场地的更新改造项目和生产工艺技术的革新项目等。

第三，组织结构、人员配备或组织管理模式的变革项目，如一个企业的组织再造项目或一个政府机构的职能转变与人员精减项目等。

第四，科学技术研究与开发项目，如纳米技术与材料的研究与开发项目、生命科学的技术与理论研究和开发项目等。

第五，信息系统的集成或应用软件开发项目，如国家金税工程、金卡工程等经济信息系统的集成与开发项目，企业的管理信息系统、决策支持系统的集成与开发项目，会计软件、游戏软件、办公软件、操作软件、教育软件等各种软件的开发项目等。

第六，建筑物、设施或民宅的建设项目，如政府的办公大楼，学校的教学和行政管理大楼，商业写字楼，大型旅馆饭店，民用住宅、工业厂房、商业货栈、水利枢纽、物流中心等的建设项目。

第七，政府、政治或社会团体组织和推行的新行动，如希望工程项目、光彩工程项目、农村经济体制改革项目、对外开放项目、申办奥运会项目、国庆阅兵项目等。

第八，大型体育比赛项目或文娱演出项目，如奥运会比赛项目、世界杯比赛项目、国庆晚会演出项目、春节晚会演出项目、救灾义演项目、巡回演出项目、系列大奖赛项目等。

第九，开展一项新经营活动的项目，如有奖销售活动、降价促销活动、大型广告宣传活动、新型售后服务推广活动等。

第十，各种服务作业项目，如替客户组织一场独特的婚礼、提供一项独特的旅游、安排一份特殊的保险等。

11.1.1.2 项目的特性

各种不同专业领域中的项目在内容上可以说千差万别，不同项目都有自己的特性。但是从本质上说，项目是具有共同特性的，不管是科研项目、服务项目还是房地产开发项目，它们的根本特性是相同的。项目的这些共同特性可以概括如下：

（1）目的性

项目的目的性是指任何一个项目都是为实现特定的组织目标服务的。因此，任何一个项目都必须根据组织目标确定出项目的目标。这些项目目标主要分两个方面：一是有关项目工作本身的目标；二是有关项目产出物的目标。前者是对项目工作而言的，后者是对项目的结果而言的。例如，对一栋建筑物的建设项目而言，项目工作的目标包括项目工期、造价、质量和安全等方面的目标，项目产出物的目标包括建筑物的功能、特性、使用寿命和使用安全性等方面的目标。同样，对于一个软件开发项目而言，项目工作的目标包括软件开发周期、开发成本、质量、软件开发的文档化程度等方面的目标，项目产出物（软件产品）的目标包括软件的功能、可靠性、可扩展性、可移植性等方面的目标。在许多情况下，项目的目的性这一特性是项目最为重要和最需要项目管理者关注的特性。

（2）独特性

项目的独特性是指项目所生成的产品或服务与其他产品或服务都有一定的独特之处。通常一个项目的产出物，即项目所生成的产品或服务，在一些关键方面与其他的产品和服务是不同的。每个项目都有某些方面是以前所没有做过的，是独特的。例如，每个人的婚礼都是一个项目，任何另一个人的婚礼总会有许多独特的（不同的）地方；虽然按照一定的习俗，婚礼会有一些相同的成分，但是这并不影响个人婚礼的独特性。再如，人们建造了成千上万座办公大楼，这些大楼在某个或一些方面都有一定的独特性，这些独特性包括不同的业主、设计、位置和方位、承包商、施工方法和施工时间等。许多社会生产或服务业务项目都会有一定的共性，即相同的东西，但是这并不影响项目的独特性这一重要特性。

（3）一次性

项目的一次性（也被称为"时限性"）是指每一个项目都有自己明确的时间起点和终点，都是有始有终的（不是不断重复、周而复始的）。项目的起点是项目开始的时间，项目的终点是项目的目标已经实现，或者项目的目标已经无法实现，从而中止项目的时间。项目的一次性与项目持续时间的长短无关，不管项目持续多长时间，一个项目都是有始有终的。例如，树立一座纪念碑所用的时间是短暂的，各种计算机操作系统的开发时间比较长，但是它们都有自己的起点和终点。这就是项目的一次性特性，项目在其目标确立后开始，在达到目标时终结，没有任何项目是不断地、周而复始地持续下去的。项目的一次性是项目活动不同于一般日常运营活动的关键特性。

（4）制约性

项目的制约性是指每个项目都在一定程度上受客观条件和资源的制约。客观条件和资源对于项目的制约涉及项目的各个方面，其中最主要的制约是对资源的制约。项目的资源制约包括人力资源、财力资源、物力资源、时间资源、技术资源、信息资源等。任何一个项目都是有时间限制、预算限制的，而且一个项目的人员、技术、信息、设备条件、工艺水平等也都是有限制的，这些限制条件和项目所处环境的一些制约因素构成了项目的制约性。项目的制约性也是决定一个项目成败的关键特性之一。通常，一个项目在人力、物力、财力、时间等方面的资源宽裕，制约很小，那么其成功的可能性会非常高；情况相反时，项目成功的可能性就会大大降低。

（5）其他特性

项目除了上述特性以外还有其他一些特性，这包括项目的创新性和风险性、项目过程的渐进性、项目成果的不可挽回性、项目组织的临时性和开放性等。这些项目特性是相互关联和相互影响的。例如，项目的创新性和风险性就是相互关联的，而项目的风险性又是由项目的独特性、制约性和一次性造成的。因为一个项目的独特之处多数需要进行不同程度的创新，而创新包括各种不确定性，从而造成项目风险。另外，项目组织的临时性和项目成果的不可挽回性也主要是由项目的一次性造成的，因为一次性的项目活动结束以后，项目组织就需要解散，所以项目组织是临时性的。而项目活动是一次性的，不是重复性的，所以项目成果一旦形成，就多数是无法改变的。例如，一次大型的体育比赛活动就是一个项目，这种项目的管理组织多数是临时的，比赛结束以后项目组织就解散了，而比赛过程中所形成的有问题的比赛结果多数都是无法变更的，像参赛者因迟到而弃权的结果就是无法改变的。

11.1.1.3 项目的分类

项目可以按照不同的标志进行不同的分类。对项目进行分类的主要目的是要对项目的特性有更为深入的了解和认识。项目的主要分类有如下几种：

（1）业务项目和自我开发项目

业务项目是指由专业性项目公司为特定的业主/客户所完成的一次性工作，这是一种商业性服务或开发、生产项目。自我开发项目是项目团队为自己企业或组织所完成的各种开发项目，是一种企业内部的研究与开发性项目。例如，由房地产开发商出资、由建筑设计部门和施工承包商完成的住宅建设项目，由管理顾问公司为某个企业所作的战略管理或组织再造咨询项目等都属于业务项目；由加工制造企业自己的产品设计或研究开发部门完成的新产品开发项目、由企业内部人员组成项目团队完成的技术改造项目等都属于自我开发项目。这两类项目的划分标志是项目的所有者和项目的实施者是否属于同一个组织。

（2）企业项目、政府项目和非营利机构的项目

企业项目是由企业提供投资或资源，并作为项目业主/客户，为实现企业的特定目标所开展的各种项目，不管企业的性质是国有企业、集体企业还是私营企业或合资企业。政府项目是由国家或地方政府提供投资或资源，并作为业主/客户，为实现政府的特定目标所开展的各种项目。非营利机构的项目是指向学校、社团、社区等非营利性组织提供投资或资源，为满足这些组织的需要而开展的各种项目。例如，企业出资的新产品开发项目属于企业项目，而国家投资的国防项目属于政府项目，学校出资的建设项目则属于非营利机构的项目。这种项目分类的标志是项目投资者的社会属性。

（3）营利性项目和非营利性项目

营利性项目是以获得利润为目标而开展的项目。非营利项目是以增加社会福利或公益为目标所开展的项目。例如，商品的开发与生产项目和商业服务项目都属于营利性项目，像商用计算机的开发与生产、管理咨询公司的咨询服务项目等；像城市基础设施建设项目、希望工程项目和城市道路的建设项目等则都属于非营利性项目。这种项目分类的标志是项目本身的目的性。

（4）大项目、项目和子项目

在英文中有关"项目"的单词按照项目的规模和统属关系有 program、project 和 subproject。它们都有自己相对应的中文，"project"通常被译成"项目"，而"subproject"被译成"子项目"，这种翻译大家是非常一致的。但是对于"program"的翻译就有很大不同，有的译成"项目"，有的译成"计划"，有的译成"工程"。例如，"阿波罗计划"（Apollo Program）是美国一个非常大的航天工程项目，中国的"三峡工程"是一个典型的工程项目。但是从分类的角度，我们认为"program"译成"大项目"就可以与项目和子项目并列而构成一个体系，还可以避免与一般意义的"计划""工程"等名词相混淆，避免译成"计划""项目"的歧义性。确切地说，"大项目"是由一系列"项目"构成的一个集合，而"项目"是"大项目"的一个子集。同时，任何一个"项目"又可以进一步划分为多个可管理的部分，即"子项目"。"子项目"多数是可以分包出去由其他的企业或本企业的其他职能部门完成的一个项目的子集。一个项目可以组合分解成各种不同层次的子项目。

11.1.1.4 项目管理的概念

项目管理是为实现项目的目标，对项目的资源进行计划、组织、控制和协调的过程。项目管理是一种管理模式，有自己的一套科学的管理方法体系。项目管理的特点反映在以下方面：

（1）项目管理的科学性

项目管理是在长期实践和研究的基础上总结出来的理论和方法，而不是一次任意的管理过程。应用项目管理必须按项目管理方法体系的基本要求做，但至今仍有无数项目并没有按项目管理的方法体系进行管理。不按项目管理模式管理项目，不能否认也管理了项目，但其效果是大不一样的。美国项目管理协会（PMI）定义了一套项目管理的方法体系来描述项目管理的知识技能，其中包括项目综合管理、项目范围管理、项目时间管理、项目费用管理、项目质量管理、项目人力资源管理、项目沟通管理、项目风险管

理、项目采购管理等。

（2）项目管理的创新性

项目管理的创新性包括两层含义：一是指项目管理是对于创新（项目所包含的创新之处）的管理；二是指任何一个项目的管理都没有一成不变的模式和方法，都需要通过管理创新去实现对于具体项目的有效管理。在现实生活中，即使是一个工业或民用建设项目，但是由于是新的建设地点、新的业主/客户、新的建设材料与施工方法等各种新的因素，仍然需要各种各样的管理创新。像企业新产品的研究与开发之类创新性强的项目就更需要管理创新了。

（3）项目管理的风险性

项目的一次性特点决定了项目任务都是独特的非重复性的工作，有很多未知因素，通常没有或很少有可供直接参考的经验。因此，项目管理总是具有一定的开创性和风险性，要求对项目创造性地进行管理，并加强风险意识。

（4）项目生命周期的阶段性

任何项目都有其开始和结束的时间。项目从启动到结束的过程被称为项目的生命周期。项目的生命周期呈现阶段性。通常，项目的生命周期都要经历启动阶段、计划阶段、实施阶段、收尾阶段（如图11-1所示）；也有把项目生命周期划分为概念（conceive）阶段、开发（develop）阶段、执行（execute）阶段、结束（finish）阶段的。

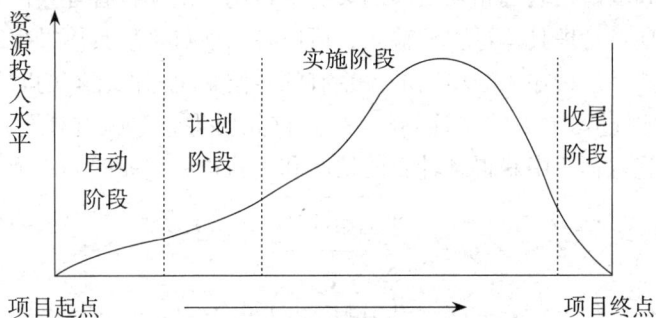

图11-1 典型的项目生命周期示意图

11.1.1.5 项目管理的过程

项目的实现过程是由一系列的项目阶段或项目工作过程构成的，任何项目都可以划分为多个不同的项目阶段或项目工作过程。但是，对于一个项目的全过程或者一个项目的工作过程而言，它们都需要有一个相对应的项目管理过程。这种项目管理过程一般是由5种不同的项目管理具体过程构成的。这5种项目管理具体过程构成了一个项目管理过程组，一个项目管理过程组所包括的5种具体管理过程如下：

（1）起始过程

起始过程的管理内容定义包括一个项目阶段的工作与活动、决策一个项目或项目阶段的起始与否或决定是否将一个项目或项目阶段继续进行下去等。这是由一系列决策性的项目管理工作与活动所构成的项目管理具体过程。

（2）计划过程

计划过程的管理内容包括拟定、编制和修订一个项目或项目阶段的工作目标、工作计划与方案、资源供应计划、成本预算、计划应急措施等。这是由一系列具有计划性的项目管理工作与活动所构成的项目管理具体过程。

（3）实施过程

实施过程的管理内容包括组织和协调人力资源及其他资源、组织和协调各项任务与工作、激励项目团队完成既定的工作计划、生成项目产出物等。这是由一系列具有组织性的项目管理工作与活动所构成的项目管理具体过程。

（4）控制过程

控制过程的管理内容包括制定标准、监督和测量项目工作的实际情况、分析差异和问题、采取纠偏措施等管理工作和活动。这些都是保障项目目标得以实现，防止偏差积累而造成项目失败的管理工作与活动。这是由一系列具有控制性的项目管理工作与活动所构成的项目管理具体过程。

（5）结束过程

结束过程的管理内容包括制定一个项目或项目阶段的移交与接受条件，并完成项目或项目阶段成果的移交，从而使项目顺利结束。这是由一系列文档化和移交性的项目管理工作与活动所构成的项目管理具体过程。

项目管理的这些具体管理过程之间的关系，首先是一种前后衔接的关系。项目管理具体过程的输入和输出是它们相互之间的关联要素。一个项目管理具体过程的结果或输出可以是另一个项目管理具体过程的输入，所以各个项目管理具体过程之间都有文件和信息的传递。当然，这种输入与输出的关系有的时候是单向的，有的时候是双向的。例如，一个项目管理过程组中的"计划过程"，首先要为"实施过程"提供项目计划文件，然后从"实施过程"中获得各种新的情况和更新资料（如图11-2所示）。

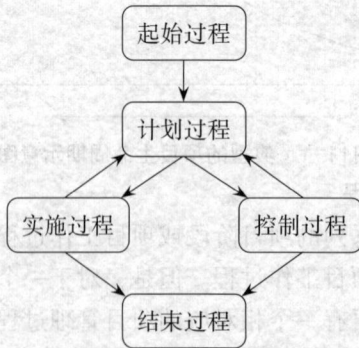

图11-2　各管理具体过程之间的相互联系

项目管理过程组的各个管理具体过程之间在时间上并不完全是一个过程完成以后另一个过程才能够开始，各个管理具体过程在时间上会有不同程度的交叉和重叠。图11-3描述了一个项目管理过程组中各个项目管理具体过程之间是如何交叉和重叠的。其中，"起始过程"最先开始，但是在"起始过程"尚未完全结束之前，"计划过程"就开始了。"控制过程"是在"计划过程"之后开始，但是先于"实施过程"，因为在"控制过程"中有很大一部分管理工作是"事前控制"工作，必须在"实施过程"开始之前完成。另外,"结束过程"在"实施过程"尚未完结之前就已经开始了,这意味着结束工作的许多文档的准备工作可以提前开始,在"实施过程"完成后所开展的"结束过程"的工作只是这一具体过程中的移交性工作。

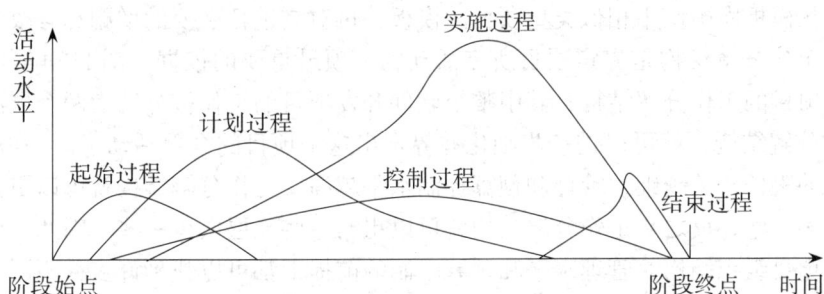

图11-3 一个项目阶段中管理工作过程的交叉、重叠关系图示

在项目管理的工作过程组中,"起始过程""结束过程"是两个非常关键的管理工作过程。每个项目阶段的实现过程尚未开始之前,项目管理的"起始过程"首先开始。它的作用是正确地作出一个项目阶段是否应该开始的决策。当一个项目阶段的目标已经无法实现(如由于各种天灾人祸),或者一个项目阶段的目标虽然能够实现,但是这种目标已经不能够满足人们的需要(如由于人们的需要发生了变化或转移)时,在项目管理过程组的"起始阶段"就可以作出决策,终止这个项目阶段或整个项目,即不再"起始"这一项目阶段,而是中止、搁置或终结这个项目阶段或者整个项目。相反,项目管理过程组的"结束过程"的关键工作在于作出一个项目阶段是否结束的决策,这包括项目阶段的实现工作任务的结束、契约与合同关系的结束(如项目分包合同的结束)和管理工作的结束等方面的决策。这种决策是在确认一个项目阶段的任务已经成功完成和这一项目阶段的目标已经实现的基础上作出的。

11.1.2 项目管理工具

11.1.2.1 工作分解结构

工作分解结构(work breakdown structure,WBS)是将项目分解为内容相对独立、便于管理和控制、易于成本核算的工作单元的一种方法。每一个工作单元都是为实现项目目标的一项具体任务。构成一个工作单元的要素包括:①工作对象;②工作内容;③任务的承担者及人员的职责分工;④完成工作所需的时间;⑤完成工作所需的资源,包括空间、设备、材料、资金、人力等。

工作分解结构并非将项目进行简单的分割,在分解时要充分考虑各部分之间的组织联系和技术联系,因为工作分解结构是制订项目实施计划和确定组织结构形式的重要依据。项目的分解可以采取多种方式,但要保证分解后的子项目是相互关联的。制定工作分解结构可以采取自上而下、自下而上或将两者结合起来的方法,还可以采用模板等方法。

自上而下法是指对项目的分解先从总体开始,分为几个大的子项目,然后向下逐层分解。这种方法的优点是层次分明,缺点是可能遗漏一些小的任务。自下而上法是指先不考虑层次，而是发动项目组成员积极思考，把所有想到的任务都罗列出来，然后找出它们之间的关联。这种方法只适用于小的项目。所谓采用模板法，是指将做过的项目的工作分解结构进行典型化抽象归纳，形成某一类项目的模板。在新项目进行工作分解时，可以从模板库中调用相似类型项目的模板，再对它进行必要的增删和修改。

项目工作分解结构是界定项目所需活动的一项最重要的依据。图11-4给出了一个软件开发项目的工作分解结构，其中整个软件开发项目的工作被分解为两个层次，依据这一工作分解结构，就可以进一步细化并界定出这个项目的全部活动了。一般情况下，项目组织的责任分工越细，管理和预算控制水平越高，工作分解结构就可以更详细一些并且层次多一些；反之，工作分解结构就可以粗略一些、层次少一些。因此，任何项目在不同的项目组织结构、管理水平和预算限制的前提下都可以找到许多种不同的项目工作分解结构。例如，不同项目团队可能为同一个管理咨询项目作出两种不同的工作分解结构，这两种工作分解结构都能够实现这一项目的目标，只是在项目组织管理与预算控制方面会采取不同的模式和方法。因此，在项目活动界定中还必须充分考虑项目工作分解结构的详细程度和不同详细程度的方案对于项目活动界定的影响。

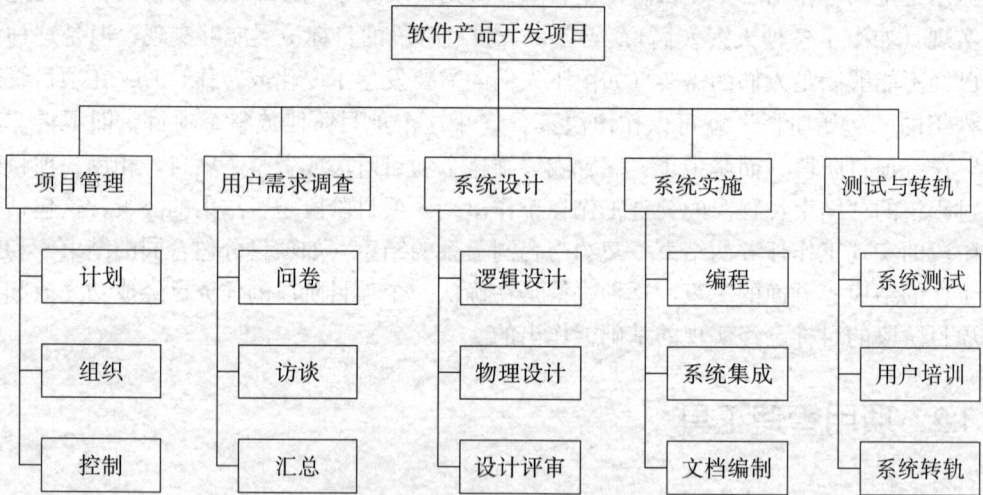

图11-4 软件开发项目工作分解结构示意图

11.1.2.2 甘特图法

这是由美国学者甘特发明的一种使用条形图编制项目工期计划的方法，是一种比较简便的工期计划和进度安排方法。这种方法是在20世纪早期发展起来的，但是因为它简单明了，所以到今天人们仍然广泛使用。甘特图（或称横道图、条状图）把项目工期和实施进度安排两种职能组合在一起。项目活动纵向排列在图的左侧，横轴则表示活动与工期时间。每项活动预计的时间用线段或横棒的长短表示。另外，在图中也可以加入一些表明每项活动由谁负责等方面的信息。简单项目的甘特图如图11-5所示。

11.1.2.3 里程碑图

里程碑图是一个目标计划，表明为了达到特定的里程碑而去完成一系列活动（如图11-6所示）。里程碑计划通过建立里程碑和检验各个里程碑的到达情况，来控制项目工作的进展和保证实现总目标。

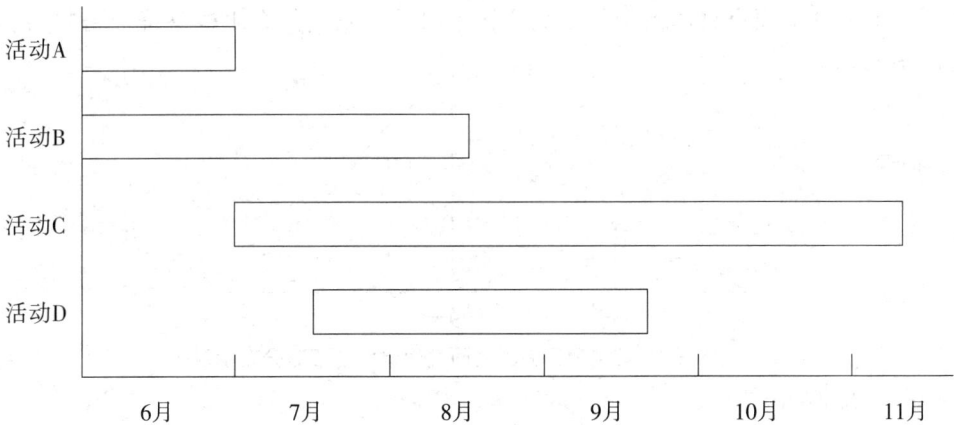

图11-5 甘特图的示意图

事件（里程碑）	1月	2月	3月	4月	5月	6月	7月	8月
分包合同签订			△▼					
规格书完成			△	▽				
设计审核					△			
子系统测试						△		
第一单元提交							△	
全部项目完成								△

图11-6 里程碑图的示意图

11.1.2.4 其他工具

（1）关键线路法

在项目的工期计划编制中，目前广为使用的系统分析法主要有计划评审技术（program evaluation and review technique，PERT）和关键线路法（program evaluation and review technique，PERT）（或称关键路径法）。其中，最重要的是关键线路法。关键线路法是一种运用特定的、有顺序的网络逻辑和估算出的项目活动工期，确定项目每项活动的最早与最晚开始和结束时间，并作出项目工期网络计划的方法。其关注的核心是项目活动网络中关键线路的确定和关键线路总工期的计算，其目的是使项目工期能够达到最短。关键线路法通过反复调整项目活动的计划安排和资源配置方案使项目活动网络中的关键线路逐步优化，最终确定出合理的项目工期计划。因为只有时间最长的项目活动线路完成之后，项目才能够完成，所以一个项目最长的活动线路被称为关键线路。

在项目工期计划编制过程中，找出项目的关键线路和关键线路上各项活动的估计工期，就可以确定出整个项目的工期估算和项目工期计划。在该方法中，一个项目的最早结束时间等于项目计划开始时间加上项目关键线路上前期各项活动的期望工期之和。例如，图11-7给出的是一个只有3项活动的项目案例，项目的最早结束时间是36天，项目最可能的结束时间是39天，而项目的最迟结束时间是42天。项目的最早、最迟完工时间是根据3项项目具体活动的工期估算求出的，它们的发生概率符合图11-7给出的正态分布。

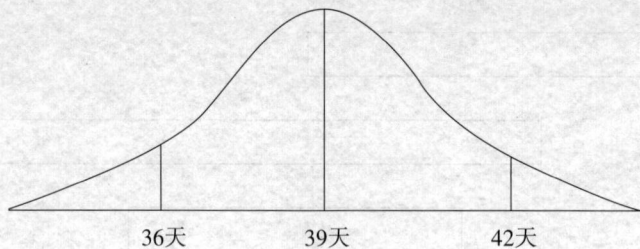

36天　　　　　39天　　　　　42天

图11-7　案例项目完工时间发生概率的正态分布示意图

（2）模拟法

模拟法是根据一定的假设条件和这些条件发生的概率，运用蒙特卡罗模拟法、三角模拟法等，确定每个项目活动可能工期的统计分布和整个项目可能工期的统计分布，然后使用这些统计数据去编制项目工期计划的方法。同样，由于三角模拟法比较简单，一般都使用这种方法去模拟估算项目单项活动的工期，再根据各个项目可能工期的统计分布作出整个项目的工期估算，最终编制项目的工期计划。

（3）资源水平法

使用系统分析法制订项目工期计划的前提是项目的资源充足，但是在实际中多数项目都存在资源限制，因此有时需要使用资源水平法去编制项目的工期计划。这种方法的基本指导思想是"将稀缺资源优先分配给关键线路上的项目活动"。这种方法确定的项目工期计划常常比使用系统分析法编制的项目工期计划的工期要长，但是更经济和实用。这种方法有时又叫作基于资源的项目工期计划方法。

（4）项目管理软件法

项目管理软件法是被广泛应用于项目工期计划编制的一种辅助方法。使用特定的项目管理软件就能够运用系统分析法的计算方法和基于对于资源水平的考虑，快速地编制出多个可供选择的项目工期计划与方案，最终决策和选定一个满意的方案。这对于优化项目工期计划是非常有用的。当然，尽管使用项目管理软件，最终决策还是需要由人来作出。

❖ 拓展阅读11-1

运用网络计划进度控制的应用案例

一、项目背景

某高速公路施工图勘察设计项目路线全长约为18.5千米，其中，K0+000至K5+548为连接线，采用城镇化地区双向六车道高速公路（高架）标准，设计速度为80千米/小时，标准路基宽度为33.5米，高架路段地面辅道长4.4千米，采用城镇化地区双向四车道一级公路标准，设计速度为60千米/小时。K5+548至K18+500为主线，采用双向八车道高速公路标准，设计速度为120千米/小时，标准路基宽度为42米。全线桥梁长8.1441千米，互通式立交有4处，其中，枢纽型互通有1处（匝道及主线共下穿高铁6次），服务型互通有3处。

二、双代号时标网络图绘制

（一）调查研究和收集资料

项目地处平原微丘区，均位于同一区县，地形和地质条件一般，但同时含高速公路及城镇化地区路段，油田和输油管道、天然气管道、市政管网、物流园区、文化产业园等控制因素多，有涉铁节点，边界条件较为复杂。

（二）项目结构分解、确定里程碑事件及工作编码

将项目结构分解为主要工作，并进行编码，确定里程碑事件及工期节点（见表11-1）。

表11-1   **工期计划表**

工作阶段	主要工作	工作编码	节点工期	备注
准备阶段	成立总体组 设计策划 研究上阶段成果 收集资料 编制设计原则 方案优化 各方征求意见，确定方案	A1 A2 A3 A4 A5 A6 A7	7月5日 7月6—8日 7月6—9日 7月6—9日 7月10—15日 7月15—31日 8月1—10日	里程碑事件
勘察（定测）阶段	桥梁路基布孔 外业测量 地勘钻探 外业调查，签订协议 定测验收资料整理 定测验收会议	B1 B2 B3 B4 B5 B6	8月10—15日 8月10—25日 8月15日—9月15日 8月15—25日 9月5—20日 9月25日	里程碑事件
施工图设计阶段	外业验收意见落实 施工图路线方案开放 互通方案开放 各专业内业设计 涉铁专题报建 专业互提数量，预算编制 文件汇总定稿 施工图评审	C1 C2 C3 C4 C5 C6 C7 C8	10月7—15日 10月15—25日 10月26日—11月5日 10月25日—12月1日 11月25日—12月10日 12月2—5日 12月6—10日 12月15日	里程碑事件

（三）绘制双代号时标网络图

根据分解的工作逻辑关系，运用网络图绘图规则，将进度计划绘制于网络图（如图11-8所示）中。从图中可以看出，相对于工期计划表格和横道图，网络图可以便于进行量化的工期参数计算，重要的是可以清晰地表达工作之间的逻辑关系，这对于总体及专业负责人根据实际工作进展对工作进度进行把控提供了有力的支撑。

（四）关键线路及进度控制策

从关键工作的定义中可知，网络图中的关键线路为 A1—A3/A4—A5—A6—A7—B1—B3—B5—B6—C1—C2—C3—C4—C6—C7—C8。

该工作线路上的工作均为关键工作，任何一项工作进度都会影响项目的总进度。因此，在进度控制中应采用如下策略：（1）紧抓关键工作进度，优先保障关键工作上的人力配置，避免工作反复过多影响总工期。（2）重点关注工期较长的关键工作，如

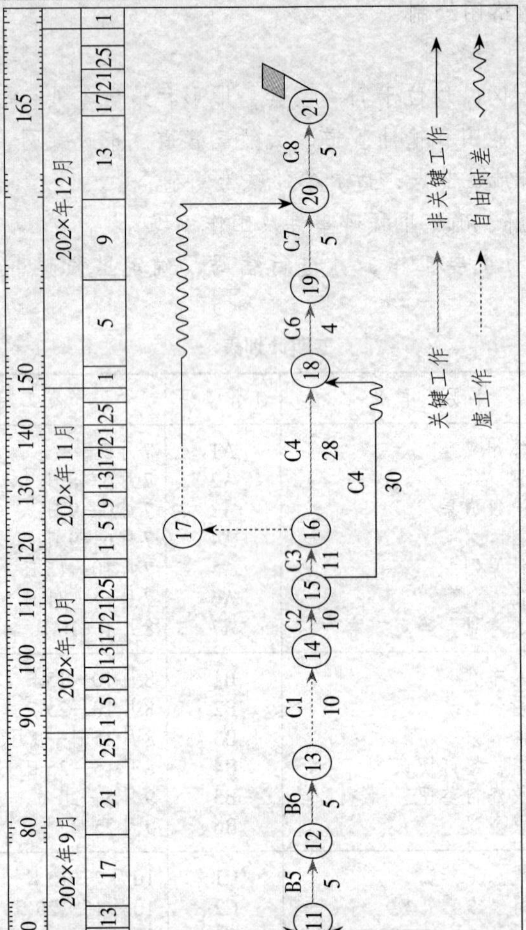

图 11-8 双代号时标网络图

地勘钻探（B3）和各专业内业设计（C4），在紧前工作即将完成前做好准备工作，避免工期损失。（3）非关键工作上的工作有自由时差，工期相对宽松，允许有一定的反复，可用于年轻人才培养。

资料来源：潘尚启. 网络计划技术在公路勘察设计项目进度控制中的应用研究［J］. 价值工程，2024，43（5）：13-15.

11.2　网络计划技术

网络计划技术是指用于工程项目的计划与控制的一项管理技术。项目的进度管理是通过编制进度计划和对计划的实施过程进行有效的控制来实现的。项目进度计划通常采用网络计划的形式，因为用甘特图编制的计划难以对一个大型项目众多活动之间的复杂关系描述清楚。常用的网络计划有计划评审技术和关键线路法。这两种方法都是用网络图表示活动的先后顺序以及它们之间的相互关系。20世纪50年代，美国杜邦公司在制定企业不同业务部门的系统规划时制订了第一套网络计划。该计划借助网络表示各项工作与所需要的时间以及各项工作的相互关系，通过网络分析研究工程费用与工期的相互关系，找出在编制计划及计划执行过程中的关键线路。

11.2.1　网络图的绘制原理

11.2.1.1　网络图的形式

（1）节点式网络图

节点式（activity on the node，AON）网络图是用节点表示活动，每项活动在网络图中用一个方框表示，对该项活动的描述都写在框内，并给每个方框指定一个唯一的编号。方框之间用箭头联系起来，箭头的方向表示活动的先后顺序。

（2）箭线式网络图

箭线式（activity on the arrow，AOA）网络图是用一条箭线表示一项活动。箭尾代表活动的开始，箭头代表活动的结束，箭线的长度与活动的持续时间无关。活动的内容写在箭线的上方。箭线之间用被称为事件的圆圈连接起来。事件是表示某项活动开始或结束的时点。圆圈代表箭头指向它的活动的结束，箭线离开它的活动的开始。每一个圆圈（事件）有一个唯一的编号。活动的开始事件被称为该活动的紧前事件，活动的结束事件被称为该活动的紧后（或称紧随）事件。任何两项活动都可以用它的"紧前事件号""紧后事件号"表示。例如，活动A可以用紧前事件号和紧后事件号"5-6"表示（如图11-9所示）。

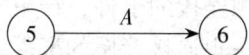

图11-9　活动A的箭线图

图11-10给出了节点式网络图和箭线式网络图的比较。受篇幅限制，本书只重点介

绍箭线式网络图。

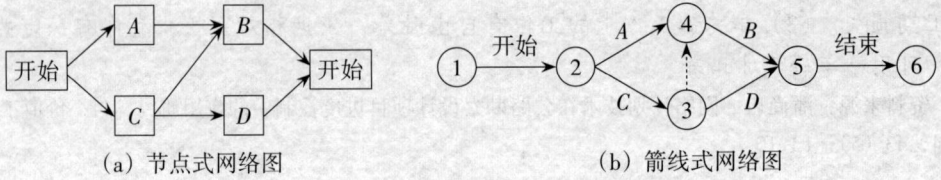

（a）节点式网络图   （b）箭线式网络图

图11-10　节点式网络图与箭线式网络图的比较

11.2.1.2　绘制网络图的若干规则

（1）相邻的两个事件之间不允许有两条或多条箭线直接相连

相邻的两个事件之间若有两条或多条箭线直接相连就会发生混淆状况。例如，在图11-11中，节点5与节点6由两条箭线 A 和 B 直接相连，那么用节点5到节点6代表是 A 工序还是 B 工序，无法分辨，因此不允许出现相邻的两个事件。解决办法是引入虚活动（虚工序），虚活动不消耗任何资源，作业时间为零，只是保证工序之间逻辑关系清晰。虚活动用虚箭线表示，图11-11是不正确的描述方式，应该为图11-12的形式。这一问题在节点式网络图（如图11-10（a）所示）中是不存在的，所以图中不必采用虚活动。

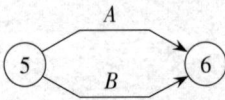

图11-11　不正确的箭线图

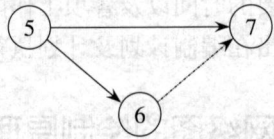

图11-12　应用虚活动表示的图

（2）在网络图中不允许出现封闭环路

这是指从某一事件出发经过一系列活动后又回到了原来的事件（如图11-13所示）。这里还包含事件的编码规则，即箭线箭头所指的事件的号码必须大于箭尾事件的号码。如图11-13（a）中箭线 E，箭头所指事件的编码为1，而箭尾事件的编码为5，就违反了网络图的作图规则，说明图中一定存在环路，这是不允许的。对于节点式网络图出现封闭环路同样是不允许的。

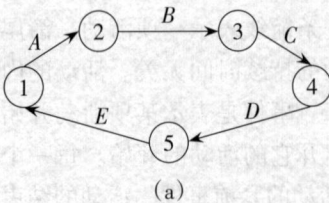

（a）

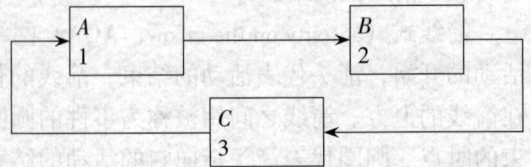

（b）

图11-13　形成环路的不正确的网络图

（3）一张网络图只能有一个总起点和一个总终点

对于箭线式网络图，图中只能有一个起始事件和一个结束事件，其他事件都属于中间事件。起始事件是指只与箭尾相连接的事件；结束事件是指只与箭头相连接的事件；中间事件是指一头连接箭头、另一头连接箭尾的事件，即它既是一些活动的开始时点，又是另一些活动的结束时点。箭线式网络图中不允许出现类似图11-14的图形。

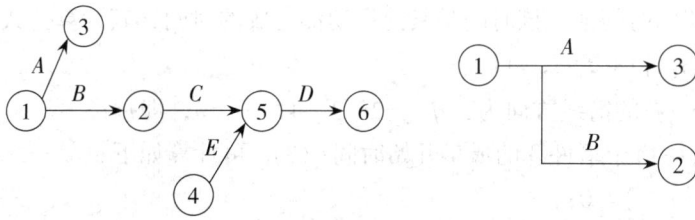

图11-14　错误的网络图

（4）网络图中的线路、路长和关键线路

线路是指从网络图的起始事件，沿箭线方向经过一系列活动和事件，到达网络结束事件为止的一条通路。一张网络图中一般存在多条线路（如图11-15所示）。

①—②—④—⑥—⑦　25
①—②—③—④—⑥—⑦　26
①—②—③—⑥—⑦　30
①—②—⑤—⑥—⑦　29

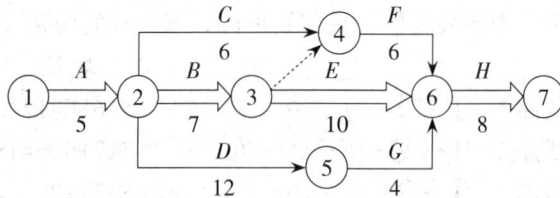

图11-15　箭线式网络图例

线路的总长度被称为路长。路长是这条线路上各项活动所需作业时间的总和。在所有线路中必有一条路长最长的线路，这条线路被称为该网络图的关键线路。关键线路的路长决定了该项目任务的总工期。在图11-15中，路长为30的线路①—②—③—⑥—⑦是关键线路。

11.2.2　网络图的时间参数计算

网络图的时间参数包括各项活动的作业时间估计，各个事件的最早开始时间（或称最早发生时间，以下统一用"最早开始时间"）和最晚结束时间（或称最迟发生时间，以下统一用"最晚结束时间"），各项活动的最早开始时间、最早结束时间、最晚开始时间（或称最迟开始时间，以下统一用"最晚开始时间"）和最晚结束时间（或称最迟结束时间，以下统一用"最晚结束时间"），以及关于时差的计算等。

11.2.2.1　活动的作业时间估算

活动的作业时间是编制网络计划的重要基础数据，数据的准确性直接影响计划的质量。但由于项目是一次性任务，各项活动的作业时间会因为环境和各种条件的变化而存在一定的不确定性，通常要请有经验的计划人员进行估计，也可用下式进行估算：

$$T_p = (a + 4m + b)/6 \qquad (11-1)$$

式中：T_p 表示活动的作业时间（或工期）；a 表示最乐观地估计完成该项活动所需的时间；m 表示正常情况下完成该项活动所需的时间；b 表示最悲观地估计完成该项活动所需的时间。T_p 是取了一个有利情况和不利情况下的作业时间的加权平均值。

11.2.2.2　事件的最早开始时间、最晚结束时间及事件的时差

（1）事件的最早开始时间

某一事件可能的最早开始时间是指从网络图的起始事件起，经过一系列活动到达该

事件的最长线路的时间值。该时间是紧前活动都完成的时间，其计算公式为：

$$t_E(j) = \max[t_E(j) + T_p(i, j)] \qquad (11-2)$$

式中：$T_p(i, j)$ 的箭线方向为 $i \rightarrow j$，$j=2$，3，4，$\cdots$，n，即 $i < j$。

例如，图 11-14 中事件③的最早开始时间 $t_E(3)$，可计算如下：

设起始事件 $t_E(1) = 0$：

$$t_E(2) = \max[t_E(1) + T_p(1, 2)] = \max(0+5) = 5$$

$$t_E(3) = \max[t_E(2) + T_p(2, 3)] = \max(5+7) = 12$$

当一个事件有多条线路到达时，它的最早开始时间应按其中最长线路的路长计算。例如，求图 11-15 中事件⑥的最早开始时间 $t_E(6)$，则要计算所有到达⑥的线路的路长，再找出其中的最大值。从起始事件到事件⑥的线路有 4 条：

	路长
线路 1：①—②—④—⑥	5+6+6=17
线路 2：①—②—③—④—⑥	5+7+0+6=18
线路 3：①—②—③—⑥	5+7+10=22
线路 4：①—②—⑤—⑥	5+12+4=21

线路 3 的路长最长，所以事件⑥的最早开始时间为 22。

$$t_E(6) = 0 + \max(17, 18, 22, 21) = 22$$

运用公式（11-2）计算如下：

$$t_E(6) = \max\left\{[t_E(3) + T_p(3, 6)], [t_E(4) + T_p(4, 6)], [t_E(5) + T_p(5, 6)]\right\}$$

$$= \max[(12+10), (12+6), (17+4)] = 22$$

（2）事件的最晚结束时间

某一事件的最晚结束时间是指箭头指向该事件的活动必须于该时点完成，否则其紧后活动就不能按时开工了。事件的最晚结束时间 $t_L(i)$ 可按如下方法和公式计算。

首先，最后节点 n 的最晚结束时间 $t_L(n)$ 与最早开始时间 $t_E(n)$ 应相等，即 $t_L(n) = t_E(n)$，于是 $t_L(n)$ 为可知，再按下述公式，逆箭线方向，由后往前，可一一计算各事件的最晚结束时间。计算公式为：

$$t_L(i) = \min[t_L(j) - T_p(i, j)] \qquad (11-3)$$

式中：$T_p(i, j)$ 是活动 (i, j) 的作业时间，箭线方向是 $i \rightarrow j$，$i = n-1$，$n-2$，$\cdots$，1，即 $i < j$；$t_L(i)$ 是箭尾事件的最晚结束时间；$t_L(j)$ 是箭头事件的最晚结束时间。

仍以图 11-15 的网络图为例，计算事件④的最晚结束时间 $t_L(4)$。

$$t_L(4) = \min[t_L(6) - T_p(4, 6)] = \min(22-6) = 16$$

或　$t_L(4) = t_L(7) - T_p(4, 6) = 30 - 8 - 6 = 16$

当一个事件有多条线路由此出发时，该事件最晚结束时间的计算方法是：计算由此出发的各条线路的路长，取其中路长的最大值，再以网络图结束事件的最晚结束时间减去此值所得的差值，即该事件的最晚结束时间。

例如，计算图 11-15 中事件②的最晚结束时间 $t_L(2)$，应先找出由②出发的各条线路，计算各线路的路长，并选出其中的最大路长。由②出发到⑦共有4条线路：

路长

线路1：②—④—⑥—⑦　　　20
线路2：②—③—④—⑥—⑦　21
线路3：②—③—⑥—⑦　　　25　取其中的最大值
线路4：②—⑤—⑥—⑦　　　24

$$t_L(2) = t_L(7) - T_p(6,7) - T_p(3,6) - T_p(2,3) = 30 - 8 - 10 - 7 = 5$$

或　$t_L(2) = 30 - \max(20, 21, 25, 24) = 5$

运用公式（11-3）计算如下：

$$t_L(2) = \min\left\{\left[t_L(3) - T_p(2,3)\right],\ \left[t_L(4) - T_p(2,4)\right],\ \left[t_L(5) - T_p(2,5)\right]\right\}$$
$$= \min\left[(12-7),\ (16-6),\ (18-12)\right] = 5$$

（3）事件的时差

事件的时差（slack）是指该事件的最晚结束时间 $t_L(i)$ 与最早开始时间 $t_E(i)$ 之差值。

计算和分析时差是网络计划工作的重要内容。存在时差，说明在工作进度的安排上有调节的余地。事件的时差用 $S(i)$ 表示，其计算公式为：

$$S(i) = t_L(i) - t_E(i) \tag{11-4}$$

网络图上各事件的时差可以在网络图上直接计算，称图上计算法。首先，从网络的起始事件开始，顺箭线方向沿各条线路一一计算各个事件的最早开始时间，直至网络图的结束事件，将算得的数值放在方框内，置于各事件（圆圈）的上方。其次，计算各事件的最晚结束时间。计算的方法是从网络的结束事件开始；逆箭线方向沿各条线路一一计算各事件的最晚结束时间，将算得的数值放在三角形框内，置于最早开始时间方框的下方。再次，各事件的最晚结束时间 $t_L(i)$ 与最早开始时间 $t_E(i)$ 的差值就是该事件的时差。最后，由时差为零的各事件组成的线路被称为该网络图的关键线路。

关键线路是该网络图中路长最长的线路。在一个项目中有时关键线路不止一条，时差也可能出现负值（当任务量大，计划安排的工期不足时），时差为零或负的线路都是关键线路。在项目进展过程中随着对关键线路上的活动进行调整，线路上的负荷得到减轻，关键线路随之发生变化：原来的关键线路会变成非关键线路；原来的次关键线路会变成关键线路。

现在仍以图11-15的网络图为例，计算各事件的时差，并找出图中的关键线路。先计算各事件的最早开始时间，从网络的起始事件最早开始，再计算各事件的最晚结束时间，从网络的结束事件开始：

$$t_E(1) = 0$$
$$t_E(2) = 0 + 5 = 5$$
$$t_E(3) = 0 + 5 + 7 = 12$$
$$t_E(4) = 0 + \max\left[(5+6),\ (5+7+0)\right] = 12$$
$$t_E(5) = 0 + 5 + 12 = 17$$
$$t_E(6) = 0 + \max\left[(5+6+6),\ (5+7+0+6),\ (5+7+10),\ (5+12+4)\right] = 22$$

$$t_E(7) = t_E(6) + T_p(6, 7) = 22 + 8 = 30$$

再计算各事件的最晚结束时间，从网络的结束事件开始：

$$t_L(7) = t_E(7) = 30$$

$$t_L(6) = t_L(7) - T_L(6, 7) = 30 - 8 = 22$$

$$t_L(5) = t_L(6) - T_L(5, 6) = 22 - 4 = 18$$

$$t_L(4) = t_L(6) - T_L(4, 6) = 16$$

$$t_L(3) = \min\left\{\left[t_L(4) - T_L(3, 4)\right], \left[t_L(6) - T_L(3, 6)\right]\right\} = \min(16, 12) = 12$$

$$t_L(2) = \min\left[(12 - 6), (12 - 7), (17 - 12)\right] = \min(6, 5, 5) = 5$$

$$t_L(1) = t_L(2) - T_L(1, 2) = 5 - 5 = 0$$

或 $t_L(1) = t_E(1) = 0$

各个事件的最早开始时间和最晚结束时间算出后，将它们分别标置于事件（圆圈）上方的方框和三角形框内（如图11-16所示）。从图中可以看到，有些事件的最早开始时间和最晚结束时间是相同的，即这些事件的时差为零。由时差为零的事件所组成的线路就是该网。在本例中，①—②—③—⑥—⑦这条线路就是关键线路。

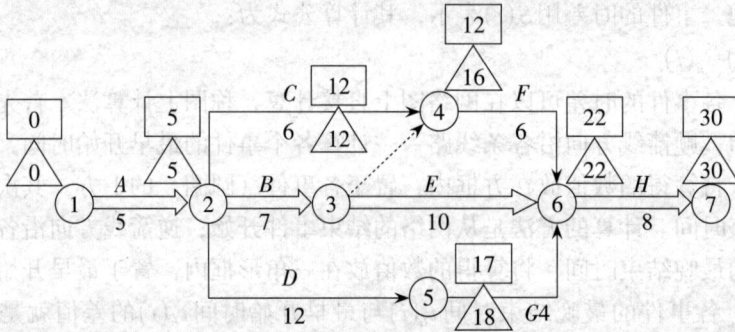

图11-16　箭线式网络图例

11.2.2.3　各项活动的时间参数计算

各项活动的时间参数，除了其作业时间外，还有活动的最早开始时间、最早结束时间、最晚开始时间、最晚结束时间以及活动的总时差和单时差等参数。

（1）活动的最早开始时间

一项活动必须在它的所有紧前工作都完成以后才能开始。活动的最早开始时间通常用 $ES(i, j)$ 表示，指其紧前工作全部完成，本项活动可以开始的最早时刻。一活动的最早开始时间也是其箭尾事件的最早开始时间，计算公式如下：

$$ES(i, j) = t_E(i) \quad (i < j) \tag{11-5}$$

（2）活动的最早结束时间

一项活动的最早结束时间通常用 $EF(i, j)$ 表示。它是活动按最早时间开工后，所能达到的最早完工时刻，计算公式如下：

$$EF(i, j) = ES(i, j) + T_p(i, j) \tag{11-6}$$

（3）活动的最晚开始时间

活动的最晚开始时间通常用 $LS(i, j)$ 表示。它是指在不影响其紧后活动最晚开始工作的前提下，一项活动可以开始的最晚时间。其计算公式如下：

$$LS(i, j) = LF(i, j) - T_p(i, j) \tag{11-7}$$

（4）活动的最晚结束时间

活动的最晚结束时间通常用 $LF(i, j)$ 表示。它是指为了不影响其紧后活动在最晚开始时间开工，该项活动必须结束的最晚时间。其计算公式如下：

$$LF(i, j) = t_L(j) \tag{11-8}$$

（5）活动的总时差

活动的总时差通常用 $TS(i, j)$ 表示。它是指在满足其紧后活动能于最晚开始时间开工的条件下，该项活动可以靠前或靠后灵活安排的时间范围。总时差即最大的机动时间，其计算公式如下：

$$TS(i, j) = LF(i, j) - LS(i, j) = EF(i, j) - ES(i, j) \tag{11-9}$$

（6）活动的单时差

某项活动的单时差常用 $SS(i, j)$ 表示，反映不影响紧后活动最早开始的机动时间。它的计算公式如下：

$$SS(i, j) = ES(j, k) - EF(i, j) \tag{11-10}$$

式中：$ES(j, k)$ 为活动 (i, j) 的紧后活动 (j, k) 的最早开始时间；$EF(i, j)$ 为活动 (i, j) 的最早结束时间。

单时差与总时差的区别是：单时差是在不影响其紧后活动的最早开始时间条件下，本项活动独有的富裕机动时间，这部分机动时间其紧后（或称"紧随"，以后统一称"紧后"）活动是不能利用的；总时差是本项活动与其紧前或紧后活动共享的富裕机动时间。图11-17描述了总时差与单时差的关系。由图可知，总时差中包含单时差，这部分单时差是不能与其紧前或紧后活动共享的。

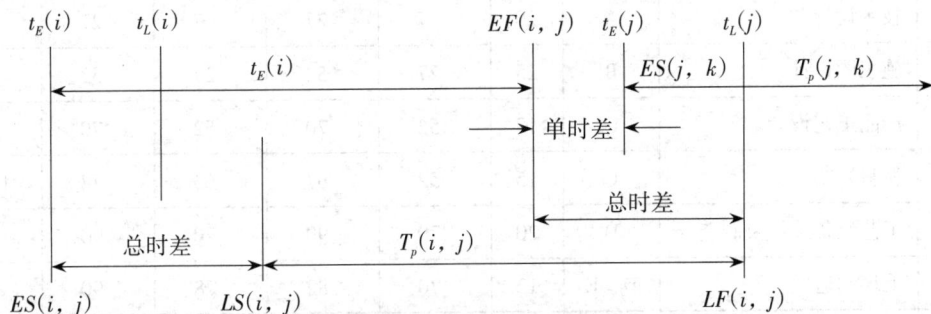

图11-17　总时差与单时差的关系

11.2.3　进度计划的编制及优化

11.2.3.1　计划编制

一个项目经过工作分解，并对每项活动（工作单元）的作业时间进行了估算，确定了工作流程，明确各项活动之间的相互关系（紧前或紧后关系）之后，就可以列出该项目的工作明细表。根据工作明细表就可以编制项目的进度计划了。下面以某新产品设计试制项目的工作明细表为例，编制该项目的网络进度计划，画出一张网络图（如图11-18所示）。

当网络图内容复杂，用图上计算法操作不方便时，也可以列表计算。如图11-18所示的网络图可以通过表11-2的形式描述，在表上计算各项活动的最早开始时间 ES、最早结束时间 EF、最晚开始时间 LS、最晚结束时间 LF 和各项活动的时差。由时差为零的各项活动所构成的线路，就是该项目的关键线路。本例的关键线路由工序 A、B、C、D、F、I、K、L 和 M 组成，节点编号为1、2、3、4、5、7、8、9、10和11。

关键线路的路长决定项目的工期，即本项目的工期是由 A、B、C、D、F、I、K、I、J、M 等活动的作业时间之和决定的。要想缩短本项目的工期，首先应考虑有无可能采取措施压缩上述关键线路上诸活动的作业时间。

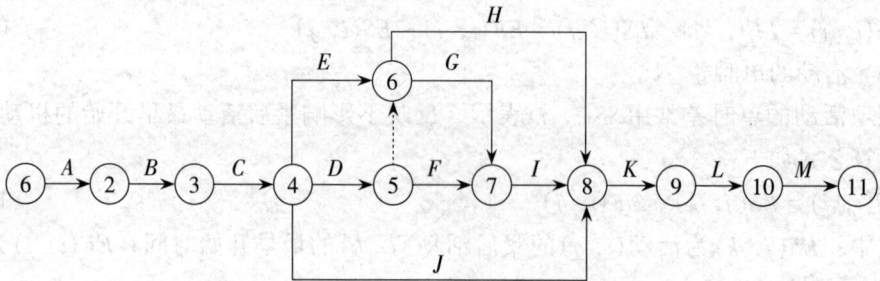

图11-18 某新产品设计试制项目的网络图

表11-2 某新产品设计试制项目的进度计划表

工作编号	工作内容	紧前工作	所需时间	最早开始时间	最早结束时间	最晚开始时间	最晚结束时间	总时差
A	新产品概念设计		7	0	7	0	7	0
B	技术设计	A	20	7	27	7	27	0
C	施工图设计	B	25	27	52	27	52	0
D	产品工艺设计	C	18	52	70	52	70	0
E	材料采购	C	15	52	67	63	78	11
F	工艺装备设计及制造	D	20	70	90	70	90	0
G	毛坯制造	D、E	12	70	82	78	90	8
H	中小零件加工	D、E	15	70	85	105	120	35
I	基体件及复杂零件加工	F、G	30	90	120	90	120	0
J	机电配件采购	C	7	52	59	113	120	61
K	部件组装	H、I、J	10	120	130	120	130	0
L	产品总装配	K	5	130	135	130	135	0
M	新产品试车	L	7	135	142	135	142	0

11.2.3.2 计划优化

前面在谈编制项目计划时,没有涉及资源的约束,实际上拨给一个项目的资源总是有限的,即使在项目建立之初,根据工作的需要已经给项目配备了较充裕的资源(人力、设备等),但在项目的实施过程中对各种资源的需求在各时间段上往往是不平衡的,有时会感到人力不足,有时又会发生人力闲置。人力不足将影响工作的进程,人力闲置则又会造成浪费。所以计划的编制要考虑资源的约束,既要求充分合理利用有限的资源,又要求按时完成项目的进度计划。以合理利用人力资源为例,在计划上希望工作负荷的安排尽可能均衡,避免计划要求投入的人力大起大落。但是排出的初始计划很难做到负荷非常均衡,因此在计划初稿完成后,尚需对计划进行优化。

(1)进行资源平衡

首先要确定网络计划中的关键线路和非关键线路上各项活动所拥有的时差。当发现某一时段计划的工作负荷超过能力时,可以把非关键线路上的活动,根据时差允许的范围移前或推后,使负荷的高峰错开,把该时段中超载的负荷降下来。如果通过上述负荷调整仍不能解决问题,则可能需要采取以下措施:①组织部分人员加班,但工作人员不宜长期加班,避免过分劳累影响健康和影响工作质量;②聘请临时的工作人员投入本项目,这可能需要进行专门的培训,会使成本有较大的增加;③在质量和进度有保证的前提下,把部分工作外包出去。

(2)变串行工作为并行工作

为了缩短工期和避免人力闲置,应把顺序串行的工作尽可能改变为并行进行。假设某种机器的装配有3道工序,分别由3名工人负责组装。如按图11-19所示的顺序进行,则一名工人进行装配时,其他两名工人在旁等着,浪费人力。如果3台机器完全平行装配,则需3组工人才能同时装配,而在每台机器的装配过程中,仍存在前述的人力闲置现象。想用一组工人平行地工作,以缩短工期,可以采用如图11-20(a)或(b)所示的梯形网络图来安排。

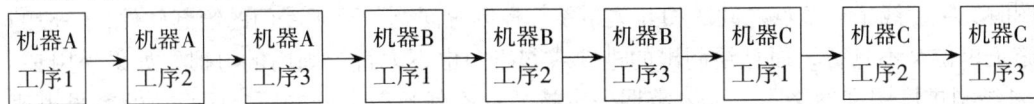

(a)节点式顺序工作的网络图

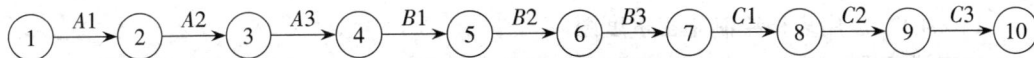

(b)箭线式顺序工作的网络图

图11-19 顺序工作时的网络图

11.2.4 Excel在网络计划技术中的运用

在工程项目管理中,绘制施工进度计划图是一项重要的工作。工程项目建设进度计划的表示方法有多种,常用的有横道图、网络图两类。

(a) 平行工作的节点式网络图

(b) 平行工作的箭线式网络图

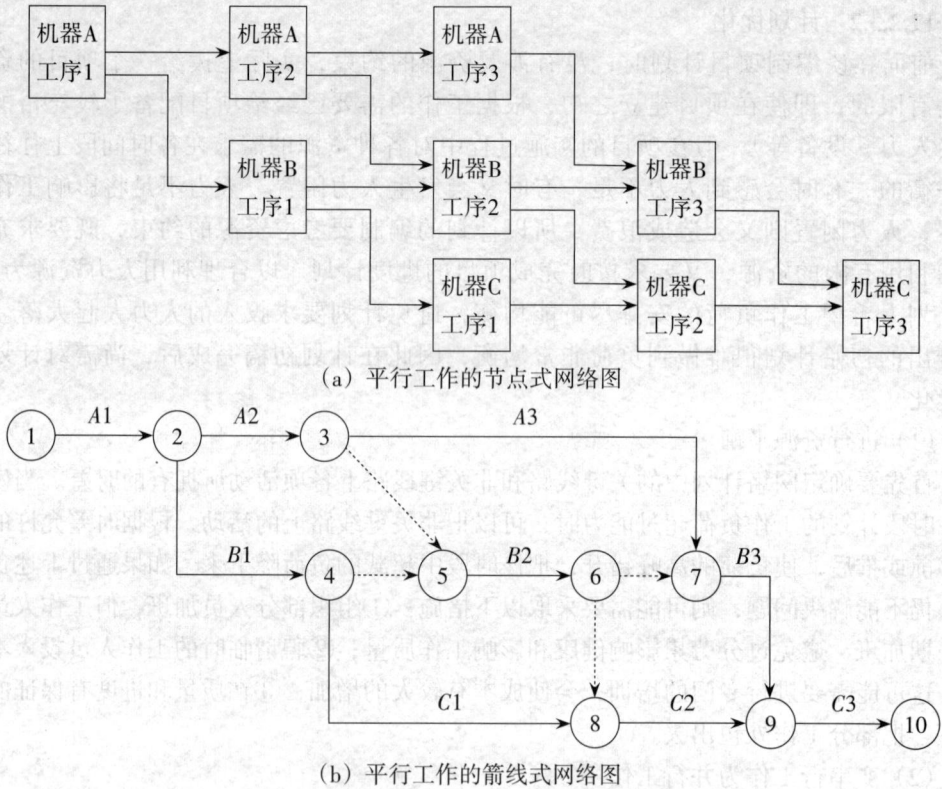

图11-20　一组工人平行工作时的网络图

施工进度图和网络图在工程招标投标、施工组织设计、施工控制、监理控制中应用广泛，是施工进度控制的重要手段。一般绘制这两种图是采用手工、手工与打印结合、Word或专门的绘制软件。前几种方法绘制效果都不甚美观，而且Word有限制，表格列数最大只能达到63列，对于持续时间长、分化时间间隔小、超过63列的进度图就无能为力了，同时存在绘制大的进度图时文档编辑速度变慢、线条位置不易控制，绘制网络图时文字、线条、节点之间的相互关系不好控制等问题。至于专门的绘制软件，一般的施工单位又不具备，而且绘制出的进度或网络图也不太符合国内的习惯。如果采用Excel绘制进度图和网络图，只要掌握一定技巧，绘制起来十分方便，而且绘制效果也比较美观。

11.2.4.1　运用表格绘制施工进度图

施工进度图一般由表格、进度粗线组成，有的还要求图下边有每月各种同类项目施工强度汇总表。下面就图11-21来讲绘制的技巧。

（1）在单元格内绘制

表格绘制比较简单，根据工程所跨的时间、工程项目以及绘制纸张的大小，选取适当的列数、行数、列宽及行高，将选定的区域赋予边框。为了让表格中的字显示更美观，可以选择此区域后依次单击：格式→单元格→对齐，选择垂直对齐为居中方式。需要合并或自动换行的单元格也可在选取相应区域后，在这里单击合并单元格或自动换行选项即可。同一单元格内换行也可在换行点采用"Alt+Enter"键强制进行。

序号	施工内容	2025年7月			2025年8月			2025年9月			2025年10月			2026年11月			2026年3月			2026年4月			2026年5月		
		10	20	30	10	20	30	10	20	30	10	20	30	10	20	30	10	20	30	10	20	30	10	20	30
1	防护林工程	█	█	█	█	█	█																		
2	更新机井（含井房）		█	█	█	█	█	█	█	█	█	█	█	█	█	█	█	█	█						
3	砂石路面			█	█	█	█																		
4	平整土地								█	█	█	█	█	█	█	█	█	█	█						
5	改良土壤								█	█	█	█	█	█	█	█	█	█	█						
6	滴灌工程								█	█	█	█	█	█	█	█	█	█	█	█					
7	维修防渗渠										█	█	█	█	█	█	█	█	█	█	█	█	█	█	█
8	开挖疏浚渠道										█	█	█	█	█	█	█	█	█	█	█	█	█	█	█

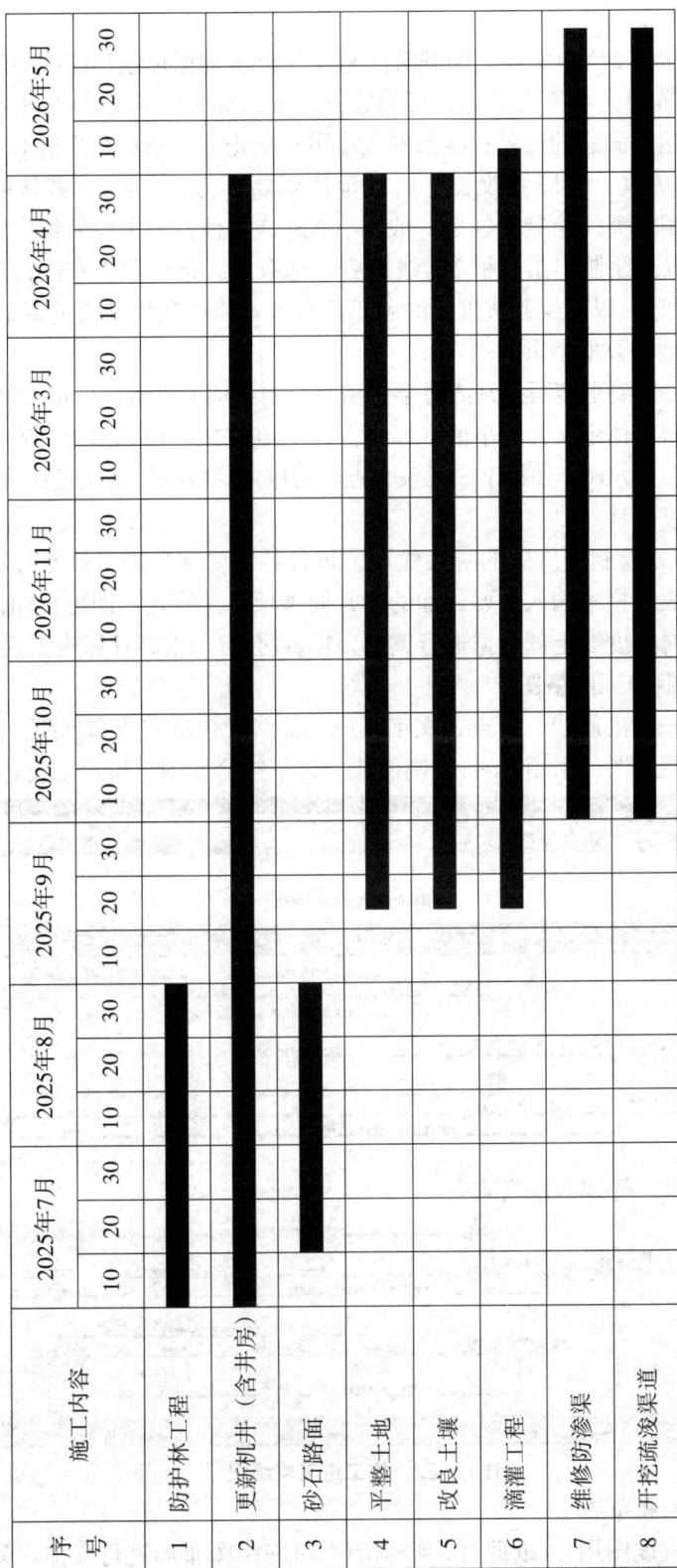

图11-21 施工进度计划横道图

（2）进度线绘制

进度线一般采用2磅粗实线，绘制时注意按住Shift键保证绘出的线条笔直，绘制后如果对某线条位置和大小不太满意，可以在选取此线条后，用Ctrl+箭头键上下左右作微小运动，直至达到满意的位置；线条的大小可在双击此线条后出现的对话框中，对其大小进行微小的更改，也即修改长度值直至达到要求为止。Excel默认的线条粗细为0.75磅，而进度图中需要绘制的线条一般只有2磅这一种，为了保证每次绘制线条粗细值都是2磅，可以在绘制出第一根2磅线条后，选取此线条后单击右键，选择"设置自选图形的默认效果"，以后绘制进度线时就不用每次都将线条粗细值重新定义。

（3）进度线上部数据编辑

进度线上部一般要求填写每月或每半月需完成的各项工程量，确定数据填写位置后，选择此单元格，将字体定义为较小值（如9号字），在格式→单元格→对齐中将此单元格垂直对齐定义为靠上方式，如果字离线条太近，可以用"Ctrl+"箭头键往下微调。

（4）施工强度统计

这是利用Excel绘制进度图的一大优点，每月各主要项目施工强度可以列式计算在下边的施工强度表各栏中输入需要相加的当月同类项目计算式，即可自动计算出本月施工强度。以后若对进度线上部数据进行调整，Excel会自动重新计算施工强度值。

11.2.4.2 绘制施工网络图

施工网络图一般由箭线、节点、文字组成，箭线又包括实线和虚线。图11-22是某工程总进度计划网络图，采用Excel绘制而成。以下结合此图讲讲绘制技巧。

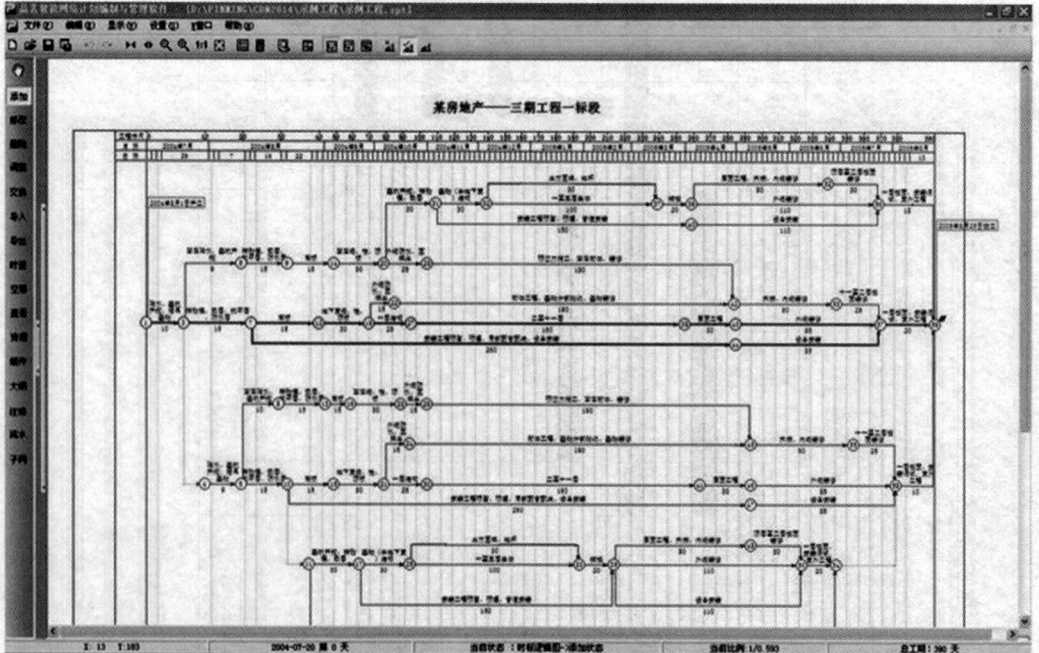

图11-22 施工进度网络图

（1）确定纸张和布局

一般小工程进度图用A4纸即可，绘制前先对网络图布局进行安排。关键线路应放在纸张高度方向大致中间位置，其他工序在关键线路上下均衡布置，绘制从左边开始。

（2）节点绘制

由于节点编号范围变化较大，可以采用图文框的方式解决。先按住Shift键选择绘图工具的椭圆按钮，绘制出一个适当大小的圆圈。选择此圆圈，单击右键，选择"添加文字"，输入指定的编号。为了让文字大小与圆圈相适应，可以双击此图文框后再将内部页边距全部设置为0，根据文字大小对圆圈的大小（即半径）进行微调，直至满意为止，圆圈内的文字居中放置。若编号最大为两位数，可以以两位数宽度按以上方法绘制出一个标准的节点，其他节点复制此节点即可，这样可以保证节点大小一致。

（3）箭线绘制

箭线采用绘图工具绘制，一般工序采用1磅线条，关键工序采用3磅线条。可以先点击绘图工具的直线按钮，按住Shift键绘出一个水平直线条，双击此对象后设定默认前端箭头格式为图示格式，粗细值为1磅，选取此箭线并用鼠标右键单击，在弹出窗口内单击"设置自选图形的默认效果"，以后绘制的直线都带有这样的前端箭头。

对部分工序有弯折直线相接或有虚工序采用虚线，或是关键工序需要改变线条粗细值，可以双击相应的线条，在弹出的对话框中取消箭头、选定虚线类型或改变粗细值。

为了保证节点与箭线、弯折线条之间连接紧密，绘制相邻箭线时可以先选取本节点或线条，使之显示出图形对象边缘的小方框标志，选取绘图工具的直线按钮，将绘图十字指示标志的交叉点置于小方框中央，然后绘制线条或箭线，这样绘制出的相邻节点和线条、线条与线条之间衔接较紧密。如果这样衔接还不是很紧密，可以选择相应对象，按住Ctrl键进行相对位置的微调，直至满意为止。

（4）文字编辑

网络图一般在箭线上面为工序名称，下面为工序历时。为了保证文字位置适当，可以将每条工序线条布置在单元表某一行中间位置，此行上下各留一相邻单元行用作填写文字和下面的历时（如图中虚线框所示），这样易于控制上下文字的位置。可以采用单元格居中、合并居中、添加空格等方式，使文字相对于相应的箭线对齐居中。必要时可以根据文字长度，方便地拉宽、缩窄单元格来调整线条宽度（这也是Excel绘制网络图的一个优点），线条宽度会随着单元格宽度自动缩窄或变宽，或者将文字分两行排列。

11.3　项目成本管理

项目成本是指在项目实现过程中所耗用的各种费用的总和。项目成本管理是指为保障项目实际发生的成本未超出项目的费用预算而开展的控制等管理活动。

11.3.1　项目成本管理的内容

项目成本管理包含编制项目资源计划、项目成本估算、项目成本预算分配、项目成本控制等内容。

11.3.1.1 编制项目资源计划

编制项目资源计划是要确定为完成项目，需要投入的资源种类（包含人力、设备、材料、资金）、所需资源的数量和安排这些资源投入的大致时间。具体的工作是要编制一份该项目所需的各种资源的清单和资源的使用计划。

11.3.1.2 项目成本估算

根据项目的资源需求计划和各种资源的市场价格及预测价格，可以估算整个项目的成本费用。具体的工作是编制一份项目的资源成本概算。

11.3.1.3 项目成本预算分配

项目成本预算分配是指根据项目的成本估算，为项目的各项活动或工作单元分配和确定费用预算指标，并科学、合理地制定整个项目的总预算。项目的成本预算是进行项目成本控制的基准。

11.3.1.4 项目成本控制

成本控制工作是指在项目的实施过程中努力将项目的实际成本费用控制在项目的成本预算范围之内，并且随着项目的进展，还要根据项目成本的实际发生情况，不断预测项目成本的发展变化趋势，随时修订原来的项目成本估算，以便合理分配费用，使实际成本费用不超出项目的总预算。

11.3.2 项目的成本结构和成本的影响因素

11.3.2.1 项目的成本结构

项目成本按其用途的不同，可以分为以下几部分：

（1）项目的立项成本

为了对项目进行科学的定义与正确决策，在项目形成的第一阶段需要进行大量的调查研究，搜集和掌握第一手资料，进行项目的可行性研究。为完成上述工作需要耗用一定的人力、物力和资金，所耗的这些费用就构成了项目的立项成本。

（2）项目设计成本

任何一个项目，不论是工程建设项目、新产品研制开发项目还是科学研究项目，都需要开展设计工作。这些设计工作所耗用的人力、物力和资金就构成了项目的设计成本。

（3）项目实施前的筹划成本

项目实施以前为了获得项目所需的各种资源，需要开展一系列的工作，如选择供应商、询价、承发包、招标、发标、评标、定标、签约等，这些活动都要发生一定的费用，这些费用就构成了项目实施前的筹划成本。

（4）项目实施成本

为实现项目的目标，在项目实施过程中所耗用的各种资源，包括物质资源和人力资源，其支出的全部的费用构成项目的实施成本。实施成本具体包含以下内容：

第一，人工成本：实施项目的工作人员的工资、劳保福利和奖金等。

第二，物料成本：实施项目所需的各种原料、材料和低值易耗品等的费用。

第三，顾问费用：聘请专家顾问的酬金以及雇用分包商的费用。

第四，设备费用：购买或租用有关的仪器设备、专用工具等器材的费用。

第五，其他费用：在上述四类费用之外的各种杂项开支如差旅费等。

第六，不可预见费用：为意外事件所发生费用建立的成本科目，如工程返工的费用损失、物价上涨引起的开支增加、发生意外事故的赔偿金等。

11.3.2.2　项目成本的影响因素

项目实施成本是项目总成本的主要组成部分。很多项目的项目实施成本占总成本的比例高达90%以上，因此项目成本管理的重点是对项目实施成本的管理与控制。有很多因素影响一个项目的成本。不同类型的项目，其成本影响因素会有很大的差异，但最为重要的影响因素，通常分为以下方面：

（1）项目工期与成本的关系

项目的工期如果过紧，时常需要加班，会引起大量的加班费用，使成本上升。工期如果过松，任务安排得不紧凑，则会使人力闲置，管理费用等间接费用增加，同样会使成本升高。所以项目的工期应有一个最佳的期限，可使项目的总成本最低。工期过长或过短都不相宜。这里反映最佳的项目工期与最优的资源投入数量之间存在相关关系。

（2）耗用资源的数量和资源的价格

项目的成本既与耗用和占用资源的数量直接相关，又与资源的价格有关。价格因素是一个外部因素，主要是由市场决定的。而合理地消耗或占用所需资源的数量是一个相对可控的内部因素。因此，管理的重点应是后者。

（3）项目质量

项目的质量要求越高，项目的成本也就越高。而能否满足客户的需求，客户是否满意是检验项目质量的唯一标准。因此，不要盲目追求高质量，而应认真研究客户的实际需求，使项目的成本真正用在刀刃上。

（4）项目范围

项目的范围越大，所要完成的任务越复杂，显然项目的成本也相应越高。所以正确确定项目的范围，对决定项目的成本水平具有重要而深远的影响。不做多余的、无用的工作应是成本控制的重要内容。

由上可知，为加强项目成本管理，需要开展对项目范围、项目质量的认真研究和科学决策，并加强对项目工期和耗用资源的管理和控制。

11.3.3　工作分解结构与项目成本估算及项目预算控制

11.3.3.1　工作分解结构为精确估算项目成本提供依据

工作分解结构是精确估算项目成本的重要基础。因为通过工作分解结构把项目任务逐层分解，直至各项具体工作，它使人们对项目内容有深入的了解，并且不遗漏任何工作，这就为进行精确的成本估算提供了重要的依据。

通过工作分解结构把项目任务分解为最基本的工作单元，每个工作单元由于任务具体明确，对它的成本估算就容易做到较为精确。在此基础上汇总各工作单元的成本，即可得到较精确的整个项目的成本估算。

11.3.3.2 工作分解结构为控制项目预算提供方法

当项目预算有变化时，项目经理需要调整预算分配，这时可借助工作分解结构来控制预算，总额不超出规定限额。这种控制的方法被称为保优预算法。保优预算法原理非常简单，它的具体做法是：把原来经工作分解结构分解后的工作单元按重要性进行排序，在保证项目目标能基本实现的前提下，去掉排序单中最后几项工作，使所剩工作单元所需的费用预算不超出规定的预算限制，修改预算的工作即告结束。

现以某公司的新产品促销工作为例。该公司原计划拨款100万元进行新产品促销活动。公司的市场部拟订了一份总预算为98万元的项目计划（如图11-23左半部分所示）。

活动内容	预算		活动内容	预算
1.销售代理商会议	50 000元		2.新闻发布会	80 000元
2.新闻发布会	80 000元		1.销售代理商会议	50 000元
3.宣传手册	48 000元	重新排序	10.销售人员培训	75 000元
4.免费样品	100 000元		8.电视和互联网广告	300 000元
5.消费者专访活动	30 000元		7.报刊广告	100 000元
6.社会福利捐赠	80 000元		3.宣传手册	48 000元
7.报刊广告	100 000元		4.免费样品	80 000元
8.电视和互联网广告	300 000元		9.电台广告	120 000元
9.电台广告	120 000元		5.消费者专访活动	30 000元
10.销售人员培训	75 000元		6.社会福利捐赠	80 006元
合计	983 000元		合计	733 000元

图11-23 控制项目预算的保优预算法

后因经费紧张，公司把预算缩减为75万元。市场部把项目计划中的各项活动按重要性进行排序，在去掉了后面的3项活动后，新的项目计划的预算压缩到75.3万元。由于仍未达到75万元以内，所以又分析了保留的各项活动的预算有无进一步压缩的可能。最后决定适当减少发放免费样品的数量，把总预算控制在73.3万元（如图11-23右半部分所示）。

❖ 拓展阅读 11-2

港珠澳大桥项目

2018年10月23日，我国港珠澳大桥正式开通；10月24日上午9时，港珠澳大桥正式通车。港珠澳大桥跨越伶仃洋，东接香港，西接珠海和澳门，总长约55千米，是粤港澳三地首次合作共建的超大型跨海交通工程。它分别由3座通航桥、1条海底隧道、4座人工岛及连接桥隧、深浅水区非通航孔连续梁式桥和港珠澳三地陆路联络线组成。其中，3座通航桥从东向西依次为青州航道桥、江海直达船航道桥和九洲航道桥；海底隧道位于香港大屿山岛与青州航道桥之间，通过东西人工岛接其他桥段；深浅水区非通航孔连续梁式桥分别位于近香港水域与近珠海水域之中；三地口岸及其人工岛位于两端引桥附近，通过连接线接驳周边主要公路。

港珠澳大桥具有多项世界之最。对于这座目前世界上综合难度最大的跨海大桥而言，每项荣誉的背后，都是一组组沉甸甸数据的支撑——全长55千米，世界总体跨度最长的跨海大桥；海底隧道长 5.6 千米，世界上最长的海底公路沉管隧道；海底隧道最深海平面下 46 米，世界上埋进海床最深的沉管隧道；对接海底隧道的每个沉管重约 8 万吨，世界最重的沉管；世界首创的深插式钢圆筒快速成岛技术。此外，大桥还囊括了世界首创主动止水的沉管隧道最终接头、世界首创桥-岛-隧集群方案、世界最大尺寸高阻尼橡胶隔震支座、世界最大难度深水无人对接的沉管隧道等多项世界之最。

资料来源：王忠耀，吴春燕. 港珠澳大桥："现代世界七大奇迹"之一［J］. 党员文摘，2019（12）：45-47.

本章小结

第一节项目管理概述，首先论述了项目的定义：是指那些要求在规定的时间内、限定的预算内和规定的质量标准内完成的一次性工作、任务或活动。项目管理中有时间要素、成本要素、资源要素和质量要素等。其次，本节论述了项目管理的常用工具（甘特图）、网络计划技术和工作分解结构，以及项目管理在企业中的应用和项目管理发展过程。最后，本节介绍了项目管理的主要内容——范围、时间、成本、质量、人力资源、沟通、风险、采购和项目集成管理，以及项目管理的四大步骤：启动项目阶段，项目计划阶段，实施、跟踪控制项目阶段和收尾阶段。

第二节论述了网络计划技术，介绍网络图的构成、画法和时间参数计算，最后探讨网络图时间资源和时间费用两种优化问题，介绍压缩工期的主要途径、平衡资源的方法。本节在参数计算中介绍了如下公式：

作业时间的平均值：$t_m = (a + 4m + b)/6$

作业时间的方差：$\delta^2 = [(b - a)/6]^2$

关键线路的完工概率：$T_K = T_E + z\sigma_E$

其中：$\sigma_E{}^2 = \sum \sigma_i{}^2$；$T_E = \sum T_{Ei}$。

节点最早发生时间：$t_E(j) = \max\limits_{(i, j) \in l} \{t_E(i) + t(i, j)\}$

节点最迟发生时间：$t_L(i) = \min\limits_{(i, j) \in l} \{t_L(j) - t(i, j)\}$

作业的最早开工时间：$t_{ES}(i, j) = t_E(i)$

作业的最迟开工时间：$t_{LS}(i, j) = t_{LF}(i, j) - t(i, j) = t_L(i) - t(i, j)$

作业的最早完工时间：$t_{EF}(i, j) = t_{ES}(i, j) + t(i, j) = t_E(i) + t(i, j)$

作业的最迟完工时间：$t_{LF}(i, j) = t_L(j)$

总时差：$S(i, j) = t_{LS}(i, j) - t_{ES}(i, j) = t_{LF}(i, j) - t_{EF}(i, j) = t_L(j) - t_E(i) - t(i, j)$

作业单时差：$r = t_{ES} - t_{EF} = t_E(j) - [t_{ES}(i, j) + t(i, j)] = t_E(j) - t_E(i) - t(i, j)$

第三节项目成本管理首先论述了项目成本管理的内容，分析项目成本构成和成本影响因素，讲解项目成本估算与预算控制方法。

关键术语

项目管理（project management） 工作分解结构（work breakdown structure，WBS）
关键线路法（critical path method，CPM）

基本训练

❖ 判断题

1.项目是为完成某一独特的产品、服务或任务所作的一次性努力。 （　　）

2.每个项目都不一样，因此，制定项目管理的流程没什么作用。 （　　）

3.失败的项目也存在收尾阶段。 （　　）

4.通过项目节点网络图给出项目活动顺序安排的方法是前导图法。 （　　）

5.当 $CV \geq 0$，$CPI \geq 1$；$SV \geq 0$，$SPI \geq 1$ 时，项目的成本未超支，进度未超时。 （　　）

❖ 选择题

1.随着项目生命周期的进展，资源的投入（　　）。

  A.逐渐变大　　　　　　　　　　B.逐渐变小

  C.先变大再变小　　　　　　　　D.先变小再变大

2.在对项目活动的进一步细化分解的基础上所生成的，是项目所要开展的各项具体活动的说明文件，是项目活动定义所给出的最主要的输出信息和文件的是指（　　）。

  A.活动清单　　　　　　　　　　B.资源日历

  C.工作分解结构　　　　　　　　D.进度计划

3.（　　）属于项目进度计划书表示方法。

  A.里程碑图　　　　　　　　　　B.甘特图

  C.活动清单　　　　　　　　　　D.加入时间信息的网络图

4.如果进度偏差和成本偏差一样，两者都大于0，那么下列表述错误的是（　　）。

  A.项目实际成本比计划低　　　　B.项目成本超支

  C.项目进度滞后　　　　　　　　D.项目进度比计划提前

❖ 简答题

1.项目管理过程与一般运营管理过程相比有哪些不同？为什么会有这些不同？

2.简述双代号网络图的绘制规则与要求。

3.谈谈你对项目全生命周期成本管理的理解。

❖ 实务题

1.某工程各工序关系及各工序所需时间见表11-3，试绘制网络图，计算事项及工序的时间参数，并指出关键线路。

表11-3 原始数据

工序	A	B	C	N	D	E	F	G	H	Q	M	L
紧前工序				A	A	A	B、N	C	C	E、F、G	Q、D	E、F、G、H
工序时间（小时）	8	7	10	1	9	2	3	6	4	5	7	6

2. 根据表11-4所示资料，试绘制网络图，计算事项时间参数，并指出关键线路。

表11-4 作业组成及其作业时间图表

工作代号	紧前工作	紧后工作	持续时间（天）
A	—	C	3
B	—	E、G、H、F	2
C	A	G、H、F	5
D	—	F	4
E	B	I	3
F	B、C、D	I、J	4
G	B、C	I	21
H	B、C	I、J	6
I	E、G、F、H	—	4
J	F、H		12

3. 根据表11-5所示资料，试绘制网络图，计算事项时间参数，并指出关键线路。

表11-5 作业组成及其作业时间图表

工作代号	紧前工作	紧后工作	持续时间
A	—	C、G	12
B	—	D、E	2
C	A	H	3
D	B	H	4
E	B	I、F	2
F	E	J	5
G	A	J	4
H	D、C	J	3
I	E	K	2
J	F、G、H	K	11
K	I、J	—	3

4. 根据表11-6的资料，用Excel求解项目管理问题。若项目计划120天完成，则完成概率为多少？（主要考虑关键线路，非关键线路此处忽略不计）

表11-6　　　　　　　　　　　原始数据　　　　　　　　　　时间单位：天

序号	工　序	紧前工序	最快时间	最可能时间	最慢时间	平均时间
2	确定目标顾客		1	3	5	3
3	起草问卷		4	11	12	10
4	实验问卷	2，3	10	19	34	20
5	总结分析问卷	4	2	4	6	4
6	准备邮签	5	1	1	8	2
7	打印问卷	5	9	11	19	12
8	决定使用的软件	5	1	2	3	2
9	学习使用软件	8	2	4	9	5
10	邮递问卷，获得回应	6，7	26	57	88	57
11	测试软件	9	2	6	10	6
12	输入回应信息	10，11	4	8	12	8
13	分析结果	12	3	7	11	7
14	编制报告	13	8	11	14	11
	项目平均完成时间	129				

主要参考文献

［1］GUÉRET C，PRINS C，SEVAUX M. Applications of optimization with Xpress - MP ［M］. Northampton，UK：Dash Optimization Ltd.，2000.

［2］JOHNSON S M. Optimal two- and three-stage production schedules with setup times included ［J］. Naval Research Logistics Quarterly，1954，1（1）：61-68.

［3］NAHMIAS S. Production and operations analysis ［M］. New York：McGraw-Hill Companies，Inc.，2009：189-219.

［4］PALMER D S. Sequencing jobs through a multi-stage process in the minimum total time - a quick method of obtaining a near optimum ［J］. Journal of the Operational Research Society，1965，16（1）：101-107.

［5］柴敏波，贾春玉，甄玉敏. 综合评分法中的评分方法研究 ［J］. 商场现代化，2009（6）：22-24.

［6］陈金莎，王家荣，齐字捧，等. 旅行商式配送问题新的简便解法 ［J］. 物流工程与管理，2019，41（12）：93-95.

［7］陈荣秋，马士华. 生产与运作管理 ［M］. 6版. 北京：机械工业出版社，2022.

［8］陈志祥. 生产与运作管理 ［M］. 5版. 北京：机械工业出版社，2024.

［9］韩伯棠. 管理运筹学 ［M］. 北京：高等教育出版社，2000.

［10］胡运权. 运筹学习题集 ［M］. 北京：清华大学出版社，1985.

［11］黄璐璐，陈晓倩，郑思亮，等. 平面二维装箱问题"5块法"规划解法 ［J］. 宁波工程学院学报，2018，30（3）：7-11.

［12］黄卫伟. 生产与作业管理 ［M］. 北京：中国人民大学出版社，1997.

［13］惠斯特，莱维. 统筹方法管理指南 ［M］. 葛震明，等译. 北京：机械工业出版社，1983.

［14］季建华，邵晓峰. 运营管理 ［M］. 上海：上海人民出版社，2004.

［15］贾春玉，包薇，郭美芳. 物流流通加工中排序问题最小系数法的改进与完善 ［J］. 武汉商学院学报，2024，38（6）：83-87.

［16］贾春玉，崔剑. 设备单行布置从至表试验法的改进 ［J］. 工业工程与管理，2008，13（1）：127-130.

［17］贾春玉，刘富成，钟耀广. 仓储与配送管理 ［M］. 2版. 北京：机械工业出版社，2023.

［18］贾春玉，刘海金，周艳. 提高圆形货物装箱率新的简便解法研究 ［J］. 武汉商学院学报，2022，36（6）：53-58.

［19］贾春玉，刘鑫如. 规划求解法优化及应用研究 ［J］. 吉林工程技术师范学院学报，2023，39（5）：92-96.

［20］贾春玉，双海军，钟耀广. 仓储管理 ［M］. 2版. 大连：东北财经大学出版社，2024.

［21］贾春玉，张晓辉. 企业管理基础 ［M］. 北京：中国时代经济出版社，2003.

［22］贾春玉，赵金实. 均衡调优法调优对象的选择方法 ［J］. 科技进步与对策，2005，22（7）：

59-60.

[23] 贾春玉, 甄玉敏, 刘富成. 运输问题简便解法在生产计划中的应用 [J]. 长春大学学报, 2006, 16 (7): 1-4.

[24] 贾春玉, 甄玉敏. 设备双行布置从至表试验法的改进 [J]. 成组技术与生产现代化, 2010, 27 (2): 47-51.

[25] 贾春玉. 论网络图线路条数的计算及其应用 [J]. 长春大学学报, 1994 (3): 34-39.

[26] 贾春玉. 同顺序排序问题近似最优解调优法的探讨 [J]. 辽宁工程技术大学学报, 2006, 25 (4): 598-601.

[27] 贾春玉. 一类多车、多货物运输配送问题新的简便解法 [J]. 成组技术与生产现代化, 2019, 36 (3): 20-25.

[28] 贾春玉. 运输问题新解法的探讨 [J]. 系统工程学报, 2004, 19 (2): 207-211.

[29] 阚树林. 基础工业工程 [M]. 北京: 高等教育出版社, 2005.

[30] 刘海金, 贾春玉. 静态和动态规划求解下料方法的比较研究 [J]. 中国新技术新产品, 2023 (22): 38-41.

[31] 马国瑜. 管理科学的最优化方法 [M]. 北京: 化学工业出版社, 1989.

[32] 马天超. 机械工业企业生产管理学 [M]. 北京: 机械工业出版社, 1986.

[33] 潘家轺, 刘丽文, 石涌江, 等. 现代生产管理学 [M]. 北京: 清华大学出版社, 1994.

[34] 钱松迪. 运筹学 [M]. 北京: 清华大学出版社, 1990.

[35] 申元月, 张鸿萍. 生产运作管理 [M]. 济南: 山东人民出版社, 2001.

[36] 唐国春, 张峰, 罗守成, 等. 现代排序论 [M]. 上海: 上海科学普及出版社, 2003.

[37] 唐恒永, 赵传立. 排序引论 [M]. 北京: 科学出版社, 2002.

[38] 王凌. 智能优化算法及其应用 [M]. 北京: 清华大学出版社, 2001.

[39] 杨水利. 运营管理 [M]. 北京: 高等教育出版社, 2023.

[40] 姚恩瑜, 何勇, 陈仕平. 数学规划与组合优化 [M]. 杭州: 浙江大学出版社, 2001.

[41] 于福, 贾春玉. m×n 流水型排序问题关键零件法的改进 [J]. 哈尔滨工业大学学报, 2004, 36 (6): 848-850.

[42] 于福, 贾春玉. 指派问题新解法的探讨 [J]. 工业技术经济, 2004, 23 (3): 103-105.

[43] 张梅娟, 吴铃, 顾婷婷, 等. 单一货物摆放无约束三维装箱优化方法 [J]. 宁波工程学院学报, 2018, 30 (1): 33-38.

[44] 周小桥. 项目管理四步法 [M]. 北京: 团结出版社, 2003.

[45] 朱弘毅. 网络计划技术 [M]. 上海: 复旦大学出版社, 1999.